Conserver la Convention

I0127248

LA

DIPLOMATIE

AU TEMPS DE MACHIAVEL

283

9440

PAR

M. DE MAULDE-LA-CLAVIÈRE

TOME II

PARIS

ERNEST LEROUX, ÉDITEUR

28, RUE BONAPARTE, 28

1892

Ljona tête a 365, 27 Juin 1893

8° E
510

LA DIPLOMATIE AU TEMPS DE MACHIAVEL

LA
DIPLOMATIE

AU TEMPS DE MACHIAVEL

PAR

M. DE MAULDE-LA-CLAVIÈRE

TOME II

PARIS
ERNEST LEROUX, ÉDITEUR
28, RUE BONAPARTE, 28

1892

CHAPITRE IV

TRAITEMÉNTS DES AMBASSADEURS

La question du traitement, ou *prest*[1], attribué aux ambassadeurs est une question très brûlante dans la diplomatie. Les dépêches retentissent sans cesse de plaintes, de réclamations, de représentations à ce sujet. A les en croire, tous les ambassadeurs se ruinent : leurs appointements ne suffisent pas à couvrir leurs dépenses. Il y a, sur ce point, une plainte immémoriale et, autant qu'on en peut juger, unanime.

Cette question a fort préoccupé les jurisconsultes ; Martin de Lodi tente d'y introduire quelques règles. Suivant lui, le traitement est un gage journalier, personnel et à forfait. Journalier, c'est-à-dire compté jour pour jour, y compris le jour du retour[2] : mais si l'ambassadeur, sans motif sérieux, a allongé sa mission en ne prenant pas la route la plus directe, on peut déduire le montant du retard survenu par sa faute[3]. Personnel, c'est-à-dire que le salaire d'un ambassadeur court pendant sa maladie ; qu'après sa mort ses ayants-droit héritent des salaires échus[4] ; que la mort d'un ambassadeur n'accroît pas le salaire de ses compagnons, comme si ce salaire était attaché à l'ambassade *in globo*[5]. A forfait, c'est-à-dire que

1) Ms. fr. 20590, n° 53.
2) *De legatis*, q. 15.
3) *Id.*, q. 26.
4) *Id.*, q. 36, 37.
5) *Id.*, q. 23.

l'ambassadeur ne peut rien réclamer au-delà[1], sauf des dépenses exceptionnelles de maladie[2], ou encore le remboursement de bagages perdus par force majeure, si ces bagages font vraiment partie de l'ambassade et ne présentent aucun caractère commercial[3].

D'autre part, l'ambassadeur sans fortune a positivement droit à un traitement[4].

Outre ces règles générales, le jurisconsulte pose en principe quelques privilèges civils pour l'ambassadeur : l'ambassade comporte un congé de droit de toutes les autres charges[5], exemption de la tutelle[6], droit d'opposition à tout jugement, même contradictoire[7], faculté d'agir par procureur en toute matière, si l'ambassadeur le juge bon[8]. En pratique, l'ambassadeur obtient du roi des recommandations au parlement pour ses affaires[9].

Relativement à sa charge, l'ambassadeur, malgré la forme quasi-civile de mandat donnée à ses pouvoirs, n'est tenu d'aucune responsabilité civile envers le gouvernement; il accomplit un service public[10]. Il doit les impôts non per-

---

1) *Id.*, q. 3.

2) *Id.*, q. 1, 36.

3) *Id.*, q. 6. Thomas Reatin, ambassadeur de Milan revenant de France,dévalisé près de Ceva, estime sa perte à 400 ducats d'or et les réclame. On lui a pris des chevaux, des bagages, de l'or, de l'argent (1454. *Lettres de Louis XI*, I, p. 253).

4) *Id.*, q. 9.

5) *Id.*, q. 24, 29.

6) *Id.*, q. 32.

7) *Id.*, q. 30.

8) *Id.*, q. 28.

9) Recommandation du roi Charles VIII au parlement, pour Guille de Caraman, vice-roi de Cerdagne, ambassadeur en Espagne (Lyon, 12 janvier, 1496? Xla 3921, 159). Lettres de surséance par Henri, roi de France et d'Angleterre, pour tous les procès et affaires du Cte de Mortain, qui a longtemps été par ses ordres au concile de Bâle et qui est revenu ensuite en Angleterre pour en référer (2 avril 1434, avant Pâques. Orig., ms. fr. 20978, fo 187).

10) Martini Laudensis, *De legatis*, q. 20.

sonnels du pays où il se trouve [1]. Quand il rencontre une maison à sa convenance, il peut expulser sans indemnité un locataire de basse condition pour assurer le logement de l'ambassade [2].

Les traitements des ambassadeurs varient; ils sont « taxés » par le conseil du roi à chaque commission, en tenant compte, à parité de situation, des précédents acquis pour la même ambassade [3]. Avis en est aussitôt donné au service financier chargé du paiement [4].

Quelquefois, mais rarement, on paie à l'ambassadeur, avant son départ, une somme à forfait pour son ambassade : par exemple, cinq cents francs pour une ambassade en Bretagne [5]. D'ordinaire, on fait d'urgence remettre à l'ambassade, en la *dépeschant*, une certaine somme en à-compte sur les frais de voyage, qu'on appelle aussi *prêt*; cette somme est prise où l'on peut, souvent sur les *aides* de

1) *Id.*, q. 16.

2) *Id.*, q. 2.

3) Mand. de Louis d'Orléans, 1397 (Circourt et van Wervecke, *Documents luxembourgeois*, n° 25). Ordre que Benoit Adam, conseiller, « sera mis au roole des ambassadeurs qui sont ordonnez pour aller à Romme » ; il aura même appointement qu'a eu M⁰ Claude Chauvreux, conseiller (25 oct. 1484. *Reg. du conseil de Charles VIII*, p. 142).

4) Avis de l'envoi en ambassade du C¹ᵉ de Sarrebrück, donné aux généraux des aides (6 février 1377-78. Ms. fr. 20976, f⁰ 55).

5) Mandement de payer à forfait 500 fr. à A. de Craon, chambellan, envoyé à « notre très cher et très amé fils le duc de Bretagne, » pour tous ses frais et dépens (12 août 1410. Orig., ms. fr. 20590, n°49). A. de Craon était accompagné du chevaucheur Jean Pastoureau (*id.*, n° 52), à qui on donne 50 francs. *Cf. Id.*, n° 15, orig., 14 août 1436. Mandement du roi aux Comptes, de payer à son conseiller Jean d'Asnières 200 liv. taxées pour aller en Languedoc. — Londres, 6 juillet 1434. Mandement de Henri, roi de France et d'Angleterre, aux généraux des finances, notifiant que, sur l'avis du régent Bedford, il envoie M⁰ Nicôle David, archidiacre de Coutances, licencié *in utroque*, en son nom et au nom du royaume de France, au concile de Bale avec les autres ambassadeurs. Le roi lui donne à cette fin 100 liv. une fois versées (Ms. fr. 20978, f⁰ 187, orig.).

guerre [1], représentée même au besoin, dans un cas de presse, par de la vaisselle d'argent [2] ; elle peut être de cinq cents, de six cents livres environ pour des ambassades lointaines [3], ou davantage [4]. Nous voyons donner deux cents francs d'or comme provision d'une ambassade en Espagne et en Portugal, quatre cents francs d'or pour aller en Espagne [5], cent-vingt francs d'or pour aller à Avignon [6]. L'à-compte normal consiste dans le versement anticipé du montant des gages pendant quarante jours [7]. Il en est de même pour les agents spéciaux plus ou moins officieux [8].

---

1) Ms. fr. 20590, *passim*. Ordre de rembourser l'argent prêté au roi par le receveur des aides (500 l.), pour le *despeschement* de Girard le Boucher, maître des requêtes de l'hôtel, et Ynego Daroco, écuyer, boursier d'Espagne, envoyés en Castille (Argentan, 20 mai 1450. Sign. aut. : *Charles*. Fr. 20977, f° 236⁴, orig.).

2) 500 liv. tourn., valant 640 liv. par., données en « vaisselle d'argent, tant vérée comme blanche », à Huc Bournel, sᵍʳ de Thieuberonne, chambellan, envoyé « hâtivement » au royaume d'Ecosse vers le duc d'Albanie, gouverneur de ce royaume, et vers plusieurs autres seigneurs, pour grosses *besongnes* (Ms. fr. 6748. Compte de l'hôtel, de juin 1412).

3) Mandement de 200 florins d'or francs, pour Simon de Laingres, maître de l'ordre des frères prêcheurs, que le roi envoie au pape pour grosses affaires (28 oct. 1364. Fr. 20977, f° 236⁴, orig.). Mandat de paiement de 200 liv. à l'huissier d'armes Jean de Lizac, écuyer, que le roi envoie en Castille pour ses grandes affaires (7 avril 1440. Ms. fr. 20590, 2).

4) Quittance par l'évêque d'Aleth, de 700 liv. tourn., à lui ordonnées *piéça* par le roi, pour aller à Rome en « ambaxade » devers Notre Sᵗ Père le pape, avec Messieurs le patriarche d'Antioche, évêque de Poitiers lors archevêque de Reims, « Tanguy du Chastel, Jacques Cuer » et autres, pour rendre l'obéissance (obédience) (28 déc. 1431. Ms. fr. 20978, f° 118⁵, orig.).

5) Ces deux allocations, en janvier 1377, anc. st. (Ms. fr. 20590, f°ˢ 63, 57).

6) A un secrétaire du roi, payé par les aides de la guerre (19 juillet 1384. Mandement, reçu et attache, fr. 20590, f°ˢ 7, 8, 9).

7) Ambassade près le roi d'Aragon, 21 janvier 1350, anc. st. (fr. 20590, f° 43).

8) Reçu par Jean Tabari, secrétaire du roi, du receveur général des aides de la guerre, de 100 francs d'or, pour voyage hâtif où on l'envoie à Bruges avec ses gens, devers les messagers du pape, et pour l'aider à acheter les chevaux nécessaires (29 nov. 1377. Ms. fr. 20590, n°ˢ 5 et 6).

Les appointements ne sont qu'exceptionnellement fixés par mois. En 1390, le chambellan Pierre de Craon reçoit ainsi (outre ses autres appointements) quatre cents francs d'or par mois (soit environ treize francs par jour), pour aller près du pape d'Avignon et du duc de Milan[1]. Dans l'administration intérieure, on payait les indemnités de déplacement au jour. Les gens des comptes en mission intérieure recevaient deux écus d'or (cent-vingt sous) par jour d'indemnité spéciale. On fait de même, pour les ambassadeurs, sauf que le tarif varie extrêmement, suivant le genre de l'ambassade, et la qualité de l'ambassadeur[2]. Nous trouvons des ambassadeurs payés depuis soixante sous ou trois livres[3], jusqu'à vingt francs d'or par jour[4]. Quatre francs[5], six francs d'or[6] par jour, conviennent à des ambassadeurs ordinaires : huit francs supposent une ambassade d'apparat[7], quinze francs d'or

1) Mandement du 11 avril 1390, après Pâques. Fr. 20590, n° 12.

2) Au XIIIe siècle, les Statuts de la République d'Avignon stipulent qu'un ambassadeur n'emmènera pas plus de deux animaux (chevaux ou mulets) à son service : l'ambassadeur recevra cinq sous par jour, en tout (dix sous, s'il a deux chevaux). S'il va dans un pays où la monnaie courante vaut plus du double de celle d'Avignon, il recevra sept sous (*Coutumes et Règlements de la Républ. d'Avignon*, p. 134).

3) Guille Durant, envoyé en ambassade au roi d'Aragon, en 1351, reçoit 120 liv. avant de partir, c'est-à-dire le montant de quarante jours (fr. 20590, nos 42, 43).

4) A l'évêque de Langres, envoyé par Charles VI à l'évêque de Foix, avec Jean de Ryé (K. 53 A, 6 *ter*).

5) Baudet de Vauvilliers, huissier d'armes envoyé en Bretagne (21 novembre 1377. Ms. fr. 20590, n° 44, orig.).

6) Jean de Blaizy, chevalier, envoyé en Bretagne et à La Rochelle, en 1387 (fr. 20590, n° 47).

7) En 1397, le duc d'Orléans taxe à 8 francs par jour de prêt le chef de son ambassade, Jean de Saquainville, à 5 francs seulement un de ses ambassadeurs, Pre Beaublé, et à 3 francs le secrétaire. Il leur verse avant leur départ une provision de soixante jours (Cte de Circourt et van Wervecke, *Documents luxembourgeois*, nos 20, 21, 23. Cf. paiement de 100 liv. et de 500 liv. à Nic. Le Dur, envoyé en ambassade circulaire, 1404 ; *ibid.*, n° 178). En

représentent un très gros gage [1]. Les secrétaires de grandes
ambassades reçoivent cinq francs [2]. Raoul de Rayneval,
l'évêque de Laon, le comte de Braine et autres membres
d'une grande ambassade circulaire à Rome, Florence et
ailleurs, en 1378, ont douze francs d'or par jour, chacun [3], et Pierre de Corbie, secrétaire, cinq francs [4]. Raoul
de Rayneval reçoit une provision de 1440 francs [5], Pierre de
Corbie deux provisions de 600 [6] et 200 francs d'or [7].

La provision sert à couvrir les dépenses d'équipement

1405, le duc taxe à 10 francs d'or par jour un ambassadeur en Allemagne
(*ibid.*, n° 232. Cf. fr. nouv. acq. 3640, 471, ord^{ce} de taxe), et lui donne un
prêt de deux mois. Mais il ne fait allouer en 1406 à Arch. de Villars qu'un
prêt de 112 liv. 10 sous pour la même ambassade, soit moins de 2 liv. par
jour (*ibid.*, n° 246). Quittance par le chambellan Raoul de Réneval, de partie
de ses gages de 8 fr. d'or par jour ordonnés par le roi, pour le voyage de
Boulogne, avec l'évêque de Bayeux, le Cte de St-Pol et autres gens du conseil,
pour la paix avec « son adversaire d'Englcterre » (2 juill. 1390. Ms. fr.
20590, n° 21, orig.). Cf. les autres quittances du même pour le même motif,
du 1er juin 1390 (*id.*, n°s 24, 25). — Quittances de Jean La Personne, vicomte d'Acy, envoyé à raison de huit francs par jour (ou 240 francs par
mois) au comte de Boulogne, pour le mariage du duc de Berry avec la fille
du comte (12 avril 1390. *Id.*, n°s 29-36).

1) L'amiral Jean de Vienne, ambassadeur vers le roi de Castille en 1377, a
15 fr. d'or par jour (Pat. de Melun, 25 septembre 1377. Orig., ms. fr. 20977,
f° 236^a). Fr. 20590, n° 56, 10 francs : n° 61, 16 flor. d'or à Aimery de Rochefort, pour voyage près du comte de Foix (15 janv. 1359-60).

2) Ms. fr. 20590, n° 53. 600 fr. pour « prest » et paiement de 4 mois, à 5
fr. par jour, à Thib. Hocie, chanoine de Paris, secrétaire du roi, envoyé au
roi de Castille et Léon avec deux autres ambassadeurs (février 1390, anc.st.).
— *Id.*, n°s 54, 57. Le même touche 500 fr. pour un précédent voyage (même
date ; comme à compte sur ses frais précédents). *Id.*, n° 55, 5 francs d'or par
jour, taxés au secrétaire de l'ambassade en Castille et Léon (nov. 1383).

3) Mandement orig. aux généraux des aides, pour Réneval (Rayneval) et
le comte de Braine, 4 février 1377, anc. st. (fr. 20978, f° 118⁴).

4) Mandement, fr. 20978, f° 118⁶.

5) Quittance orig., 8 février 1377, anc. st. (fr. 20978, f° 118⁵).

6) Quittance orig., de Corbie, 7 février 1377-78 (fr. 20978, f° 118⁶).

7) Quittance outre ses gages ordinaires, du 1er juin 1378, orig. (*id.*, f^o
118⁵).

et de voyage. Sous Louis XII, le roi paie le fret des navires chargés de transporter les ambassadeurs en Ecosse, et
ce fret est assez dispendieux ; en 1507, le simple passage d'un
ambassadeur et d'un chevaucheur, d'Ecosse en France, s'élève
à 350 livres à cause des risques du voyage près des côtes
d'Angleterre [1]. En 1512, le fret d'un transport spécial de
France en Ecosse ne revient pas à moins de 1510 livres [2].
Nous voyons même, en 1514, dans un moment de presse, le
roi commander à ses frais un bateau spécial pour transporter
de Boulogne un agent en Angleterre [3].

Une fois rendus à leur poste, les ambassadeurs reçoivent
quelquefois leur traitement par mensualités [4], ou plus souvent par un nouvel à-compte [5]. Au cours de son ambassade près le roi des Romains, le prince d'Orange reçoit
un second à-compte de 3.000 livres, égal au premier [6].
En général, on ne règle les comptes d'une ambassade spéciale qu'au retour ; quant aux résidents ou aux agents fixes
de Rome, procureur, protecteur en cour de Rome, ils per-
çoivent des traitements réguliers [7]. Mais les paiements ne par-
viennent pas toujours exactement. Aussi, quand l'ambassade
se prolonge, les ambassadeurs se heurtent à mille soucis, à
des difficultés qui les réduisent à un vrai désespoir. En 1511, le
président de Bourgogne, ambassadeur des Pays Bas en Espagne, finit par déserter son poste, faute d'argent [8]. En 1496, l'é-

1) Ordre de paiement, du 14 déc. 1507 (fr. 20436, fo 39).
2) Fr. 20616, no 56, pat. du 8 déc. 1512.
3) Fr. 2934, fo 5.
4) Fr. 20590, nos 29-36, paiements à Jean La Personne (1390).
5) On leur remet aussi des lettres de crédit (V. Mas Latrie, *Histoire de Chypre*, III, 753).
6) Fr. 20977, fo 187 (13 juillet 1493).
7) Fr. 20978, fo 118² : Delaborde, *Expédition de Charles VIII*, p. 174.
8) *Lettres de Louis XII*, II, 230.

vêque d'Aix, envoyé de France à Florence, criblé de dettes, se voit réduit à des expédients dont glosent les chancelleries. Ses rapports sont interceptés à Milan, il n'ose plus écrire ; il n'ose pas partir ignominieusement sans payer ses dettes, il est au désespoir [1].

On paie donc les ambassadeurs au retour, sur taxe [2] ; et même (surtout s'il s'agit d'une forte somme) par à-comptes, et le règlement définitif intervient longtemps après. L'abbé de Fécamp, ambassadeur franco-anglais à Rome en 1422, chargé d'une mission en Angleterre en 1424, ne touche le reste de ce qui lui est dû, que le 7 février 1429 [3]. Il y a là de véri-

1) Dép. de Foscari, dans l'*Archivio storico italiano*, p. 867.

2) Le montant des gages, y compris les cadeaux qu'il a fallu faire, est remboursé au retour par mandement (Mand. du duc d'Orléans, 1391. Circourt et Wervecke, *Documents luxembourgeois*, n° 94), soit sur serment de l'ambassadeur (*id.*, 1405. *Ibid.*, n° 232), soit sur le compte dressé par un agent spécial attaché à l'ambassade dans ce but, sommelier d'échansonnerie ou autre, soit par le secrétaire, soit par un des ambassadeurs. Nous voyons ces trois comptes fournis simultanément au duc d'Orléans pour une seule ambassade, en 1398 (*ibid.*, n°s 31, 32, 33). — Ms. fr. 20590, n°s 44, 48. — Mandat de paiement par Pre de Bourbon, de 200 livres, somme taxée à Guillaume de Caraman et de Périlleux, vte de Roddes, etc., pour un voyage fait près le roi et la reine d'Espagne (Moulins, 14 août 1495. Orig., *id.*, n° 62).—Ordre du roi Henri, roi de France et d'Angleterre, de payer à Guillaume Erard, docteur en théologie, le reste de ce qui lui est dû pour son voyage en Angleterre et à Arras, avec « nos autres ambassadeurs de France et d'Angleterre » (Paris, 8 mars 1435, a. st. Orig., fr. 20976, f° 149).

3) Mandement d'Henri, roi de France et d'Angleterre, de 450 l. à l'abbé de Fécamp, reste de ses gages taxés, pour 1° une ambassade de Rouen à Rome, avec les évêques de Coutances et Senlis, le sire de Vézelay, Gauthier de Ruppes, le sire de Rouville, chevaliers, maître Jean de Almans, Pierre Morisse, Nicole Davy, de la St Jean 1422 à la vigile Ste Catherine ; 2° pour un voyage en Angleterre, de la vigile St Simon St Jude 1423 au 20 mars suivant (7 février 1428, anc. st.. Fr. 20590, n° 22). M. Væsen (*Catal. du fonds Bourré*, n° 213) indique un paiement de 450 livres dû à Bertrand Briçonnet, secrétaire de Louis XI, pour deux voyages, l'un en Angleterre en 1462 pour conclure une trêve, l'autre en Ecosse pour négocier une alliance, voyage qui a duré huit mois environ. Ordre de Louis XI de verser au cardinal d'Albi (Jean Joffroy) 1375 liv., pour partie de 3.000 écus à lui ordonnés pour son am-

tables abus[1], contre lesquels un ambassadeur doit se prémunir[2].

S'il ne s'agit que d'une simple mission à la frontière, ou à peu près, on se borne à rembourser les dépenses. Ainsi, le premier écuyer du roi reçoit, en 1383, soixante francs d'or pour les frais d'une mission en Brabant et en Hainaut, près du duc de Luxembourg et du duc Aubert de Bavière[3]. Le sénéchal de Beaucaire, délégué à Avignon près du pape, du 1er au 9 décembre 1340, avec un avocat et un autre personnage, pour entretenir Sa Sainteté des affaires du royaume, ne reçoit pas pour ce petit déplacement de traitement spécial; on lui rembourse les frais de voyage. Son mémoire, qui existe encore, prouve en faveur de la sobriété des ambassades à cette époque; les dépenses jour-

---

bassade en Castille et Léon (Amboise, 12 janvier 1469. Ms. lat. 17021, fo 102).

1) Les Etats de Flandre votent 15,459 livres aux ambassadeurs qui ont négocié la paix avec la France. L'archiduc en prend 4.000 pour lui-même et répartit ainsi le reste :

Le comte de Nassau......................	800
M. de Maigny, chancelier	319
Le sr de Chièvres.........................	1.700
L'évêque d'Arras	1.100
A ces deux derniers, pour remboursement de sommes qu'ils ont dû verser à divers seigneurs d'Allemagne............................	5.600
Le sire d'Orbais, chancelier de Brabant........	200
Le trésorier des finances...................	200
Le receveur général......................	200
Jean de Courteville.......................	300
Le sr de Beyne...........................	200
Le receveur général, pour distributions anonymes	360
Phil. Haneton, 1er secrétaire et audiencier......	120
Dépenses diverses, gages et salaires d'officiers..	360

(1501. Le Glay, *Négociations*, I, 66, 67).

2) Parmi les engagements secrets, *Capitulata privata*, imposés en conclave à un futur pape, figure celui de faire payer aux cardinaux tout ce qui leur est dû par les papes précédents pour voyages, légations ou autrement, de leur faire rendre les chevaux, bijoux ou autres objets donnés en gage à des prêteurs (Archives du Vatican, β LV, fo 485 et s.).

3) K. 53, 21.

nalières de l'ambassade (pain, vin, légumes, chandelle, foin
et avoine, ferrage des chevaux)... se montent de six à
neuf livres [1].

Pour apprécier la valeur des traitements alloués aux ambassadeurs, il faut les rapporter au prix réel des choses, et à
ce que coûtait ordinairement un voyage. Or, nous voyons qu'en
mai **1390**, le roi ayant jugé bon, par grande courtoisie, de
faire conduire à ses frais jusqu'à Gênes, par son sergent
d'armes Pelourde, le fils du duc de Lancastre, qui allait combattre en Barbarie, les frais de ce voyage princier, rembour-
sés à Pelourde [2], s'élèvent à quarante francs d'or [3]. En
1495, un notaire-secrétaire du roi Richard Le Moyne reçoit
cent livres pour un voyage en Espagne et un voyage en Italie [4] ; et de moins grands personnages dépensaient bien
moins [5]. Les ambassadeurs trouvaient donc réellement dans
leur *prêt* une large indemnité, d'autant plus que le prêt se
cumulait avec les autres appointements personnels. Il faut
aussi remarquer l'usage constant de rémunérer les ambassades généreusement, en tenant compte des circonstances,
par le don d'une somme ronde [6]. Tel ambassadeur a fait

1) Rôle original. Fr. 20978, f° 118².

2) Fr. 20590, n° 10.

3) Raymond de Nueremont, envoyé à Avignon après le décès de G. de Lestrange, pour ses dépens d'aller et venir, reçoit 40 fr. (*Inventaire... des biens
de Guill. de Lestrange*, p. 113).

4) Fr. 20590, 20.

5) En 1405, un chevalier reçoit 20 liv. pour porter des lettres en Allemagne, sur les bords du Rhin (Circourt et van Wervecke, *Documents luxembourgeois*, n° 221). En 1497, le duc d'Orléans donne 100 écus pour un
voyage en Italie (fr. 26105, pièce 1235).

6) Dans le règlement des frais d'une ambassade à Rome et au roi de Sicile
en 1309, nous voyons compter 307 liv. 15 s. pour robes, chevaux, harnais,
argent de poche ; 87 liv. 10 s. pour les dépens du voyage ; 140 liv. 21 s. de
supplément, au total 1036 liv. 6 s. p. (Moranvillé, *Bibliothèque de l'Ecole des
Chartes*, 1890, p. 70, 71).

naufrage : **4.000 écus d'or** [1]. Tel autre a accompli une mission difficile : **2.000 écus** [2]. On déclare que l'envoyé a eu de la peine [3], qu'il a fait des dépenses imprévues [4], ou bien on règle ses émoluments à titre de don [5], à titre même de secours vis-à-vis d'un simple agent secret [6]. Les envoyés financiers du roi à Gênes, en 1415, ont passé cinq mois en route, ils ont fait à Gênes des dépenses de trompettes et de ménestrels ; ils ont ramené d'Aigues Mortes à Paris six compagnies d'arbalétriers, dont ils ont souvent reçu à dîner les

1) Fr. 20977, fo 201. Patentes de Charles VII, de St Priest en Dauphiné, 26 mars 1456 anc. st., sur la requête de Guillaume de Menipeny, chan, sgr de Concressault, envoyé jadis en Ecosse pour de grandes affaires : « naufragé au retour sur les côtes d'Angleterre, fait prisonnier par nos anciens ennemis, Menipeny a dû donner tout son bien et des *otaiges* pour le reste de sa rançon. Il est juste d'aider nos serviteurs ».... Le roi lui alloue 4.000 écus d'or.

2) Charles VIII donne 2.000 liv. à Du Bouchage, pour son ambassade en Allemagne (1495. Mandrot, *Ymbert de Batarnay*, p. 196). Le prince d'Orange reçoit 6.000 liv., Tristan de Salazart 3.000, pour leur ambassade de 1493-1494 dans le même pays (fr. 20977, fo 487).

3) Mandement royal de payer au panetier Jean de Jambes, écuyer, 300 l. t., taxées pour peine, salaires et dépens, pour trois voyages vers nous (7 janv. 1435-36. Orig., fr. 20590).

4) Quittance par l'archevêque de Toulouse de 1200 moutons d'or, que le roi, le 7 juillet, lui a ordonnés, pour le paiement de son voyage l'an passé, avec d'autres, vers le roi de Castille et Léon pendant six mois entiers, « à très grands frais et dépens. » — (20 nov. 1435. Fr. 20977, fo 273). Mandement de 3.000 francs d'or au duc de Berry pour ses négociations (16 juillet 1384. Fr. 20590, no 19).

5) Fr. 20978, fo 118⁷. Mandement du roi (Meung-sur-Sèvres, 29 nov. 1425, orig.), de don de 100 livres à Jean Manequin, trésorier de l'église de Laon, pour frais et dépens d'un voyage à Rome vers le pape, avec d'autres *nos gens* et serviteurs, pour le fait du royaume. — Mandement (Montpellier, 23 avril 1437, orig.) de don de 500 liv. à Simon Charles, chevalier, pour frais de ses « voyages et ambaxades » dernièrement faits, « tant devers Notre Saint Père le pape que en la ville de Baale, devers aucuns noz conseillers et autres gens y estans tenans le saint concile ».

6) Ordre de Louis XII de payer 8²⁰ 15 liv. tournois, soit 100 écus d'or, à Jeronymo de Portugal, à titre de secours, et comme frais d'un voyage fait pour le roi en Italie (11 mai 1498. Fr. 20590, no 14).

capitaines. Par ces motifs, en sus de leur provision initiale de quatre cents livres, ils s'adjugent (l'un était conseiller des aides, l'autre clerc de la Chambre des comptes), à chacun, six cents livres, soit mille livres pour cinq mois, outre leurs gages ordinaires d'offices[1].

Enfin, aux appointements directs de l'ambassade, il faut ajouter les profits indirects qui en résultent et qui constituent le vrai paiement[2]. Souvent employé en missions par le duc de Bourgogne, dont il était en même temps maître d'hôtel et capitaine, le célèbre Olivier de la Marche est comblé de dons et de présents[3]. De même, Commines avoue que Louis XI sait reconnaître bien les services[4]. En effet, Louis XI le comble ; ainsi, au moment de son mariage, il lui donne 22.000 écus d'or et paie sa terre d'Argenton[5]. Il en va de même pour le sire du Bouchage et pour tous les personnages marquants qui passent par les ambassades. Les avantages indirects qu'on peut tirer du roi pour un bon service présentent une telle variété, que nous ne chercherons pas à les dénombrer ; ils ne s'appliquent pas spécialement d'ailleurs à la diplomatie. Commines, Etienne de Vesc reçoivent en cadeau de Charles VIII, à Naples, un navire[6]... Le sire de Guéménée, ambassadeur de la duchesse de Bretagne en 1490, reçoit des bris de navires[7]... Louis XI confère à son favori Olivier le Roux, maî-

1) Compte orig., ms. lat. 5414 A, fo 59.
2) Parfois, on met officiellement à la charge du commerce partie des frais d'une ambassade spéciale pour négociations commerciales. Bembo, envoyé vénitien en Angleterre, en 1409, reçoit à forfait pour sa mission 400 ducats, soit 100 comme ambassadeur, le reste à la charge du commerce et des armateurs de Venise (Reumont, *Diplomazia italiana*, 232). D'autres fois, l'ambassadeur perçoit 2 à 3 0/0 sur les affaires privées (Nys, *Les origines de la diplomatie,* p. 12).
3) V. la liste, Beaune et d'Arbaumont, *Olivier de la Marche,* p. LXXII.
4) Liv. VI, c. V.
5) 23 déc. 1472 (Væsen, *Catal. du fonds Bourré,* no 796).
6) Boislisle, *Et. de Vesc,* p. 133.
7) Ms. de dom Morice, à la Bibliothèque de Nantes, ms. 1801, p. 117.

tre des comptes, une pension de cinq cents livres pendant dix ans, à raison de ses services, notamment de ses ambassades [1]. Le sire de Chatelart, pour avoir négocié une alliance du Valais avec la France, obtient de Louis XII une pension de deux cent quarante livres [2]. Tristan de Salazart, ambassadeur en Allemagne, est pensionnaire de six cents livres [3].

Une ambassade se prête fort, par elle-même, à l'avancement personnel [4] : Olivier de la Marche, lorsqu'il va en 1478 négocier le mariage de Marie de Bourgogne avec l'archiduc, profite de l'occasion, dit-il lui-même, pour faire « tellement ses approches » qu'il est nommé grand maître d'hôtel de l'archiduc [5]. Les ambassades, encore peu importantes, remplies par Claude de Seyssel, sont expressément visées dans les patentes qui l'appellent à faire partie du grand conseil de Louis XII [6].

On paie aussi les ambassades, comme les autres services, par des bénéfices ecclésiastiques. Ferry Carondelet, ambassadeur de la régente des Pays-Bas à Rome, lui demande

1) Patentes d'Amboise, 15 février 1472, a. st. Ms. fr. 20590, no 43.
2) Cte de 1510, publié dans notre édition de Jean d'Auton, II, 388.
3) *Tit. orig.* Salazart, no 118 (1496).
4) Au retour de sa légation en Espagne, Guichardin devient à Florence un des VIII de Guardia et Balia (Ctes P. et L. Guicciardini, *Opere inedite de Fr. Guicciardini*, VII, p. v). Le roi d'Angleterre fait chevalier un ambassadeur qu'il envoie en Espagne (J. Gairdner, *Hista regis Henrici septimi*, p. 200).
5) Beaune et d'Arbaumont, *Olivier de la Marche*, p. lxx.
6) Blois, 27 janvier 1506. Patentes nommant Claude de Seyssel conseiller au grand conseil, en remplacement de Hugues de Bauza, évêque d'Angoulême, décédé. « Ayans bonne souvenance des bons et agréables services que nous a faiz par cy devant nostre amé et féal conseiller en nostre sénat de Millan maistre Claude de Seyssel, tant en plusieurs grans ambaxades et autres charges concernans noz principaulx affaires, comme aussi à la conduicte et exercice de nostre justice en nostre duché de Millan et auparavant à la conqueste d'icelluy en nostre grand conseil, auquel il s'est bien et honorablement acquitté par plusieurs années »;... désirant, pour ces motifs, et vu notre confiance de ses sens, etc. le rapprocher de nous, nous lui rendons ce titre (K. 78, 11).

très humblement « une petite abbaye » vacante en Franche-
Comté [1]. Jules II cherche jusqu'en Vénétie des bénéfices pour
payer une légation en Hongrie [2]. Bonino de Boninis, agent
secret de Venise en France, adresse de Lyon, le 24 juillet
1501, une requête à la Seigneurie, pour réclamer deux
cents ducats de bénéfices qu'on lui a promis. Il rappelle
qu'il a *couru* dix sept *postes* de Lyon à Turin et deux jusqu'à
Venise, avec peines, périls et dépenses ; tout le carême dernier, il a couru aussi la France, à cheval, de côté et d'autre, sur
l'ordre de l'ambassadeur [3]... A la fin du Moyen Age, les rémunérations directes des services publics ne sont rien à côté de
ces rémunérations indirectes.

De plus, les ambassadeurs trouvent dans leur mission
au dehors du royaume, une source de profits, de profits publics, honorables, consacrés par l'usage, qui ne sont
pas à dédaigner. Soit sur leur route, soit à la cour où ils se
rendent, ils sont souvent [4] défrayés de toutes dépenses de
bouche et de loyer [5]. Les dépenses de l'ambassadeur de

1) 1511. *Lettres de Louis XII*, III, 76.

2) Sanuto, V, 310.

3) Arch. de Venise, Dispacci, I. L'ambassadeur Foscari appuie vivement
sa demande, par une dépêche du 30 avril 1501 (A. de Venise).

4) Il était même de doctrine que les légats avaient *droit* à se faire défrayer
par les autorités ecclésiastiques. Grégoire VII avait introduit dans la formule
du serment prêté par les archevêques en recevant le pallium l'engagement
précis de traiter avec honneur les légats « eundo et redeundo », — « et in ne-
cessitatibus suis adjuvabo ». Cet *aide* fut interprété comme une obligation de
pourvoir à la nourriture et à l'entretien. Les Hongrois, au commencement du
XIIᵉ siècle, ayant refusé à un légat du pape son entretien, Pascal II les rappela à l'ordre en termes très vifs, en leur citant l'exemple d'autres nations
(la Saxe et le Danemark), et le serment des primats ; et son légat, dépourvu
de moyens d'existence, vécut aux dépens du pays, c'est-à-dire de contribu-
tions plus ou moins régulières (Baronius, XVIII, p. 143, 144 notes). Le légat
doit être reçu gratis par les évêques, religieux et clercs, mais il aura égard à
la richesse de son hôte, dit Villadiego (*De legato*, q. 6).

5) **En Russie**, de temps immémorial, on défrayait les ambassadeurs : en

France à Florence en 1478, par exemple, payées par Florence, se montent environ à douze ducats par jour [1]. Venise attribue en 1495 à l'ambassade allemande dix ducats, par jour, d'entretien [2] ; en 1504, à Jean Lascaris, ambassadeur de France, elle donne le logement et cent ducats par mois [3]. On pousse la prévenance jusqu'à envoyer un médecin, si quelqu'un de la suite de l'ambassadeur est malade [4]. Ce défrai, comme on peut penser, s'ajoute fort utilement au traitement. Le héraut Montjoye, nous dit Lemaire de Belges, rapporta en 1499 de son ambassade à Constantinople « honneur et prouffit [5]. » Et, plus tard, Brantôme représente l'ambassade de Constantinople comme fort recherchée, parce qu'on y est défrayé de tout, jusqu'à l'avoine, et très largement, si bien que l'am-

France, on ne les défrayait qu'exceptionnellement, et jamais les résidents Ayant reçu à Madon les ambassadeurs de l'archiduc, le roi leur mande qu'il a expédié son maréchal des logis à Blois faire leur logis, et qu'ils y envoient leur fourrier, ce qu'ils font (1505. *Lettres de Louis XII*, I, 28). Cf. le défrai de l'ambassade d'Espagne en 1505 (Desjardins, I, 139). A Milan, à Venise, à Florence, on défrayait constamment. Ainsi, en 1468, les ambassadeurs envoyés pour les condoléances de la mort de la duchesse de Milan sont tous défrayés par le duc (*Archº storº lombardo*, 1890, p. 149). Depuis 1504, des rapports constants et officiels s'étant établis avec les Turcs, Venise fournit régulièrement aux envoyés turcs maison et dépenses. Le pape défraie très rarement. Cependant, le samedi saint 1511, à Bologne, Jules II envoie à l'ambassadeur d'Allemagne, qui vient négocier la paix, 25 veaux, 50 formes de fromage de Plaisance, 25 chevreaux, quatre charges (*stange*) de poulets, 2000 œufs (Sanuto, XII, 148). Plus tard, ces usages s'unifièrent. On défraya partout les ambassadeurs jusqu'à leur première audience. Seul, le Czar continua à les défrayer pendant la durée de leur séjour, et on fit de même pour les siens (Wicquefort, *Mémoires...*, p. 446).

1) Kervyn, *Lettres et négociations*, III, 25.

2) Sanuto, *Spedizione*, 219.

3) Sanuto, VI, 104. En 1500, le roi de Hongrie donne à un ambassadeur turc qui a 120 chevaux, 50 ducats par jour pour sa dépense (Sanuto, III, 235).

4) Ambassadeur turc à Bude, en 1500 (Sanuto, III, 1267).

5) Le Maire de Belges, *Le sauf conduit donné par le Souldan...*

bassadeur n'a rien à donner aux Turcs, « ce sont eux qui nous donnent[1]. »

Ajoutons que, dans certaines circonstances spéciales ou solennelles, les ambassadeurs sont plus que défrayés, ils sont fêtés avec luxe [2]. Le sire des Aubus, chargé par Louis XI de recevoir et de conduire, aux frais du roi, deux ambassadeurs d'Aragon, ne dépense pas moins de 544 livres pour le trajet de Lyon à Paris ; un simple dîner à Lyon lui coûte près de cinq livres [3]. En 1422, un ambassadeur du pape, défrayé à Senlis, dépense de sept à huit livres par jour ; une grande ambassade bretonne, comprenant deux évêques, deux grands seigneurs, cinq chevaliers, quatre conseillers.., en tout soixante-seize personnes, consomme pour plus de soixante dix livres par jour [4]. Le plus beau résultat sous ce rapport fut acquis par une ambassade anglaise sous Charles VI, l'ambassade de 1415, composée de deux évêques, et de sept autres ambassadeurs, avec une suite nombreuse, qui, « estans en ce Royaume, aux despens du Roy », dépensa, en soixante-dix-sept jours, plus de seize mille six cents livres [5].

---

1) Tome V, 56.

2) De Bologne à Rome, le pape fait offrir dans chaque ville 1,000 ducats d'or au cardinal de Gürck (1512. Guicciardini, *Opere inedite*, VI, 147). A l'arrivée de l'ambassade française de 1512, en Egypte, le soudan lui envoie des moutons, de la volaille, du riz, du sucre, etc. (Schefer, *Le voyage d'outremer* de Jean Thenaud, p. 43). Le lendemain de son arrivée au Caire, l'ambassadeur vénitien, en 1512, reçoit, de la part du soudan, 44 pains de sucre, 5 pots de miel de l'Inde, 2 pots de graisse, 40 moutons, 50 paires de poulets, 20 oies, 2 sacs de riz (*id.*, p. 182). — César Borgia, en attendant sa première audience, fait remettre à un ambassadeur un grand sac d'orge, un fût de vin, un mouton, huit paires de chapons et des poules, deux torches, deux paquets de chandelle, deux boîtes de confitures (Gregorovius, *Lucrèce Borgia*, éd[on] fr[aise], I, 298).

3) Fr. 20980, fo 91.

4) D'après les chiffres donnés par Douet d'Arcq, *Comptes de l'Hôtel*, 284-285.

5) Compte de l'Hôtel, du 1er avril 1415 (fr. 6748, fo 19).

Enfin, il est admis que les ambassadeurs peuvent recevoir des cadeaux, et, comme nous le verrons, l'usage veut qu'on leur en fasse. Non sans quelque hésitation, les jurisconsultes admettent, en droit, que l'ambassadeur ne doit pas compte de ces cadeaux à son gouvernement, et qu'ils lui appartiennent [1]. Les jurisconsultes affectent de considérer l'usage des cadeaux comme un acte de courtoisie, qui dérive nécessairement de la libéralité des princes [2]. Dans les temps primitifs, les légats pontificaux ne se croyaient pas en droit d'accepter des cadeaux ; un légat repousse avec horreur, à Milan, un vase d'argent que veut lui donner un abbé, il n'accepte qu'avec beaucoup de peine deux étoles offertes par l'archevêque [3]. Mais cette pureté ombrageuse ne fit pas école. Dans une lettre à Eugène III, saint Bernard va jusqu'à accuser les légats de piller les églises. Les ambassadeurs doivent seulement recevoir les cadeaux publiquement, et affecter de n'y attacher qu'un prix tout honorifique. Les ambassadeurs de Marguerite d'Autriche pour son hommage à Louis XII, en 1509, écrivent qu'ils ont reçu « vins et viande, » et qu'avant leur départ, le roi leur a fait remettre, en leur logis, « bons, grans et honnorables présens, tant en vaisselle d'argent, chaîne d'or, et autrement en deniers, jusques au moindre de vos messagiers ; de quoy, Madame, disent-ils, vous avertissons en toute humilité, [et de cet] [4] honneur que avons receu vous remercions [5]... »

Les simples diplomaties seigneuriales, autrefois, se trouvaient naturellement dans une situation moins prospère, sous

1) Mart. Laudensis, *De legatis*, q. 1, q. 22, q. 35. A Venise, les décisions varièrent à cet égard.
2) Joan. Redin, *De Majestate principis*.
3) Année 1059 (Baronius, XVII, p. 167).
4) Le texte imprimé porte : « De ce et ».
5) Dépêche à Marg. d'Autriche (*Lettres de Louis XII*, I, 156).

ce rapport, que la diplomatie royale, sauf la diplomatie bour-
guignonne [1]. « Mon ambaxadeur m'aportoit ung harnoys de
par le duc de Milan, mes il l'a lessé en guige de XX escus à
Genepve, » écrit en 1460 le dauphin Louis [2]. Le duc d'Orléans paie quatre-vingts livres une ambassade de deux mois,
accomplie en Bretagne, avec « grans fraiz et despens [3] » ; il
envoie un à-compte de quarante livres à son ambassadeur à
Nantes [4]. La trésorerie du duc d'Orléans remet deux cent cinquante livres de provision pour un ambassadeur en Savoie et
en Montferrat [5]; elle ne donne que deux écus (ou soixante-quatre
sous deux deniers) à un serviteur du comte de Castres, Bertrand
de Lupiac, pour porter une lettre au pape [6]. François de Rochechouart, seigneur de Champdeniers, reçoit deux cents écus
d'or, pour une mission de sept mois sept jours à la suite du
roi Charles VIII, soit moins d'un écu par jour [7]. Hubert
de Grouches, seigneur de Griboval, maitre d'hôtel du duc
d'Orléans a, en 1485, treize sous et demi par jour pour une
mission près du maréchal des Querdes [8], et Raoul du Refuge,
simple échanson, dix sous seulement pour une mission di-

---

1) Jean de Vergy, envoyé en 1396 par le duc de Bourgogne à Bajazet pour la
délivrance du comte de Nevers, reçoit, pour cette mission pénible et périlleuse,
8 francs de gage par jour (soit pour 150 jours, 20 janvier-18 juin, 1200 fr.
Delaville Le Roulx, *La France en Orient*, II, 30). Un cordelier qui a été en Turquie chercher des nouvelles du comte, ne reçoit que 112 fr. (*id.*, 29). C'est l'ar-
gentier, à la cour de Bourgogne, qui est chargé des dons pour ambassades et
voyages (Olivier de la Marche, IV, p. 10).

2) *Lettres de Louis XI*, 1, n° 6.

3) Par Mathurin Brachet, sgr de Montagu-le-Blanc (1483. *Tit.* Orléans,
824).

4) Gilbert Bertrand, sgr de Lys St-Georges (1483. *Tit.* Orléans, 824).

5) Ant. de la Tour, dit Truquet (1484. *Tit.* Orléans, 844 ; De la Tour,
8, 9, 10).

6) *Tit.* Orléans, XII, 834.

7) Pat. d'Asti, 5 juin 1495 (ms. fr. 26104, 1074).

8) Fr. 26099, 82.

plomatique près du duc d'Alençon, au cours de laquelle il
est pris par « des brigans [1] ». Le secrétaire Jean Hervoet,
envoyé en mission près du roi pendant l'expédition de 1495,
reçoit cent livres, plus une indemnité spéciale de quatre vingt
dix livres, parce qu'il a été détroussé [2].

Il faut donc, de toute nécessité, dans la diplomatie française, que l'ambassadeur possède une fortune personnelle qui
lui permette d'attendre le règlement de son traitement et les
avantages éventuels de son ambassade. Cette nécessité s'impose encore plus dans les autres diplomaties. L'empereur
Maximilien, par économie, a pour résident en France le résident de sa fille Marguerite d'Autriche, lequel reçoit, en
principe, un traitement de cinq ducats par jour pour ce double service. Malheureusement, ce traitement n'est payé qu'à
de longs intervalles. Le malheureux résident, dépourvu de
fortune, passe sa vie dans un véritable désespoir ; ses dépêches débordent d'indignation et d'amertume. Il écrit, le 2 septembre 1510, pour remercier Marguerite d'Autriche de cinq
cents florins rapportés par son secrétaire, qu'il avait envoyé
expressément chercher de l'argent : autrement, il ne savait plus
que faire. Depuis deux ans et trois mois, il a dépensé pour le
service 1700 ducats. Il dépenserait bien, dit-il, sa fortune,
mais il n'en a pas. Il jure que d'ici à une vingtaine de jours
il se trouvera sans *un blanc*, réduit, ou à s'en aller sous un
prétexte quelconque pour essayer de tirer quelque chose de

---

1) Fr. 26099,112.

2) Ms. fr. 26104, pat. du 28 juin 1495. Pour la mission accomplie par Wil-
helm de Berchen, curé, notaire et tabellion public, pour Marie de Clèves, cet
agent reçoit 20 florins d'honoraires, tous frais payés .Le duc de Bretagne paie
200 écus pour une ambassade de deux personnes à Avignon en 1403 (*Mém.
de Bretagne*, II, 731), le duc de Lorraine 100 florins vieux du Rhin à Henri de
la Tour pour une mission près du duc de Bourgogne (*Tit.* De la Tour, 6. 19
déc. 1434)....

l'empereur, ou à emprunter, ce qui serait peu honorable. Sans doute, en disant un mot au roi de France, il en obtiendrait des subsides, mais il aimerait mieux mourir... Il a fait dresser le compte de ses dépenses par son secrétaire : comment habiller lui et ses gens sur son traitement de cinq ducats par jour, son unique fortune ? Il ne peut plus renvoyer son secrétaire, dont il a d'ailleurs besoin. Il expose avec amertume que les autres ambassadeurs reçoivent leur traitement et le remboursement de tout l'extraordinaire, sans avoir besoin de réclamer. Il insiste avec désespoir [1]. Les plaintes succèdent aux plaintes. Le 19 septembre, il va être déshonoré, il va être obligé de trahir les embarras de sa maîtresse, il va, à sa grande honte, emprunter deux écus au bâtard de Clèves et à l'ambassadeur d'Espagne, et s'en aller [2]... On lui envoie deux cents écus. Il s'indigne : que faire de cette somme dérisoire ? Il n'a seulement pas de quoi s'habiller. Il lui faut une robe de soie, qui à elle seule absorbera la majeure partie de l'envoi. Et habiller ses gens ? et payer ses dettes ?

En 1511, ses plaintes prennent un tour violent. Il est toujours sous le coup du déshonneur. Il ne peut cependant pas partir sans payer ses dettes. Quelle existence que de mendier toujours ! « Le grand diable a voulu que la paix ne s'a faicte, afin de m'entretenir pendu comme je suis. » Il écrit en même temps deux lettres intimes à des conseillers de l'archiduchesse, pour dire qu' « il n'en peut plus », et leur demander au moins un prêt [3]. Il veut partir [4]... Du reste, Ferry Carondelet, envoyé à Bologne, écrit aussi pour réclamer six mois

---

1) *Lettres de Louis XII*, II, 14 et s.
2) 21 sept. 1510. *Lettres de Louis XII*, II, 34, 37.
3) *Lettres de Louis XII*, II, 212, 214-215.
4) *Id.*, II, 230.

de gages arriérés, sans lesquels il ne pourrait montrer tout son dévouement [1].

En 1512, « nous n'avons plus que frire, synon sur *Credo*, » écrit le chargé d'affaires [2]. André de Burgo sollicite instamment l'envoi d'une lettre de change à son créancier, l'ambassadeur florentin,... de quoi simplement payer ses dettes : il invoque l'empereur [3],... lequel ne paie pas, mais exhorte sa fille à payer [4].

Les préoccupations incessantes d'argent troublent profondément les ambassadeurs. La pénurie était un obstacle naturel et matériel au succès des négociations. En revenant de Rome avec l'ambassadeur de France, mêlé à des négociations de première importance pour l'Europe entière, André de Burgo envoie d'Insprück un émissaire spécial à Bruxelles réclamer six mois d'appointements; couvert de dettes en France où il a laissé en gage sa vaisselle d'argent, il n'a plus de quoi continuer sa route [5]. Une autre fois, à Lyon, la poste lui demande quatre écus pour expédier ses dépêches : où les prendre? Il est « aussi bas » que s'il sortait d'une longue maladie. Il a dépensé plus de 1100 ducats de son bien, et on refuse de les lui rembourser, bien que ce soit « sueur de son corps et peinne de son sang. » — « Madame, je n'en puis plus, et vous

1) *Id.*, II, 246. Mercurin de Gattinara écrit à Marguerite d'Autriche que, si on ne lui envoie point d'argent, il va faire faillite. Il va être obligé de faire fondre sa chaine (1509. Le Glay, *Négociations*, I, 268, 294). Naturelli écrit de Rome à Maximilien qu'il ne vit que d'emprunts : « les postes me coustent beaucop plus que mon ordinaire » (1506. *Id.*, I, 125, 122). Il demande son rappel. La pénurie des ambassadeurs impériaux était tellement connue qu'en 1506 un escroc cherche à se faire passer à Rome pour un envoyé de Maximilien à Naples, afin de pouvoir emprunter (*id.*, I, 130).

2) Lettre du chargé d'affaires Leveau à Marg. d'Autriche (février 1512. *Lettres de Louis XII*, III, 175. Cf. Le Glay, *Négociations*, I, 503).

3) Mai 1512 (*Lettres de Louis XII*, III, 257).

4) *Id.*, III, 203.

5) Février 1512 (*Lettres de Louis XII*, III, 159, 165).

advertys qu'il m'est impossible vous escripre si je n'ay le
moyen, car il me fault vivre, et j'ay honte pour estre ambassadeur de l'Empire d'escripre qu'il le me fault oster hors de
ma bouche... » L'empereur lui adresse une lettre « mytié
doulce et aigre, » pour lui dire de n'être « si hardi » de quitter
son poste[1]. Mais comment faire, répond le malheureux Burgo,
et comment payer mes créanciers[2] ?

L'Allemagne et les Pays Bas profitaient de leur parenté
pour réaliser, comme on voit, des économies d'ambassade.
En même temps que Maximilien se servait ainsi cumula-
tivement en France de l'agent de Marguerite d'Autriche,
Marguerite use, pour le concile de Pise, de l'agent de
son père : « A dire vérité, en donne-t-elle pour motif, les
finances de par deça sont si courtes qu'on ne scauroit
trouver ung denier pour faire la despesche[3]. » Parfois, Maximilien et Marguerite se rejettent l'un à l'autre la charge de
l'ambassade à envoyer : c'est ainsi qu'ils apprennent, à leur
grande colère, en 1514, le mariage de la fiancée de Charles
d'Autriche, Marie d'Angleterre, avec Louis XII. Ils n'avaient
pu se mettre d'accord pour l'envoi d'un ambassadeur en Angleterre : Maximilien avait prié sa fille d'en envoyer un : Marguerite avait répondu qu'elle trouverait « difficilement personnage qui ait voulu emprendre ladite charge, et aussy ce
qui estoit nécessaire pour le despécher, » mais qu'elle avait
près d'elle deux ambassadeurs anglais[4]...

Nous n'avons, pour les ambassades italiennes, qu'à répéter
ce que nous avons dit des ambassades françaises et alle-

1) En 1506, un ambassadeur d'Allemagne en France avait déjà déserté,
faute d'argent (Le Glay, *Négociations*, I, 143).

2) 6 juin 1511. *Lettres de Louis XII*, II, 266, 271.

3) 1511. *Lettres de Louis XII*, III, 90.

4) *Lettres de Louis XII*, IV, 296.

mandes. Là aussi, les gouvernements regardent beaucoup à envoyer des ambassades et à les payer. En 1501, la ville de Pistoia refuse de se charger du traitement de l'ambassadeur Corso ; il faut que Florence le supporte [1]. L'ambassade vénitienne envoyée à Worms en 1495 dépense cinq cents ducats par mois, et pourtant elle n'obtient rien du roi des Romains ! Cette dépense inutile excite fort la bile des Vénitiens [2].

Il y a en Italie trois et même quatre manières de rémunérer les ambassades : 1° paiement d'une somme à forfait, système extrêmement rare et exceptionnel [3] ; 2° paiement sur facture de toutes les dépenses. Les ambassades dans ces conditions sont fort recherchées : ce sont les ambassades d'apparat, dont on ne peut estimer d'avance la dépense [4] ; 3° paiement par mois, limité ou demi-limité. Pour le paiement limité, on fixe à tant par mois les honoraires, et on fixe aussi le train imposé à l'ambassadeur. Le paiement demi-limité est un système mixte. Ainsi, en décembre 1510, on propose, à Venise, de donner à un ambassadeur deux cents ducats par mois, avec obligation de justifier de la moitié, plus quatre ducats par bouche. L'avis prévaut de lui donner par mois cent cinquante ducats nets, à ses risques et périls, avec une suite de

1) Oct. 1501. Commission à Pistoja, dans les Œuvres de Machiavel.

2) Sanuto,ˑ*Spedizione*, 290.

3) Le sénat de Venise, le 1er avril 1477, alloue à Gradenigo une somme considérable pour son voyage, 800 ducats, et le condamne à une amende de 500 ducats s'il n'a pas quitté Venise le 9 avril (Perret, *Bibl. de l'Ec. des Chartes*, LI, p. 122).

4) Ambassade vénitienne pour l'avènement du nouveau duc de Ferrare (Sanuto, VI, 127).Quelquefoisˑle système se modifie. Une ambassade vénitienne de ce genre, composée de six membres, envoyée à Rome en 1509, perd de suite un de ses membres : quatre autres reviennent en mars 1510, un seul reste à Rome, comme résident (Sanuto, X, 34). Ce dernier, qui a été jusque-là aux dépenses avec les autres, aura désormais 120 ducats par mois, et tiendra dix chevaux (*id.*, 42).

douze personnes, y compris le secrétaire et les gens [1]. A
Venise, c'est sur la question des traitements limités que
s'engage une vraie bataille. Personne ne veut les accepter [2].
Marc Dandolo, élu ambassadeur à Rome, réclame comme
condition *sine qua non* une augmentation du traitement ;
on refuse, il refuse [3]. Fr. Foscari, désigné pour la France,
déclare qu'il ne peut s'y rendre pour dépenser son bien [4].
Z. Badoer, revenant de Hongrie, estime y avoir laissé plus
de mille ducats de son patrimoine [5]. Nous ne connaissons
guère d'ambassadeurs qui se déclarent au-dessous des dépenses prévues [6] : d'après le compte de Paul Capello, ambassadeur à Rome en 1500, cet agent avait dépensé, en
seize mois et vingt et un jours de mission, 2900 ducats,
soit environ six ducats et demi par jour, près de deux cents
ducats par mois, y compris cent cinquante ducats de loyer,
et quelques dépenses extraordinaires, mais néanmoins nor-
males : cent trente ducats de médecine et de pharmacie,
trente trois pour menus présents, soixante pour des livrées
qui restaient à l'ambassade [7]... Or, Venise n'accordait deux
cents ducats par mois qu'à l'ambassade en Hongrie [8], et à une
ambassade près le soudan d'Égypte, avec douze gens et un
secrétaire [9]. Les autres recevaient cent ducats par mois. On
proposa, en 1505, d'élever à cent vingt ducats l'ambassade de

1) Déc. 1510. Sanuto, XI, 665.
2) 3 août 1501. Sanuto, III, 90.
3) 28 janvier 1502. Sanuto, IV, 214.
4) Sept. 1500. Sanuto, III, 757.
5) 1504. Sanuto, V, 823.
6) L'orateur vénitien envoie de Nantes, le 21 octobre 1500, une lettre sur
ses comptes. Il dit être resté de 750 ducats en deça de ce qu'il pouvait dépenser (Sanuto, III, 1050).
7) Reumont, *Della diplomazia italiana*, p. 232.
8) Janv. 1501. Sanuto, III, 1252.
9) Sanuto, IV, 286. Domenico Trevisan, partant en ambassade en Égypte,
emporte 500 ducats (1512. Schefer, *Le voyage d'outremer*, p. 247).

Rome, à cause du prix des vivres ; la motion ne réussit pas [1]. C'est en 1506 seulement que, dans l'impossibilité de trouver des ambassadeurs, le conseil de Venise dut fixer à cent vingt ducats le salaire mensuel fixe [2], ou à cent cinquante, moyennant une reddition de compte [3]. Vainement on proposa d'élever à cent quarante ducats fixes l'ambassade de Rome [4]. On envoie à Londres un ambassadeur à cent vingt ducats, avec l'obligation de mener huit chevaux [5]. Dès 1503, Dandolo avait obtenu, en France, cent cinquante ducats, en démontrant qu'il dépensait sa fortune [6]. Son successeur de 1506, Mocenigo, ramené à cent vingt ducats, proteste avec une extrême énergie, au nom des précédents, au nom des dépenses ordinaires et extraordinaires, si considérables, si variées, qu'impose l'obligation de garder « el decoro, » au nom de l'égalité, au nom de l'intérêt de l'État, des promesses qu'on lui a faites [7].

A Florence, il en était de même. Boccace, envoyé à Avignon, en 1365, recevait deux florins par jour ; à la fin du XIVᵉ siècle, le salaire monte à quatre ou cinq florins par jour [8]. On tâtonna beaucoup pour concilier les intérêts de l'État et ceux des ambassadeurs, sans y arriver : en 1408, on divisa les ambassadeurs en deux classes, l'une pouvait dépenser jusqu'à

1) 5 mai 1505. Sanuto, VI, 160.
2) Salaire aussi des provéditeurs, qui refusaient également (Arch. de Venise, Secreto 41, 194).
3) 17 déc. 1506. Sanuto, VI, 511.
4) 21 déc. 1506. Sanuto, VI, 514.
5) Janv. 1510. Sanuto, IX, 468.
6) 22 déc. 1503. Sanuto, V, 591.
7) Dépêche de Blois, 3 mars 1506 (Arch. de Venise). A Venise, les testaments portent souvent un legs au service des ambassades, pour soutenir l'honneur de la république (communication du Commʳ Stefani, l'éminent directeur des Archives de Venise).
8) Salviati, avec sept chevaux, à Rome, reçoit, en 1401, 4 florins ; en France, en 1404, il reçoit 5 florins (Reumont, p. 231).

cinq florins par jour, avec dix chevaux, l'autre jusqu'à quatre florins, avec huit chevaux ; et encore sous réserve de rendre compte. Pour un couronnement, on fournissait des vêtements d'apparat à l'ambassadeur, mais il devait les restituer au retour [1]. En 1430, on décida même d'attacher aux ambassades un massier chargé de tenir les comptes. Au retour, un mois après la production de ces comptes, on allouait un salaire maximum d'un florin par jour à l'ambassadeur de première classe, d'un demi florin aux autres, pourvu que le chiffre des dépenses et le salaire additionnés ne dépassàssent pas cinq ou quatre florins, suivant les cas [2]. Aussi c'était à qui n'accepterait pas d'ambassade.

Au temps de Machiavel, on suit un système différent.

Machiavel reçoit dix livres par jour, y compris ses gages de deuxième secrétaire, ou cinq livres, sans les comprendre. En 1510, pour son séjour en France, son traitement fut élevé de dix livres à douze [3]. Aussi les dépêches de Machiavel sont remplies de demandes d'argent, de plaintes, d'objurgations, d'impatiences, aussi vives que celles d'André de Burgo, quoique plus châtiées en la forme. En 1500, comme provision de départ, on ne lui a donné que quatre vingts ducats [4]. « La modicité de notre traitement, les dépenses qui nous incombent, le peu d'espérance de recevoir de nouveaux se-

1) En 1502, pour le mariage d'Alphonse d'Este avec Lucrèce Borgia, les deux envoyés vénitiens reçurent chacun un manteau de velours cramoisi, fourré, tout neuf, qu'ils essayèrent à Venise devant 4.000 personnes : après s'être présentés à Ferrare avec ce manteau, ils l'ôtèrent et l'offrirent à la duchesse en cadeau de noces au nom de la République, ce qui parut un trait d'économie fort plaisant (Gregorovius, *Lucrèce Borgia*, trad[on] Regnauld, II, 58).

2) Décision citée par Canestrini, *Scritti inediti...*, LI, LII.

3) *Id.*, p. LIII-LV.

4) D'après la commission, il recevait 20 gros florins par mois, outre son traitement, et son compagnon François Della Casa 8 petits florins par jour, soit le double.

cours nous mettent dans un grand embarras, » écrit-il de la cour de France, dès sa seconde lettre [1]. Dans la troisième, il demande une avance pour les frais de courriers, n'ayant « ni argent ni crédit. » Dans la quatrième, il réclame son rappel ; dans la cinquième, il annonce que l'argent remis par Florence représente les deux tiers des dépenses, et qu'il faut envoyer les courriers sur la bourse personnelle des ambassadeurs. Dans la huitième, il insiste vivement sur la disparité des traitements des deux ambassadeurs. Dans la treizième, il demande un envoi d'argent, « notre fortune et notre crédit ne nous permettant pas, comme à beaucoup d'ambassadeurs, de vivre ici plusieurs mois, ni même plusieurs semaines, à nos dépens. » Dans la lettre suivante, il dit qu'il va falloir renoncer à la mission. Dans la seizième, il est heureux d'économiser trente cinq écus sur un courrier. Le 11 octobre 1500, il écrit par la poste, faute, dit-il, de pouvoir payer un courrier. Dans ses dépêches du 18 décembre 1502 près du duc de Valentinois, dans la dépêche de Vettori du 8 février 1508, près de l'empereur, dans la dépêche du 12 décembre 1509 à Mantoue, nous trouvons des plaintes semblables. Machiavel consacre à Rome, le 22 novembre 1503, une dépêche à l'établissement de ses comptes. Il avait reçu au départ trente trois ducats ; les frais de poste en ont absorbé treize, l'achat d'une mule dix huit, l'achat d'habits trente neuf, en tout soixante dix : le séjour à l'auberge coûte dix carlins par jour. Il sollicite au moins le remboursement des frais de route, comme, dit-il, cela s'est toujours pratiqué.

Les ambassadeurs vénitiens ne se plaignent pas moins [2] ;

---

1) Dép. du 8 oct. 1500.

2) L'ambassadeur vénitien à Londres, en 1509, se plaint de ne pouvoir, faute d'argent, faire honneur à la Seigneurie (Sanuto, VIII, 281) : il a « impegnato li argenti, per non trovar danari a cambio » (Nov. 1509, pendant la guerre de Venise avec la France et l'Allemagne. Sanuto, IX, 418).

on trouve exactement les mêmes réclamations dans la diplomatie milanaise [1]. Toutes les diplomaties se ressemblent sur
ce point.

En réalité, quand les ambassadeurs justifiaient d'impé-
rieuses nécessités, les gouvernements devaient bien céder.
L'ambassadeur italien en France, outre sa provision du départ, touchait d'ordinaire une somme à son arrivée à Lyon ;
de plus, son prédécesseur lui remettait, s'il y avait lieu, l'en-
caisse de l'ambassade. L'ambassadeur cherchait à rejeter sur
la Seigneurie le poids des dépenses extraordinaires ou des
avances de fonds : expédiait-il un courrier, il le payait (quand
il pouvait) par une lettre de change sur son gouvernement.

Ant. Giustinian, ambassadeur de Venise à Rome depuis
deux ans, écrit qu'il n'a jamais eu qu'un cheval, maintenant
hors d'état et qui ne peut plus se monter convenablement. Il
prie son gouvernement de l'autoriser à en acheter un autre ; il
donnera le vieux à un de ses serviteurs, qui avait prêté le sien
à un courrier, expédié pour porter la nouvelle de la mort du
pape Alexandre, et auquel des gens d'armes l'ont volé. Giustinian ajoute qu'il achètera le cheval à aussi bon compte que
possible, et il voudrait le payer en une lettre de change sur
Venise [2]. L'ambassadeur de Venise à Londres, tout en réclamant de l'argent, demande qu'on donne passage à sa femme
sur les galères de l'État pour venir le rejoindre, avec son gendre comme capitaine. Il écrit à sa femme de faire diverses dépenses, et prie la Seigneurie d'octroyer quatre cents ducats
pour les rembourser [3]. Diverses autres dépêches montrent

---

1) Dépêches des ambassadeurs de Galeas Maria Sforza (Gingins la Sarraz,
Dépêches..., I, V).
2) 6 févr. 1505. *Dispacci di Giustinian*, III, 403.
3) Sept. 1510. Sanuto, XI, 390.

qu'en définitive les ambassadeurs vénitiens obtenaient des suppléments sur justification [1].

D'après la Relation vénitienne de Marino Cavalli, en 1546, les ambassadeurs des diverses puissances recevaient d'ordinaire huit à dix ducats [2] ou écus par jour ; de plus, certains ambassadeurs touchaient 2 ou 3 0/0 sur les affaires des particuliers. Cavalli cite un ambassadeur allemand qui gagna 3.000 écus de ce dernier chef. Il était d'usage aussi qu'une ambassade valût la collation de bénéfices ecclésiastiques plus ou moins opimes.

Les envoyés vénitiens ne recevaient que cinq ducats [3].

Un ambassadeur ne peut accroître ses ressources par des actes d'industrie personnelle : ouvrir un cabinet d'avocat, de médecin, faire le négoce... Tout au plus lui permet-on de donner des conseils gratuits, à titre amical. Il doit compte à l'État de tout son temps et de tous ses efforts [4]. Il déroge bien rarement à cette règle. Cependant, en 1499, deux

---

1) Foscari écrit de Lyon, le 16 septembre 1501 : « Il y aura le 24 un an que je suis en cette légation. J'ai touché en tout 1400 ducats, soit 200 au départ, 200 à Lyon, 1000 remis par mon prédécesseur. Les courriers et autres semblables dépenses m'ont coûté 140 ducats, compris les deux courriers qui m'accompagnèrent en France, que j'eus pendant deux mois « à mes épaules », et dont je dus payer le retour. J'espère que, quoique je sois toujours en mouvement et depuis six mois en Bourgogne ou ici, où règne une grande pénurie de vivres, Vᵉ Seigneurie approuvera mes dépenses, faites avec toute la parcimonie possible » (Archives de Venise). Il écrit de Lyon, le 22 octobre 1500 : « On ne m'a donné au départ que 1200 ducats ; Bened. Trevisan devait m'en faire donner 1000. Il est en Bretagne avec le roi, et ne peut faire ouvrir ce crédit en son absence. Heureusement, j'ai trouvé personnellement du crédit. Le voyage est long, en Bretagne ; il y aura le 25 un mois que j'ai quitté Venise. Avant de partir, j'ai donné des salaires à ma *famiglia*, et fait les autres dépenses ordinaires et extraordinaires en *carriazzi, carrozze* et autres. Il me faut de l'argent, car 200 ducats n'ont pu me mener loin » (Mêmes archives).

2) Le ducat valait alors 7 à 8 livres.

3) Tommaseo, *Relations des ambassadeurs vénitiens*, I, 361.

4) Martinus Laudensis, *De legatis*, q. 35.

ambassadeurs de Russie viennent à Venise, suivis d'un marchand, qui offre avec eux des fourrures au doge, et leur suite
vend une quantité de fourrures [1]. Il est évident qu'on pourrait refuser à un commerce de ce genre le bénéfice de l'immunité diplomatique. Mais une ambassade uniquement envoyée pour des achats trouve très bon accueil dans les républiques commerçantes [2].

L'ambassadeur espagnol Puebla tient à Londres un cabinet
d'avocat et rançonne ses compatriotes : sur les plaintes qui
s'élèvent, le gouvernement espagnol prescrit une enquête en
1498; mais, comme Puebla a l'oreille du gouvernement anglais, l'enquête n'aboutit qu'à lui faire adjoindre un autre
ambassadeur, l'évêque don Pedro de Ayala, qui revenait
d'Ecosse [3].

1) Sanuto, III, 61.
2) Ambassade du voïvode de Moldavie envoyée à Venise pour acheter des
joyaux et des étoffes, avec des lettres de créance et des présents de fourrures
(1506. Sanuto, VI, 291).
3) Bergenroth, *Calendar of letters, despatches..., preserved in the archives
of Simancas,* p. xviii, 164 et s.

CHAPITRE V

IMMUNITÉS

La diplomatie repose essentiellement sur le droit d'aller et venir librement. Toute personne, régulièrement munie d'une commission d'envoyé, a le droit, *ipso facto*, de circuler, parmi les ennemis comme parmi les amis, sous la sauvegarde du droit naturel et divin. De tout temps, la personne de l'ambassadeur a été revêtue d'un caractère sacré : c'est un principe absolu, universellement proclamé en droit romain[1] aussi bien qu'en Grèce, conservé par une longue et inviolable pratique[2], et imposé par la nécessité[3]. « [Oratoribus] etiam ad hostes ipsos per omnia quasi secula tutus aditus esse consuevit, ipsumque legati nomen apud omnes sanctissimum est[4]. » L'envoyé part « au nom de Dieu, au nom de l'Esprit Saint, de la Vierge[5] », et sous cette égide, quel qu'il soit, ambassadeur ou simple

---

1) « Sic enim sentio jus legatorum... etiam divino jure esse vallatum » (Cicéron, *De haruspiciis*, c. 16) : « Sancta sunt corpora legatorum » (Varron, *De lingua latina*, l. III) etc. Etienne Dolet, dans son traité *De officio legati*, § *De immunitate legatorum*, imprimé à Lyon, en 1541, cite Tite-Live, Quinte Curce, Thucydide, etc., etc. V. *Sull' inviolabilità degli agenti diplomatici*, par le prof. L. Olivi, Modena, 1883, p. 8.

2) Conradi Bruni, *De legationibus* libri quinque, 1548 : lib. IV.

3) « Legati habent immunitatem a lege, ut possint ire secure etiam ad hostes » (Martini Laudensis, *De legatis*, q. 18).

4) Lettre du duc de Milan, 29 mai 1454 (*Lettres de Louis XI*, I, p. 253).

5) « Cum el nome de Dio : » « *In nomine Domini*. » Presque toutes les instructions vénitiennes portent cette mention, à laquelle on ajoute quelquefois celle de St Marc. V. not. Instructions vénitiennes du 5 mai 1509, du 17 mai 1509 (A. de Venise, Secreto 41, 171, 180 v°): 22 déc. 1512 (mêmes Archives) : 26 sept. 1499 (mêmes Archives, Secreto 37, 128).

trompette parlementaire, il ira jusqu'au milieu d'une armée ennemie.

Il a pour bouclier toutes les lois divines, naturelles et positives, son assimilation à la personne même du prince qu'il représente [1], les vieilles lois romaines [2], surtout les lois canoniques [3]. « De droit escript, dit Honoré Bonet, les ambassadeurs ou les légats vont tout seurement par les champs. Et... nuls ne les doit empeschier ne destourber ne faire injure [4]. » L'injure contre eux constitue un sacrilège [5], tout obstacle à leur mission comporte une excommunication de plein droit [6], sans préjudice de la peine criminelle. Conrad Brünn les compare à des anges du ciel, aux apôtres du Christ, au Christ lui-même, type suprême du légat, de l'ambassadeur de Dieu [7]; le *Décret* de Gratien les assimile, « cum suis rebus », aux choses sacrées [8] : aux églises, aux pauvres, aux femmes, aux gens sans armes, aux clercs : quiconque leur porte préjudice, encourt, par le fait même, anathème, jusqu'à complète expiation [9].

1) L'injure à lui faite est faite au prince (Martinus Laudensis, *De legatis*, q. 19).

2) Lex Julia, de vi publica : Mart. Laudensis, q. 5, 12, 18.

3) V. le savant mémoire de M. Nys, *Les origines de la diplomatie*, pages 33 et suivantes. Dans l'ancienne diplomatie russe, l'inviolabilité des envoyés était stipulée par les traités (Serge de Westman, *Revue d'Histoire Diplomatique*).

4) *L'arbre des batailles*, cxcvi.

5) M. Laudensis, q. 38.

6) *Id.*, q. 12. — « Legati dicuntur sancti » (*id.*, q. 31).

7) *De legationibus*, lib. iv.

8) « Dans la diplomatie russe du Moyen-Age, dit M. de Westman (*loc. cit.*); le meurtre d'un ambassadeur était considéré comme un crime exceptionnellement grave. Mais ceux des Polovetz, et dans la suite les ambassadeurs des Fatars, n'étaient pas toujours assurés de leur inviolabilité. Souvent les ambassadeurs d'un prince apanagé étaient retenus comme otages par un autre. Une offense contre eux était punie comme envers un prêtre ou un des plus illustres personnages. L'amende pour une telle offense était portée au double de la somme ordinaire. »

9) *Decretum Gratiani*, Secunda pars, causa xxiv, quest. iii, c. 24, 25 (édon Friedberg, I, c. 997).

Rien ne peut donc arrêter une mission diplomatique. Avant la bataille de Fornoue, Charles VIII envoie un trompette au camp italien, proposer des négociations. Le provéditeur vénitien répond que, si un second parlementaire se présente, il sera massacré. Un second trompette arrive ; le provéditeur se borne à « l'envoyer au diable », et, du reste, un autre provéditeur accepte les propositions [1]. Le fait même qu'un ambassadeur vient d'un pays contaminé par la peste ne fournit pas un motif suffisant, à ce qu'il semble, pour retarder sa mission [2].

Il est évident toutefois que l'immunité nécessite la production de pouvoirs réguliers. Ainsi elle est assurée aux ambassadeurs résidents ou temporaires, aux ambassadeurs d'apparat, aux hérauts et trompettes en mission, aux ambassades secrètes régulièrement accréditées, mais l'agent officieux non accrédité n'a droit à aucune sauvegarde.

Quant aux consuls, malgré leur caractère public et leur rôle fréquent de sous-agents politiques, ils sont seulement chefs d'une colonie marchande, et ne peuvent se prévaloir de l'immunité diplomatique [3]. Si la personne dont ils ont à se

---

1) Sanuto, *Spedizione*, 454-455.

2) Sanuto, III, 893.

3) Cela résulte de leurs rapports eux-mêmes. V. un rapport de Damas, constatant que le consul de Venise a été battu (21 février 1501. Sanuto, IV, 6). Des marchands vénitiens ayant été mis en prison au Caire, le consul de Damas arrive faire une réclamation. Le soudan le reçoit fort mal : il l'accuse d'avoir donné à des envoyés du Sophi à Venise une lettre de recommandation : il le traite non de consul, mais d'espion, et le fait mettre aux fers. Le consul d'Alexandrie vient réclamer ; comme il ignore les faits, on le laisse en liberté, mais on arrête ses marchands (mars 1511. Sanuto, XII, 207, 210 et s.) : les marchands vénitiens emprisonnés avec leur consul de Damas, au Caire, écrivent pour demander l'envoi d'un ambassadeur (mai 1511. Sanuto, XII, 214) ; l'ambassadeur vénitien envoyé au Caire désavoue pleinement le consul en cas de faute, et déclare que la Seigneurie n'y est pour rien, qu'elle fera justice : il attache lui-même la chaîne au cou du consul. Il obtient ainsi;

plaindre est un de leurs nationaux, ils peuvent déférer la
poursuite à leur gouvernement [1].

Une personne qui obtiendrait une fausse mission diplomatique pour traverser sûrement un pays, commettrait un acte
fort répréhensible et de mauvaise foi [2].

L'ambassadeur a un caractère sacré, non seulement dans le
pays où il est destiné, mais dans ceux qu'il traverse. Cependant, en fait, certains gouvernements italiens ont souvent
donné l'exemple d'arrêter, au moins, des courriers. Le roi
Louis XII reconnaît le principe du respect dû aux ambassadeurs ou aux courriers étrangers qui traversent la France : la
question se présentait pour l'Espagne [3]. Les Anglais ne re-
connaissent point d'immunité diplomatique aux ambassadeurs, ni même aux princes voyageurs, qu'une tempête jette
sur leurs côtes ; ils appliquent strictement le droit de prise, au
point qu'on vit le roi d'Angleterre faire prisonnier l'archiduc
Philippe, jeté sur les côtes au commencement du XVIe siècle à son retour d'Espagne en Flandre ; mesure, d'ailleurs,
jugée contraire au droit international.

En 1458, Charles VII fait payer la rançon (4.000 écus d'or)
de Guillaume Menipeny, seigneur de Concressault, envoyé en
ambassade près le roi d'Écosse, et naufragé en Angleterre :

après des explications orageuses, la permission de l'emmener enchaîné (Ch.
Schefer, *Le voyage d'outremer*, p. 194-196, LXXXI), mais il n'excipe d'aucun
principe d'immunité diplomatique.

1) Rapport du consul vénitien à Londres, constatant qu'un vénitien l'a
frappé sur la *gola*. Un autre national écrit pour défendre celui qui a frappé.
L'affaire est renvoyée aux *avogadori* (Venise, janv. 1504. Sanuto, V, 730).

2) Le traité de Louis XII avec l'archiduc, que le roi d'Espagne refusa de ratifier, fut considéré comme un mauvais artifice de l'archiduc pour traverser
sûrement la France, à ce qu'assure Wicquefort, *Mémoires...*, p. 561.

3) Ordre de délivrer un sauf conduit à un envoyé de l'archiduc en Espagne
(fr. 2928, fo 4). Par une lettre du 13 mars 1506, Maximilien demande au
cardinal d'Amboise un sauf conduit pour les ambassadeurs qu'il envoie en
Castille (fr. 2756, fo 261).

le navire s'était perdu corps et biens, Menipeny et ses gens
« furent prins et emprisonnés par noz anciens ennemis et adversaires les Englois [1]. » Les Suisses, en paix avec la France,
violent de même le droit des gens en 1483 ; ils arrêtent Antoine Lorédan, envoyé en ambassade de Venise en France, et
ne lui rendent la liberté que sur sa parole de ne rien négocier contre le pape [2].

Jusqu'à quel point s'étend la sauvegarde due aux personnes
et aux choses d'une ambassade qui traverse le territoire ?
doit-on à l'envoyé une liberté sans limites ? L'ambassadeur
aura-t-il toute licence de parler à qui bon lui semble, de se
concerter, de recevoir des visites ? Non. Le gouvernement
peut mettre sous bonne garde la maison où il séjourne et régler ses rapports dans le pays [3].

Jusqu'où s'étend l'immunité diplomatique, proprement dite?
On distingue. Pour les faits antérieurs à la mission, pas de
doute : l'immunité civile et pénale est absolue. L'effet des lois
se trouve suspendu. On ne peut opposer à l'envoyé ni droit
de marque, de représaille ou d'entrecours [4], ni poursuite
pour dette, rupture de ban ou bannissement [5]. Un banni ren-
trera librement, s'il est revêtu d'un caractère diplomatique [6],

---

1) *Catalogue de Documents..*, Eugène Charavay, novembre 1885 : Document
n⁰ 6. — Paiement à un capitaine de navire chargé d'amener d'Ecosse Robert
Coqueborne, aumônier du roi, et un chevaucheur du roi. Le navire ayant fait
naufrage, Coqueborne avait été retenu prisonnier (1507. Fr. 20436, f⁰ 39).

2) 1483. Delaborde, *Expédition de Charles VIII*, p. 150.

3) Des ambassadeurs turcs se rendant en France sont mis à Venise sous
bonne garde et on ne permet aux ambassadeurs de Rhodes de conférer avec
eux qu'en présence de personnages vénitiens (Sanuto, III, 571-572).

4) « Non possunt capi pro represaliis » (Martin de Lodi, citant Angelus et Bartole, *De legatis*, q. 31).

5) Sauf conduit de 1401 (Rymer. IV, 1, 4). G. de Villadiego, *De legato*, q. 5.
D'après Villadiego, un ambassadeur près du pape, sous le coup d'une excommunication antérieure, doit être relevé de cette excommunication.

6) Légation du cardinal Balue, en 1485.

mais, bien entendu, un motif de convenance [1] doit empêcher une telle mission. S'agit-il au contraire d'une responsabilité personnelle, encourue dans le cours même de la mission, la question est controversée. Honoré Bonet croit qu'on
peut poursuivre, criminellement et civilement, un ambassadeur, « pour les choses qu'il auroit faictes sur le chemin [2]. »

Cette doctrine ne prévaut pas en fait. Il est très fréquent
qu'un ambassadeur s'endette, qu'il se trouve réduit aux expédients ; il peut s'en désoler, mais il ne craint que l'effet moral
résultant de son insolvabilité : il est assuré de l'impunité [3].
Pour en citer un seul exemple, l'ambassadeur de Charles VIII
à Florence écrit que, faute d'envoi d'argent, il a dû contracter des dettes considérables, qu'il est à bout, qu'il ne lui
reste qu'à partir. Et il fait remarquer, avec raison, combien
la disparition d'un ambassadeur dans de telles conditions
nuirait au prestige de la France.

De même pour les lois pénales. Appuyés sur le droit romain qui considère le *legatus* (à un tout autre point de vue)
comme emportant partout avec lui la loi romaine que les
jurisconsultes de Rome estimaient la loi de l'univers, les juris-

---

1) Nic. Michiel, élu orateur de Venise en Hongrie, expose que, depuis trente-
quatre ans, il est au service de la république, qu'il ira où on voudra, mais
qu'en Hongrie il est condamné à mort par contumace, pour avoir fait, en
1472, assassiner un capitaine par ordre de la république. On admet son excuse (16 déc. 1500. Sanuto, III, c. 1176).

2) « Se ung légat sur son chemin commettoit aucun délit, il seroit bien
tenu pour celui de respondre en jugement » (Hé Bonet, *L'arbre des batailles*,
c. xcvi. Cf. J.J. a Canibus, *De Represaliis*, dans le Rec. de Ziletti, XII, p.
278, no 44).

3) Sauf conduit de 1401. Cependant l'ambassadeur espagnol à Londres
Puebla prétend que son collègue d'Allemagne vient d'être saisi pour dettes et
« a failli » être jeté en prison (Bergenroth, *Calendar of letters, despatches...
preserved in the archives at Simancas*, I, xxix). Les Siete Partidas d'Alphonse X autorisent en Castille les poursuites contre des ambassadeurs pour
dettes contractées durant leur séjour (Nys, *Les Siete partidas et le droit de
la guerre.*

consultes du Moyen Age ont imaginé cette fiction de l'exterritorialité, en vertu de laquelle l'ambassadeur emporte partout sa loi personnelle, lui reste exclusivement soumis[1] et
même est censé ne pas quitter le sol de son pays[2]. Conrad
Brünn insiste fort sur ce principe d'exterritorialité, au point
de vue civil : il n'aborde pas le point de vue pénal, mais
comme ses successeurs ne font aucune distinction, nous pouvons suppléer à son silence en supposant que lui-même n'en
faisait pas davantage.

Cette fiction pourtant ne passe pas sans susciter quelques
réserves[3] : et surtout elle se heurte à des contradictions. Ne
parlons même pas de la bizarrerie de la situation qui paraît
en résulter pour les ambassadeurs non nationaux, si nombreux alors : par exemple, de la situation du cardinal d'Amboise, ministre en France, et légat *a latere* du pape dans le
même pays... On admet que l'ambassadeur, pendant sa
mission, échappe en partie aux lois de son pays d'origine ;
que son éloignement constitue un cas d'absence légale[4].
Par contre, on le reconnaît tenu de se conformer à certains
règlements du pays de sa résidence, ne fût-ce qu'aux usages
de police[5]. Et d'autre part, certains auteurs lui attribuent

1) Les Romanistes déclarent, d'après les lois romaines, que les ambassadeurs à l'étranger peuvent tester selon le droit romain, c'est-à-dire selon
les lois de leur pays (Martini Laudensis, *De legatis*, q. 21).

2) C. Brünn, *De legationibus*, IV, c. 5 ; Paschalii, *Legatus*, CLXXIII. Cf.
Nys, *Les origines de la diplomatie*, p. 41.

3) Nous venons de citer un ambassadeur vénitien, condamné par coutu-
mace en Hongrie, pour avoir fait assassiner un capitaine par ordre de son
gouvernement.

4) Comme nous l'avons dit, une ambassade dispense légalement de la tutelle (Martini Laudensis, *De legatis*, q. 32). L'ambassadeur n'est pas tenu de
constituer procureur dans ses procès en cours, s'il doit bientôt revenir (*id.*, q.
28). Un jugement rendu contre un ambassadeur absent et non représenté ou
mal représenté, sera déclaré nul, à moins que le juge n'ait connu l'absence
(*id.*, q. 30). Cf. ci-dessus, page 2.

5) Quand on voyage, on doit vivre, dit Vincent Rigault, selon l'usage du

même une juridiction personnelle. Villadiego enseigne que le légat pontifical, en cas d'injure ou d'empêchement notoire, peut se faire justice à lui-même et frapper les coupables de la peine d'interdit : mais s'il faut une instruction pour éclaircir les faits délictueux, le légat ouvrira-t-il une enquête ? la question est discutée, répond Villadiego [1]. Elle était, en effet, discutée en droit romain, et les textes du Digeste sont contradictoires. D'après un paragraphe de la loi 7 *De legationibus*, en cas d'attentat contre le légat, on devait livrer le coupable au gouvernement du légat : ce principe, si contraire aux notions fondamentales de la justice et de la nationalité, prit faveur, dans certains pays, vers la fin du XVIe siècle [2], mais à la fin du Moyen Age, il n'est pas admis. Frapper, violenter, injurier [3] un ambassadeur constitue le crime de violence publique [4], crime *mixti fori*, c'est-à-dire qui relève à la fois des tribunaux ecclésiastiques, comme contraire aux constitutions apostoliques, et des tribunaux criminels locaux, en vertu d'un second texte du Digeste *Ad legem Juliam de vi publicâ* [5]. En fait, lorsqu'un attentat s'est produit, le gouvernement local le poursuit d'office et s'empresse de le réparer [6]. Le conseil

pays où l'on se trouve (*Allegationes Vincentii*, Paris, 1512, f⁰ xxvi v⁰). L'ambassadeur doit les impôts de droit commun pour ce qui n'est pas de son usage personnel, selon Martin de Lodi (*De legatis,* q. 16).

1) *De legato,* q. 6. Par la suite, on poussa plus loin cette doctrine, en attribuant aux ambassadeurs des grandes puissances une juridiction positive, bornée seulement par les limites d'un quartier déterminé.

2) Ern. Lehr, *Manuel théorique et pratique des agents diplomatiques,* p. 221.

3) Le pape se montre fort mécontent que la présence d'une ambassade allemande à Rome, en 1464, donne lieu à des manifestations hostiles, avec les cris de *Austria* (lettre de l'archevêque de Milan, citée par Pastor, *Hist. des papes,* t. IV, p. 17, n. 1, de l'édition française).

4) *Allegationes Vincentii,* f⁰ xxvi v⁰.

5) Mart. Laudensis, q. 5.

6) V. un intéressant travail de M. Eugène Jarry, dans la *Revue d'Histoire Diplomatique* (année 1892, p. 173 et suiv.), sur un coup de main auda-

des Dix de Venise ordonne, avant le départ d'une ambassade
russe, de lui faire remettre une pièce d'étoffe, semblable à
une autre qui lui avait été volée [1]. M. de Gramont, ambassadeur à Rome, attaqué et pillé à Viterbe par des brigands, reçoit une indemnité de 1300 ducats : les voleurs sont immédiatement pendus et exposés au pont St Ange [2]. En novembre
1500, dans une rue de Tours, le sire de la Marck se rendait à la
cour, lorsqu'un page de l'ambassade allemande lui donne sur
le pied un coup assez violent ; La Marck répond par un coup de
canne. Surviennent les ambassadeurs : le second ambassadeur,
qui était chevalier, s'écrie : « Monseigneur, c'est assez, ne frap-
pez plus le page. — Toi aussi, riposte La Marck irrité, gare
à toi ! — Comment ! dit l'ambassadeur, nous ambassadeur de
l'Empire ! » et il se précipite sur La Marck, saisit sa canne et
l'arrête... Louis XII, à cette nouvelle, fit fermer les portes de
la ville et donner des ordres de justice : il laissa aux ambassadeurs le rôle de solliciter la grâce de La Marck [3].

L'ambassadeur ne peut jouir de l'immunité que dans les
limites de sa fonction ; s'il les excède, il perd le droit au respect [4]. Il en sortirait s'il se mêlait subrepticement à la politique
intérieure du pays où il réside. On cite ce fait qu'en 1510
Jules II, outré de la présomption d'un ambassadeur de Savoie
qui lui offrait sa médiation pour apaiser les difficultés de l'univers catholique, le traita d'espion, le fit arrêter et mettre à la
question. En 1507, le bruit court, et il semble tout naturel, que

cieux du duc de Bourgogne, qui fit, en 1415, enlever sur le territoire du duché
de Bar une ambassade française destinée au concile de Bâle. Cet attentat provoqua une véritable stupeur ; le duc de Bar lui-même se chargea de le venger
les armes à la main.

1) avril 1500. Sanuto, III, c. 272.
2) 1500. Sanuto, III, c. 403.
3) Sanuto, III, 1204.
4) Petrini Belli, Albensis,... *De re militari et bello* (Venise, 1563, 4°),
p. II, t. IX.

le roi des Romains va faire arrêter un ambassadeur de France qui suborne des membres de la diète, parce que cet ambassadeur se livre ainsi à des actes d'agent secret : le roi des Romains prétendait en avoir acquis la certitude en interceptant un courrier de France[1].

Aussi, un gouvernement peut faire surveiller de près les ambassadeurs, dût-il laisser dire qu'il les traite en quasi-prisonniers[2]. En août 1511, le roi d'Angleterre fait espionner un ambassadeur du pape et constate qu'il a la nuit, dans des conditions très secrètes, « derrière certains murs », des communications avec l'ambassadeur de France. Il le fait arrêter et le menace de la torture. L'ambassadeur avoue, mais il déclare avoir agi selon les instructions du cardinal de Pavie, légat et confident du pape. Le roi écrit de suite au pape, pour se plaindre de cet abus[3]... L'ambassadeur doit donc se tenir strictement dans son rôle de représentant d'un gouvernement près d'un autre gouvernement, sans se mêler de pratiques secrètes, sinon il risquerait de perdre son immunité.

Quant à l'agent secret, bien entendu il n'a droit à aucune immunité : le gouvernement peut le faire arrêter, et mettre obstacle à sa mission[4].

L'immunité cesse également de plein droit en cas de trahison volontaire ou involontaire. Ce point ressort d'un fait assez curieux. Un courrier de France, venant de Venise, en décembre

1) 1507. Sanuto VII, 95.
2) Wicquefort, *Mémoires...*, p. 281, 560, 540.
3) Sanuto, XII, 333.
4) Un agent secret vénitien fut envoyé à Lisbonne, en 1504, sous prétexte d'affaires commerciales, en réalité pour surveiller le commerce avec les Indes. Prévenu de son arrivée par un florentin, le roi Emanuel le fit arrêter le lendemain de son arrivée, comparaître devant lui et envoyer en prison. Après plusieurs interrogatoires, il le fit relâcher. L'agent resta jusqu'en 1506 et rédigea un long mémoire (Heyd, *Hist. du commerce dans le Levant*, édition française, II, p. 525).

1500, voyage avec un milanais, titulaire d'un sauf conduit vénitien. A Gambaro, sur le territoire de Venise, assaillis par quatre hommes masqués, ils sont tous deux saisis et menés dans une possession du marquis de Mantoue. Le lendemain, on retient le milanais, et on relâche le courrier. Le courrier se plaint à l'ambassadeur, l'ambassadeur à la Seigneurie, la Seigneurie au marquis de Mantoue. Ce dernier répond que le courrier voyageait avec un milanais, Martin de Casal, ennemi du roi de France et qui le trahit [1]. Sur l'annonce d'un soulèvement de Forli, Jules II fait aussi arrêter et mettre au château St Ange les deux ambassadeurs de cette ville [2] : il est vrai que Forli faisant partie des états pontificaux, Jules II traitait les ambassadeurs en sujets.

La suite des ambassadeurs participe à l'immunité diplomatique ; l'immunité s'étend à toutes les personnes et à toutes les choses de l'ambassade ; à la femme, aux fils, aux neveux de l'ambassadeur, à ses agents, à ses courriers, à ses bagages. Hommes et choses doivent passer, non seulement avec sécurité, mais en franchise des droits de péage et de douane. Ce privilège prête à de grands abus, que nous aurons l'occasion de signaler [3] ; il n'est pas encore bien précisé, il n'a pas donné

1) Sanuto, III, 1205, 1207, 1219. A la suite de la capture du marquis de Mantoue par les Vénitiens, Louis XII propose même à Jules II de mettre en prison, sans autre forme de procès, les ambassadeurs vénitiens à Rome, comme otages, pour le fait de leur gouvernement (1509. Desjardins, *Négociations*, II, 407).

2) 1504. *Disp. di Giustinian*, III, 49.

3) La suite d'un ambassadeur comprenait des volontaires non commissionnés, désireux de faire le voyage pour un motif ou pour un autre, souvent pour un motif commercial. Le cordelier Thenaud, chargé par Louise de Savoie d'aller en Egypte, puis à Jérusalem, aux Indes.., se joint en 1512 à l'ambassade d'André Le Roy, auquel il présente simplement une lettre de recommandation de sa maîtresse (*Le voyage d'outremer*, publié par Ch. Schefer, p. 5): le navire de l'ambassadeur porte deux cent cinquante personnes, tant du personnel de l'ambassade, que marins, pélerins et marchands (p. 7). Un peintre se joint la même année à l'ambassade vénitienne en Egypte (*id.*, p. LXXXV).

lieu à toutes les discussions subtiles qu'il inspirera au XVIIᵉ siècle [1]. Cependant Honoré Bonet enseigne que l'immunité ne doit pas couvrir des abus : on ne peut pas arguer d'un sauf conduit pour transporter gratuitement des choses inutiles, pour introduire quelque ennemi [2]. L'ambassadeur est tenu des impôts de droit commun pour tout ce qui n'est pas de son usage personnel [3]. Il ne peut pas, sous prétexte de suite, amener avec lui un homme d'armes ennemi [4], ni *plus fort que lui*. Le roi d'Angleterre, par exemple, ne pourrait voyager sous le sauf conduit de son ambassadeur [5].

L'immunité diplomatique rend inviolable la demeure de l'ambassadeur : lui confère-t-elle un droit d'asile ? Certainement oui ; cette théorie a inspiré notamment les capitulations conclues en Orient et elle est encore hautement professée au XVIIᵉ siècle. En résultera-t-il donc que l'ambassadeur ait lui-même juridiction sur le personnel étranger ou indigène qu'il amène ou qu'il emploie ? Logiquement, les jurisconsultes répondent par l'affirmative [6], tout en observant que l'ambassadeur, en réalité, ne dispose que de moyens de coercition domestique. Cependant, il faut tenir compte des circonstances. En Suisse, par exemple, le pays alors le plus réfractaire aux principes d'immunité diplomatique, les ambassadeurs doivent s'astreindre à une réserve excessive. En **1512**, les six ambassadeurs de France à Lucerne habitent séparément et n'osent se parler ; ils sont sur un qui-vive perpétuel. Un archer de l'un des ambassadeurs, de M. de la Tré-

1) Notamment à Rome en 1688, à propos des affaires du Mˡⁱˢ de Lavardin. V. Moroni, *Dizionario*, t. 34, p. 34.

2) C. xcvi.

3) Mart. Laudensis, *De legatis*, q. 16.

4) Christine de Pisan, *Le livre des fais d'armes...*

5) H. Bonet, *L'arbre des batailles*, clviii.

6) Car. Paschalii, *Legatus*, ç. lxxvi, f. 350.

moïlle, s'oublie, dans son impatience, jusqu'à frapper de sa javeline un écusson de Berne ; on l'arrête et on le conduit devant M. de la Trémoïlle, en disant que « le sauf conduit était rompu. » M. de la Trémoïlle répond qu'il ne veut pas « advouer » cet homme, et qu'on le punisse, s'il l'a mérité : on lui fait couper la tête [1].

Malgré la rigueur des principes que nous venons d'exposer, les missions diplomatiques comportent des risques entre nations hostiles [2], spécialement entre Turcs et chrétiens [3], et les chrétiens n'ont pas toujours le plus beau rôle. Un ambassadeur envoyé par le sophi de Perse au roi de Hongrie est découvert et arrêté par les Turcs, mené à Constantinople et « mis en pièces [4]. » Cette cruauté s'explique parce que le sophi de Perse était un insurgé. Mais que dire d'un seigneur valaque,

---

1) *Lett. de Louis XII*, IV, 55. Des gardes de sûreté arrêtent, comme complice de meurtre, un serviteur de l'ambassade d'Espagne en Angleterre : vainement l'ambassadeur réclame ce serviteur qu'il dit indispensable à sa maison, et demande sa liberté sous caution ; l'individu est mis en prison (*Bernardi Andreæ Annales Henri VII*, p. 105).

2) L'amiral de Graville écrit à Du Bouchage : « Touchant vostre voiage d'Almaigne, par la foy de mon corps, ce fut la plus verte commission que je veiz jamais prandre à jeune homme ; toutesfois, sy vous feustes demouré là encore huit jours, je vous aroye envoiay Picardie et autres gens, qu'ils vous eussent dit la manière de vous retyrer malgré lui et tout son barnage » (28 juin 1495. Ms. fr. 2916, f° 12). Après Fornoue, Commines et St Malo sont chargés de pourparlers. Mais St Malo refuse de se rendre au camp ennemi, craignant quelque risque (Benedetti, *Fatto d'arme*, 1. 1°) ; un trompette français va porter un sauf conduit au camp italien, pour ouvrir des négociations. Les Italiens n'acceptent qu'un rendez-vous à moitié chemin entre les deux armées (Delaborde, *Expédition de Charles VIII*, p. 653). — Cf. ms. fr. 20616, n° 12 : 1384, le sire de Bueil, *messager* du roi, est fait prisonnier à Raguse.

3) Un passage de Joinville (chap. LXXI, cité par M. Nys, *Les origines de la diplomatie*, p. 35-36) montre qu'au xiiie siècle l'inviolabilité des ambassades entre musulmans et chrétiens ne reposait pas encore sur un principe de droit public, mais seulement sur la parole donnée. Si le prince qui avait donné sa parole mourait, les ambassadeurs devenaient des prisonniers.

4) Le Maire de Belges, *L'histoire moderne du prince Syach Ysmail*.

qui, recevant un envoyé du sultan pour une réclamation insignifiante, lui fait couper le nez et arracher les yeux? Le
Grand Seigneur répond à cette atrocité par un cartel très
digne, en turc, au nom de Dieu [1].

En cas d'attentat, quel sera le recours ? Il n'en existe pas
d'autre qu'une réclamation formelle près du gouvernement
de l'agresseur [2]. La diplomatie française, en pareil cas, réclame surtout la tête des coupables, sans mention d'indemnité [3]. Les gouvernements italiens réclament d'abord une restitution équitable en argent [4], des dommages-intérêts [5].

Deux ambassadeurs de Navarre, en janvier 1365, venant à
Avignon, sous l'arbitrage du pape, négocier la paix avec le
roi de France, sont dépouillés par des officiers français, à la
tête du pont d'Avignon, de 686 pièces d'or, leur provision de
voyage. Le pape Urbain V aussitôt, — au nom du Siège
Apostolique, — réclame réparation au duc d'Anjou, lieute-

---

1) 1501. Sanuto, III, 1627.

2) Lettre de Gilbert de Montpensier à Ludovic Sforza, le 24 septembre
(1495) : un trompette envoyé la veille au duc de Milan a été détroussé ; Gilbert
prie d'en « faire faire la raison » (*Catal. d'autographes,* vente du 10 mai 1886,
Eug. Charavay, n⁰ 177).

3) Le 12 mai 1500, M. de Gramont, quoiqu'il reçoive une indemnité, réclame seulement la punition des brigands qui l'ont attaqué. Quinze de ces
brigands furent arrêtés et envoyés à Rome, où treize furent pendus quelques jours plus tard, le 27 mai (Burckard, III, 39, 45).

4) Thomas Reatin, ambassadeur de Milan en France, est attaqué au retour par
des brigands près de Ceva. On le dépouille, lui et sa *familia,* de tout, « equis,
bestiis, impedimentis, auro, argento, ceterisque bonis que secum in hac ejus
legatione adduxerat ». Le dommage est de plus de 4.000 ducats d'or. Le chef
des voleurs se dit serviteur du dauphin, et se vante d'agir pour lui, « quod
mihi omnino absurdum videtur,... » Le duc de Milan demande la restitution,
ce qui est « juri et equitati », en même temps qu'un acte d'amitié, ou bien le
désaveu du voleur (Lettre du duc de Milan au dauphin, 29 mai 1454.
Lettres de Louis XI, I, p. 253).

5) Un agent de l'ambassade vénitienne est massacré par les gens d'Hon-
fleur. Le sénat de Venise réclame une indemnité et le châtiment des meur-
triers (1486. Perret, *Notice..sur..Graville,* p. 78).

nant général du roi de France, « cui hoc displicere puta-
mus [1]. »

Faute de satisfaction, un attentat, fût-il de médiocre importance, donne lieu à des représailles étendues, à des hostilités,
à la guerre. Un valet du roi de France, envoyé par les postes
à Jules II avec un *cavallaire* de Ferrare, est arrêté et enlevé
dans la forêt de Bavano, par cinq hommes masqués. Le cavallaire seul, attaché à un arbre, réussit à s'évader. Le pape
apprend ce fait avec une extrême indignation, et en accuse les
Vénitiens avec la connivence des Espagnols. L'ambassadeur
vénitien rejette la responsabilité sur les Espagnols, parce que,
depuis quelque temps, on a arrêté et dépouillé plusieurs courriers venant d'Espagne [2]. Jules II, aussitôt, fait arrêter un individu suspect ; il met à Civita Vecchia l'embargo sur un navire espagnol chargé d'armes. L'ambassadeur vénitien se
remue pour prouver l'innocence de son gouvernement. Il
écrit au consul à Naples pour savoir si l'on a des détails [3]...
Ce sont en effet des injures qui ne se lavent que dans le sang.
En 1514, l'évêque de Gürck, ministre de l'empereur, fait arrêter à Come, contrairement au droit des gens, un agent vénitien, le secrétaire Stella, revenant de Suisse avec des saufs
conduits suisse et milanais. Cet agent est conduit à Vérone,
puis dirigé sur Insprück. Aussitôt la Seigneurie avise du fait
son ambassadeur en France et réclame la guerre immé-
diate [4].

En 1510, un ambassadeur turc, venant en Hongrie, est as-
sailli près de Belgrade par des Hongrois, qui lui enlèvent ses
bagages et massacrent sa suite : lui-même, blessé, s'enfuit à

1) M. Prou, *Relations politiques du pape Urbain V*, p. 122.
2) 12 déc. 1504. *Dispacci di Giustinian*, III, 332.
3) *Id.*, 339-341.
4) Dépêche à l'orateur, du 7 sept. 1514 (Arch. de Venise).

Belgrade. Par représailles, le sandjak voisin fait arrêter tous les marchands hongrois venus pour une foire et saisit leurs biens. Le ban de Jassy veut par un coup de main délivrer ces marchands, et envoie une colonne de mille hommes : cette colonne tombe dans une embuscade et est anéantie [1].

Un meurtre d'ambassadeur entraînerait la guerre sans phrases [2]. On ne trouve plus d'exemple de faits de ce genre entre nations chrétiennes.

Citons cependant, comme exception, une incroyable lettre au vice-roi de Naples, du 22 mai 1508, où Ferdinand le Catholique s'exprime avec emportement au sujet d'une notification, apportée au vice-roi par un courrier du pape, et qu'il considère comme lésive de ses droits. Cette lettre reproche violemment au vice-roi de n'avoir pas fait pendre l'envoyé du pape. Bien plus, le roi donne l'ordre formel de rechercher ce malheureux courrier et; si on peut l'arrêter, de lui faire signer une rétractation formelle, puis... de le pendre : d'arrêter les gens qui l'ont assisté, de leur faire signer une rétractation semblable; puis de les incarcérer au Castel Nuovo, de telle sorte qu'on n'entende plus parler d'eux ; de faire arrêter et mettre au secret le commissaire du pape à Naples. Il défend d'ailleurs au vice-roi de faire aucune réponse (celle-là suffisait), et il lui ordonne, s'il a envoyé des ambassadeurs, de les rappeler, sans même qu'ils parlent au pape [3]... Voilà une lettre *ab irato*, à laquelle nous pensons que le vice-roi put se juger dispensé d'obéir.

Une ambassade n'a pas besoin de sauf conduit ni de passe-

---

1) 1510. Sanuto X, 22.

2) Charles V ayant envoyé en Angleterre des « ambaxadeurs », qui furent tués, *casus belli*, dit Christine de Pisan (*Le livre des fais d'armes et de chevalerie*).

3) *Lettres de Louis XII*, I, 141.

port : ses pouvoirs lui en tiennent lieu. En avril 1512, le roi
d'Angleterre fait proposer à Louis XII d'autoriser le commerce entre les deux pays pendant deux mois : Louis XII
répond que, puisqu'on n'est pas en état de guerre, il n'y a
nul besoin d'autorisation ni de sauf conduit [1]. A plus forte
raison, pour une ambassade. Aussi, en général, n'en de-
mande-t-on point en pays ami. C'est une véritable imperti-
nence que d'excuser le retard d'une ambassade par l'absence
de sauf conduit, comme le fait le duc de Bourgogne en 1445,
et d'en demander un [2] ; c'est marquer une défiance qui sent
la guerre. Commines raconte lui-même qu'il quitta le service
du duc de Bourgogne par suite d'une question de sauf conduit. Envoyé à Calais, où il allait souvent, on lui réclame un
sauf conduit ; aussitôt, il prend peur, il écrit ses craintes au
duc, qui lui envoie « une verge qu'il portoit au doigt pour enseigne ; et lui ordonne de passer oultre. » Commines, fort
peu prétentieux en matière de bravoure, trouve l'épreuve
trop forte et se promet de ne plus recommencer [3].

Le sauf conduit est surtout usité pour les négociations en
temps de guerre ou d'hostilité avouée [4] : on le trouve d'un
emploi constant entre la France et l'Angleterre, à l'époque
de leurs luttes [5]. En 1447, le duc d'Orléans, en mauvais rap-

---

1) *Lettres de Louis XII*, III, 243.

2) Ms. fr. 3884, f⁰ 181.

3) *Mémoires*, I, 253.

4) Sauf conduit pour négociations en temps de guerre aux provéditeurs
vénitiens (1509. Desjardins, *Négociations*, II, 358).

5) Et même par la suite. V. Rymer, V, p. 172-173, Westminster, 27 janvier
(1470 n. st.). Sauf conduit du roi d'Angleterre pour trois ambassadeurs français, dont le principal est Guillaume de Menipeny, avec une suite de soixante
personnes et tous biens, joyaux, etc. — Sauf conduit de Louis XI, roi de France,
à Thas Wagham, ambassadeur d'Angleterre (Bordeaux, 30 mars. Copie, ms.
fr. 20980, f⁰ 23). Le général de Normandie reste à Boulogne, pour attendre un
sauf conduit anglais (1509. Desjardins, *Négociations*, II, 621).

ports avec François Sforza, obtient de lui un sauf conduit pour une ambassade [1] : le roi des Romains demande, en 1492, « ung sauf conduyt pour envoyer de ses ambassadeurs [2]. » Des ambassades envoyées en médiation entre deux armées doivent se munir d'un sauf conduit [3].

Quand un souverain ne s'est pas montré suffisamment respectueux du droit des gens, il s'expose aussi à des demandes de saufs conduits. On demande des saufs conduits aux Suisses en 1514 [4]. En 1512, l'évêque de Gürck refuse de se rendre près du pape sans sauf conduit [5]. Claude de Seyssel, évêque de Marseille, membre d'une ambassade de France maltraitée par les Suisses, fait exposer à Léon X qu'il ne peut se rendre à Rome sans un sauf conduit et sans des garanties de sûreté pour son passage par la Suisse et le Milanais. Léon X lui envoie aussitôt le sauf conduit réclamé sous forme de bref, et lui donne des brefs de recommandation pour les Suisses et le duc de Milan. Nous transcrivons en note le texte même de cet acte curieux [6].

1) Faucon, *Rapport de deux missions*, p. 34.
2) Perret, *L. Malet de Graville*, p. 255.—L'ambassadeur envoyé à l'empereur, d'urgence, doit demander à l'évêque de Trente un sauf conduit, et, s'il ne l'a pas, rester à Trente et envoyer à l'empereur le prieur de la Trinité, avec teneur de ses instructions (Instron vénitienne du 23 mai 1509. Arch. de Venise, Secreto 41, 189).
3) Ambassade anglaise de médiation entre la France et la Bretagne en 1488, munie de saufs conduits français et bretons (Dupuy, *Hist. de la réunion de la Bret.*, II, 132). Les envoyés du pape, pour médiation, que la cour d'Angleterre refuse de recevoir, envoient deux sous-agents sans caractère officiel, pour lesquels ils obtiennent un sauf conduit, « avec leurs levriers et leurs armes », comme pour de simples gentilshommes (14 septembre 1372. Rymer, III, p. II, p. 206). Saufs conduits du roi d'Angleterre, pour un séjour de l'abbé de Citeaux et de divers prélats écossais en Angleterre (11 avril, 7 juillet 1486. W. Campbell, *Materials for a history of the reign of Henry VII*, I, 413, 488). Sauf conduit pour les ambassadeurs de Maximilien en Angleterre, 1486 (*id.*, II, p. 75. Cf. p. 284).
4) *Lettres de Louis XII*, IV, 299.
5) 1512. *Lettres de Louis XII*, III, 298.
6) « *Leo papa X*. Dilecte fili, salutem et apostolicam benedictionem. Di-

L'on a le droit de réclamer un sauf conduit pour traverser un pays intermédiaire en hostilité avec l'une ou l'autre des parties. « L'ambassadeur qui est envoyé à un prince neutre ou qui, estant envoyé à un prince amy, est obligé de passer par un pays ennemy à l'égard de celuy à qui il est envoyé, fera toujours fort bien de se munir de bons passeports, » dit encore Wicquefort au XVII° siècle[1]. En janvier 1510, Venise, officiellement en guerre avec l'Allemagne, mais qui vient d'ouvrir des négociations de paix, demande un sauf conduit pour le passage d'une ambassade destinée à l'Angleterre[2].

Si les puissances intermédiaires sont amies, le sauf conduit est inutile, ou bien on consacre l'ambassade en l'accréditant près des diverses cours par le caractère circulaire.

La demande de sauf conduit présente un caractère pacifi-

---

lecti filii nostri Roberti, tituli sancte Suzanne Sancte Romane ecclesie presbiteri cardinalis Nannetensis, et dilecti filii Johannis Lascaris relatione intelleximus Devotionem Tuam a carissimo in Christo fllio nostro Ludovico, Francorum Rege christianissimo, ad Nos et Sanctam Sedem apostolicam oratorem designatum esse seque jam itineri accinxisse, quod profecto nobis gratissimum fuit. Sed quia forte a militibus et ceteris stipendiariis incolisve Insubria et ejus finibus aut aliis Italie locis constitutis te injuria lacessitum iri dubitas et iter ceptum, ob iminentia discrimina bellorum, continuare formidas; idcirco, tibi paterne consulentes, ad principes et potentatus per quorum dominia tibi faciendum est iter scribimus ut te, cum familia et rebus tuis omnibus, tute et libere transire permittant, nec a suis stipendiariis vel subditis in persona vel in bonis patiantur quovisquesito colore tibi injuriam urogari. Quare eamdem Devotionem Tuam hortamur in Domino ut iter ceptum prosequi quantum tuto et commode potes pergas. Datum Rome, apud sanctum Petrum, sub annulo piscatoris, die quinta julii Mo D. XIIIo, pont. nostri anno primo. *Ia. Sadoletus.* Dilecto filio Claudio de Seysello, electo Massiliensi. » Suit la copie des brefs, adressés, le 5 juillet, à Maximilien, duc de Milan ; le 6, aux Suisses des douze cantons de l'Allemagne supérieure, « ecclesiastice libertatis defensoribus, confederatis nostris » ; ces brefs annoncent le passage de Seyssel et recommandent vivement de le garantir contre tout préjudice et toute attaque (Copies anciennes. Ms. Dupuy 28, fo 33).

1) *Mémoires*, p. 296.
2) Sanuto, IX, 468.

que, quand elle constitue une première démarche en faveur de la paix. Elle accentue le désir [1].

L'offre, ou l'envoi d'office, de saufs conduits marque un sentiment de franchise et de faveur.

Dans tous les cas, avec ou sans saufs conduits, l'ambassade doit toujours s'entourer des précautions convenables et agir avec prudence [2].

Un gouvernement peut-il refuser un sauf conduit qu'on lui demande, ne fût-ce que pour traverser son territoire ? Assurément [3]. Un ambassadeur ne peut passer une frontière sans l'agrément du gouvernement ; on peut toujours la lui interdire. Mais alors c'est un cas de rupture ouverte [4], excepté à l'égard des légats du pape, pour la réception desquels il existe des règles particulières.

Le sauf conduit diplomatique ne représente, en somme, qu'une simple formalité. Il ne confère aucune prérogative spéciale, il ne fait qu'appliquer concrètement le droit com-

---

1) Lettre du 12 août 1484 (*Reg. du conseil de Charles VIII*, p. 45).

2) Instruction vénitienne de mai 1509 (A. de Venise, Secreto 41, 171, 180 v⁰).

3) Dépêche du 6 novembre 1514 à Dandolo (Archives de Venise). Le duc d'Albanie, écossais au service de la France, demande au pape une entrevue. Jules II refuse d'abord, ne voulant pas parler aux Français. Enfin, il lui accorde un sauf conduit avec 30 chevaux. Le duc en demande 60 (févr. 1511. Sanuto, XII, 65).

4) Défense signifiée à l'ambassadeur napolitain Pandone, en 1493, à Lyon, de passer outre. Pandone quitte la France, en déclarant que son maître se vengera (Boislisle, *Et. de Vesc,* p. 76) : refus de sauf conduit par Jules II à l'ambassadeur de France à Florence (Dép. du 25 mai 1512 à l'orateur à Rome. Arch. de Venise). Les Suisses n'admettent MM. de la Trémoïlle et Trivulce qu'à condition qu'il seront sans caractère officiel ; les deux envoyés se voient forcés d'habiter séparément à Lucerne, et même de ne pas se parler etc. Louis XI invite l'ambassadeur milanais à faire refuser un sauf conduit au grand-bâtard de Bourgogne, qui va en Italie contracter un emprunt pour Charles le Téméraire (1475. Gingins la Sarraz, *Dépêches des ambassadeurs milanais,* I, 29).

mun [1] : son seul avantage, réel d'ailleurs, consiste à remettre un titre précis dans les mains de l'ambassadeur. On peut déléguer à une ambassade le droit de décerner des saufs conduits pour les besoins de la négociation [2].

Quant à sa forme, le sauf conduit [3] consiste en un mandement royal, décerné en grand conseil, suivant le formulaire solennel des actes d'administration intérieure, c'est-à-dire en français, sur parchemin, scellé du grand sceau, en cire jaune, sur simple *queue*. C'est un ordre donné à tous les gouverneurs, capitaines, baillis, prévôts, maieurs, jurés, échevins, ou gardes de villes, cités, châteaux, forteresses, ponts, passages, juridictions et détroits, et à tous officiers et sujets quelconques, de laisser librement circuler tels et tels envoyés [4]. Le mot *sauf conduit* y est prononcé. Le sauf conduit est, quant aux lieux, général ou particulier ; il a une durée limitée ou illimitée, suivant spécification [5]. Il fixe le nombre des ambassadeurs, des chevaux admis à leur suite, de leurs bagages [6] : ou bien il est général, et admet les ambassadeurs « avecques touz leurz chevalx, joialx, et autres biens quelconques, jusques à cel temps et tel nombre come il leur plaira [7]. » Selon

---

1) C'est-à-dire suspendre, d'une manière précise, l'effet de toutes les difficultés opposables à un étranger : marque, représailles, entrecours, condamnations pour dettes, en bannissement, ou pour rupture de ban (Sauf conduit du roi d'Angleterre, 21 juin 1401. Rymer, IV, I, 4).

2) « Pourroit estre que lesdiz messagés de France ne voudroient mie assembler avec nosditz gentz sans avoir d'eulx lettres de seur et sauf conduit » (Pat. de Richard d'Angleterre, 1er avril 1401. Rymer, IV, I, 1).

3) En latin *salvus conductus*, ou, dans le langage du droit, *securitas* (*Alleg. Vincentii* Rigault).

4) Sauf conduit français pour les plénipotentiaires de la paix d'Arras (orig. ms. Moreau 1424, no 68).

5) *Allegationes Vincentii*, fo xxvi vo.

6) 15 nov. 1447. Sauf conduit par François Sforza pour trois mois, à tous orateurs ou mandataires du duc d'Orléans, pour, avec 12 cavaliers ou hommes de pied, venir d'Asti vers lui, puis près du pape, et revenir à Asti (Faucon, *Rapport de deux missions*, p. 34).

7) Sauf conduit franco-anglais du 1er avril 1401 (Rymer, VI, I, 1).

Guichardin, il doit être contresigné d'un secrétaire, à peine de nullité ; mais cette règle ne nous paraît pas exacte. Un capitaine d'armée [1], un podestat, à Venise un provéditeur, confèrent des saufs conduits parfaitement valables pour l'étendue de leur juridiction [2]. Un ambassadeur se croit le droit de garantir la sécurité d'un tiers, même par sa simple parole. Transporté à la frontière pour être remis dans les mains des Français, le cardinal Ascagne Sforza, demande qu'on l'assure de sa vie. L'ambassadeur de France lui répond : « Je vous assure jusqu'au roi. » Ascagne est un prisonnier et non un diplomate : nous ne citons cette parole que comme exemple de ce que peut la parole d'un ambassadeur [3].

De même, le sauf conduit ne doit pas s'interpréter dans le sens restrictif ou strictement littéral : si, par exemple, il porte sécurité « pour aller trouver telle personne », il faut sous-entendre la clause de retour [4].

On confond à tort les saufs conduits avec deux autres instruments diplomatiques de sécurité, les passeports et les recommandations. Le sauf conduit consiste en un ordre donné par un souverain sur son propre territoire en faveur d'étrangers. Les passeports et les recommandations sont des actes destinés,

---

1) Mise en demeure de se rendre, signifiée par un commandant d'armée allemand, le 27 août 1511, sous forme d'avis, en latin, de l'envoi d'un trompette, porteur de l'ultimatum. Cet avis porte sauf conduit pour les envoyés qui seraient adressés dans les vingt-quatre heures. Passé ce délai, le commandant dénonce l'emploi du fer et du feu et du dernier supplice (Sanuto, XII, 419).

2) Un capitaine de gens d'armes ne peut donner sauf conduit à *plus fort que lui* (Christine de Pisan, *Le livre des fais d'armes...*). Cependant, en Italie, le gouverneur de Milan se réserve de donner, au nom de Louis XII, des saufs conduits politiques. Ni l'amiral français ni le gouverneur de Gênes ne se croient autorisés à les signer (Rapp. de Rochechouart. Fr. 2928, fo 29).

3) 6 mai 1500 (Sanuto, III, 295).

4) H. Bonet, *L'arbre des batailles*, c. LVII. Christine de Pisan, *Le livre des fais d'armes.*

au contraire, à l'extérieur, et décernés par le souverain envoyeur.

1° Le passeport, appelé « lettres de passage [1], » en italien *lettere di passo*, a pour but d'établir l'identité d'un personnage et de le protéger dans les pays intermédiaires que son itinéraire l'oblige à traverser. Il est décerné sous forme de patentes ou lettre ouverte, et constitue un acte diplomatique, écrit en latin ou dans la langue des pays à traverser. Il est général ou spécial, selon qu'il s'adresse à tous les amis et alliés de l'État, ou à telles autorités étrangères, qu'il fixe un délai ou un nombre de personnes. Il est presque toujours mixte, c'est-à-dire qu'il s'adresse également aux fonctionnaires du pays envoyeur [2].

Nous analysons, en note, un passeport émané d'une chancellerie pompeuse, celle des ducs de Bourgogne [3], en faveur d'un particulier.

1) 1396. Ogier d'Anglure rencontrant à Venise H. de Bar et le sire de Coucy, ambassadeur de France en Hongrie, ceux-ci lui donnent « leurs lettres de passage pour retourner en France » (Bonnardot et Longnon, *Le saint voyage de Jhérusalem*, Paris, 1878, p. 98).

2) Passeport pour Gucherie, secrétaire du roi, envoyé au pape à Avignon le 17 septembre 1353, consistant en un ordre du roi, « universis justiciariis nostris, portuumque et passagiorum regni nostri custodibus vel eorum locatenentibus », de le laisser *transire* à l'aller et au retour, avec famille, gens, monnaie, chevaux, joyaux et autres biens (ms. fr. 20976, f° 160, orig.). Passeport florentin pour Nicolas Machiavel, envoyé à Monaco (11 mai 1511. Œuvres de Machiavel, Mission de Monaco : Saige, *Documents*, II, 105), consistant en une lettre ouverte, adressée par les Dix de liberté à tous amis, confédérés et recommandés de la république, avec prière de prêter aide et faveur à N. Machiavel, envoyé pour ses affaires à Monaco (en italien). Passeport du roi René d'Anjou à Lambert Grimaldi, seigneur de Monaco, son envoyé près du roi de France : patentes, en français, aux sénéchaux, baillis, etc., du pape, du roi, de lui-même, et de ses amis et bienveillants, avec prière de laisser passer l'envoyé, avec une compagnie de six personnes, pendant un an, et mandement en latin à ses officiers de Provence, leur faisant les mêmes prescriptions (8 septembre 1461. Saige, I, 314, 315).

3) Passeport mixte avec recommandation, pour Hugues de Lannoy, che-

A vrai dire, les passeports délivrés par le pape comportent seuls une sanction, celle des peines canoniques [1].

2° Les lettres de recommandation ou de protection sont des lettres personnelles, sous forme rogatoire, pour l'extérieur. Elles ont pour but d'assurer au bénéficiaire, outre la sécurité, une bonne réception [2], une protection spé-

---

valier de la Toison d'Or ; Bruges, 3 avril 1443 (en latin): « Philippus, Dei gracia dux Burgundie, etc... Universis dominis cardinalibus, patriarchis, archiepiscopis et ecclesiarum seu provinciarum prelatis, regibus, principibus, ducibus, marchionibus, comitibus, baronibus, militibus, scutifferis, et nobilibus, connestabulariis, marescallis, admiraldis, vice admiraldis, cappitaneis, et gencium armorum, in mari, terra vel fluminibus, conductoribus, ceterisque guerram frequentantibus, communitatibus, dominacionibus, seneschallis, presidibusque, potestatibus, baillivis, prepositis, majoribus, scabinis, rectoribus, gubernatoribus, capittaneis et locatenentibus regionum, principatuum, provinciarum, civitatum, opidorum, villarum, castrorum, fortaliciorum, pontium, portuum, pedagiorum, passagiorum ac districtuum custodibus, justiciariis, bulletariis, officialibus et officiatoribus, subdictis, amicis, confederatis et benivolis domini mei Regis ac nostris ceterisque quibuslibet tam ecclesiasticis quam secularibus personis, quibus nostre presentes ostense fuerint littere, et eorum cuilibet in solidum, salutem et sincerum dilectionis augmentum. » Suit un éloge pompeux de la personne, des services, des aïeux d'H. de Lannoy, qui, « de nostris scitu et licencia speciali », va visiter « peregre » des lieux éloignés, « sacra et devota ». — « Vobis omnibus et singulis subditis et servitoribus nostris districte precipiendo, mandamus, alios vere requirimus et rogamus, recommissum suscipere ac favorabiliter et benigne nostri amore et contemplatione tractare velitis », avec dix personnes de « familia », et autant de chevaux au moins, et leur or, argent, joyaux, valises, armes, vêtements, etc., de le laisser « pertransire », jour et nuit, par mer et par terre, à pied ou à cheval, avec ou sans armes, rester ou partir, sans trouble, sans péage, ni gabelle ; de lui fournir vivres et aliments, à prix raisonnable ; de le traiter « quantum pro vobis ipsis aut vestris in simili nos optaretis esse facturos, ad quod nos pro inde reddetis corde sincero paratos. » Ces lettres valent pour cinq ans (ms. fr. 1278, f° 78, copie ancienne).

1) Lors de la levée de l'excommunication de Venise, en mars 1510, le pape bénit les orateurs de Venise. Il écrit l'absolution au patriarche. Il envoie à Venise des brefs destinés à l'empereur, aux électeurs et villes libres de l'Empire, aux rois de Hongrie, de Pologne, etc., avec des patentes pour le libre-passage des courriers de la Seigneurie qui les porteront (Sanuto, X, 5).

2) Lettre de recommandation d'Anne de France, duchesse de Bourbon, à Marguerite d'Autriche, en faveur de Colin Legrant, qu'elle avait retenu à son ser-

ciale [1]. La recommandation peut s'adresser au souverain, ou à un ambassadeur accrédité près de lui [2]. Elle ne sert guère que pour des particuliers notables [3] : en matière d'ambassade, on l'emploie très rarement [4]. Bien entendu, les recommandations ne présentent pas de caractère obligatoire [5] ni juridique : ce sont de simples lettres officieuses, qui valent ce qu'elles valent,

vice et dont elle a été très satisfaite. Anne prie sa nièce de le bien recevoir « et ne luy savoir maulgré si s'est mys en mon service » (La Chaussière, 18 décembre, — 1509, en forme de missive. Orig. appart. à l'auteur).

1) L'ambassadeur de France à Venise présente au doge un écuyer du roi, muni d'une lettre de recommandation, qui va à Jérusalem. Le doge lui serre la main, et on lui fait bonne chère (29 mai 1500. Sanuto, III, 354). Lettre de recommandation, en latin, de Louis, dauphin, pour un de ses échansons, qui entreprend un long voyage, adressée au duc de Milan, « ut operam detis » (*Lett. de Louis XI*, I, n° XLIV). Lettre de recommandation de Charles VIII au duc de Milan, en faveur de Nicolas Guarnerii, frère de Théodore Pavie homme d'armes de la compagnie Des Querdes, que son capitaine envoie à Venise (Tours, 16 sept. Archives de Milan).

2) L'orateur de France à Venise demande à la Seigneurie une lettre de passe, pour une personne qu'il veut envoyer en Pouille à Louis d'Ars, notifier les trêves. Cette lettre est adressée à l'orateur vénitien en cour de Rome (16 mars 1504. Sanuto, V, 990).

3) Patentes latines du 30 mars 1507, du doge Léonard Loredan, pour la reine Isabelle, veuve de Frédéric de Naples : « la reine a avisé de son passage, par un messager, et a été recommandée par lettres spéciales du roi de France. Elle passera par le Mantouan et le Crémonais : nous désirons qu'elle et sa suite, *cum filiis, familia et universa comitiva sua, equis, capsis, valisiis* (suit une longue énumération analogue), soit bien reçue : nous le demandons à nos amis, et le mandons à nos sujets, — par terre, par mer, à cheval, à pied, etc., — librement, sûrement, honorablement, sans paiement d'aucun péage, sans aucun obstacle ni ennui (ms. nouv. acq. lat. 2120, n° 2, orig.).

4) Créance-recommandation de la Srie de Florence au gouverneur de Gênes, le 13 mai 1511 (Saige, *Documents*, II, 108), en faveur de Machiavel qu'elle envoie à Monaco, dans le sens de la politique du roi : prière de lui donner aide et faveur pour y aller « salvamente » et lui prêter pleine foi pour ce qu'il dira (en italien, sous forme de lettre). Lettre de Louis XII à la Srie de Bologne, l'invitant à laisser passer l'ambassade d'obédience qu'il envoie au pape (Paris, 1er février. Archives de Bologne).

5) Un orateur turc vient de la part du roi des Romains demander le passage à Feltre ; le podestat a refusé (août 1500. Sanuto, III, 582).

auxquelles il peut être dangereux de se fier outre mesure [1], même quand le souverain qui les décerne se croit le droit d'y insérer une formule impérative vis à vis de princes inférieurs [2].

On appelle encore saufs conduits les lettres de sauvegarde. par lesquelles le roi prend sous sa protection et sa sauvegarde un prince ou un seigneur étranger [3].

Si les saufs conduits servent peu aux ambassades, ils n'en sont pas moins très usités et répondent à des besoins fort réels pour les particuliers, chaque fois qu'il s'agit d'aller en pays ennemi, ou simplement étranger. Un des plus curieux est celui de Charles Savoisy, chevalier français, et d'Hector de Pontbriant, écuyer, qui se rendent, en 1400, à un combat singulier [4]. Les saufs conduits donnés à un par-

1) Jean Grimaldi se rendant à Rome, son beau-père le doge de Gênes adresse une lettre de recommandation au pape Nicolas V, pour le prier « meo intuitu » de laisser à Jean libre accès (30 novembre 1450. Saige, *Documents*, I, 216). Jean n'en fut pas moins arrêté à Rome.

2) Certificat, en latin, que Robert James, qui part en Bretagne conduire la reine, a des lettres du roi « de protectione » avec la clause *volumus*, pour 4 ans. « Teste rege, apud Westmonasterium, » etc.(10 nov. 1402. *Mémoires de Bret.*, III, 721 : Rymer, VIII, 280).

3) En 1476, après Morat, la duchesse de Savoie demande un sauf conduit à Louis XI, à la grande colère du duc de Bourgogne (Gingins la Sarraz, II, 303) ; en 1484, les seigneurs bretons insurgés, dont le duc saisissait les biens, demandent au parlement de Paris un sauf conduit pour eux et leurs biens (Dupuy, *Hist. de la réunion de la Bretagne*, II, 49). Patentes de Louis XII, levant tout empêchement sur la personne de Lucien Grimaldi, sr de Monaco, du 6 mars 1508-9 (Saige, *Documents*, II, 95) ; elles constatent que Lucien a juré d'être loyal serviteur, ami des amis, etc., et, s'il y avait une contestation de péage avec les sujets du roi, d'accepter la juridiction du chancelier de France.

4) Patentes du roi d'Angleterre du 27 avril (1400), en latin. « Sciatis quod suscepimus in protectionem et defensionem nostras speciales, necnon in sal- vum et securum conductum nostrum, Karolum Savoisy, chivaler, et Ectorem de Pontbirant (*sic*), armigerum », en tous lieux du royaume, même dans les villes fermées, avec cent personnes à son choix « in comitiva sua », — « ad certa facta armorum infra idem regnum nostrum facienda, veniendo, ibidem

ticulier en cas de guerre comportent l'obligation, pour celui qui en bénéficie, de ne se livrer à aucun acte d'agent secret ou d'espion [1].

Le sauf conduit accordé à des particuliers est essentiellement spécial et temporaire : il ne confère aucun privilège d'exterritorialité, il a pour effet, au contraire, de *territorialiser* les bénéficiaires, qui s'engagent, explicitement ou non, à se soumettre à toutes les lois du pays. Mais il constitue une sûreté formelle, absolue, irrévocable [2]. Il vaut pour la durée stipulée ; peu importe un changement de règne, une destitution de l'officier qui l'a donné... Vainement, alléguerait-on contre le porteur de sauf conduit un droit de marque, un état de guerre : « Ce qui ne se peult ne doit faire, pourceque celluy qui prent le sauf conduit est ton ennemy, et, si n'estoit pas ton ennemy, il n'achetteroit pas ton sauf conduit et ne viendroit pas à toy, s'il n'estoit asseuré. S'il avoit tué ton père et ta mère et toy meismes, et tu estoies retourné en vie comme devant, si ne lui pourroyes tu riens demander par raison ne par justice depuis que tu luy as donné seurté [3]. » On peut seulement vérifier la régularité des saufs conduits, et arrêter les gens qui se prévaudraient d'un sauf conduit irrégulier [4].

morando et exinde ad propria redeundo». Les deux chevaliers devront prêter serment de ne contrevenir en rien aux lois du royaume, d'exhiber à toute entrée de ville leur sauf conduit, de n'introduire aucun traître ni banni (Rymer, t. III).

1) Louis de Bueil, titulaire d'un sauf conduit pour négocier sa rançon, doit, d'après ce sauf conduit, ne rien faire en secret ou en public contre le roi d'Angleterre, n'entrer dans aucune ville, forteresse ou château du roi (1444. Favre et Lecestre, *Le Jouvencel*, II, 322).

2) A une demande du roi Edouard d'Angleterre, le roi de France répond : « Au regard des saufs conduits, il ne pouvoit honnêtement révoqués ceux qui étoient ja donnés pour cette année, mais il défendroit à M. l'Amiral qu'il n'en donnât nuls nouveaux à nuls d'iceux qui tenoient le parti contraire dudit Roi Henry » (Duclos, *Hist. de Louis XI*, IV, 245).

3) *Le Jouvencel*, t. II, p. 28 et s.

4) Décret du doge de Venise, du 3 juin 1502, contre les bannis pour crime

Le sauf conduit pour particuliers est semblable, dans sa forme, au sauf conduit diplomatique. En pratique, la chancellerie confond les saufs conduits et les passeports ; elle délivre des passeports : 1° à un étranger, pour entrer et sortir, en guise de sauf conduit provisoire ; 2° à un français pour sortir. Un formulaire du temps du Charles VI[1] nous donne les formules de l'une et de l'autre rédaction. Toutes deux sont libellées en patentes latines : la première, adressée aux sénéchaux, baillis, prévôts, gardes des ports et passages, et autres justiciers ou leurs serviteurs, leur enjoint de laisser passer paisiblement le titulaire, avec chevaux, or, argent, marchandises et objets non prohibés[2] : allant à tel endroit et revenant, moyennant le paiement des droits accoutumés : de lui fournir « salvum conductum » à ses frais, si l'on en est requis. La seconde aux capitaines et gardes des ports et passages, les informant que X*** (par exemple, Jean Briet, chanoine de Bayeux et de Lincoln), va... (en Angleterre) pour... (prendre possession de son canonicat) : et que le roi lui donne licence de passer, « quatenus in nobis est », par ses juridictions, passages, etc., avec (deux chevaux, sa suite) et le nécessaire, à la faveur du sauf conduit, pour aller et venir, « guerris non obstantibus. »

Les particuliers demandant des passeports ou des saufs con-

---

qui reviennent indûment, avec des saufs conduits irréguliers. Vérifier les saufs conduits, appréhender ceux qui seraient en défaut (ms. lat. 10142, f° non marqué).

1) Ms. lat. 4641, f° v.

2) Le sauf conduit précise le chiffre de la suite, pédestre ou équestre, armée ou non armée ; il entre dans toutes les spécifications possibles : « per terram, aquam dulcem, et per mare,... de die et de nocte,... aurum, argentum, monetam, jocalia, robas, manticas, bogeas, fardella, litteras, memoranda, scripturas et alia bona licita quecumque secum portantes vel non portantes, usque ad.... pro.... et exinde.... absque impetitione, perturbatione, seu impedimento quocumque redeundo » (1444. Favre et Lecestre, *Le Jouvencel*, II, 322).

duits pour des motifs naturellement bien variables [1]. Le gouvernement peut, s'il croit devoir les accorder, en surveiller strictement l'exécution [2]. On peut même accorder des sûretés secrètes, à des agents secrets [3] surtout en temps de guerre.

Les saufs conduits sont d'usage assez restreint pour les voyages de princes ou de grands seigneurs [4]. On les double

[1] Bulle de Clément VII donnant un sauf conduit à Raymond de Turenne, avec vingt personnes, avec ou sans armes, pour venir deux mois dans ses terres d'Avignon, afin d'assurer sa « plena securitas, tam in accedendo, morando, quam eciam redeundo » ; avec la formule finale des bulles d'exécration (P. 1388², cote 39 bis : 31 mars 1389).

[2] En 1477, des gens d'Arras demandent un sauf conduit pour aller voir le roi. On trouve la demande singulière et on les fait surveiller. Ils se servent en effet de ce sauf conduit pour se rendre près de Mlle de Bourgogne : mais on les arrête en route, on les amène à Louis XI, et ils sont décapités pour trahison (Jean de Roye). En 1385, le pape refuse un sauf conduit à des gens d'Aix, qui veulent aller trouver le roi de France. Le sénéchal de Provence aussi. Le sénéchal (royal) de Beaucaire envoie des gens les *quérir* à ses risques et périls (Douet d'Arcq, *Choix de pièces*, I, p. 67).

[3] Lettre de Charles VIII à Bourré, de Châteaubriant, le 28 août (1483), portant l'ordre de délivrer Jean Thiercelin, sʳ de la Brosse, détenu à Angers, qui a fait produire par sa femme des lettres de sûreté données par MM. de St André et de Champéroux (ms. fr. 20432, 107).

[4] Cependant, c'est une bonne précaution. Sanuto nous raconte une histoire d'enlèvement, qui fit un bruit énorme. La femme du napolitain Caracciolo, *condottiere* au service de Venise, grande dame par conséquent, fut enlevée, à son passage en Romagne, par vingt cinq cavaliers, des troupes de César Borgia. L'émotion fut immense à Venise. Le soir même de la nouvelle, un secrétaire part pour voir César, et « sans autre salutation » réclamer énergiquement. L'ambassadeur de France, officiellement avisé le lendemain, s'indigne et offre d'y aller aussi en personne. On accepte (Sanuto, III, 1434). On écrit aussi à l'orateur à Rome, de se plaindre au pape (*id.*, 1436). Borgia proteste qu'il n'est pour rien dans l'affaire ; c'est un capitaine espagnol, d'accord avec la dame, qui l'a enlevée, parce qu'il en était amoureux, et la dame avait encouragé sa flamme en lui envoyant des chemises brodées. Il en fera justice, s'il peut ; du reste, dit-il, *la dame ne lui avait demandé aucun sauf conduit* (*id.*, 1450). Le pape fait une réponse analogue (c. 1476) : le mari remue ciel et terre pour retrouver sa femme infidèle (c. 1477). Le pape écrit un bref à César Borgia contre l'enlèvement, tout en excusant César (c. 1484) ; mais on ne retrouve ni la dame ni l'espagnol (c. 1490). On croit savoir que la dame a d'abord été menée à Forli, puis à Imola (c. 1496). Accurse Mainier et Yves

généralement, en pareil cas, de l'envoi d'un chambellan, porteur d'une lettre telle que la suivante :

« Monsr. de Boisy, j'ay donné une seureté à Jehan Monsr. de
Clèves, à la requeste de Monsr. de Nevers, pour s'en aler de
Besançon, où, il est en son pays, et qu'il puisse passer seurement par tous les pays de mon obéissance, lui et ceulx de sa
compaignie. Et pour ce que je désire qu'il passe seurement,
je vous prie que, incontinent ces lettres veues, vous vous en
alez devers lui et les conduysés et lui faictes fere bonne
chère. Escript en la cité d'Arras, le XXXe jour de mars.

(Aut.) Loys [1].

De Chaumont [2]. »

Nous dirons des saufs conduits des princes ce que nous avons
dit des saufs conduits d'ambassades. C'est un procédé presque
désobligeant que d'en demander [3] ; la délivrance officielle de
saufs conduits indique une tension, dont la teneur de l'acte

---

d'Alègre, dit le pape, excusent eux-mêmes César (c. 1512), et le pape adresse
un bref à son légat à Venise pour justifier son fils (c. 1528). L'affaire traine
en longueur : cependant on dit à Forli, à Imola, que Venise ne la laissera pas
impunie (c. 1530) : un espion annonce que la dame est avec son espagnol au
château de Forli, où il y a aussi deux vieilles dames et deux jolies, fort « ca-
ressées » de César (c. 1533) ; ce dire se confirme (c. 1571, 1577, 1587), et l'ambassadeur de France à Venise montre une lettre de d'Alègre, justifiant en effet
César (c. 1560) : le mari écrit à Venise une lettre désespérée (c. 1566) ;
Louis XII blàme fort le fait ; c'est la fable de la cour de France (c. 1569).

1) Louis XI.

2) « A nostre amé et féal conseiller et chambellan le sire de Boysy » (Orig.
sur papier, ms. fr. 20855, n° 48).

3) Louis de Savoie, seigneur de Cavour, demande un sauf conduit au duc
de Milan, pour aller à Gênes pour affaires particulières (1475. Gingins la
Sarraz, I, 55). En 1502, Vladislas, roi de Bohême et de Hongrie, en annonçant
son mariage à l'empereur Maximilien, lui demande un sauf conduit pour Anne
de Candale, avec sa suite, voyageant avec les ambassadeurs de Hongrie : un
sauf conduit par lettres patentes, et « quidem duplicatis », non que Vladislas
doute de l'amitié de Maximilien, dit-il, « sed majoris securitatis atque... majoris commoditatis causà » pour la reine (Pray, Epistolæ procerum, p. 20).

lui-même peut d'ailleurs porter la trace [1]. Mais, en cas de guerre, un prince réclame un sauf conduit pour se commettre parmi des ennemis [2].

Les saufs conduits sont principalement usités pour la sûreté du commerce maritime ou terrestre, entre pays neutres, et alors ils se vendent [3] : ils sont délivrés par patentes royales de chancellerie ou par l'amiral de France [4], dont ils forment le grand revenu.

Tous les saufs conduits doivent être rigoureusement observés, même ceux des marchands : « Car le marchant a bien

1) La ville de Nice, ayant ou croyant avoir un recours à exercer contre Jean Grimaldi, lui envoie un sauf conduit « amplissimus,... pro persona et rebus.» Jean vient et se défend. Le juge de Nice le condamne, et ordonne l'exécution à jour dit. A défaut de cette exécution, Jean Grimaldi est expulsé et ses biens de Nice sont saisis. Il recourt au duc de Savoie, pour cause de rupture du sauf conduit de Nice et de celui du duc de Savoie, dont il avait eu soin de se munir (1433. Saige, *Documents*, I, 97). Sauf conduit des Génois à Jean Grimaldi pour venir à Gènes malgré ses dettes, malgré les dommages faits à beaucoup de particuliers. Ce sauf conduit, en latin, au nom du doge et des anciens, pour un mois, et restreint, débute ainsi : « Harum litterarum auctoritate damus et concedimus amplissimum, tutissimum et generalissimum salvum conductum»... (28 juin 1427. Saige, *Documents*, I, 60). Sauf conduit du roi de Naples à Jean Grimaldi (1er mars 1445. Saige, *Documents*, I, 162), en latin, sous forme de déclaration, avec injonction finale à tous ses capitaines et sujets : signé, scellé : pour huit mois (délai indiqué dans la formule finale). « In nostra regia bona fide guidamus, affidamus, et plenarie assicuramus », pour aller et venir vers nous à Naples, avec ses bateaux, biens, marchandises, « salve, tute, secure, sine damno, noxia, novitate, injuria vel offensa ».

2) Ludovic Sforza, en 1500, à Novare, sur la foi d'un sauf conduit, ne craint pas d'aller avec deux capitaines français au camp français, traiter de la capitulation (Jean d'Auton, I, 255). Le roi Frédéric de Naples, en capitulant (août 1501), reçoit « un sauf conduit pour s'en aller en France... rendre au roy...» (Jean d'Auton, II, 90).

3) Capitulation de Bordeaux, 8 octobre 1453. Les saufs conduits seront délivrés aux assiégés anglais, « sans paier l'émolument des seaulx, en paiant seulement les secrétaires et clercs de leurs salaires raisonnablement » (*Le Jouvencel*, II, 365).

4) Commission d'amiral publiée par Perret, *Notice.... sur L. Malet de Graville*, nᵒ 20.

et loyaulment achetté le sauf conduit, et y aura mis par
adventure la pluspart de son vaillant ou le tout, cuydant,
soulz la seureté ou l'honneur du Roy ou de ses commis ou
ses députés, gaigner sa vie. » Tous ont pour sauvegarde
l'honneur du roi et pour sanction l'excommunication[1]. Louis
XII blâme le sauf conduit accordé par ses lieutenants au roi
Frédéric de Naples : néanmoins, il l'observe[2]. En 1510, en
pleine guerre, des Vénitiens traversent tranquillement la
France entière avec un sauf conduit[3].

Par malheur, tout le monde n'imite pas ce noble exemple.
En 1504, Gonsalve de Cardoue accorde un sauf conduit à César Borgia. César vient à Naples. Gonsalve le reçoit à merveille, l'embrasse, puis le fait arrêter à sa sortie et envoyer
dans une forteresse d'Espagne. Il fait reprendre chez César
le sauf conduit. Pour excuser son manque de foi, il dit que
sa volonté a dû céder devant les ordres de ses maitres, que
d'ailleurs il rend service à César Borgia[4] ! Il aurait pu alléguer plus justement l'exemple de manques de foi donné par
César lui-même[5].

Au XIVᵉ siècle, Christine de Pisan se demandait si un sauf
conduit accordé à un sarrazin était bien valable : et elle répondait hardiment : Non, pour cause d'utilité publique[6]. Des
traces de cette hostilité intransigeante subsistent encore à la
fin du XVᵉ. En 1496, une ambassade turque, composée d'un
turc et d'un grec, entrait à Gaëte, occupée par les Français et

1) *Le Jouvencel*, t. II, p. 28, 29, 30.
2) Instruction à Ed. Bullio, publ. par M. de Boislisle.
3) Sanuto, X, 459.
4) Guichardin, liv. vi, ch. iii.
5) « L'acte ir s'esmerveille, veu la petite foy qui au monde court, comment
personne se ose fier en ses sauf conduitz » (Christine de Pisan, *Le livre des
fais d'armes et de chevalerie*).
6) *Le livre des fais d'armes et de chevalerie*.

assiégée par les Napolitains. Etienne de Vesc, ne voulant pas prendre sur lui de répondre, en référa au roi et donna un sauf conduit. Néanmoins, les soldats français saisirent les ambassadeurs ; le grec se racheta, le turc disparut [1]... Au commencement du XVI° siècle, la validité des saufs conduits n'est contestée ni de part ni d'autre, mais une ambassade chrétienne ne se rendrait pas à Constantinople sans sauf conduit [2]. Par malheur, les saufs conduits et le caractère diplomatique n'empêchent point les pirates barbaresques d'infester la Méditerranée et de prendre ce qu'ils trouvent [3].

En cas d'infraction au sauf conduit, il y a lieu à réclamation diplomatique [4].

Très souvent, des ambassadeurs envoyés en mission s'arrangent, dans un but de sûreté et de commodité, pour partir avec les ambassadeurs de la puissance où ils sont adressés. Ainsi, le marquis de Finale, envoyé par Jules II à Louis XII en réponse à une ambassade d'Edouard Bullion, part avec Bullion qui rentre en France [5]. De même, une bonne précaution, usuelle et facile, pour traverser, en temps de guerre, des lignes ennemies et faire reconnaître des envoyés, con-

1) Sanudo, *Spedizione.*

2) 1500. Sanuto, III, c. 338 : c. 179 et s.

3) Arch. du Ministère des aff. Etrangères, Gênes 1, f° 68, v°.16 sept. 1501. « Quod redimatur orator regis Tuneti, qui fuit captus non longe a littore Africe, in navi Aug. Gropalli, et perductus Trepanum, in qua navi una cum d° oratore erat Gaspar Sifranas Donatus, orator destinatus ad d^um regem ».

4) Par une lettre du 11 mai (1495), à Ludovic Sforza, Charles VIII se plaint que son maitre d'hôtel, Mathieu Coppola, ancien trésorier de Naples, ait été arrêté et incarcéré à Milan, en revenant de Rome. Clérieux certifiait que Coppola avait un sauf conduit (Archiv. de Milan, Pot. Est., *Francia, Corrispondenza*).

5) Mai 1504 (*Disp. di Giustinian,* III, 90). Des ambassadeurs viennent en France avec les hérauts du roi qui y retournent (1500. Sanuto, III, 571-72) : l'ambassadeur du soudan d'Egypte repart pour l'Egypte, avec le consul vénitien qui y retourne (1507. *Id.,* VII, 122) : Andrea Gritti, envoyé à Constantinople, part avec l'ambassadeur turc (1502. *Id.,* V, 449).

siste à prendre un héraut ou un trompette [1] comme escorte.
En cas de voyage princier, le prince qui reçoit peut envoyer,
par courtoisie, une ambassade pour escorter son hôte [2].

On n'exige des otages pour assurer la sécurité d'une ambassade, qu'à titre extrêmement exceptionnel [3].

En dehors des sûretés diplomatiques ou quasi-diplomati-
ques que nous venons de citer, c'est-à-dire des immunités
d'agents diplomatiques, avec ou sans saufs conduits, et des
saufs conduits spéciaux à des personnes déterminées, il existe
encore des immunités internationales, nécessaires à mention-
ner. Nous les diviserons en deux catégories : les immunités
proprement canoniques, et les immunités commerciales.

Le *Décret de Gratien*, qui a si remarquablement posé les
principes du droit de guerre, d'après St Grégoire et St Augustin [4], qui sauvegarde la paix et la civilisation dans la mesure
du possible par l'institution de la Trêve de Dieu, commise aux
archevêques dans chaque province [5], prend aussi, d'accord

1) Un trompette de la duchesse de Savoie accompagne ses ambassadeurs,
pour traverser le camp devant Novare : ceux-ci peuvent ainsi communiquer
avec Novare (lettre du 4 juillet, Pernate. Arch. de Milan, *Militare, Guerre*,
1495). Lettre des ambassadeurs de la ville de Milan, remise au trompette qui
a escorté leur retour (14 avril 1500. Archives de M. le duc de la Trémoille).
Retour à Venise d'un secrétaire du conseil des X, revenant d'Andrinople près
du Grand Turc, avec un stratiote très fidèle (Venise, avril 1500. Sanuto, III,
179). Des Querdes envoie à Lille son héraut chercher les députés de la ville
qui veulent traiter (*Histoire des guerres de Flandre, Corpus chronic. Flandriæ*, IV, 562).

2) Pierre de Médicis envoie à Charles VIII des trompettes, pour lui demander un sauf conduit pour l'aller voir. Vingt quatre heures se passent ; il croit
que ses trompettes ont été pendus, lorsqu'arrive un héraut du roi, et bientôt
après deux ambassadeurs chargés d'accompagner Pierre (Delaborde, *Expédition de Charles VIII*, p. 436).

3) Jean Bentivoglio envoie le protonotaire son fils à Imola, négocier avec
César Borgia, après que César lui eût remis quelques personnes en otage
(1502. Guichardin, liv. v, ch. iv).

4) *Decreti* secunda pars, causa xxiii, quest. i (édit. Friedberg, t. I).

5) *Id.*, c. 25.

avec les autres textes du droit canon, sous sa sauvegarde spéciale les gens faibles ou désarmés. Au nom de la justice, il
défend, par les armes de l'excommunication, l'ambassadeur,
le marchand, le voyageur pauvre, le pélerin [1], l'ecclésiastique. Ces prescriptions passent dans le droit de toutes les nations chrétiennes [2].

Il en résulte que les ecclésiastiques et les pélerins [3] ont un
sauf conduit de plein droit, sans avoir besoin de le demander : « Droit le leur donne [4]... En quelque contrée qu'ils
soient, [ils] sont en la sauvegarde du saint père de Romme...
Tous chrestiens qui sur pélerins mettent la main, commet-
tent et font péchié de désobédience. »

Le droit de marque ne vaut point contre eux [5].

1) Causa xxiv, quest. iii, c. 23 et suiv. (c. 996-97). Un canon du concile
de Latran, sous Alexandre III, inséré dans les *Décrétales de Grégoire IX*
(lib. i, tit. xxxiv, c. 2), accorde aux clercs, moines et convers, aux pélerins et marchands, aux cultivateurs, à leurs animaux de trait et à leurs
grains de semence, un sauf conduit absolu, en temps de guerre.

2) Petrini Belli, Albensis, *De re militari et bello*, p. ii, t. ix. Mais, par
contre, les clercs ne peuvent porter les armes (*Id.*, p. i, t. viii), à moins
qu'ils n'aient charge de gouvernement, auquel cas ils peuvent défendre, les
armes à la main, leurs sujets et leurs biens : encore discute-t-on même
à cet égard (Lopez, *De confederatione principum*, édon de 1511, fos 59 vo,
61 ro, 62 ro).

3) On discute si ce sauf conduit s'étend aux étudiants. En pratique, on ne
paraît pas en être assuré, car le dauphin Louis écrit au duc de Milan, le 31
décembre 1460, que Jacques de Valperga voudrait aller à Pavie avec son fils,
pour achever les études de celui-ci : « Vos immense precamur », dit le dauphin, de leur donner, à tous deux, « tutum salvum conductum pro tempore
necessario »... (*Lettres de Louis XI*, I, no cii).

4) Ils peuvent se munir d'un passeport, qui, dans ce cas, vaut sauf conduit. V. un passeport de ce genre, sous forme solennelle, de la chancellerie
d'Angleterre, pour un nommé Christophe, aumônier du roi, se rendant à
Rome en pélerinage (en latin, sous forme de diplome : 4 févr. 1486. Campbell, *Memorials for a history of the reign of Henry VII*, I, p. 275 et s.). Passeport d'Henri VII d'Angleterre au commandant de Calais, pour lui permettre
de sortir du territoire, en vue d'un pélerinage à Rome (25 avril 1486. *Ibid.*,
415).

5) H. Bonet, *L'arbre des batailles*, c. xcviii, c. xcix, c. Cf., dans le

Chaque année, le jeudi saint, selon un vieil et solennel usage, le pape lance l'excommunication contre un certain nombre de personnes ; c'est ce qu'on appelle la *Bulla cene*. Au nombre des personnes anathématisées, figurent les pirates[1] et écumeurs de mer, et quiconque frappe ou détient un prélat, un pélerin[2].

Le 25 février 1499, à l'occasion du jubilé de 1500, Alexandre VI fit aussi publier et afficher à S* Jean de Latran un *motu proprio* spécial, qui ordonnait de recevoir partout les pélerins du jubilé et frappait de peines ecclésiastiques toute attaque contre eux[3].

C'est par suite de ces privilèges que, comme nous l'avons dit, pélerins, prêtres, moines, circulent aisément[4], et qu'ils abusent de cette facilité. De pseudo-pélerins servent de courriers, d'espions[5]. Le 8 septembre 1505, Isabelle d'Aragon promet à frère « Louis del Abathia », chevalier de Jérusalem, bailli de S*ta Eufemia dans la Calabre, une récompense de

même sens, Joannes Jacobus a Canibus (citant Bartole et nombre d'autres textes), *De represaliis* (dans le Recueil de Ziletti, XII, p. 278, n° 44). Ce jurisconsulte estime que les ecclésiastiques et les pélerins ne peuvent souffrir d'aucune lettre de marque ; mais, pour les étudiants, la question lui paraît douteuse.

1) Les pirates sont, en conséquence, hors la loi. Tout le monde a le droit et le devoir de leur courir sus, sans aucune déclaration préalable (Petrini Belli, *op. cit.*, p. II, t. XI). On n'est pas tenu de garder sa parole à leur égard (*ibid.*, t. XIV).

2) *Bulla Cene*, d'Alexandre VI (reg. 874, Archives du Vatican).

3) Même registre, f°s 32 v°, 33 v°.

4) Lettre des habitants d'Avignon, se plaignant au pape qu'on ait arrêté au pont de Sorgues et amené à Avignon « Monsr d'Aix » (ment. ms. fr. 2928, f° 29). Cf. *Catal. de vente* Eug. Charavay, 27 mai 1887, n° 7 (privilège de Philippe d'Alsace aux moines de Bohéries).

5) Les pélerinages sont souvent des exils temporaires déguisés. Ainsi le sire de Quintin, battu par le duc de Bretagne, reçoit de lui un passeport pour aller en pélerinage à S* Antoine, à Padoue (Dupuy, *Hist. de la réunion de la Bretagne*, II, 128).

100.000 ducats, s'il lui ramène son fils, retenu en France par Louis XII, qui l'avait fait moine [1] ; détail singulier, l'ordre de St Jean de Jérusalem, auquel appartenait cet agent secret, avait pour grand maître un français, Aimery d'Amboise...

C'était l'amer chagrin des chrétiens que la même sauvegarde ne couvrit pas les pélerins jusqu'à Jérusalem. Cependant les récits de voyage nous montrent que le plus grand obstacle de ce pélerinage venait des maladies et de la fatigue [2] : et le doge de Venise n'était probablement pas fort sincère lorsque, le 2 juin 1500, recevant deux pélerins recommandés par le roi de France et présentés par l'ambassadeur, il les exhortait à ne pas poursuivre leur voyage vers Jérusalem [3]. Nous avons déjà dit que le soudan accorda à Louis XII la protection des Lieux Saints et lui donna un sauf conduit permanent pour les Français se rendant en Terre Sainte.

Telle est l'immunité générale que nous appelons proprement canonique.

L'immunité de commerce résulte des privilèges des grandes foires. Celle-ci dérive entièrement de la volonté du prince. Il n'est cependant pas libre de la retirer, quand il l'a donnée [4].

Quant aux commerçants étrangers fixés dans le pays, leur

1) K. 78, 8 bis.

2) Robert de San Severino, faisant un voyage à Jérusalem, ne rencontre d'autre obstacle que la maladie d'un homme de sa suite, qui est resté à Rhodes et qu'il ne veut pas laisser en route, ce qui prolonge son séjour à Jérusalem (lettre de Mathieu Buligella au duc de Milan, Jérusalem, 30 juin 1458. Arch. Sforzesco).

3) Sanuto, III, 368.

4) *Allegationes Vincentii* (Rigault), Paris, 1512, fo xxvi vo : « Quedam est securitas de jure gentium, prout illa que datur legatis et ambassiatoribus, et nemo potest illos offendere. Alia est securitas civilis, ut vadens ad nundinas non possit inquietari. Et ista non porrigitur ad hostes ; sed si detur,... est servanda fides. »

donner des saufs conduits indique un état ouvert d'hostilité. Louis XI dénonce le duc de Bourgogne comme faisant acte de guerre parce qu'il a donné chez lui des saufs conduits aux Français et invité les « sujets » de Bourgogne en France à prendre un sauf conduit pour un an [1].

1) 1er décembre 1470 (ms. fr. 3884, f° 280).

CHAPITRE VI

LANGUE DIPLOMATIQUE

Le latin était la vieille langue universelle, et par conséquent la langue internationale et diplomatique, consacrée,
d'ailleurs, par la science, par le droit canon, par le droit écrit;
cette vieille faveur laissait beaucoup de traces : en France,
dans les contrées de droit écrit, les procédures criminelles
avaient encore lieu en latin, avant l'ordonnance de juin
1510 [1] ; à Venise, on conservait l'habitude de prononcer en
latin les discours solennels [2].

A la fin du XV⁰ siècle, l'essor des études classiques vient
donner au latin un regain de jeunesse, dont il commençait à
avoir besoin, car, depuis le milieu du XIV⁰ siècle, les idiômes
locaux pénétraient de plus en plus dans les actes de la vie publique, et au XV⁰ siècle ils y tiennent la plus grande place.

Comme les usages internationaux se modifient difficilement,
c'est là que le latin restait le plus tenace ; son emploi est de
règle pour les actes officiels de la vie internationale. Tout
acte destiné à une élaboration commune, même à une simple
communication officielle, doit être écrit en latin. On n'emploie
que pour les autres le langage national. De là, une classification des actes diplomatiques très apparente et utile à observer, parce qu'elle indique de suite la portée d'un acte.

1) Art. 47. *Ordonnances*, XXI, p. 431.
2) Reumont, *Della diplomazia italiana*, p. 141.

Ainsi, tous les protocoles officiels [1], traités, alliances, actes
d'entrecours [2] et patentes de ratifications [3], devront être
écrits en latin, fût-ce entre puissances de même langue, comme
aussi tous les actes extérieurs de la diplomatie : saufs conduits [4],
lettres de créance [5], pouvoirs [6]. Quant aux missives directes
internationales, elles appartiennent à un genre mixte : latines,
quand elles ont le caractère tout à fait officiel [7], elles peuvent
être écrites dans le langage national, si l'on veut leur donner
un sens moins accentué ou plus affectueux.

1) Au traité d'Arras, note des offres faites par la France, en français :
amende honorable (déclaration) de Jean Tudert, en français, «perlegit in gal-
lico » : procès-verbal en latin (ms. Moreau 1452, nos 129, 130).

2) Traité de paix, 8 mai 1463, entre Louis XI et le roi de Castille Henri IV
(K. 1638, d. 2) ; ligue de Louis, dauphin, futur roi, et du duc de Milan,
(1er juin 1461. Archivio Sforzesco) : acte du traité de 1493, patentes de Ferdinand et Isabelle (la proclamation seule est en espagnol. K. 1638, d. 2) :
traité de Trente, 1501, en latin ; projet de serment de Louis XII, en français,
comme acte très personnel (K. 1639, d. 3) : instruction diplomatique préparée en patentes latines, qu'on envoie à signer en Castille (XIVe siècle. J. 915,
B) : Reg. du conseil de Charles VIII, p. 91 : Saige, I, 47 : etc.

3) Patentes en latin, de François Sforza, ratifiant la ligue, du 6 octobre
1461 : procès-verbal en latin du renouvellement de la ligue du roi de France
et de Milan, 22 déc. 1463 (Arch. Sforzesco).

4) Sauf conduit anglais à deux chevaliers français, pour venir à un défi
(1400. Rymer, III) : sauf conduit du duc de Bourgogne (1443. Fr.1278, fo 76) :
sauf conduit du doge de Venise, en latin, pour l'ex-reine Isabelle de Naples
(1507. N. acq. lat. 2120, no 2).

5) Créance de Louis XII, le 23 nov. 1501, à ses envoyés près de l'empereur : pouvoir aux mêmes, en latin (fr. 16074, no 27) : créance des Florentins pour Donato Accaiuoli, 1475 (fr. 3882, fo 55) : créance de Louis, dauphin, au duc de Milan, 12 déc. 1460 (Lettres de Louis XI, I, no xcxix) : Cf.
Sanuto, V, 539 etc.

6) Pouvoirs du roi d'Angleterre à ses envoyés en France (Rymer, III, p.
200), du roi de France à ses envoyés à Milan (Ghinzoni, Gal. Maria é Luigi
XI, p. 8).

7) Manifeste de Charles VIII à la diète germanique, pour revendiquer
Gênes (11 août 1496. Sanuto, I, 285) : circulaire de Venise aux puissances,
du 5 sept. 1500 (id., III, 750) : le gonfalonier et les prieurs de Fano écrivent
à Venise « latine » (Sanuto, III, 1389) : lettres de J.-J. Trivulce aux Vénitiens, annonçant la prise du More (1500. Sanuto, III, 225) ; de Louis XI au
roi de Naples et du roi de Naples à Louis XI (fr. 3884).

Les instructions [1], dépêches, rapports, relations, notes [2]..,
sont en général écrits dans le langage national, parce qu'ils
représentent, si l'on peut ainsi dire, le for intérieur de la diplomatie [3].

Il est donc indispensable à un ambassadeur de savoir bien
parler le latin [4]; et c'est là une des causes de la supériorité
des gens d'église et des Italiens : en Italie, la culture du
latin était répandue jusque parmi les femmes du plus haut
rang.

Mais le latin ne suffit pas. Il faut savoir les langues étrangères : Lucrèce Borgia, duchesse de Ferrare, « parloit espai-
gnol, grec, ytalien, françois, et quelque peu très bon latin, et
composoit en toutes ces langues [5]; » tout italien bien élevé
connaissait le français et l'espagnol [6]. Un souverain a besoin

1) Cependant on rédige les instructions en latin, quand on leur donne la
destination officielle d'être communiquées. V. les instructions à des ambassadeurs en Castille, du roi Jean, l'une rédigée en latin, l'autre en français (J. 915
B) : instruction de Catalan Grimaldi à Ant. Grimaldi, son envoyé en Savoie,
et près du dauphin (1454. Saige, *Documents*, I, 248, 251). Au XVe siècle, elles
sont en latin dans certaines chancelleries (Instruction du roi des Romains à son
orateur, le scolastique de Sarrebourg. J. 995). V. plus loin, chapitre VIII.

2) Sauf la même observation que pour les instructions. V. une note diplomatique rédigée en double par la chancellerie anglaise, la première en
latin, sèche et hautaine, la seconde en français, plus conciliante (ms. Moreau
1425, n° 97). V. des notes diplomatiques latines, ou *cédules*, par les ambassadeurs espagnols, le 20 mars 1484-85 (K. 1482), par des ambassadeurs anglais à Troyes en 1420 (ms. Moreau 1452, n° 102). Cf. plus loin, chapitre XIV.

3) Quand il y a lieu de prêter un serment, on le prête toujours dans sa
langue. V. les serments de Louis XI au duc de Bretagne (ms. fr. 15538, n° 311,
fr. 20855, n° 50) : le serment que Louis XI veut faire approuver par le pape
et jurer par l'évêque de Verdun (fr. 1001, f° 72).

4) Dans le *Songe du vieil pèlerin*, Philippe de Maizières (au XIVe siècle)
recommande au roi d'avoir toujours dix ambassadeurs sachant bien parler
latin (*Hist. de l'Ac. des inscriptions et belles-lettres*, t. XVII, p. 506, cité par
Ern. Nys, *Les théories politiques et le droit international en France*, p. 15).

5) *Chronique du loyal serviteur*, ch. XLIV.

6) Bald. Castiglione.

de savoir, fût-ce superficiellement, les principales langues
étrangères, ou au moins de paraître les comprendre et d'en dire
quelques mots[1] : lorsqu'une grande ambassade française se
présente en 1445 au roi d'Angleterre, on l'avertit que le roi
comprend le français, mais qu'il le parle mal, de sorte que
l'ambassade parle français ; de temps en temps, le roi
lui dit : « St Jehan, grant merci », et s'exprime en anglais
pour le reste[2]. Malheureusement, en France, la connaissance des langues est fort rare[3] ; on note comme un fait historique, que Gaston de Foix puisse demander, en italien, de
ses nouvelles au comte de Carpi et soutenir avec lui quelque
conversation[4]. Lorsque Charles VIII accepte en principe les
capitoli avec Florence, Savonarole est député pour obtenir sa
signature. Le roi le reçoit bien : « Il me fit, raconte Savonarole, redire les chapitres par trois fois, en latin, en italien et
moitié italien et moitié français pour ceux qui n'entendent pas
notre langue. Tout étant ainsi arrêté, le roi sortit et l'on dé-
posa les armes[5]. » Charles VIII ne savait pas l'italien.
Louis XII le comprenait difficilement.

L'agent diplomatique qui possède bien une langue trouve
de suite de grands avantages. Louis de Halwin, seigneur de
Piennes, flamand d'origine, et souvent ambassadeur, réussit en
Allemagne, parce qu'il sait l'allemand ; il est ambassadeur
en 1501 près de Maximilien. Au commencement du XVe siècle, lorsque Louis Ier d'Orléans nourrit sur l'Allemagne de vastes projets, il prend à son service un ancien secrétaire du duc
de Gueldre, Pierre de Mérode, parce qu'il sait l'allemand[6].

1) Cf. ci-après, p. 74.
2) Ms. fr. 3884, f° 186.
3) A Nicopolis, en 1396, il n'y avait dans toute l'armée que deux chevaliers sachant le turc.
4) *Chr. du loyal serviteur*, ch. xlvii.
5) Perrens, *Vie de Savonarole*, 3e éd., p. 114.
6) Circourt et van Wervecke, *Documents luxembourgeois*, p. 57. Guill.

En 1501, l'ambassadeur de Venise en France signale la présence à Lyon d'un commerçant sachant le hongrois et le slave, qui propose d'aller en ambassade en Hongrie pour la Seigneurie [1].

Les envoyés italiens en France savent tous le français ; ils rapportent dans leurs dépêches leurs conversations avec les personnages de la cour. Les uns, comme Dominique Trevisan, accrédité par Venise en 1495, le parlent parfaitement [2], d'autres ne font pas leurs débuts sans difficultés. Pirovano, envoyé milanais près de Charles VIII en 1493, avoue qu'à sa première entrevue il comprit le roi avec bien de la peine [3] ; à la réception d'Antoine Giustinian, envoyé vénitien, en 1512, Louis XII offre ou de parler français ou de faire parler italien : Giustinian se met aux ordres du roi, mais il avoue qu'il comprendrait mieux l'italien ; alors, le secrétaire Robertet prend la parole en italien, et Louis XII se contente d'approuver, en disant que Robertet traduit bien sa pensée [4]. A Venise, un des secrétaires du conseil, Gaspard di la Vedoa, qui savait le français et l'espagnol, était officiellement chargé de la traduction des actes diplomatiques [5].

Le résident de France en 1500, Accurse Mainier, savait le

de Diesbach, avoyer de Berne, écrit au roi (1490), pour lui dire qu'il s'occupe de ses affaires et le prier d'envoyer « quelque bon grant personnage de par deçà »..., nommément le marquis de Rothelin, « qui scet le langage et parler aux communes » (fr. 15541, 110).

1) Dépêche de Foscari, de Lyon, 18 août 1501.

2) Sanudo, *Spedizione*, 294. En 1475, l'ambassadeur milanais prononce en français son discours de créance au duc de Bourgogne (Gingins la Sarraz, *Dép. des ambass. milanais*, I, 76-77).

3) Rapport de Pirovano (Romanin, *Storia Documentata di Venezia*, t. V, p. 29 et suiv.).

4) Relation de Giustinian, mentionnée dans une dépêche de la Seigneurie à son ambassadeur à Rome, du 15 octobre 1512.

5) Sanuto, *passim*, not. IV, 468. André Badoer interprète l'anglais à Venise (1502. Sanuto, IV, 518).

dialecte vénitien : chargé de remettre une lettre du roi, un jour que le secrétaire pour le français ne se trouvait pas là, il put en faire lui-même le résumé [1].

Pourtant rien ne remplace, comme commodité et comme sûreté, le latin ; dans les pays les plus excentriques, cette langue fournit l'intermédiaire naturel. Une ambassade de Louis Ier d'Anjou en 1378 près du Juge d'Arborée, en Sardaigne, parle français, on lui parle sarde ; pour s'entendre, il faut traduire en latin le sarde et le français [2]. Aussi voit-on recourir au latin, même dans les cas où l'usage de la langue nationale serait parfaitement admis. Maximilien, pour adresser directement à un ambassadeur de Venise un avis aigre-doux sous la forme la plus officielle, lui envoie un billet personnel en latin [3]. Chose plus singulière, certains ambassadeurs recourent au latin dans leurs relations avec leur propre gouvernement : en 1419, les ambassadeurs anglais à Rome écrivent leur rapport en latin [4]. Ce fait est rare ; cependant nous le voyons se reproduire à la cour de France dans des circonstances bizarres. André de Burgo, ambassadeur de Marguerite d'Autriche près de Louis XII, savait mal le français, et un seul de ses secrétaires le savait, l'autre étant italien comme l'ambassadeur. Privé de son secrétaire pour le français par suite d'une maladie, Burgo se met à libeller ses

1) 2 déc. 1500 (Sanuto, III, 1124).

2) Ms. fr. 3884, f° 68 et s.

3) Dépêches de Foscari.

4) 4 déc. 1419 (Quicherat, *Th. Bazin*, IV, 277). Le rapport de l'ambassade des envoyés de l'archiduc en France (1474), publié par Chmel (*Monumenta Habsburgica*, I, 261), est en latin : il cite les mots dits en allemand ; par exemple, le prévôt de Münster « dixit in vulgari alamannico : *Er laesst in hangen als er hangt,* » ce qui semble indiquer que les ambassadeurs parlèrent latin. — Au commencement du XIVe siècle, tout est en latin (compte journalier de dépenses de la mission du sénéchal de Beaucaire à Avignon, en 1340. Ms. fr. 20978, f° 1183).

dépêches en italien ; or, on ne comprenait pas l'italien à la cour des Pays Bas, où l'on ne parlait que français [1]. Burgo, en apprenant qu'on fait traduire ses dépêches, se décide à écrire en latin [2].

Faute de latin ou de langue indigène, on se trouvera obligé de recourir à des interprètes ou « truchemans [3] », ce qui n'est pas sans inconvénients. Lorsque le cardinal d'Amboise se rend solennellement près de Maximilien en 1505, le roi des Romains charge courtoisement un gentilhomme bohémien de sa maison, Balthazar de Dobenburgk, de l'accompagner, de lui servir de « truchement, durant ledit véaige [4], » mais seulement pendant le voyage. Pourtant certains ambassadeurs se font une sorte de point d'honneur de prononcer leurs discours de créance dans leur propre langue, par interprètes [5], en quoi ils se trompent[6]. Il faut laisser cette pratique à ceux qui ignorent tout à la fois le latin et la langue du pays : par exemple,

---

1) Il écrit, le 31 mai 1510 : « Per esser el secretario, quale scrive in lingua francesa, indisposto, scrivero in italiano », et sa dépêche est en italien (*Lett. de Louis XII*, I, 237). Philibert Naturelli, ambassadeur du roi des Romain à Rome, en 1499, lui écrit en italien (Jean d'Auton, pièces, I, p. 328).

2) Il écrit à Marguerite d'Autriche le 21 juillet 1510 : « Quando ego Andreas recessi a Serenitate Vestra, dixit mihi quod, quando non haberem qui scriberet in lingua gallica, scriberem in lingua italica ; et ita feci sepe. Nunc monitus fui quod ipsa fecit traduci aliquas litteras meas in linguam gallicam, et ideo quousque revertetur secretarius meus, scribemus in latino » (*Lett. de Louis XII*, I, 255). V. une dépêche d'ambassadeur en latin à Jean Grimaldi (1451. Saige, *Documents*, I, 219).

3) Circourt et van Verwecke, *ouvr. cité*, n° 207. Les ambassadeurs du duc d'Orléans en Allemagne, en 1397, né sachant pas l'allemand, embauchent à Mouson des *truchmans* pour les escorter, à raison de 12 sous p. par jour, tout compris (*id.*, n° 34). Un *truchman* de Bohème accompagne des envoyés allemands en France (1397. *Id.*, n° 12).

4) Ms. Clairamb. 16, p. 1053.

5) Ambassadeur anglais, de passage à Venise, en 1502 (quoique docteur et prêtre. Sanuto, IV, 518) ; ambassadeur espagnol à Venise en 1502 (*id.*, IV, 468).

6) V. ci-dessous, page 218.

aux envoyés de Russie, de Serbie, de Moldavie à Venise.
Or, même à Venise, où l'on ne s'étonne pas facilement, on
veut bien admettre que le frère du despote de Serbie ne
sache pas le latin [1] : un envoyé moldave rachète aussi son
ignorance, en faisant dire par interprète que son maître est
ennemi des Turcs, et en présentant une lettre, en latin, du
voïvode Étienne [2] ; mais on sourit du costume des ambassadeurs de Russie en 1499 et de leur langage « quasi
turco [3]. »

Les inconvénients de recourir à des interprètes se comprennent aisément. Nous avons déjà montré le duc de Bourgogne,
dans une entrevue avec l'empereur, à la merci d'un grand
seigneur, qui lui sert d'interprète [4]. Brantôme raconte, dans
le même ordre d'idées, une bien mauvaise plaisanterie. La
reine Anne de Bretagne avait, dans sa suite, un certain Jean
de Talleyrand, seigneur de Grignols, qui, ayant été plusieurs
fois ambassadeur, savait plusieurs langues et se chargeait
de fournir à la reine une ou deux phrases pour chaque réception d'ambassade. La reine lui demanda un jour une réponse pour l'ambassadeur d'Espagne. Grignols, personnage
très facétieux, trouva bien amusant de lui donner « quelque
petite sallauderie, » que la reine répète et apprend bien
consciencieusement. Le lendemain, avant l'audience, Grignols va raconter la plaisanterie à Louis XII, qui en rit à gorge
déployée, mais qui heureusement prévint la reine. Anne
prit la chose fort mal, voulut chasser Grignols, et n'accepta
que très difficilement ses excuses quelque temps après [5].

1) 1502. Sanuto, IV, 457.
2) Sanuto, IV, 579.
3) Sanuto, III, 61.
4) Tome I, p. 260.
5) Brantome, édit. Lalanne, VII, 316.

Le mieux est donc de s'en tenir au latin, et, si on l'ignore, le mal est sans remède. Le sire de Lautrec, chargé à Fontarabie, en 1513, de négocier une simple trêve avec l'évêque de Lerida, se voit obligé, faute de savoir le latin, de requérir pour négocier un docteur de Bayonne, très peu diplomate, qui a le talent de rendre obscures les choses claires [1]. En avril 1397, par suite de la folie de Charles VI, une ambassade florentine attend quatre mois son audience initiale, puis un des ambassadeurs expose la créance en latin. Ne recevant aucune réponse précise, Pitti, le chef de l'ambassade, soupçonne que le discours a été mal traduit au roi; ni Charles VI ni les ducs régents ne savaient le latin, sauf le duc d'Orléans, qui ne se souciait pas de transmettre l'avis des Florentins. En effet, à l'audience suivante, le roi demande à voir l'acte du traité dont on réclame l'exécution, et se montre fort étonné. Il le voit, dit-il, pour la première fois [2].

En Orient, l'usage international du latin n'est pas admis [3]. Bien que nous possédions une lettre de Bajazet II au grand maître de Rhodes, de 1484, en latin [4], on refuse même de parler latin. Un envoyé turc à Venise en 1500, bien que sachant le latin, tient à ne parler que grec, et s'exprime par interprète [5]. Tamerlan, vainqueur de Bajazet Ier, fait parvenir à Charles VI une lettre en persan : Charles VI lui répond en latin, le 15 juin 1403 [6].

En 1503, un ambassadeur turc apporte à Venise un projet

---

[1] Dép. de l'évêque de Lérida (2 avril 1513. K. 1482).

[2] Jarry, *Vie de Louis de France*, p. 215.

[3] Bembo dit que les Turcs ne se croient pas tenus par ce qui n'est pas écrit en turc.

[4] Ms. ital. 898.

[5] Sanuto, III, 192.

[6] Flassan, *Diplomatie française*, I, 189.

de traité, écrit en turc et en grec [1] ; en 1504, un autre ambassadeur apporte une lettre du Grand Seigneur en grec [2]. Le soudan d'Egypte écrit en arabe : mais ses lettres sont traduites au consulat vénitien d'Alexandrie, et transmises à Venise avec la traduction [3].

Les nécessités des rapports avec l'Orient ont amené à doter les ambassades et les consulats des drogmans dont nous avons déjà parlé et dont le rôle est de grande importance : non seulement le drogman manie toutes les affaires, mais c'est quelquefois lui qui les mène. En 1511, le consul vénitien, jeté aux fers au Caire, passe pour avoir été trahi par le drogman du consulat ; le consul catalan, au contraire, reste libre, il va où il lui plaît, il parle lui-même au soudan, car il sait le turc et l'arabe, aussi son influence est extrême [4].

Les traités avec l'Afrique septentrionale sont consacrés par un instrument arabe, puis par une charte chrétienne, qui en donne une sorte de traduction exégétique, avec un formulaire différent. M. Amari a contesté la valeur critique de ces chartes chrétiennes : M. le comte de Mas Latrie a démontré, au contraire, qu'elles présentent un caractère authentique [5].

En Occident, la langue française hérite manifestement des pertes que subit le latin, et tend à devenir avec lui la langue diplomatique. Machiavel, non sans exagération, représente les Français comme « ennemis de la langue des Romains et de

1) Sanuto, V, 27.

2) Sanuto, V, 1001.

3) Sanuto, V, 887-890.

4) Sanuto, V, 991 : XII, 210-213.

5) Cte de Mas Latrie, *Relations et commerce de l'Afrique septentrionale, ou Magreb, avec les nations chrétiennes du Moyen-âge*, Paris, Didot, 1886, p. 471.

lcur renommée [1] ; » Balthazar Castiglione met le français au premier rang des langues dont la connaissance s'impose dans une cour italienne [2]. Le français était, au XVe siècle, la langue diplomatique des pays secondaires de la France [3] : des ducs d'Orléans [4], des ducs de Lorraine [5], de Bourgogne, de Bretagne [6], des consuls d'Avignon [7]..., et le travail incessant de de ces diplomaties contribua sans doute à le répandre. A la fin de ce siècle, le français est toujours la langue des cours de Savoie [8] et des Pays Bas. En 1513, les envoyés des Pays Bas se présentent avec l'ambassadeur d'Allemagne devant le con-

1) *Du naturel des Français.*

2) Balth. de Castillon, *Le parfait courtisan*, trad. Chapuis, p. 238.

3) Les lettres du roi de Sicile, du dauphin, sont en français. Le seigneur de Monaco écrit en italien en Italie, en français en France, en italien en Savoie (Saige, not. I, 310). Les correspondances des états italiens avec lui sont en italien.

4) La diplomatie si active du duc Louis Ier d'Orléans en Allemagne ne se sert que de la langue française. V. Circourt et van Werwecke, *Documents luxembourgeois*, not. n°s 239, 255, 256, 270.

5) V. *Preuves de l'hist. de Lorraine*, t. VI, col. ccxxxvii, promesse du duc de Bourgogne à l'évêque de Metz (1473) ; col. ccxxxix, instruction lorraine de 1473-74 ; col. cclxviii, accord de 1478 entre le duc de Lorraine, les princes de la Haute-Allemagne et Maximilien ; col. ccxcviii, traité du 29 mai 1493 entre Metz et le duc de Lorraine ; col. ccclxi, traité entre Maximilien, le duc de Lorraine et l'évêque de Metz (1516), etc.

6) Serment du duc de Bretagne envers Louis XI, sur la croix de St Laud, le 13 août 1470 : procès-verbal en latin des chanoines (fr. 15538, n° 302). Serments réciproques de Louis XI et du duc de Bretagne (Nantes, 22 août 1477. Fr. 2811, 182, 183). Pouvoir breton pour une ambassade en Angleterre, instruction pour une ambassade en Bourgogne (1408. *Mém. de Bretagne*, II, 827, 815) : créance bretonne (fr. 2811, 198)...

7) Lettre des consuls d'Avignon au sire du Bouchage ; recommandation instante pour un courrier qu'ils envoient au roi (Mandrot, *Ymbert de Batarnay*, p. 320).

8) Mas Latrie, *Hist. de Chypre*, III, passim : instruction des nobles de Savoie à Guill. de Lornay (Guichenon, *Hist. de Bresse*, preuves, p. 27) : créance du duc de Savoie, du 31 mai 1455 (fr. 2811, 34) : patentes de Charles VIII, pour désigner des arbitres dont le choix lui revient (avec la Savoie) (fr. 2919, f° 9 bis).

seil helvétique, et prononcent un discours en français, selon leur usage. Les Suisses demandent qu'on parle latin, ce que font les ambassadeurs : mais comme les Suisses ne comprennent guère, l'ambassadeur impérial sert d'interprète, et c'est à lui qu'on adresse la réponse, en lui disant de la traduire plus tard : il la traduit verbalement après le retour à l'auberge [1].

Le français est la langue usuelle de la cour d'Allemagne. Non seulement l'empereur emploie cette langue pour écrire à Louis XII [2], mais c'est aussi celle de sa correspondance personnelle avec Marguerite d'Autriche, avec Philippe le Beau [3]. Lorsqu'il adresse, en 1495, aux roi et reine d'Espagne une lettre pompeuse et solennelle contre les Français, il l'écrit en latin, mais il signe en français : « Vostre bon frère, Max [4]. » Remarquons même qu'en 1508, pour le traité de Cambrai, les pouvoirs de Maximilien sont en français, ceux de Louis XII également [5], au lieu d'être en latin, selon le style. Les patentes de ratification pour Louis XII sont en latin [6].

La chancellerie anglaise, très fidèle au latin, n'emploie que le français dans tous les actes relatifs à la France [7]. Le roi d'Angleterre écrit en français au roi de France [8]; ses ambassadeurs s'expriment en français [9]. D'après Du Tillet, en 1403,

1) *Lett. de Louis XII*, IV, 225.

2) Lettre de Maximilien à Louis XII, 31 mai 1510, signée : «Maximilianus» (*Lett. de Louis XII*, I, 235).

3) *Lettres de Louis XII.* Gachard, *Voyages des souverains*, I, appendices. Le Glay, *Négociations.*

4) Boislisle, *Et. de Vesc*, p. 256. Hors d'Allemagne, l'empereur n'écrit qu'en latin ou en français.

5) Ms. Moreau 418, fos 1-47.

6) Bourges, 14 mars 1508, anc. style (*ibid.*)

7) Rymer, III.

8) Lettre de Henri VI à Charles VII, 28 juillet 1447 (Quicherat, *Th. Bazin*, IV, p. 286).

9) Discours de l'ambassadeur d'Edouard d'Angleterre au duc de Bourgogne (fr. 1278, fo 64). — V. Engagement du duc de Clarence, en français, sous

les ambassadeurs de France, dans les conférences avec les envoyés anglais, n'acceptèrent que sous les plus expresses réserves communication des instructions anglaises écrites en latin : ils protestèrent que, s'ils avaient parlé ou écrit en latin, cela ne devait pas tirer à conséquence, ni créer un précédent contraire à la pratique, jusque-là constante, dans les conférences anglo-françaises, de tout écrire en français ; ils ne consentaient, cette fois, à user du latin, que par exception, pour en finir et ne pas ajourner la conférence, ce qui deviendrait nécessaire, si le roi leur ordonnait de se conformer à l'ancien usage [1]. C'est pourquoi la grande ambassade de 1445, dont aucun membre, d'ailleurs, ne savait l'anglais, tient à parler français au roi d'Angleterre et s'assure d'avance qu'elle pourra le faire [2]. Avec le temps, la tenacité anglaise finit cependant par l'emporter ; plus tard, dans le courant du XVI° siècle, les instruments anglo-français seront écrits en latin : en 1514, lors du mariage de Marie d'Angleterre avec Louis XII, Jean de Selve parle, au nom de l'am-

---

forme de cédule, d'être vrai et bon parent, frère, compagnon d'armes et ami en tous cas du duc d'Orléans, de le servir, aider, conseiller, etc., sauf contre le roi (14 nov. 1412 ; sur parchemin, autogr., scellé de rouge sur double queue. Douet d'Arcq, *Choix de pièces*, I, 339) : mandement, en français, à l'Université d'Oxford d'examiner la question de ce qui est dû à la reine (12 nov. 1400. Rymer, III, p. 191).

1) Ms. fr. 23393.

2) « Pour ce que avoit esté conclut ainsi entre euls et avoient sceu que le roy d'Angleterre l'entendoit bien, et aussi l'avoit ainsi conseillé le comte de Suffork » (ms. fr. 3884, f° 176) : le roi fait répondre en latin par le chancelier. On lui répond en français. A la fin, pour donner une marque d'amitié, le roi dit trois fois : «S. Jehan, grant merci ». Dans une seconde audience, plus privée, tout est en français, M. de Suffolk répondant. Mais le roi ne parle pas ; il retient seulement les ambassadeurs, quand ils veulent partir, en disant : *Merci*. Il dit encore : *S. Jean, oui*, mais il parle anglais. Les ambassadeurs ne sachant pas l'anglais, le roi, devant eux, échange des réflexions avec les seigneurs de sa cour (f°ˢ 179 et suiv.).

bassade de France, en latin d'abord, puis en français [1].

La diplomatie suisse parle français en France. Les ambassadeurs de Berne et de Fribourg adressent, en 1488, une communication en français au sire du Bouchage [2]. Le protocole d'*appointement*, du 20 août 1487, sur les affaires de Saluces, contresigné des ambassadeurs de Savoie, de Suisse et de Milan, est rédigé en français, et les ambassadeurs signent en français : seul, l'ambassadeur de Milan écrit son nom sous la forme latine.

Divers indices nous montrent d'ailleurs combien était répandue la connaissance de la langue française. On a observé notamment que les compositions originales des anciens poètes écossais fourmillent de phrases littéralement traduites du français, probablement à cause des perpétuelles relations de la France et de l'Écosse [4]. Frédéric d'Aragon, roi de Naples de 1496 à 1501, élevé à la cour de Bourgogne, avait vécu aussi en France, où il s'était fait des amis, et sa fille ne quitta jamais la cour de France. Il écrivait à merveille en français [5]. Le cardinal de Bénévent adresse à Charles VIII un lettre en excellent français [6].

La diplomatie française donne donc le signal de l'attaque contre les antiques privilèges du latin, et elle les respecte le moins possible. Il va sans dire que ses actes intérieurs, instructions, correspondances, mémoires, sont en français [7]. Na-

---

1) Rymer, VI, 72.
2) Mandrot, *Ymbert de Batarnay*, p. 246.
3) *Ibid.*, p. 342.
4) Skelton, *Blackwoods-Magazine*, nr. DCCCXC, p. 793, cité par Philippson, *Revue historique*, 1891, p. 165.
5) Lettre amicale à Du Bouchage (Mandrot, *Ymbert de Batarnay*, p. 322).
6) Ms. fr. 15538, n° 255.
7) Instruction au cardinal d'Amboise envoyé près le roi des Romains, en 1501 (fr. 2964, f° 89) : à Renier Pot (1449. Ms. Moreau 1425, n° 90): aux

turellement, vis-à-vis des pays vassaux, la Bourgogne, le
Dauphiné, les communes flamandes [1], etc., la France affectera
de ne parler que français, pour conserver à son action le caractère intérieur : de même aussi, quand il accordera au sire
de Monaco des lettres de sauvegarde, le grand conseil de
Charles VIII les fera délivrer en chancellerie, sans même la
signature du roi, en français, comme un acte d'ordre purement intérieur [2]. Mais on va bien plus loin. Le roi de France
adresse ses missives au dehors en français [3]; il donne des
pouvoirs [4], des lettres de créance en français [5]. Bien plus, le
sire de Ravenstein, comme gouverneur de Gênes, adresse en
1501 une lettre en français à la Seigneurie de Venise [6]... C'est
ainsi que des causes très diverses accroissaient chaque jour
l'empire de la langue française.

Le français n'a qu'un rival : l'espagnol ; rival encore peu
redoutable au commencement du XVIe siècle, puisque Philippe le Beau, devenu roi de Castille, continue à écrire et à
parler en français. Cependant l'Espagne, unifiée depuis peu,

envoyés à Gênes (portef. Fontanieu 146, p. 106) : rapport de l'ambassade à
Rome de Rochechouart et Rabot (1481. Fr. 15870, n° 3), etc.

1) Négociations avec le dauphin (1456. Fr. 23330, f°s 1-23). Lettre directe
de Louis XII aux Gantois, déclarant que, s'ils se conduisent comme de vrais
sujets, il les défendra, mais que, s'ils prennent parti pour l'Angleterre, il les
traitera en ennemis : en français, sous forme de lettre missive (1512. *Lett.
de Louis XII*, IV, 121). Lettre directe de Louis XII à la ville d'Arras, pour
l'inviter à ne pas reconnaître l'empereur comme *mainbourg* (tuteur) des
princes de Castille (juill. 1507. *Lett. de Louis XII*, I, 105).

2) Saige, I, 629.

3) Not. 12 juillet 1500 (Sanuto, III, c. 480).

4) Pouvoirs pour la Castille. (1396. K. 1638, d. 2) : pour Liège (21 avril
1465. Fr. 20977, f° 597).

5) Nous avons cité, précédemment, le fait très remarqué à Rome que la
créance pour l'obédience à Jules II était en français.

6) L'ambassadeur de France remet à la Seigneurie une lettre, en français,
de Ravenstein, cherchant à apaiser Venise. Il en communique une autre
(mars 1501. Sanuto, III, 1498).

tient à sa langue, et cherche à la faire passer dans la diplomatie. Elle ne réussit pas à l'y répandre. Ferdinand et Isabelle
donnent des pouvoirs, des créances, en espagnol [1] ; l'Espagne obtient, pour ce qui la concerne, des rédactions de trêves
et de traités en espagnol [2], mais son action ne s'étend pas
plus loin.

En Italie, quoique Machiavel, peu humaniste, et même médiocrement artiste, préfère toujours l'italien au latin, la situation est différente ; là, on ne considère pas le latin comme une
langue étrangère, mais comme la vraie langue nationale, plus
nationale peut être que les divers dialectes. On mêlera donc
constamment le latin et l'italien ; il y a peu de lettres italiennes dont la suscription et la souscription, pour le moins,
ne soient en latin [3]. On met une certaine coquetterie à conserver le latin dans les actes et dans les manifestations d'apparat. Cependant l'italien sert couramment pour les rapports
des états italiens entre eux; le gouvernement français de Gênes
écrit en italien [4]. Les notes diplomatiques sont rédigées en
italien [5].

A Rome, tout reste latin.

Quant à la chronologie, chaque chancellerie garde son
style. Ainsi, le pouvoir de Louis XII à son ambassadeur

1) 6 juillet 1492 (K. 1638, d. 2) : créance pour l'ambassadeur d'Espagne
à Venise (15 juillet 1502. Sanuto, IV, 469).

2) Trêve : J. 915 B, 22. — Accord entre la France et Jean Ier, roi de Castille, de Léon et de Portugal, contre l'Angleterre, en castillan ; il reproduit le
pouvoir en français, promulgué en France par patentes françaises (K.
1638, d. 2).

3) Par exemple, lettre des Doria, publ. dans *Thomas Bazin*, IV, 361. Les
orateurs de Rimini à Venise, en 1503, portent une créance latine ; ils font
leurs discours en italien avec citations latines, ils disent qu'ils viennent se
mettre sous l'ombre de St Marc (Sanuto, V, 539).

4) Lettres du gouverneur de Gênes, Jean de Rochechouart, à la Seigneurie
de Florence (17 avril 1511, 30 mai 1511. Saige, *Documents*, II, 102, 112).

5) Note du duc de Milan (12 nov. 1461, Archivio Sforzesco).

près de Maximilien, en 1502, quoique rédigé en latin, dans la forme la plus officielle, suit le style gallican, et non le style romain ; il est daté du 9 février 1501 [1]. Dans les négociations de Troyes en 1420, les Anglais suivent le style anglais [2]. Le Grand Seigneur, le soudan d'Égypte datent de l'hégire : toutefois, dans ses communications avec les chrétiens, le Grand Seigneur ajoute, quelquefois, par courtoisie, une mention du comput chrétien.

1) Ms. fr. 16074, n° 27.

2) « Secundum computacionem ecclesie anglicane » (cédule anglaise. Ms. Moreau 1452, n° 102).

CHAPITRE VII

Pouvoirs

Le pouvoir est un acte, portant procuration du chef de l'État à ses ambassadeurs, et fixant l'étendue de cette procuration. L'instrument s'appelle en français *povoir*, ou *pouvoir*, en latin *posse*, et le droit qui en résulte *potestas*[1], en français *puissance*.

Le pouvoir n'est autre chose que le mandat de droit commun, régi par les lois romaines. Ainsi, c'est un acte de droit strict, qu'on ne peut interpréter ni étendre, et qui n'est susceptible que d'exécution littérale.

La signature d'un ambassadeur ne peut donc engager son souverain qu'à condition de justifier d'un mandat régulier, c'est-à-dire d'un acte : 1° émanant du souverain, 2° légalement formulé, 3° comportant puissance spéciale pour l'acte à passer.

Le pouvoir joue, pour la forme, un grand rôle dans la diplomatie ; en réalité, il ne présente qu'un intérêt restreint. Il n'y a pas là, comme en matière de droit civil, des tribunaux pour vérifier la légalité du contrat, pour en maintenir l'exécution, et démêler les responsabilités. C'est un pur forma-

---

1) Pouvoir anglais, de 1400 (Douet d'Arcq, *Choix de pièces*, I, 168 ; Rymer, III, p. 200): « legaliter suum posse deferendi..., potestatem sufficientem super premissis ». Au xiiie siècle, on dit « de bonnes chartes » (Villehardouin, cité par Nys, *Les origines de la diplomatie*, p. 15).

lisme : **on voit des ambassadeurs rappelés**, comme **Alberto da Carpi**, pour des actes contraires aux intentions du prince et néanmoins compris dans les limites juridiques des pouvoirs ; comme aussi on voit, quoique très rarement, des agents couverts par le prince après s'être risqués d'une manière heureuse.

1º La signature des pouvoirs n'appartient qu'au roi [1]. Le chancelier soumet au roi, en grand conseil, les pouvoirs d'ambassadeurs préparés par ses soins, tout prêts à expédier. Le roi n'a qu'à commander les noms pour remplir les blancs [2], et à signer, lui et le secrétaire de service [3]. Le pouvoir est remis à l'ambassadeur, aussitôt après les instructions, ou envoyé, selon le cas [4]. On y joint, s'il y a lieu, une lettre close portant l'ordre de partir ; pour éviter trop de sécheresse, on peut la formuler avec quelques mots de confiance ou d'affaires, ou aviser qu'on fait expédier l'argent nécessaire, les chevaux [5]... En cas d'urgence, nous voyons même Louis XI adresser au sire de la Rousière (son ambassadeur à la frontière pour une trêve avec l'Angleterre) un pouvoir, où il a laissé « espace » pour les noms de l'ambassade, qu'il remet

1) On remarqua fort à Rome le pouvoir pour l'obédience de Gênes à Jules II donné sous forme d'une patente de Ravenstein, le gouverneur de Gênes. En cas de minorité, les pouvoirs sont donnés par le tuteur (pouvoir du 12 oct. 1507, par Maximilien, pour son petit-fils. Dumont, t. IV, p. I, p. 107).

2) Dans le pouvoir de Louis XI, du 19 juillet 1477 (fr. 15538, 5), les noms des envoyés ont été ajoutés après coup, d'une autre encre, sur une ligne en blanc ménagée dans le texte. On a apporté le texte évidemment ainsi préparé au conseil. Il est contresigné : « Par le Roy en son conseil, Disomme ».

3) Lettre du chancelier Guill. de Rochefort (fr. 15538, 48).

4) Pat. de Louis XI commettant Phil. de Commines, chevalier, seigneur d'Argenton, sénéchal de Poitou, chambellan, pour recevoir de Jean Galéas Mª Sforza l'hommage de Gênes et Savone (13 juillet 1468. Ms. Moreau 734, fº 80).

5) 1494. F. Calvi, *Bianca Mª Sforza-Visconti*, p. 72.

à La Rousière le soin de compléter sur place, selon les indications qu'il lui donne [1].

Dans des circonstances fort exceptionnelles, un souverain peut donner pouvoir de traiter une trêve non seulement en son nom, mais comme se portant fort de souverains alliés, ou de ses propres enfants [2]. Mais un souverain peut, pour les affaires d'un sujet, donner, d'accord avec lui, des pouvoirs spéciaux à un ambassadeur [3].

En revanche, un ambassadeur n'a aucun titre pour intervenir dans les négociations d'autres pays et ne peut agir en faveur d'autres souverains qu'à titre purement officieux. C'est à ce titre officieux que l'ambassadeur de France à Venise présente, en 1502, à la Seigneurie, une supplique de commerçants florentins pour une exemption de représailles [4] ; que l'ambassadeur d'Angleterre en France mande, en 1506, au lieutenant général des Pays-Bas ce qu'il a négocié pour l'archiduc roi de Castille [5].

Il y a des circonstances urgentes où l'on ne refuse pourtant pas de négocier, sous toutes réserves, avec des représentants sans mandat régulier [6]. En juillet 1384, le duc de Berry prend sur lui de s'aboucher pour la paix avec le duc de Lan-

---

1) Ms. fr. 20855, n° 55.

2) Pouvoirs de Ferdinand, en son nom, et se portant fort de Maximilien, d'Henri VIII et de sa fille Catherine (J. 915 B, 27).

3) Paiement d'Ant. de la Tour, accrédité à Milan « de par le roy et par nostre ordonnance (du duc d'Orléans)». Paris, 23 août 1484 (*Tit. orig.* De la Tour, 8).

4) On l'accorde (25 oct. 1502. Sanuto, IV, 385).

5) 1506. *Lett. de Louis XII*, I, 87.

6) En novembre 1499, un ambassadeur français débarque sur la côte hongroise, à Zeng, mais il tombe malade et meurt : il charge son neveu de remettre ses documents à la cour hongroise, mais le neveu ne se croit pas autorisé à entamer des négociations (Fraknoï, *Revue d'Histoire diplomatique*, année 1889, p. 236).

castre : un mandement royal ratifie et avoue, après coup, sa démarche[1]. En décembre 1487, les gens de Lille et de Douai concluent séparément avec le maréchal des Querdes un traité de paix et de neutralité. Ils se font fort d'en obtenir la ratification par le roi des Romains et l'archiduc : Des Querdes garantit de même la ratification par la France, avant le 2 février. Des Querdes n'a pu consulter que son conseil de guerre[2].

2° Les pouvoirs doivent être légalement formulés.

Le mandat civil résulte de la volonté du mandant expressément déclarée : la déclaration peut avoir lieu par acte authentique ou par simple cédule.

De même, en matière diplomatique, le mandat résulte, ou d'une procuration dressée par des notaires impériaux et apostoliques, ou d'un simple brevet ayant un caractère public, c'est-à-dire de lettres patentes.

Bien que la forme notariée tombe manifestement en désuétude, on la rencontre encore pour des procurations de droit strict. La reine Catherine de Navarre reconnaît par un acte notarié latin, passé par deux notaires apostoliques et royaux, ses secrétaires, qu'elle doit hommage à Louis XII pour les comtés de Foix, de Bigorre et autres terres, et constitue pour son procureur à fin de cet hommage son illustrissime seigneur et mari, le roi Jean de Navarre. L'acte contient les formules habituelles, les promesses usuelles de ratification et le nom des témoins assez nombreux : l'expédition est dressée sur parchemin, sans signature royale ni trace de sceau, sous le paraphe des notaires[3]. Il est vrai qu'il s'agissait ici de l'accomplissement d'un devoir personnel de vassale, plutôt que d'une mission diplomatique. Un autre pouvoir du roi de Cas-

1) Mand. royal du 16 juillet 1384 (ms. fr. 20590, n° 19).
2) *Hist. des guerres de Flandre, Corp. Chronic. Flandriæ,* IV, 562.
3) Orig. J. 619, n° 27.

tille, en 1380, sous forme de procès-verbal latin de notaires
impériaux et apostoliques, passé dans la chambre du roi
« personaliter constitutus, » porte seulement, au lieu de la
signature des notaires, celle du roi (latine et espagnole) :
« Nos el Rey », et le contreseing d'un notaire, en latin [1].

Les pouvoirs notariés ne sont guère d'usage qu'en vue des
actes vraiment personnels, mariage, prestation d'hommage
etc. [2], ou dans les diplomaties secondaires [3], plutôt seigneuriales que politiques. Les pouvoirs apparaissent plus généralement établis en lettres patentes, conformes d'ailleurs,
comme formule, aux *cédules* civiles du mandat. Ces patentes,
exclusivement destinées à une production internationale, de-
vraient être écrites en latin. On les rédige donc, en latin, sur
de très grandes feuilles de parchemin, avec une forme extérieure très soignée et pompeuse, lorsqu'on veut leur donner
un caractère particulièrement solennel.

Elles portent la signature autographe du prince [4], la con-

1) Pouvoir du roi de Castille du 18 déc. 1380 (Douet d'Arcq, *Choix de
Pièces*, I, p. 16).

2) Pouvoir de Lucien Grimaldi à Pierre Grimaldi, pour conclure le traité
de mariage avec Claude de Savoie, fille naturelle de Philippe (31 mai 1509.
Saige, *Documents*, II, 97) ; en forme de procuration notariée, pour contracter
avec les solennités requises, stipuler la dot, etc. Pouvoir pour reprendre des
bijoux, donnés en vue d'un mariage qui est rompu, par Jean II Grimaldi
(26 juillet 1504. Saige, II, 32), en forme de procuration notariée. Pouvoir
d'Augustin Grimaldi, évêque de Grasse, pour traiter de la mise en liberté de
Lucien Grimaldi, seigneur de Monaco, son frère, prisonnier de Louis XII
(31 mars 1508. Saige, II, 89), constituant « suos veros, certos, legitimos et
indubitatos procuratores »; en forme de procuration, passée par un notaire
apostolique. Pouvoir pour recevoir un ordre de chevalerie, par Jean II
Grimaldi, en forme de procuration, passée par notaire impérial apostolique
(14 juillet 1494. Saige, II, 8).

3) Pouvoir, en forme d'acte notarié, latin, du marquis de Final (5 juin
1444. Saige, *Documents*, I, 14). Pouvoir de Pomelline Fregoso pour traiter
avec Gênes (8 février 1440. Saige, I, 126), en forme de procuration notariée.

4) « Habet ad hec sufficiens mandatum, manu propria ipsius Ill^mi D^ni ducis
suscriptum » (*Lettres de Louis XI*, I, p. 326, lettre du 6 oct. 1460).

tresignature, par ordre, du secrétaire ; elles sont scellées du grand sceau, en cire rouge, pendant sur double queue [1], ou sur lacs de soie rouge et jaune. Elles admettent de larges considérants, et toutes les formules du mandat [2]. Dans ce genre d'actes, on n'épargne pas et on n'abrège pas les superlatifs [3] : on fait intervenir aussi les grandes clauses de style : Union contre les Turcs, fraternité des princes chrétiens, république chrétienne, désir immense de paix [4].

1) Pouvoir de Charles d'Orléans, du 20 mai 1452 (J. 545, II).

2) Pouvoir de Ferdinand et d'Isabelle à leur résident, pour traiter avec Charles VIII, sur un immense parchemin ; traces de sceau pendant sur lacet rouge et jaune ; signatures autographes : *yo el rey, yo la reyna*. Ce pouvoir porte en substance : « Nous désirons vivement la paix, surtout contre les infidèles. Nous déplorons les guerres intestines d'Italie, entre Alexandre VI, pape, envers qui nous sommes tenus au dévouement, Alph. de Naples, notre neveu, d'une part — et de l'autre Charles VIII, notre frère et confédéré. Nous donnons « potestatem, vobis, Alfonso de Silva », notre conseiller, orateur résident à la cour de France, de faire la paix si possible. Confiant dans votre prudence, nous vous nommons spécialement envoyé à ce sujet, « in procuratorem nostrum certum et specialem, et ad infra-scripta generalem », en forme de mandat civil, pour faire la paix, la concorde, signer, faire jurer les stipulations intervenues. » Contresigné par un secrétaire royal, Mel Perez Dalmaçan (11 octobre 1494. K. 1368, d. 2).

3) C'est ce qu'on appelle « Mandatum juridicum et amplum » (Dép. d'A. Gritti, 1er déc. 1512. Arch. de Venise).

4) Pouvoir de Maximilien au roi catholique, de traiter pour lui avec Louis XII, sur grand parchemin, signé *Max.*, contresigné d'un secrétaire : « Ad mandatum Cæs. Mat^is ». Ce pouvoir est sous une forme particulière : « Maximilianus, etc... recognoscimus et tenore presencium profitemur quod, cum aliquo nunc tempore inter nos et ser^mum principem, Ferdinandum, Arragonum, utriusque Sicilie et Hierusalem Regem Catholicum, ex una parte, et Ser^mum Principem D. Ludovicum, Regem Franciæ (*sic*), fratres et consanguineos nostros charissimos, atque inter nonnullos alios Principes christianos, nonnulle differenciæ, discordiæ et sevi bellorum motus hinc inde fuerint versati, non absque gravi incommoditate, jactura et periculo, non tam nostrorum omnium quam tocius reipublice christiane, » le roi catholique, « sanctissimo atque rectissimo zelo motus », pour concilier nos esprits, « et ad fraternam unionem reducere », cherche à faire la paix. Il ne peut la vouloir qu'honorable pour nous et nos descendants. Nous n'avons jamais désiré autre chose. Inclinés à ses instantissimes prières, et par égard pour lui,

Les deux formes solennelles que nous venons d'indiquer, brevet notarié et patentes internationales, sont peu usitées, parce qu'elles ont pour effet de conférer des pleins pouvoirs, chose antipathique au génie de la diplomatie. On se borne en

pour son antique dévouement, nous le constituons solennellement, etc. notre « verum, certum, et legittimum procuratorem, negociorum gestorem seu mandatarium », pour traiter tous paix, alliances, mariages, etc., avec tous princes ou « nunciis et procuratoribus », ayant mandat plein et suffisant, pour se substituer tel mandataire qu'il jugera bon, et obliger, hypothéquer nos biens en garantie, nous obliger « censuris etiam ecclesiasticis ». Maximilien avait donné un pouvoir identique à Ferdinand, daté de Gmund, le 29 juillet 1514 (orig. signé, même cote). -- Pouvoir latin de Ferdinand à l'évêque de Tripoli, et à Gabriel de Horti, son chapelain (Valladolid, 12 août 1514, K. 1639, d. 3, copie ancienne). Confiant en leur prudence, etc., il leur délègue les pouvoirs qu'il a reçus de l'empereur avec faculté de délégation : Pouvoir, en forme ordinaire, en son nom et celui de Jeanne, pour traiter la paix « strictissimam », perpétuelle, indissoluble, entre « Sacratissimum » Maximilien, la Sérénissime reine de Castille, notre fille, et l'Illustrissime Charles, archiduc d'Autriche, notre neveu et fils, et Louis XII ; arrêter tous chapitres, etc., tous pactes, etc., prêter ou recevoir serment, donner ou recevoir sécurités. Comme il a été traité, pour sécurité, que Léonor, infante de Castille, notre nièce et fille, fille de notre fille la reine de Castille et de Philippe, roi de Castille, son mari, « contrahat matrimonium» avec Louis XII, nous voulons ce mariage. Nous vous donnons tous pouvoirs pour passer toutes promesses à ce sujet (formule ordinaire), les recevoir du roi, fixer la dot, le douaire, le trousseau, les pierres précieuses... Il a été arrêté aussi que Ferdinand de Castille, deuxième fils de Jeanne et de feu Philippe, épouserait « Renea », deuxième fille du roi et d'Anne ; mêmes pouvoirs à cet effet. Formules de pleins pouvoirs. Transcription du pouvoir de Maximilien, de Gmund, 29 juillet 1514. -- Fr. 16074, n° 27. Blois, 23 novembre 1501. Pouvoir (patentes en latin) de Louis XII. Préambule assez pompeux ; désir d'assurer la paix du monde et l'amitié traditionnelle de l'Empire et du roi. Louis accrédite près de l'empereur Louis de Hallewin, sieur de Piennes, chan, Geoffroy Carles, président du parlement de Dauphiné, Ch. de Haultbois, maître des requêtes ordinaires de l'hôtel, Jean Guérin, également maître des requêtes, pour renouveler fraternité et amitié. A ces patentes est jointe une cédule en latin, de Blois, 24 novembre 1501, par laquelle Louis XII donne pouvoir spécial à L. de Hallewin de recevoir l'investiture pour Milan, et de prêter hommage, le nomme procureur et mandataire spécial à cette fin, avec promesse, sous parole de roi et hypothèque des biens, de tenir pour bons ses actes et de les observer fidèlement, perpétuellement. Paris, 9 février 1501, anc. st. ; nouvelle cédule, pour L. de Hallewin, identique (K. 1639, d. 3. Insprück, 17 déc. 1514).

général à remettre aux ambassadeurs un pouvoir spécial,
plus ou moins étendu, sous formes de lettres patentes écrites
dans la langue nationale, où le souverain promet de ratifier
l'issue de la négociation, mais où il se réserve cette ratification. Nous indiquerons plus loin les formalités des ratifications. Il peut arriver que la ratification, tout en terminant
une négociation, en ouvre une seconde, que l'on conservera
à l'ambassade qui a réussi la première ; il s'agit, par exemple,
de conclure une paix laborieuse, et l'on a conclu une trève et
même un mariage. Dans ce cas, le souverain enverra des
pouvoirs mixtes à son ambassade : pouvoir de ratifier définiti-
vement en son nom l'acte intervenu ; pouvoir, plus ou moins
large, pour ouvrir une négociation. On recourra, dans ce cas,
aux patentes latines, avec considérants généraux, à cause du
caractère absolu de la ratification [1].

1) K. 1639, d. 3. Copie ancienne du pouvoir (en latin) de Ferdinand à Pre
de Quintana, daté du 4 mars 1514 : pouvoir spécial (formule ordinaire), « ci-
tra les pouvoirs déjà par nous donnés, — en notre nom et celui de notre
fille Jeanne, reine de Castille, dont nous avons l'administration, — pour
traiter paix, union et confédération très stricte, perpétuelle, indissoluble,
avec les commissaires quelconques, procureurs, « nunciis, oratoribus » du roi
de France, passer toutes stipulations, faire serment... Comme garantie, on a
traité le mariage de Léonor, infante de Castille, avec le roi Louis très chrétien : pleins pouvoirs, etc., pour stipulation, promesses, dot, etc. : de même,
pour le mariage de Ferdinand, infant de Castille, deuxième fils de Jeanne,
avec « Renea », deuxième fille du roi » (pouvoir développé, mais de pure formule). Cf. le pouvoir anglais de 1400 (Douet d'Arcq, I, 167. Rymer, III,
200), en forme de patentes : « Omnibus Christi fidelibus. » A la louange de
Dieu, etc. « Regis Magestatis officium » est de chercher la paix et de pourvoir aux maux de la guerre. Dernièrement, « destinavimus ambassiatores ad
partes Franciæ », Walter, évêque de Durham, etc., pour affirmer les trèves
arrêtées sous notre prédécesseur, « quod nonnulli propter mutationes puta-
bant expediens », pour en contracter de nouvelles s'il le fallait et arrêter divers articles pour la paix de nos royaumes. Nos ambassadeurs avec ceux de
France se sont rencontrés plusieurs fois à Lenlygham, en Picardie, et ont
conclu de se réunir au même lieu le lundi de la Pentecôte, « iidem vel alii »,
avec pouvoirs suffisants, selon les lettres des ambassadeurs et « appuncta-

Pour les ambassades d'obédience qui présentent un caractère non moins absolu, le latin est de rigueur. Pour l'obédience à Jules II, tous les pouvoirs sont en latin, sauf ceux de Louis XII et d'Anne de Bretagne, ce qu'on remarque fort à Rome : le pape affecte de faire lire et traduire le pouvoir de Louis XII en plein consistoire [1].

Louis XI, encore dauphin, dans des patentes latines où il ratifie lui-même un traité d'alliance avec le duc de Milan, donne pleins pouvoirs à un agent, pour aller à Milan recevoir la ratification et le serment du duc [2] C'est un procédé fort incorrect, car l'établissement d'un mandat exige toujours un acte spécial et précis, avec les formules juridiques consacrées : mais la diplomatie du dauphin Louis ne peut servir de type et dans cet acte particulièrement les incorrections abondent.

Les patentes de pouvoir, en français, sont conformes aux patentes ordinaires. Elles confèrent aux personnages spécifiés pouvoir, autorité et mandat, pour une suite d'objets également spécifiés, et pour leurs circonstances et dépendances. Elles indiquent parfois que l'ambassadeur agira « comme nous en personne ». La clause essentielle, spéciale, indispensable, est celle de « parole de roi ». En effet, ces patentes, forcément privées des sanctions du droit civil, y substituent un simple engagement d'honneur ; elles

---

mentis concordatis ». Nous, « sincero corde procedere intendentes », donnons pouvoir, etc. Suit un pouvoir détaillé, pour traiter, interpréter l'ambigu, ajouter, faire proclamer les trêves, en faire de nouvelles, « amicitias », etc., fixer les secours et subsides et leurs modalités, faire *communicationes secure* pour les marchandises, répondre et traiter sur telle et telle question spécifiée, enfin arrêter et jurer le tout « in animam nostram ».

1) Burckard, *Diarium*, III, 385.

2) « Deputamus vigore presentium, loco nostri, nobilem Gastonum du Lion », avec tout pouvoir (6 oct. 1460. *Lett. de Louis XI*, I, 326 et s.).

passent donc plus légèrement sur les clauses civiles habituelles du mandat, sur toute la phraséologie qui en découle,
notamment sur la garantie, un peu illusoire, d'une hypothèque sur les biens du mandant, pour arriver à la clause de Parole, ainsi formulée : « Et promettons (ou promectans), en
bonne foy et parolle de Roy, avoir et tenir ferme et aggréa-
ble... » ou « avoir agréable et ratiffier... » Elles finissent par
les formules habituelles : « En tesmoing de ce..., donné à... »,
la signature du roi ou du secrétaire, ou même le simple
certificat d'un secrétaire constatant l'extrait conforme de la
délibération du grand conseil, « Par le roi en son conseil... » [1],
car elles sont arrêtées en conseil.

Elles sont scellées en cire rouge [2] du grand sceau, pendant
sur lacs jaune et rouge, ou sur simple ou double queue de
parchemin .

Les patentes françaises sont écrites d'une belle main, sur
un parchemin beau et fin, très ample [3]. Elles admettent des
considérants, bien moins développés et moins pompeux toutefois que ceux des patentes latines. Ces considérants visent
la politique générale [4] : on y voit même apparaître les formules du désir de paix et d'effroi du Turc. Dans les pouvoirs à
Odet de Foix, sire de Lautrec, du 8 février 1512-1513, pour
une trêve avec l'Espagne, la chancellerie de Louis XII croit
pouvoir alléguer, les maux des guerres, le « retardement » de
la sainte union de l'Eglise, et « par conséquent de l'expédicion

---

1) Pouvoirs de 1400 (Douet d'Arcq, *Choix de Pièces*, I, 171), du 8 février
1512-13 (orig., K. 1639, d^r 3), du 24 mars 1475 (Mandrot, *Ymbert de
Batarnay*, p. 301).....

2) Parfois, en cire blanche. Pouvoirs de Jacques d'Ecosse, 8 oct. 1501 ;
au duc de Longueville pour la paix de la France avec l'Angleterre (26 juillet 1514), pour le mariage de Louis XII (29 juillet 1514), dans Dumont.

3) Pouvoirs du 15 février 1396 (K. 1638, d. 2), du 19 juillet 1477
(fr. 15538, 5).

4) Pouvoir de Louis XI, du 19 juill. 1477 (fr. 15538, 5).

neccessère contre les infidelles ennemys de nostre saincte foy catholicque...[1] » En guise de considérants, on insère parfois un résumé sommaire de l'état de l'affaire à traiter. Après ce préambule, intervient le dispositif : « Savoir faisons... » Ici se place habituellement une formule de confiance dans l'ambassadeur : « Confians... ».

3° Le mandat porte spécification expresse des pouvoirs[2]. Le « plain pouvoir », en latin « liberum mandatum[3] », si général qu'il soit, a toujours un but spécifié, tel que faire une trêve, la jurer...[4]. Les pouvoirs ne se présument pas : de règle, un pouvoir général ne comprend pas les cas de compétence royale[5]; il faut une délégation spéciale. C'est ainsi que le gouvernement hongrois ne considéra pas comme suffisants les pleins pouvoirs généraux de l'ambassade française en Hongrie pour le traité d'alliance de 1500. D'après l'article 1er, le traité de Bude, du 14 juillet 1500, n'est signé qu'*ad referendum* en ce qui concerne la France : le roi de Hongrie devra envoyer une

1) K. 1639, dr 3.

2) On ne peut agir, dit Villadiego, qu'en vertu d'un mandat préexistant. Un acte irrégulier quant aux pouvoirs ne peut être ratifié. L'ambassadeur doit agir selon le *terme* du pouvoir, par exemple comme *procurator* (et non *nuntius*) ou vice versa : le *procurator* parle au nom du maître, le *nuncius* en son propre nom (*De legato*, p. III, q. 1). Toutefois cette distinction du jurisconsulte ne nous paraît point passer dans la pratique.

3) Hotman, *Traitté de l'ambassadeur*, III, § 4.

4) Pouvoir de Louis XI à Du Bouchage pour traiter avec le roi d'Aragon (24 mars 1475. Mandrot, *Ymbert de Batarnay*, p. 301) : résumé sommaire de l'état de l'affaire : une trêve a été conclue, pour essayer d'arriver à la paix.— Il faut donc « commettre et députer aucun personnage à nous seur et féable ». Nous confiant entièrement dans « ses sens, souffisances, loiauté et preudhommie et bonne diligence,... n'ayant treuvé personne de nostre Royaume quy nous ait en nos plus secrètes et importantes affaires mieux et plus fidèlement servi », nous commettons Du Bouchage, avec plein pouvoir, etc., pour faire une trêve..., la jurer..., Promettant etc. — Autre pouvoir de 1494 (*ibid.*, p. 180). Pouvoir cité du 8 février 1513, etc.

5) Martini Laudensis, *De legatis*, q. 39.

ambassade spéciale en France pour le faire ratifier, modifié ou non, par Louis XII; et, en effet, le roi Vladislas, par pouvoir en forme de patentes latines du 16 septembre 1501, revêtues du grand sceau rouge pendant sur lacs jaunes et rouges, conféra à Nicolas de Bachka, évêque de Nyitrye, et à Etienne Thelegdi pleins pouvoirs spéciaux pour signer et ratifier une alliance avec Louis XII, quelles qu'en fussent les stipulations [1]. Les ambassadeurs vinrent en France et dressèrent procès-verbal officiel de la ratification réciproque du traité [2].

Les pouvoirs utiles et précis présentent donc un aspect plus ou moins sensible de restriction : l'ambassadeur va recevoir telle réponse, requérir telle et telle chose indiquée par sa commission [3], prêter tel hommage [4], recevoir tel serment [5], consigner telle ou telle ville aux commissaires de tel prince [6], bref remplir les missions les plus diverses, ou, s'il s'agit de négociations à suivre, négocier sur l'exécution de tel traité [7],

1) J. 432, 25.

2) J. 432, 26.

3) Pouvoir de 1400 (Douet d'Arcq, I, 174).

4) Pouvoir du 8 juin 1509 au cardinal d'Amboise (fr. 12802, f° 77). Pouvoirs au sire de Piennes, du 23 novembre 1501, du 9 février 1501, anc. st. (id., f°s 52 v°, 55). Le premier de ces pouvoirs, spécial pour rendre hommage, est distinct d'un pouvoir du même jour, aux deux ambassadeurs Geoffroy Carles et Piennes, pour faire la paix (id., f° 54).

5) Ms. Moreau 1452, n° 108. Copie ancienne du pouvoir de Charles VI au duc de Bourgogne pour recevoir le serment que le duc de Lorraine devait faire pour reconnaître la paix de Troyes et, après le décès de Charles, être « loyal homme lige et vrai sujet du roi d'Angleterre » (24 mars 1421, avant Pâques).

6) Commission de Louis XI à ses délégués chargés de remettre aux mains des commissaires du duc de Bourgogne Amiens, Abbeville, Montreuil, etc. (15 octobre 1465. Ms. Moreau 1426, n° 165).

7) Pouvoir pour l'ambassade (J. de Selve, Pierre de la Guiche), envoyée à Londres négocier sur le traité du 7 août 1514 (23 mars 1514-1515. J. 920, n° 1).

renouveler tel pacte d'alliance [1], intervenir dans telles négociations sous telles conditions [2].

Cette rigueur des pouvoirs devient, pour les ambassadeurs,
suivant les cas, un embarras ou une force. On s'en plaint souvent [3]. Pour obvier à l'embarras, la chancellerie du duc d'Orléans, dans une circonstance délicate, recourt à un subterfuge :
elle donne aux ambassadeurs deux pouvoirs de même date,
tous deux en latin, parfaitement réguliers : l'un, pour prêter
hommage à l'empereur et recevoir au nom du duc d'Orléans
l'investiture du duché de Milan tout entier [4] ; l'autre pareil,
mais restreint à Asti, avec ses dépendances nominativement
désignées, « et quelques autres possessions en Lombardie » [5].
Charles d'Orléans possédait Asti, pour lequel l'empereur ne
pouvait lui refuser l'investiture ; il prétendait au duché de
Milan, et sur ce point la réponse impériale faisait doute. On
voit l'intérêt du double pouvoir ; les ambassadeurs devaient
produire le premier, et s'y retrancher, puis, en cas d'échec, le
second, car il fallait en finir. Il est plus habituel et plus correct de commencer une négociation avec des pouvoirs res-

---

1) Pouvoir de Charles VI à Simon, patriarche d'Alexandrie, Colart de
Colleville, chambellan, Gille des Champs, maître en théologie, Me Thiebaut
Horie, secrétaire, pour renouveler avec notre frère le roi de Castille les confédérations et alliance (en français. Au dos, note de la chancellerie espagnole : *Poder*, etc. 15 février 1395, a. st. K. 1638, d. 2).

2) Plein pouvoir pour intervenir au traité entre le duc de Lancastre et
le roi de Castille, notre allié, pourvu que les traités et alliances entre la
Castille et la France restent intacts : en forme de patentes, délibéré en conseil,
en français (14 septembre 1386. Douet d'Arcq, I, 74).

3) Jacques Tyrell, gouverneur de Guines, écrit à Charles VIII qu'il faudrait pour la paix que les ambassadeurs eussent plus large commission ; « car
en temps passé la commission a esté si foible pour les embassadeurs de vostre
part qu'ilz ont reffusé ce qu'ilz ont dit » (Guines, 16 juin. Fr. 15544, 174).

4) K. 69, no 6, orig., en double exemplaire.

5) J. 545, II, orig. Celui ci porte la mention des membres du conseil.

reints et d'envoyer ensuite, s'il le faut, des pouvoirs supplé-
mentaires [1].

Le pouvoir est essentiellement personnel ; lorsque l'ambassade comprend plusieurs membres, il autorise à traiter sans
être au complet, pourvu que tel ambassadeur (le chef de l'ambassade) s'y trouve : ainsi le plein pouvoir donné par
Louis XI en grand conseil à Thierry de Lénoncourt et trois
autres ambassadeurs, le 19 juillet 1477, pour renouveler des
alliances « ou en faire de nouvelles », autorise à traiter et
jurer à quatre, à trois ou à deux, pourvu que Th. de Lénoncourt en soit [2] : le pouvoir de 1418 à Bertrand Campion et à
l'amiral Robin de Bracquemont, que le roi envoie en Castille
près de ses précédents ambassadeurs, Jean d'Angennes et
Guillaume de Guiefdeville, pour demander avec eux des secours maritimes, autorise à traiter à trois ou à deux, dont
Campion doit être l'un. Campion, chef de la nouvelle ambassade, avait en effet la préséance sur Jean d'Angennes [3]. Cette
clause présente surtout son utilité en cas de maladie et de mort
des ambassadeurs. Lors de l'obédience de Louis XII à Jules
II, pourtant d'une expédition rapide, sur six ambassadeurs
nommés dans le pouvoir du mois de février 1505, deux
étaient déjà morts, s'il faut en croire Burckard, quand, le

---

1) Lettre de Louis XI au sire de la Rousière, lui disant qu'il a pouvoir de
prolonger la trève avec l'Angleterre : « pour ce que la chose sera de plus
grant auctorité »,. le roi lui envoie un autre pouvoir où il a fait laisser
« espace pour mestre un évesque ou deux, et ung chevalier ou ung évesque,
ung chevalier et ung clerc des marches de par dela... Si advisez quelx
gens vous y pourrez mectre ». Le roi y joint de nouvelles lettres de créance.
(St Pourçain, 29 mai ; papier avec ratures, signé : *Loys. Bourré*. Fr. 20855,
no 55).

2) Ms. fr. 15538. Cf. pouvoir anglais de 1400, Douet d'Arcq, I, 167.

3) Pouvoir relaté dans l'acte passé à Ségovie le 28 juin 1419 (fr. 20977).

21 avril [1], l'ambassade prêta son obédience. La clause de 1, 2, 3, est remplacée parfois par une faculté de subdélégation [2].

Ce que nous venons de dire des pouvoirs français s'applique aux pouvoirs des autres chancelleries. Le duc de Bretagne, envoyant en Angleterre Armel de Chateaugiron prêter, en son nom, hommage pour le comté de Richemond, lui donne des pouvoirs en forme de patentes, en français [3]. Le pouvoir de Ferdinand et d'Isabelle à leur ambassade en France, le 6 juillet 1492, écrit en espagnol, sur grand parchemin, signé « Yo el Rey — Yo la 'Reyna », contresigné d'un secrétaire, avec sceau rouge pendant sur lac jaune et rouge, ressemble fort aux pouvoirs français. Il porte un considérant de paix, basé sur les paroles du Christ et sur l'amitié des rois de France, il spécifie les pleins pouvoirs [4].

Le pouvoir de Maximilien à son fils l'archiduc Philippe ou à ses délégués, le 3 novembre 1501, signé : « Max. », et écrit en français, avec un sceau rouge pendant sur double queue, est conçu dans le même style : désir inné de la paix (Maximilien avait envahi la Bourgogne peu auparavant et ne cessait

---

1) *Diarium*, III, 385.

2) Surtout, dans des cas exceptionnels (par exemple, résultant d'un extrême éloignement), et pour un ambassadeur unique, cet ambassadeur est autorisé, au besoin, à subdéléguer son pouvoir. V. Patentes du 20 mars 1433, par lesquelles le cardinal de Chypre substitue les évêques de Rennes et d'Uzès à la procuration qu'il avait reçue du roi Jean de Chypre pour aller au concile de Bâle (Mas Latrie, *Histoire de Chypre*, III, 11).

3) *Mém. de Bretagne*, II, 827. Cf. Pouvoir de l'archiduc à ses ambassadeurs en France, pour le mariage de son fils ; en français, en forme de patentes, « donnant plain povoir, auctorité et mandement espécial » (1504. Le Glay, *Négociations*, I, 73).

4) Par la présente, nous constituons nos procureurs et mandataires « el devoto padre fray Juan de Mauleon », de l'ordre de Saint François, maître en théologie, Juan de Coloma, chevalier, secrétaire, Juan d'Albion, chevalier : confiants en leur loyauté, nous leur donnons plein pouvoir de pratiquer, concorder, arrêter, jurer tous actes et confédération, avec l'évêque d'Albi, accrédité par le roi, ou tous autres, et d'engager la couronne, de donner toutes

de réclamer des subsides de guerre à la diète germanique), spécification des pouvoirs, subdélégation éventuelle des ambassadeurs dont les noms sont spécifiés. Tout pouvoir du roi des Romains commence par une énumération de titres qui occupe les trois premières lignes, lorsque le parchemin est fort large [1].

En Italie, les pouvoirs, constamment en latin, sous forme de patentes, s'appellent « mandatum [2], speciale mandatum », et à Gênes, à Venise, « baylia, syndicatus ».

Les pouvoirs milanais affectaient la pompe, l'enflure ha-

sécurités, souscrire toutes obligations possibles, que nous nous engageons à ratifier, etc. (K. 1638, d. 2).

1) Cf. Pouvoir de Maximilien à ses ambassadeurs de France ; en forme de patentes latines, développées ; il les institue « veros, legitimos, certos et indubitatos commissarios, actores, factores, negociorum infrascriptorum gestores, deputatos nostros speciales, et quicquid magis aut melius dici, conferri et esse potest » (1504. Le Glay, Négociations, I, 69). Voici le résumé d'un pouvoir : « Désir de paix universelle, depuis notre avènement. Nous avons envoyé dans ce but des gens par tout l'univers. Très révérend père en Dieu, notre très cher et très amé cousin, le cardinal d'Amboise, notre très affectionné, est venu nous trouver. Louis XII a de l'amitié pour nous ; notre fils l'archiduc, qui descend par ligne maternelle « de l'ostel et maison royal de France », et qui en tient « de très haultes, nobles et puissantes terres et seigneuries », est ainsi conjoint et allié à la France. De notre consentement et de celui de la reine de France, Philippe a jadis conclu le mariage de Claude de France avec son fils Charles, « ainsi que avons avisé avec nostredit cousin le cardinal d'Amboise le mariage d'entre le dauphin de France, présent ou avenir, et de l'une des filles de nostredit filz Philippe ». Philippe nous a demandé l'oubli du passé, la bonne entente avec la France, et un pouvoir à cette fin. Nous le commettons et députons, comme notre « commis, procureur et certain messaigé espécial », pour nous et le Saint Empire ; et, en son absence, l'archevêque de Besançon, l'évêque de Cambrai, chancelier de la Toison d'or, les sieurs de Berghes, maître d'hôtel de notre fils, de Chièvres, notre cousin et grand bailli de Hainaut, Guillaume de Vergy, maréchal de Bourgogne, Nicolas de Ritter, prévôt de Louvain, maître des requêtes de l'hôtel de notre fils, de Cicon, chambellan, Jean de Courteville, bailli de Lille, maître d'hôtel, pour pacifier et appointer les différents, faire bonnes et mutuelles intelligences, amitiés, confédérations. Promettant, en parole de Roy, etc.» (J. 915, B, 23, orig.).

2) « Ad hoc speciale mandatum habens, ut constat ex patentibus » (Protocole du 1er juin. Archivio Sforzesco).

bituelles à cette chancellerie. Dans son pouvoir à Prosper Camulio pour une ligue avec le dauphin, François Sforza mentionnera un sentiment d'amitié profonde ; il met « sa personne et ses biens absolument aux ordres du dauphin [1] » ; il parle, dans un pouvoir de 1463, des « usages et établissements de ses ancêtres » ; son ambassadeur a pouvoir de dévoiler les secrets de son cœur à l'éminentissime roi [2]. Dans un autre pouvoir, relatif à l'hommage pour Gênes, François Sforza se déclare, à tout prix, vassal « d'un si grand, si sublime prince » (le roi de France) [3].

A Venise, les pouvoirs, donnés sous forme d'une patente latine du doge, participent du grand style avec plus de goût et de mesure [4].

Tous les pouvoirs, quels qu'ils soient, constituent un instrument essentiellement destiné à la production officielle [5] ; leur

---

1) **Pouvoir du 26 août 1460, 5 août 1461** (lat. 10133, fᵒˢ 21, 22).

2) **Pouvoir à Alberico Malleta, du 25 août 1463** (*ibid*).

3) *Ibid.*, fᵒ 31.

4) Pouvoirs vénitiens, dans Lünig, *Codex Italiæ diplomaticus*, t. IV, p. 1843, 1847, 1850. Pouvoir à l'orateur à Rome pour le concile de Latran (10 avril 1512), avec une lettre d'envoi du 25 mai. Exposé des faits : « Demandamus nobili et sapientissimo patritio Veneto, Francisco Foscaro, equiti, oratori nostro Rome agenti, ut sacrosancto concilio Lateranensi nostro nomine intersit, assistat, et ea omnia præstet, et peragat, quæ a nobis quoquo modo exhiberi possint aut incumberent » pour la gloire du pape, de l'église, du concile ; il a tout pouvoir, avec les conseils à lui impartis, « in tam pio, religioso et salutari negotio », de tout faire, traiter, promettre, jurer, produire, faire exécuter, accomplir, en ce qui peut nous appartenir, et nous le ratifierons et approuverons. — Pouvoir, joint à la commission des six ambassadeurs envoyés au pape, le 20 juin 1509 : « Constituimus, creavimus, ordinavimus et deputavimus in nostros legitimos procuratores, actores, factores, syndicos et negociorum gestores, seu quocumque alio nomine melius appellari possunt», pour pratiquer, traiter, conclure, sceller une ligue, un traité avec le pape, ou ses mandataires. Ils ont « omnem facultatem et potestatem ». Mention d'un autre *syndicatus*, pareil, pour traiter avec Maximilien. — Pouvoir du 26 sept. 1499 (Arch. de Venise).

5) **Chaque ambassadeur doit réciproquement les produire et les faire**

langage est donc purement officiel, et n'a, comme valeur critique pour l'histoire, qu'une importance fort relative. Plus le
pouvoir est pompeux, moins il mérite qu'on s'attache à ses ex-
pressions. Louis XI donne à son ambassade pour Milan, Florence et Rome, des pouvoirs très pompeux. « Ayant, dit-il, réta-
bli la tranquillité dans son royaume, il veut maintenant le bien
de la chrétienté, etc. Il provoquera un concile général, il invite les puissances à se joindre à lui. » En réalité, il voulait
forcer la main au pape pour obtenir seulement la dégrada-
tion de Balue et de l'évêque de Verdun. Les rapports des
ambassadeurs milanais mettaient leur gouvernement au courant de la comédie, et rapportaient même les menaces et
jusqu'aux jurements du roi[1].

Quelquefois, le pouvoir résulte d'une simple commission,
c'est-à-dire d'une lettre adressée aux ambassadeurs eux-mêmes. La chancellerie romaine donne ainsi ses pouvoirs sous
forme de brefs aux nonces[2]. Quant aux légats, leurs pouvoirs
résultent de la bulle qui les institue.

Dans les autres cours, les pouvoirs donnés sous forme de
commission ou de lettre nous paraissent présenter un caractère un peu spécial, plus secret, plus confidentiel, plus
embarrassé ou moins officiel[3]. C'est sous cette forme que Louis
XI donne pouvoir, le 21 avril 1465, à une ambassade qu'il

---

vérifier; il peut prendre copie authentique des « mandemens de la puissance » des ambassadeurs avec lesquels il traite (Instr^{on} de 1480 : évêque
de Munster, duc de Gueldre, etc. Fr. 3884, f° 314 v° .

1) Ghinzoni, *Galeazzo Maria e Luigi XI*, p. 8.

2) Bref d'Alexandre VI, au protonotaire-camérier envoyé à Imola, lui
donnant pouvoir de ratifier les conventions passées entre César Borgia et
Paul Orsini (4 nov. 1502. Impr. dans les Œuvres de Machiavel). — Bref de
Jules II à son nonce en France et à l'ambassadeur d'Écosse (médiateur), leur
envoyant ses instructions et promettant de ratifier tout ce qu'ils feront
conjointement pour la paix (25 sept. 1511. *Lett. de Louis XII*, III, 48).

3) **En France**, la commission n'est guère usitée que pour des envois d'ordre

adresse aux Liégeois[1] ; que Ferdinand et Isabelle envoient, le 29 juin 1502, à leur résident en France, un pouvoir spécial et solennel, en latin, pour provoquer un arbitrage de Maximilien entre l'Espagne et la France[2]. Dans ce dernier cas, la commission n'est qu'une variante du pouvoir ordinaire.

En Italie, on se borne souvent à remettre aux ambassadeurs, pour tout pouvoir, une commission, qui sert en même temps d'instruction. Elle s'appelle « commissio » ou bien « mandatum et instructio », en italien « commissione »[3].

à peine diplomatique. V. la commission de Charles VIII à Antoine de Gimel, chargé de conduire à Rome Djem (fr. 15541, 177).

1) Pouvoir de Louis XI à ses conseillers et chambellans le sieur de Chastillon, Aymar de Poysieu, dit Cadoret, bailli de Mantes, me Jean du Molin (nom biffé et remplacé par *Vergier*), conseiller, et Jacques de la Royère, secrétaire, sous forme d'une lettre en français, à eux adressée. — A cause de l'ancienne amitié de ses prédécesseurs avec « ses très chers et grans amys, » les maîtres, jurés, conseil et université de Liège, « et pour la grande confiance que nous avons auxdits de Liège », nous avons résolu, dit le roi, de leur envoyer une ambassade notable pour leur communiquer de nos affaires et des choses nouvellement survenues au royaume, et pour leur dire « aucunes choses » sur « l'advertissement qui nous a esté fait des durs et estranges termes que le frère du duc de Bourbon, soy disant leur évesque, leur a tenuz »... Nous confiant, etc. Nous vous donnons pouvoir de leur parler amplement, faire tous appointements..., promettant par parole de roi de les ratifier (Orig. parch. : lettre en conseil. Sceau enlevé. Ms. fr. 20977, f° 597).

2) Commission et pouvoir de Machiavel, pour sa première légation en France ; commission du 22 oct. 1503, au même (Canestrini, *Scritti inediti...*, p. LIII) : commissions et instructions vénitiennes des 23 mai 1509, 17 mai 1509, 3 juillet et 22 décembre 1512 (Arch. de Venise) : commission génoise, citée par Delaville le Roulx, *La France en Orient*, II, 172 : instruction à Mino di Rossi (Arch. de Bologne) : commission en forme de bref à l'évêque de Tivoli, envoyé à Venise, du 4 mai 1500 (Archives du Vatican, β LV, f° 340).

3) V. la commission très précise, très développée, du 31 déc. 1511, pour Domenico Trevisan, ambassadeur vénitien en Egypte, publiée par M. Schefer, *Le voyage d'outremer*, p. 237. Cette commission, portant instruction, et destinée par conséquent à être, éventuellement, produite en Orient, est **encadrée et ornée de dessins.**

L'ambassadeur reçoit un simple extrait du procès-verbal de la séance de la Seigneurie, qui le désigne et qui fixe ses appointements. Il peut trouver dans la commission l'autorisation de payer une somme, même de donner une signature [1].

Des ambassadeurs, sans pouvoirs authentiques et certains, munis d'une simple commission, ne peuvent que développer, à titre de renseignements, les instructions qu'ils apportent. Ils communiquent ces instructions, et on leur donne de même des réponses par écrit, sous forme de notes [2].

Les résidents, dont le rôle principal consiste à observer et à correspondre, reçoivent une simple commission. En cas de besoin, on leur adresse des pouvoirs spéciaux. Nous avons cité, dans les notes des pages précédentes, plusieurs pouvoirs envoyés ainsi à des résidents pour signer un acte [3].

Les envoyés turcs ne produisent pas de pouvoirs. Ils se bornent à présenter une lettre du Grand Seigneur, un projet de traité, sans intervenir personnellement [4].

Outre les pouvoirs, le souverain peut remettre ou envoyer

1) Pouvoir spécial, avec signatures autographes, à « vos Michaelem Joannem Galla, consiliarium et oratorem nostrum residentem in curia predicti Ser[mi] et Potentissimi Francorum Regis, fratris nostri ». Pouvoir en forme ordinaire. Long préambule, rappelant qu'il y a eu des conventions de partage du royaume de Sicile entre la France et l'Espagne, avec confirmation et investiture du pape, à laquelle nous nous référons. Pour maintenir la paix et l'amitié, étouffer les difficultés nées ou à naître à ce propos, sachant l'amitié de l'empereur pour la France et pour nous, et que « tanquam rectus ac justus judex Serenitas Sua uniquique nostrum dabit quod suum est juxta dictas concordiam, confirmacionem et investituras », et qu'il veut se réunir à nous contre les Turcs, — Nous vous déléguons « negociorum gestor et procurator, ad compromittendum » sur les questions litigieuses et constituer arbitre l'empereur (Orig., grand parchemin, sceau autrefois pendant sur lacs verts de soie. K. 1639, d. 3).

2) 1511. *Lettres de Louis XII*, III, 51.

3) Not. à Alf. da Silva, résident d'Espagne (K. 1368, d[r] 2).

4) Not. Sanuto, III, 192-193 ; V, 27.

à son représentant des blancs seings en lui laissant le soin de les remplir [1].

Pour les nominations d'arbitres, on procède par des patentes de désignation [2].

Créances

Un agent diplomatique peut donc se passer de pouvoirs généraux ou spéciaux, et arriver avec une simple commission, comme par exemple les résidents ; mais, à défaut de pouvoir [3], personne n'est admis comme agent diplomatique sans créance [4].

La créance est une lettre missive qui indique le nom et les titres de l'ambassadeur, et qui prie d'ajouter foi pleine et entière à ce qu'il pourra dire comme représentant de son gouvernement.

Elle est personnelle quant au destinataire [5]. Une seule

1) Le vice-chancelier de Bretagne, ambassadeur en 1464, avait des « blancs signez » de son maître, dont il usait, dit Commines (c. II). Cf. ms. fr. 2928, fo 2, une lettre de Louis XII à Du Bouchage, Pontlevoy, 2 avril. Louis XII envoie en hâte quinze lettres en blanc « pour le fait d'oscun » au comte de Nevers, qui les remplira, pour le bien de sa charge ; et « pour ce que vous pourriez faire difficulté de les cacheter », je vous prie d'y faire diligence, dit-il à Du Bouchage (lettre de 1505, reproduite sous la date erronée de 1490 dans les portefeuilles Fontanieu).

2) Patentes de Charles VIII, orig., parchemin, en français (ms. fr. 2919, fo 9 bis).

3) D'après Villadiego, la créance est le seul titre essentiel, celui qui constitue l'ambassadeur ; on ne doit pas admettre d'envoyé sans créance, à moins d'affaire minime et notoire. Et ce titre suffit : « Litterarum credentiæ latori sine juramento creditur » (De legato, pars III, q. 1).

4) La lettre de créance est de règle pour les résidents. V. ms. fr. 2928, fo 31. Ferrare, 10 juin 1511, Créance d'Alphonse, duc de Ferrare, pour Alph. Acoriostro nommé ambassadeur près du roi très chrétien, à la place de Mess. Adrobandino, qui a demandé à être rapatrié.

5) Cependant, le jour même de la mort de Louis XII, François Ier reçoit

créance suffit donc pour une ambassade multiple, mais, pour une ambassade circulaire, il faut une lettre spéciale à chaque destination [1].

La créance s'appelle en latin « credencia », « littere credenciales », en italien « lettera di credenza » [2]. Elle est généralement très brève [3], très simple ; on peut cependant la faire précéder d'une formule d'envoi, relatant les noms de l'envoyeur et du destinataire avec tous leurs titres [4].

La créance, en soi, n'a pas un caractère exclusivement diplomatique : c'est une lettre fiduciaire, applicable à toute mission [5], mais qui trouve nécessairement son emploi dans les missions diplomatiques. Elle ne présente donc rien

(« familièrement », c'est-à-dire officieusement) de Philippe Dalles, envoyé des Pays-Bas, les lettres de « crédence » qu'il apportait et n'avait pu présenter au feu roi (Le Glay, *Négociations*, I, 594).

1) Rapport florentin de 1421 (Saige, *Documents*, I, 22).

2) Saige, *Documents*, I, 38 : en latin vénitien, « credulitas ».

3) Voici, comme spécimen de la forme courante, une créance de Charles VIII pour le duc de Bourbon, en 1495 : « Mon frère, j'envoye par dela maistre Henry Bohier pour mes affaires, ainsi qu'il vous dira et que luy ay baillé par mémoire. Je luy ay chargé passer par mon cousin le duc de Milan et par Ast, pour parler à mon frère d'Orléans, et sur ce vous dire aucunes choses pour y pourveoir. Si vous prye que le vueillez croyre, et souvent me fere savoir des nouvelles de mon Royaume. Et adieu, mon frère. Escript à Rome, le XXVII° jour de janvier. *Charles. Robertet*. (Au dos) A mon frère le duc de Bourbonnois et d'Auvergne ». La phrase : *Et souvent*, etc., n'a pas lieu dans les créances diplomatiques (Autogr. de St Pétersbourg (I), I, n° 31 ; copie de la Bibliothèque nationale de Paris).

4) Ivan le grand, duc de Moscovie, intitule une créance au doge de Venise, en 1498 : « Jean, par la grace de Dieu, seigneur de toute la Russie, grand comte de *Valodimeria*, Moscovie, Novogorod, *Pscovia*, *Tueria* et de Hongrie, *Uscheschiu*, *Permia*, et Bulgarie, au très honorable et illustrissime comte Barbarigo, vénitien » (Sanuto, III, 135-136).

5) Louis XI, envoyant au sire de Bressuire un ordre très dur, de saisir et arrêter des gens du roi de Sicile, ajoute : « Je vous envoye aussi unes petites lettres de créance, que j'escrips à mons. le bastard du Maine. Vous lui monstrez tout, affin qu'il vous ayde à jouer le personnage en la meilleure façon que saurez aviser vous deulx » (fr. 15538, n° 341, copie ancienne).

de sacramentel ; on peut la varier à l'infini, pourvu qu'elle porte la clause essentielle de confiance et le nom de l'ambassadeur.

La clause de confiance se produit sous deux formes : un simple avis de croire l'ambassadeur, ou bien un avis de croire en lui « comme à nous même [1] ; » cette seconde forme est des plus fréquentes.

La créance, régulièrement, doit être signée du souverain, contresignée d'un secrétaire [2]. Parfois, elle ne porte que l'une ou l'autre de ces signatures. Elle est datée comme les lettres missives, c'est-à-dire en France du mois et du jour, en Italie de la date complète. Elle est adressée au souverain, et, dans les républiques, au chef du pouvoir exécutif ; par exemple, au doge, pour Venise.

Rien ne s'oppose à ce qu'on donne une créance à une ambassade pour une conférence avec d'autres ambassades, mais ce n'est pas l'usage, et cette précaution serait l'indice d'une situation peu nette : les membres d'un congrès arrivent d'ordinaire avec des pouvoirs ; la conférence sur simples créances suppose des négociations en même temps vagues et peu amicales. Ainsi, par exemple, si l'on a lieu de penser qu'une ambassade qui s'annonce n'est pas sérieuse, qu'elle vient masquer d'autres desseins, le chancelier lui enverra une contre-

---

1) Créance espagnole à Venise (1502. Sanuto, IV, 469), en espagnol, signée d'un secrétaire, avec la clause : « entera fey, creentia, como a nostras mismas personas. »

2) Ou du représentant du roi, ayant droit d'ambassade. V. Lettres de créance à une ambassade importante pour Venise, signées par le cardinal d'Amboise à Milan, le 23 avril 1500 (Boislisle, *Etienne de Vesc*, p. 191). Les créances des républiques, comme Raguse, sont données par le « Recteur et Conseil », c'est-à-dire par le pouvoir exécutif (Sanuto, X, 609). Un envoyé de Crémone apportant à Venise, en décembre 1500, une créance donnée par la commune, et non par les recteurs, on décide d'écrire à Crémone avant de lui répondre (*id.*, III, 1158).

ambassade, avec une créance d'une courtoisie exquise : cette
créance, adressée « aux Magnifiques orateurs du sérénissime
Roi de... », indique que les contre-ambassadeurs s'empressent
d'aller au-devant de l'ambassade dans le but de hâter les négociations ; ils ont prêté serment du plus profond secret, ils peuvent recevoir et comprendre tout ce qu'on a à dire[1], on prie de
leur parler sans aucune réticence... L'évêque de Liège, avisé
par un chevaucheur royal de l'arrivée d'une ambassade de
Louis XI, promet d'envoyer le lendemain « des gens » à lui
« bien seurs et féables » pour recevoir leurs communications.
Sa créance est motivée sur la réquisition qu'on lui a faite[2]. Ce
sont là des exceptions.

On n'adresse de créance écrite qu'à un pouvoir reconnu.
Charles VII ne donne qu'une créance orale à l'ambassade qu'il
envoie à son fils le dauphin en 1460[3]. Louis XI, en 1466, fait
adresser au comte de Charolais des reproches purement ver-
baux ; le comte s'en montre très offensé, et bien à tort : Je
n'écrirai pas au roi, ne sachant que lui écrire, dit-il dans un
message plein de colère aux ambassadeurs, « veu que de luy
ne m'avez aporté aucunes lettres[4]. »

La lettre de créance, dans les temps anciens, était toujours
en latin, et au XV⁰ siècle cette tradition se continue, sauf en
France et en Espagne[5]. A la fin du XIV⁰ siècle, la chancellerie

1) « A Christianissimo domino *nostro,* domino Francorum rege » (Lettre du
chancelier de Milan, 5 janvier 1470. Ghinzoni, *Galeazzo Maria Visconti e
Luigi* XI, p. 10).

2) Créance à l'évêque de Langres et Antoine de Dammartin, pour divers
de ses conseillers. Signée : «Loys de Bourbon, évesque de Liège, duc de
Buillon, comte de Loz, tout vostre (autogr.) *Loys,* » et contresignée d'un secrétaire (fr. 2811, 102).

3) Lettre du dauphin, 29 janv. 1460 (*Lettres de Louis XI,* I, xc).

4) Gachard, *Analectes,* cxxiii.

5) On peut également citer des exceptions dans d'autres chancelleries,
quoique le latin y soit la règle. V. une créance de Maximilien à Louis XII,

française conservait encore pour les créances l'emploi du latin, parallèlement à celui du français, avec une nuance de solennité. En 1400, Charles VI adresse des créances en latin au roi et à la reine d'Ecosse, en français à sa fille Isabelle, reine d'Angleterre [1]. Au XVᵉ siècle, l'usage du français devient la règle générale de la chancellerie française, même pour les créances [2].

Diverses circonstances influent sur le style des créances. Nous allons indiquer les principales.

La première est la disparité de situation. Les créances, étant rédigées en forme de missives, doivent se conformer aux habitudes reçues de politesse, de déférence ou de respect [3]. Un sujet, un vassal qui adresse au roi une lettre de créance devra donc y insérer une clause d'humilité pour lui et de bon plaisir pour le roi ; il la rédigera sous forme rogatoire.

pour le sire de Berghes, en français (17 juin 1512. Ms. fr. 2756, fᵒ 271). Créance vénitienne au Grand Turc, en 1503, sous forme de lettre en italien (Sanuto, V, 42). Créance des Génois à Louis XII, pour Guirardo Bonconte, sous forme de lettre motivée, en italien (fr. 2960, n° 5).

1) Douet d'Arcq, I, 187, 192.

2) Créances pour Du Bouchage, Lyon, 10 avril (1494), pour Ph. de Commines, Verceil, 28 sept. (1495. Archives de Milan). Cependant les créances de Louis XI au duc de Milan sont quelquefois en latin (*Lett. de Louis XI*, III, 219). V. la créance, en latin, de Louis XI au duc de Milan, pour MM. de Chaumont, de Beauvau et Royer « circa hec ad plenum instructos et omnimoda potestate fulcitos ». Prière de croire à leurs « relatibus, velut nostris » et de les expédier promptement (1462. *Id.*, II, 57).

3) Créance du vicomte de Lomagne Jean au roi : sur papier, la signature seule autographe. Le vicomte est, dit-il, venu ici pour sa maladie, pour les affaires de son père, et « aussi pour fère haster l'ambaxade que mondit seigneur et père a délivéré envoier devers vous pour ses besoignes et affaires. » Lettre d'affaires, très respectueuse : elle finit en annonçant l'envoi de l'écuyer Lasne. « Pour quoy, mon très redoubté et souverain seigneur, je vous supplie qu'il vous plaise ouyr et bénignement escouter ledit Asne et à son rappourt et à tout ce que vous dira de par moy donner foy et ajouster pleine créance comme vous plairoit fère à moy, se en personne le vous disoye » (Aulbin, 27 avril. Ms. fr. 2811, 24).

Le dauphin Louis [1], à l'égard du roi son père, signera « vostre très humble et très obéissant fils », avec prière de le tenir « en vostre bonne grâce, ensemble me mander et commander voz bons plaisirs [2], » comme dans les missives. Il s'étendra sur son dévouement filial bien connu ; il dira : « Se c'est le bon plaisir du Roi, Mgr sera content de faire ce qui s'ensuit [3]... » Le comte de Charolais, dans ses créances au roi, n'appellera pas ses envoyés des ambassadeurs, mais les « porteurs de cestes » ; il les recommande « en toute humilité, » en priant qu'il « vous plaise, de vostre grace, adjouster plaine foy et crédence comme à moy meismes, et prendre mon petit advis [4]. » Les vassaux écriront dans le même style [5].

1) Sauf les cas d'emportement ou de brouille. V. ms. fr. 2811, 26, une créance de Louis dauphin au roi (1452), très sans façon et sans phrases. — Id., 27 : une autre créance correcte.

2) 1456, 1457 : *Lettres de Louis XI*, I, I, LV : Duclos, *Hist. de Louis XI*, IV, p. 99 : signée *Loys*, sans secrétaire.

3) Duclos, IV, 161-163 (instruction, sous forme de note).

4) 15 janv. 1465-66. Créance du comte de Charolais au sire des Querdes, chambellan, Guiot Dusye, écuyer d'écurie, Guill. Hugonet, maître des requêtes (Gachard, *Analectes*, CXXII).—8 avril 1467, créance au sire de Formelles, conseiller et chambellan, et à M⁰ Guillaume Hugonet, maître des requêtes de l'hotel (*ibid.*, CXXVI). — Créance du même, datée de Bruges, le novembre (*sic*), avec mention, au dos, qu'elle a été reçue à Bourges, le 28 janvier 1468, anc. st.. En suivant ce que je vous ai écrit par vos « ambaxadeurs », le bailli de Chartres et Guill. Compaing, puis par Guyot du Fier, bailli de St Quentin, mon maître d'hotel, je vous envoie le maréchal de Bourgogne et mes conseillers et maître des requêtes Ferry de Chagny et Jean Carondelet, à qui, avec Du Fier, « j'ay baillier charge et povoir de besoigner en la matière que savez et la conclure, si s'est vostre plaisir... Si vous supplie, en toute humilité, » les croire en ce qu'ils vous diront et supplieront (pas de mention *comme moi-même*. Ms. fr. 2811, 75).

5) Par exemple, le duc François II de Bretagne. Créance à son chancelier (Nantes, 21 février), en forme de lettre ordinaire, sur papier, signature seule autographe: « Vous plaise savoir que j'envoie présentement par devers vous mon chancelier pour aucunes matières que lui ay chargé bien amplement vous dire et exposer. Si vous suplie, mon très redoubté seigneur, qu'il vous plaise sur tout l'oyr et féablement croire comme moy mesmes, et tousjours me mander et faire savoir tous voz bons plaisirs, pour les acom-

Ce formulaire, si conforme à l'esprit respectueux et hiérarchique du Moyen Age, s'affirme même à travers les frontières. Une créance du duc de Saxe à Louis XII sera rédigée en latin, avec une forme cérémonieuse, respectueuse et rogatoire [1]. Florence, qui affecte de traiter Louis XI de protecteur, le qualifiera de « Père de Florence [2], » en termes d'affectueux respect [3]. De même, Bologne.

En matière d'amitié ou d'alliance, la créance sera elle-même de forme cordiale et affectionnée [4], résultat qui s'obtient en insérant le mot « affectueusement [5] » ou tout au moins le

---

plir de mon pouvoir. En priant Dieu.... » (ms. fr. 2811, 108). Autre créance du même style (fr. 20855, fo 78).

1) 20 nov. 1514 (*Lettres de Louis XII*, IV, 379).

2) Créance à Donato Accaiarolo (*sic*), « legatum nostrum » remplaçant comme résident Francesco Novi (dern. février 1474, anc. st.). « Non possumus non polliceri nobis omnia de tua caritate deque tua clementia florentinum populum ». Formule finale : « Vale, rex » ; initiale : « Serenissime ac christianissime Rex, beneficiosissime pater urbis et populi nostri » (fr. 3882, fo 55; copie).

3) Les créances de Savoie sont souvent froides. V. (ms. fr. 2811, 25), créance de Louis, duc de Savoie, au roi, pour « son cher et bien amé et féal chancelier » Jacques de la Tour, « porteur de cestes ». Créance comme à moi-même. « J'envoye présentement par devers vostre très haulte majesté... » (datée de Genève, 18 sept. 1452 ; sur papier, signature *non autographe*: « Le tout vostre très humble, Loys, duc de Savoye, etc. », puis (autogr. ajouté) « Loys », (*id.*) « Fabri ». — Créance du duc de Savoie au roi, pour mess. Jehan de Saix, sgr de Banners, chambellan, maître Jean Michel, prévôt de Verceil, conseiller, Pierre Dannessy, secrétaire. — J'envoye devers *vous*... pour exposer de ma part.... Les croire féablement (sans la clause *comme moi-même*). Chambéry, 31 mai 1455, signature (autogr.) « Loys » (fr. 2811, 34).

4) « In forma cordiali et affectionata » (*memorandum* de 1476. Gingins la Sarraz, *Dépêches des amb. milanais*, II, 202).

5) Une créance précédente (20 février) du dauphin au duc de Milan, étant peu correcte, le dauphin en libelle une autre (le 15 mars), basée sur une nouvelle communication : celle-ci de pure chancellerie. Elle est intitulée : « Dalphinus Viennensis, » et adressée : « Illustris consanguinee carissime... » Il prie le duc d'ajouter « affectuose » foi à ce que dira l'envoyé, « uti nobis »; de répondre par lui en toute confiance. A la fin : « Omnipotens vos conservet. Scriptum ... etc. » (*Lettres de Louis XI*, I, no L). Créance développée et ami-

terme de « grâce [1], » ou par une offre de services [2]. Dans des circonstances spéciales d'intimité, la créance se prête même à un tour de lettre tout personnel et en quelque sorte privé [3].

Il y a, au contraire, des créances comminatoires, qui contiennent une sommation plus ou moins déguisée. Charles VII écrit, en substance, à François Sforza : « Nous vous avons demandé de soutenir à Gênes notre neveu de Calabre : vous soutenez au contraire les Adorno et les Fregoso. Je vous envoie à ce sujet le bailli de Sens [4] » (Renaud du Dresnay, un capitaine peu diplomate). Charles VIII adresse, en 1491, au duc de Milan une créance encore plus énergique, à propos de ses attaques contre le duc d'Orléans : « On m'engage à ne plus vous écrire. Cependant, je vous envoie le sire de Châlençon, en faisant appel à votre conscience et à votre honneur [5]. »

Vis-à-vis d'un pouvoir qu'on juge inférieur au sien, ou pour

cale de Louis XI à Galéas Sforza, pour le sire de Chateauneuf (1466. *Id.*, III, 27).

1) Créance de Maximilien pour l'évêque de Brescia et Conrad de Bucchen, jurisconsulte et chevalier, à Ludovic Sforza (Worms, 23 avril 1495. Ms. fr. 16074, n° 27, f° 26). « Mittimus ad te..., consiliarios, oratores, mandatarios nostros, et imperii sacri devotos atque fideles, dilectos » : prière d'ajouter foi à leur parole comme à la notre : « quod profecto nobis gratum erit et singulari gratia agnoscendo. »

2) « Vous signiffiant que, s'il est chose que je puisse, faictes le moy savoir, et je le feray de bon cueur » (créance de Louis XI à Milan, en français, 27 mars 1466. Archivio Sforzesco).

3) Lettre d'Isabelle de Bavière au duc de Bourgogne, Troyes, 23 octobre (1419. Ms. Moreau 1425, n° 88, Orig. sur papier). La reine assure le duc qu'elle se porte bien et elle fait le même vœu pour lui. Elle lui mande « de ses gens », auxquels elle le prie d'ajouter créance, sur le fait des finances ou autres. Elle le prie de hâter sa venue, ou, au moins, d'adresser de suite « deux ou trois de voz plus principaulx gens et à qui vous vous fyez plus, comme...» etc. (suivent des noms). Créance « à nostre très cher et très amé filz le duc de Bretagne » (1410. Ms. fr. 20590, n° 49).

4) Copie italienne (Arch. de Milan, Pot. Est. Francia, *Corrispondenza*).

5) Montils les Tours, 17 sept. (Archives de Milan). Cf., dans les *Lettres de*

une affaire peu importante, la créance est extrêmement brève.

En Italie, les créances sont toujours des plus concises, de tournure officielle, sans phrases [1].

Quelquefois, la créance contient une clause de recommandation plus ou moins instante [2]. Il est rare pourtant qu'elle spécifie exactement l'objet de la mission [3] : elle se tient intentionnellement dans des données très vagues [4]. Il arrive même qu'elle parait mettre sur la voie d'un objet contraire à l'objet réel, qu'elle parle de remerciements quand il s'agit de réclamations [5].

Louis XI, II, 32, une créance motivée de Louis XI aux Etats de Catalogne pour le viguier de Narbonne. Créance très vive du duc de Bretagne à Louis XI, sur le bruit de projets d'attaque contre la Bretagne. « Je ne puis le croire : cependant, le bruit persistant, je vous envoie mon secrétaire Pierre Coline... » (ms. nouv. acq. fr. 1231, 69).

1) Créance de Florence à Lucien Grimaldi (12 mai 1511. Saige, *Documents*, II, 107), de six lignes en italien, pour Antonio, et pour N° Machiavelli, notre secrétaire, « per dare expeditione ». Créance de Lucien Grimaldi à la Seigneurie de Florence (9 avril 1511. *Ibid.*, 101) ; simple lettre, en italien, nommant le porteur ; prière de le recevoir et d'avoir foi. Créance pour Machiavel à Catherine Sforza (12 juillet 1499), au seigneur de Piombino (18 mai 1507). Créance de Catherine Sforza à messer Joanni (3 août 1499), dans les Œuvres de Machiavel. Créances de François Sforza (ms. lat. 10133, f° 28, f° 30 v°) : créances pour Mino de Rossi et Ann. Bentivoglio, du 25 sept. 1499 (Archives de Bologne), et autres.

2) Créance de Louis dauphin pour Ginotin de Nores au duc de Milan (20 fév. 1455. *Lettres de Louis XI*, I, n° XLIX). Elle indique l'objet : Ginotin est porteur d'avis très confidentiels: « Cujus relatibus fidem indubiam velitis adhibere, uti nobis, ac si illa propria affaremur in persona. » Suit une phrase de vive recommandation sur l'importance de la mission.

3) Chateau-Renaud, 21 nov. 1458. Créance au duc de Milan, pour Angelino Toran ; spécifiant que l'envoyé est adressé pour les affaires de Gênes qu'il s'agit de réduire à l'obéissance (copie en *italien*, sans indication d'année. Archivio Sforzesco).

4) « Littere credentiales, que, licet generales sint ut res secretior sit, tamen mens est ill[mi] d. Ludovici ut... (lat. 10133, f° 480).

5) Champollion, *Mélanges*, IV. 382. Créance de Louis XII aux Suisses, de Lyon, 21 avril (1500), pour l'archevêque de Sens, et le secrétaire Jacques d'Asnières, afin de les remercier de leur bon appui. « Le roi n'a pu encore, dit-il, leur écrire depuis la capture de Ludovic. » — Il s'agissait de réclamer contre le pillage du Milanais et la prise de Bellinzona.

En dehors de ces catégories usuelles, nous ne chercherons pas à dénombrer les circonstances diverses qui peuvent trouver un écho plus ou moins atténué dans les lettres de créance. La créance contiendra, par exemple, un avis de réception d'ambassade [1], une notification [2]... Quand un ambassadeur n'a pas bien réussi, qu'il a éveillé des susceptibilités, qu'il a laissé un incident se produire en travers de la négociation, il est délicat de le renvoyer une seconde fois. En pareil cas, nous voyons Charles le Téméraire lui-même écrire à Louis XI une longue lettre autographe, de nouvelle créance pour un ambassadeur, le sire de Contay, qu'il renvoie : dans cette lettre, le duc cherche à expliquer plus ou moins clairement les choses, à replâtrer la négociation [3].

La créance peut accréditer certains membres de l'ambassade en première ligne [4].

Une ambassade collective emporte une créance de chaque gouvernement [5].

L'ambassadeur, qui reçoit exceptionnellement des pouvoirs

1) Créance de François Sforza (pour Prosper Camulio, au dauphin, 27 août 1460. *Lettres de Louis XI*, I, 323).

2) Lettre de notification par Charles le Téméraire de la mort de son père, annonçant l'envoi à la reine du sire du Fay (16 juin 1467. Gachard, *Analectes*, CXXVI).

3) Kervyn de Lettenhove, *Lettres et négociations*, I, 127.

4) Lat. 10133, 454. Créance au duc de Milan, Moulins, 21 janvier (1491), pour Stuart d'Aubigny, Ch. de la Vernade, maître des requêtes de l'hôtel, et, *avec eux*, Jean Rouy de Visques, chevalier, des comtes de St Martin, chambellan, Théodore de Pavie, médecin ordinaire du roi, Jacques Dodieu, secrétaire.

5) Créance de Louis dauphin pour les ambassadeurs de Bourgogne, qu'il charge de parler (6 fév. 1457. Autre lettre aux gens du grand conseil, de même. — *Lettres de Louis XI*, I, LXIV. LXV). Ant. de Craon, « ambaxadeur », avait à porter à la reine de Sicile, au duc de Bretagne et aux barons bretons, des lettres closes et patentes du roi, et des roi de Navarre, duc de Guyenne et duc de Bourgogne (1400. Ms. fr. 20590, no 50).

en blanc, peut, par précaution, recevoir aussi des créances pour s'en servir [1].

La créance n'est pas obligatoire pour les envoyés de la cour de Rome. Les légats sont porteurs d'une bulle, qui vaut pouvoir : en France, cette bulle doit être préalablement vérifiée et enregistrée au parlement, mais en aucun cas le légat n'est appelé à la produire lui-même, comme un ambassadeur produit son pouvoir. La notoriété de sa mission lui tient partout lieu de créance [2] : ses pouvoirs même se présument [3]. De même pour les nonces ; les instructions pontificales prescrivent, au lieu de la remise de la créance, la bénédiction pontificale : « Post datam benedictionem... ». Cependant on trouve des créances pontificales en forme de brefs, même pour des légats [4].

1) Lettre citée de Louis XI au sieur de la Rousière (fr. 20855, no 55). On peut également lui en envoyer. Jean Guérin écrit à Charles VIII qu'il a reçu l'ordre d'aller chercher le duc d'Autriche, et de présenter les lettres « dont m'avés anvoié ung blanc signé de vostre main, et luy dire les plus belles parolles que je pense ». Il va s'y rendre (Francfort, 19 octobre. Fr. 15541, 171).

2) « Creditur legato a latere sine litteris » (Martini Laudensis, *De legatis*, q. 34).

3) Ses actes sont présumés réguliers : si ses lettres ont été égarées, on peut en justifier par enquête (Villadiego, *De legato*, q. 6).

4) 5 déc. 1503 (Sanuto, V, 478). 22 fév. 1504. Bref d'Alexandre VI, envoyant comme nonce à Maximilien, pour des choses urgentes relatives à la paix de l'Italie, Mariano Bartolini, auditeur de rote (De Perugini, *Memorie istoriche*, publ. par Mariotti, p. 47-48). Créance du pape au doge de Venise, pour le légat se rendant en Hongrie (18 novembre 1500. Sanuto, III, 1174), en forme de bref. Le légat a l'ordre de passer par Venise. Objet : contre le Turc. Prière de « tanquam nostræ propriæ personæ fidem adhibere. » Signé: *Hadrianus*. Créance d'Alexandre VI pour César Borgia et le légat Borgia, chargés de saluer Louis XII à Milan, en 1499 (minute, s. d., aux Archives de Venise, *Atti della curia Romana*, busta XXVI, no 233). Le bref d'Alexandre VI, de créance pour son envoyé Buzardo près du sultan Bajazet, n'est qu'une lettre de créance pure et simple, en latin, sans aucune des formules de la chancellerie romaine. Il appelle le sultan « Majestas Tua, Tua Solemnitas. » Le sultan répond par une lettre longue, mais très simple, contenant son serment « sur le vrai Dieu, qui gouverne le ciel et la terre. » Il appelle le pape: Votre Grandeur, Votre Puissance (1494. Sanudo, *Spedizione*, p. 45-47).

La créance pontificale est très courte [1]. Elle emprunte souvent la forme de recommandation [2].

Le voïvode de Valachie, le despote de Serbie rédigent leurs créances en latin, très correctement [3]. Le duc de Moscovie écrit en russe, et date de la création du monde ; outre la clause de créance, il prie qu'on entretienne ses ambassadeurs et promet la réciprocité [4].

Les créances de Bajazet II sont en forme de lettre ou de notification très précise. Elles indiquent strictement l'objet de la mission : c'est une créance, un pouvoir, et une instruction [5]. Elles sont datées à la fois de l'hégire et de l'ère chrétienne. Sa créance de 1502 pour Haly, ambassadeur à Venise, porte en substance : « J'ai juré, selon mon mode, les articles

---

1) « Hortamur igitur ut eum benigne [recipere] audireque velis et plenam ejus verbis fidem præstare » (créance pontificale du 17 nov. 1503. Sanuto, V, 480).

2) Dans un bref de créance au duc de Bourgogne, le pape Urbain V recommande l'ambassadeur : « latorem presentium », comme un homme sage, « honoris tue domus regie zelatorem », pour des affaires intéressant l'honneur, l'état et le repos de la maison de Bourgogne et du St Siège. « Tuam igitur Nobilitatem affectuose rogamus, quatinus eidem abbati in exponendis cisdem tanquam tibi salubribus credas indubie, ac annuere non omittas » (24 janv. 1364. Prou, *Relations politiques du pape Urbain V*, p. 109). Bref de Jules II à Louis XII, pour lui présenter les ambassadeurs et leurs instructions et lui faire remarquer tout ce qu'il fait pour la paix (1511. *Lettres de Louis XII*, 49). Créance très chaleureuse, très instante, d'Alexandre VI, en faveur de César Borgia, plusieurs fois publiée, not. par Reumont, *Diplomazia italiana*, p. 160.

3) Février 1501 (Sanuto, III, 1467). — Créance du despote de Serbie, aux Vénitiens, en latin, sous forme de lettre, portant prière « ut... attendere et acceptare dignemini confidenter » (septembre 1502. Sanuto, IV, 458).

4) Moscou, le 20 fév. 1498, ou de la création du monde 7006, mois VIe (Sanuto, III, 135).

5) Créance de Bajazet, sous forme de lettre à la Seigneurie de Venise, datée de l'ère chrétienne (29 octobre 1503. Sanuto, V, 762, 915), en grec. Il annonce l'arrivée de son esclave Mustafa, chargé de lui ramener tous les esclaves de Ste Maure. Il en envoie le compte. Il invite à faire rechercher sur les terres de Venise tous ses esclaves, hommes, femmes, et enfants.

de paix arrêtés avec votre ambassadeur. Je vous envoie mon esclave Haly : si vous acceptez les articles, faites-en copie où pas un mot ne manque, et jurez-les devant lui, sur les Évangiles. Alors la paix sera ferme. Si Haly dit un mot de plus que les articles, ne le croyez pas. J'ai donné à mon esclave soixante jours pour revenir [1]. »

1) 1502. Sanuto, V, 41.

CHAPITRE VIII

L'instruction diplomatique est une note, remise à l'ambassadeur, qui dicte sa conduite et résume le langage à tenir au nom de son gouvernement.

De tous les instruments spéciaux de l'histoire diplomatique, il n'en est pas de plus souvent invoqué et de plus utilisé par l'histoire générale. Celui-ci, en effet, a l'avantage de présenter une esquisse toute prête, un groupement raisonné de dessins, de vues, de motifs ; on y trouve l'indication d'une tendance, la marque de l'esprit d'un gouvernement ; on croit y découvrir le germe qui mûrira par la suite de la négociation ; faute de s'y référer, l'historien devrait s'orienter lui-même, se livrer en personne au travail d'une vérification habituellement très minutieuse et pénible. Malheureusement, la connaissance même des instructions ne doit pas, en réalité, dispenser de ce travail ; on s'égarerait souvent en se laissant guider par elles. Nul acte n'appelle un examen critique plus sérieux et plus difficile : c'est l'acte le plus subtil de la diplomatie du Moyen Age, qui est la subtilité même.

Une ambassade a généralement pour but d'obtenir le plus possible et de donner le moins possible ; l'idéal consiste à payer des réalités par de belles, gracieuses et aimables paroles : quelles qu'elles soient, les instructions partiront de ce principe supérieur. Elles sont censées exposer nettement l'objet cherché, et indiquer à l'ambassadeur jusqu'à quel point lui-même peut aller ; en réalité, elles n'envisagent souvent que certaines faces du but vrai, c'est-à-dire qu'elles sont rarement complètes, et plus rarement encore bien sincères. Les belles paroles y occupent, toujours, la première place.

La diplomatie du Moyen Age agit habituellement en partie double. C'est son procédé. Elle a une partie publique, et une partie secrète : ce qui ne suppose pas une antinomie nécessaire entre ces deux parties ; les discours publics peuvent marcher de pair avec les discours secrets. Ils convergent vers le même but, mais par des voies diverses ; on parle dans le même sens, sans dire les mêmes choses. Il en est ainsi des instructions. Il y a deux grandes catégories d'instructions : les instructions montrables, qui correspondent au discours que tiendra l'ambassadeur, en audience publique, pour la remise publique de sa créance ; les instructions qui correspondent au langage à tenir dans l'audience secrète, et que nous appellerons non-montrables, quoiqu'on les montre quelquefois.

Lorsqu'il existe de bons rapports diplomatiques, l'usage veut que, par courtoisie, par affectation de franchise, l'ambassadeur, lors de la remise de sa créance, communique ses instructions. Il est fort rare que l'exposition de la créance reste purement verbale, et dès que l'affaire présente quelque importance, on peut demander à l'ambassadeur de « bailler sa charge par écrit [1] ». D'ordinaire, l'ambassadeur présente spontanément son instruction, lors de l'audience publique. Au

---

[1] Gachard, *Deuxième voyage de Philippe le Beau*, p. 399. — Instruction de Jean Galéas Visconti, ainsi intitulée : « Infra sunt capitula ambaxiate imposite per Ill^um et Exc^um D^num comitem Virtutum, exposite Ser^mo principi et D^no, D^no Regi Francorum » (Archiv. du Loiret, A. 2193). Note, adressée par Albert, roi des Romains, au scolastique de Sarrebourg, de ce qu'il aura à dire comme orateur près du roi de France. A la fin : « Hec sunt que Scolasticus Sareburgensis, D^ni Regis Romanorum nuncius, proposuit, vive vocis oraculo, D^no... (*sic*) Regi Francorum » (J. 995).

XIV° siècle, il la paraphrasait volontiers dans un long discours, compendieux et touffu ; à mesure que la mode disparaît de ces discours, et qu'on arrive au langage « court et bon »
de la fin du XV° siècle, l'ambassadeur s'épargne des développements inutiles, en présentant l'instruction. Ainsi, en 1500,
l'ambassadeur de France à Rome remet au pape son instruction, qui est aussitôt lue en consistoire [1]. L'instruction est tellement publique qu'en 1479, avant l'arrivée de l'ambassade
de Louis XI à Rome, on avait répandu dans la ville une fausse instruction, soi-disant donnée à cette ambassade [2]. Machiavel, dans sa correspondance, fait allusion au caractère
public des instructions. Dans une dépêche, il réclame un
prompt envoi d'instruction à l'ambassadeur pour lui donner
l'autorité d'agir [3]. Plaidant avec beaucoup de chaleur la
cause des Florentins contre César Borgia, il finit par émou-
voir le cardinal d'Amboise, en invoquant les preuves du dévouement de Florence : « Le cardinal, écrit-il, se borna à me
dire : Ecrivez à votre ambassadeur d'arriver promptement et de
vous faire passer sa commission pour que nous connaissions
l'esprit de votre gouvernement. Nous ne manquerons pas alors
de suivre à son égard la route que le devoir nous indiquera [4] ».

C'est ainsi qu'on trouve souvent, en copie ou en traduction, dans les archives d'un pays, des instructions aux am-

---

1) Sanuto, III, 309.

2) En janvier 1479, les ambassadeurs de France à Rome, avant leur audience du pape, communiquent leur instruction au cardinal St Pierre aux
liens. Celui-ci leur déclare qu'on a « forgé », répandu dans Rome et montré
au pape des instructions qui « n'estoient pas honnestes ». Il est heureux de voir qu'elles étaient fausses. Le pape accorde aux ambassadeurs,
avant l'audience publique, une audience secrète, où le chef de l'ambassade déclare énergiquement la fausseté de l'instruction répandue dans
Rome (lat. 11802).

3) Dép. du 9 août 1510.

4) Dép. de Machiavel, du 4 nov. 1500.

bassadeurs accrédités dans ce pays (résultat manifeste de la communication officielle) [1], ou bien des instructions latines, avec une mention de chancellerie, en tête ou en bas de la copie, indiquant que l'instruction résume bien le langage tenu par l'ambassadeur. Dans cette condition, l'instruction, assez développée ressemble extrêmement à la note diplomatique remise à l'appui d'une communication verbale. Ainsi communiquée et faite pour être communiquée [2], ou même pour être remise, elle s'appelle une *crédence* (créance) *baillée par écrit* [3] ; on y répond par une note [4] ou mémoire, calqué sur elle, avec des paragraphes ou des *articles* parallèles [5]. Bornonsnous à citer, comme exemple de cette pratique si fréquente, l'instruction remise par Charles VIII à ses ambassadeurs pour

1) Par exemple, le texte italien (avec date, en caractères arabes) de l'instruction du roi de France à Jean de Manzi, « scudero, consigliero del dicto Sre », envoyé à Fo Sforza, à la suite de la mort du roi d'Aragon : instruction relative à Naples, datée de Vendôme, le 2 septembre 1458 (Archivio Sforzesco). Instruction de Louis XI à Gaston de Lion, sénéchal de Saintonge, et au président des comptes de Grenoble, envoyés à Milan, le 26 mars 1465, datée, en italien (copie évidemment remise à Milan) : compliments de condoléance et d'amitié, offre de renvoyer les gens d'armes milanais employés en Dauphiné (Archivio Sforzesco).

2) Une instruction de 1352 (les premières lignes en latin), pour le mariage du prince Jean de France avec la princesse Blanche, est inscrite en forme de rôle : au verso du rôle se trouve la mention des réponses. Ainsi l'instruction ne fut communiquée que verbalement et il y fut fait une réponse également verbale. Elle put être montrée, mais elle ne fut pas laissée et les ambassadeurs la rapportèrent (J. 915, 6 a.).

3) Communiquer son instruction, s'appelle « bailler ses articles » (instruction de Charles VI à G. de la Trémoïlle, Saquet de Blaru et consorts, art. 29. *Le duc d'Orléans, frère de Charles VI*, par M. le comte de Circourt, II, p. 78). Il y a des mentions expresses de la communication des articles (mention de ce genre, *ibid.*, p. 12 note).

4) « Responsio facta instructionibus datis per Sanctissimum dominum nostrum, Reverendo in Christo patri Dno Andreæ, episco Moraviensi, oratori serenissi et potenti Regis Scotiæ ad Christianissimum Regem » (1511. *Lett. de Louis XII*, III, 51).

5) *Lett. de Louis XII*, 1, 37.

Milan, le 21 janvier 1491, relativement à l'hommage de Gênes et de Savoie. Cette instruction traite la matière en sept
articles. Elle est remise par l'ambassade, et le gouvernement
de Milan remet, à son tour, le 11 avril 1491, la réponse point
par point. Il répond oui aux articles 1, 5, 6, 7, il accepte l'article 3 ; il pose des conditions sur l'article 4, il répond non à
l'article 2 [1]. Ludovic Sforza, comme régent, remet de son
côté, le même jour, une réponse personnelle semblable [2].

Outre cette communication directe, on juge souvent convenable de communiquer l'instruction à des alliés [3], soit avant
le départ de l'ambassadeur, soit après la remise de sa créance,
ou bien on adresse simultanément une copie à une cour amie [4].
Ces procédés, assez rares en France, sont au contraire
en Italie de l'usage le plus commun ; il est facile d'en citer
des exemples : à Venise, en 1500, on communique aux ambassades de France et du pape la teneur des instructions données à l'ambassade en Allemagne [5] ; André de Burgo, ambassadeur d'Allemagne en 1512, trouve mauvais que le gouvernement français ne lui communique pas l'instruction qu'il va
donner à une ambassade pour l'Allemagne [6] ; en route pour
la Hongrie, un légat du pape montre à Venise son instruction [7] ;
Louis XI écrit au duc de Milan que son ambassade circulaire
en Italie lui communiquera son instruction du 20 novembre

1) Ms. lat. 10133, fos 454, 455.
2) Id., fo 456.
3) Les articles peuvent être communiqués aussi en copie à une ambassade
envoyée sur un autre point (Cte de Circourt, Le duc Louis d'Orléans, II, 77,
art. 26).
4) Les cours communiquent aussi les copies d'instructions tierces. En
1464, Louis XI, comme marque d'amitié, communique au duc d'Orléans le
duplicata d'une instruction du duc de Bretagne (Lettres de Louis XI, II, 205).
5) Sanuto, III, 1291, et passim.
6) Lett. de Louis XII, III, 212.
7) Sanuto, III, c. 298.

1478, afin que « puissiez amander, adjouster et diminuer, ainsi que verrez estre à faire » (il est bien entendu qu'en réalité, Louis XI entend ne rien y changer[1]); Charles VIII ordonne au sire de Citain, son ambassadeur à Venise, de s'arrêter à Milan pour communiquer également son instruction[2].

Quant aux communications ultérieures, rien de plus fréquent ni de plus simple ; à Venise, on va plus loin, on communique aux ambassadeurs amis non-seulement l'instruction, mais la correspondance, celle-ci, il est vrai, « castigata prima in alcuni lochi[3] ». Machiavel, dans la première dépêche de sa légation de 1506 près de Jules II, nous fournit un exemple typique de ces communications; il arrive près du pape à Nepi, il prononce le discours de créance analysé dans sa dépêche : « Après ce discours, dit-il, j'ai tiré de mon sein les instructions, et je les lui ai lues *de verbo ad verbum*. Sa Sainteté a écouté mon discours et les instructions avec attention et m'a répondu... etc. », puis Elle a appelé l'ambassadeur de France, « et lui a fait exhiber les instructions qu'il a apportées ; Elle m'a fait voir la signature du roi, et m'en a lu Elle-même deux articles relatifs à l'entreprise de Bologne...[4] ».

Les communications simultanées naissent de causes très variées. En 1495, Ludovic Sforza, comme allié, communique à Maximilien ses instructions à l'envoyé François de Casate, et Maximilien les approuve[5]. A un autre point de vue, le

---

1) Lat. 11802.

2) Arch. de Milan, Potenze Estere, Fra, *Corrispondenza* ; lettres de Charles VIII, de Lyon, le 11 avril.

3) Sanuto, III, **227**.

4) Dans une lettre à Yves d'Alègre, commandant des troupes françaises, la Seigneurie de Bologne lui oppose les volontés de Louis XII, d'après l'instruction de M. de Trans, ambassadeur de France, que celui-ci a communiquée (Lettre du 21 janvier 1501. Archives de Bologne, *Litterarum*).

5) Calvi, *Bianca-Maria Sforza Visconti*, p. 22.

duc de Bretagne, négociant en 1486 une trêve marchande avec l'Angleterre, envoie au roi de France copie de l'instruction donnée à ses ambassadeurs, afin de bien montrer qu'il ne poursuit point un but politique, et de calmer les suscepti- bilités françaises, alors si vives à l'égard de l'Angleterre. Charles VIII se hâte de le remercier de ce bon procédé [1].

Enfin, au cours même d'une négociation moins amicale, un ambassadeur peut tirer bon parti de la production brusque d'instructions jusque là réservées.

Par ces divers motifs, il peut y avoir un intérêt véritable à ce que les instructions ne disent rien, ou du moins peu de chose. En tout cas, elles indiquent simplement le langage of- ficiel [2]. Sous Louis XI, l'importance des instructions françaises paraît, d'ordinaire, en raison inverse de l'importance de l'ob- jet. Une instruction détaillée, précise, étendue, indique une matière de faible importance, sur laquelle on peut écrire ; si elle est courte et insignifiante, on a le droit de conclure à une grosse affaire.

On supplée donc à la discrétion nécessaire des instructions montrables par les explications verbales données à l'ambas- sade ou par de secondes instructions non montrables. Celles- ci sont complémentaires ou secrètes, et remises soit à l'am- bassade entière comme les premières, soit à un membre seul de l'ambassade.

Louis XI, accusé du meurtre de son frère le duc de Guyenne, envoie en Bretagne une ambassade solennelle pour se dis-

1) Dupuy, *Histoire de la réunion de la Bretagne*, II, 83.
2) Machiavel, chargé d'affaires à Rome, écrit à Florence l'exégèse de l'ins- truction donnée à l'évêque de Raguse, que le pape envoie à Florence. Le cardinal Soderini a été chargé d'écrire cette instruction. Il avertit Machiavel qu'elle recommande à l'envoyé pontifical une extrême prudence, mais qu'en réalité, d'après les instructions verbales, celui-ci doit s'entendre avec Flo- rence (dépêche du 23 novembre 1503).

culper. Cette ambassade, conduite par l'archevêque de Tours
(métropolitain de Bretagne) et par un prélat fort avisé, l'évêque
de Lombez, présente naturellement un caractère nettement
judiciaire ; les trois autres ambassadeurs sont des magistrats,
les présidents des parlements de Paris, de Toulouse et du Dauphiné. Le roi, dans son instruction officielle, réclame une
enquête et fait observer que tous ses ambassadeurs ont qualité pour la suivre, au titre canonique ou civil[1]. Dans l'instruction complémentaire, il invite les ambassadeurs à poursuivre énergiquement la réclamation d'enquête ; ils mèneront,
dans leur suite, en grand secret, deux notaires apostoliques,
pour faire un *vidimus* authentique de la réclamation, et pour
dresser secrètement procès-verbal, si le duc de Bretagne re-
fusait ou retardait l'enquête[2]. De même, lorsqu'il envoie Jean
d'Arson pour détacher le roi de Naples de l'alliance de la
Bourgogne, Louis XI lui donne une instruction confidentielle très détaillée[3]. La Seigneurie de Venise remet à ses
ambassadeurs près de Louis XII, en 1499, une instruction complémentaire également très détaillée, sur ce qu'ils devront
faire et dire à l'audience secrète du roi[4], après l'audience solennelle de réception[5].

Les instructions complémentaires, données à toute l'ambassade, ne font qu'ajouter aux instructions officielles les détails

1) 22 novembre 1473 (ms. fr. 3884, fos 293 et s.).
2) *Id.*, fo 306.
3) **Ms. fr. 10238, fos 5 et s.**
4) 26 sept. 1499 (Archiv. de Venise, Secreto 37, fo 131 vo).
5) V. dans les Œuvres de Machiavel, l'instruction qui lui est personnellement donnée par le gonfalonier P. Soderini, pour sa troisième légation en
France, en outre de l'instruction officielle (1510). Supplément d'instruction,
motivé par l'annonce de faits nouveaux, envoyé sous forme de lettre à un ambassadeur encore en route, en y joignant une lettre directe pour le
souverain (lettres du 3 juillet 1466, à l'évêque de Cahors, ambassadeur envoyé de France à Rome et au pape. *Lett. de Louis XI*, II, p. 67 et 65).

qui leur manquent. Les instructions secrètes, confiées à un seul ambassadeur, s'en séparent plus nettement. Nous avons eu occasion de citer une instruction verbale donnée par Anne de Beaujeu au secrétaire Ami, membre d'une ambassade à Rome [1]. En 1500, l'archiduc Philippe le Beau envoie en ambassade près de Louis XII le chambellan Amé de Viry et le secrétaire Ph. Haneton. Dans l'instruction qu'il leur donne, il expose brièvement que le roi, son père (Maximilien), désire la paix avec la France, et il demande les conditions de Louis XII [2]. Dans l'instruction confidentielle pour Haneton seul, Philippe le charge de dire à Louis XII, en secret, que Maximilien ne veut aucunement la paix, et qu'on a eu beaucoup de peine à lui faire entendre raison; il indique les vues de Maximilien, qui entrerait volontiers avec la France dans une guerre contre les Italiens; il aborde diverses affaires spéciales; il propose une continuation provisoire de la trêve. Bref, c'est la véritable instruction [3]. D'autres fois, c'est au chef seul de l'ambassade qu'on donne les instructions de ce genre, à l'exclusion des autres ambassadeurs et du résident [4]. Envoyé en France, en 1511, Machiavel a l'ordre de passer par Milan, pour y voir le vice-roi français et le résident florentin; il communiquera au vice-roi l'instruction écrite pour la circonstance, et il aura bien soin d'ajouter que la Seigneurie de Florence tient extrêmement à ce que Son Excellence connaisse le but de l'ambassade... Machiavel pourra au contraire communiquer à son collègue de Milan les instructions verbales qui lui ont été données, et l'avertir

---

1) *Procédures politiques du règne de Louis XII,* p. 1050.

2) Le Glay, *Négociations entre la France et l'Autriche,* t. I, p. 19.

3) *Id.,* p. 21, 22.

4) Note des archives de Milan, 1492, citée par Delaborde, *Expédition de Charles VIII,* p. 237, n. 2.

du but véritable de sa mission, but que le vice-roi doit ignorer pour le moment [1].

Les instructions secrètes doivent, bien entendu, être défendues contre toute indiscrétion des tiers. Saisi et fouillé lors de son passage par la Lombardie en 1507, Machiavel déchire tous ses papiers, se rend en Allemagne par la Savoie et la Suisse, et communique là verbalement ses instructions au résident florentin [2].

Mais les instructions secrètes peuvent parfois être communiquées en audience secrète ou aux commissaires délégués [3].

En résumé, les instructions non montrables sont souvent verbales [4]. Toute instruction écrite suppose la possibilité d'une communication, et on doit ne la consulter qu'avec réserve. Toutefois, l'instruction non montrable a une valeur, que ne possède pas l'instruction montrable.

Quand on rencontre, dans les Archives, une instruction, on peut partir de la présomption qu'elle est montrable ; cette présomption se réalise le plus souvent. Mais à quels signes distinguer son véritable caractère ?

1) Instruction du 10 septembre 1511.

2) Dép. de Francesco Vettori, 17 janvier 1507-8.

3) A leur audience secrète, les ambassadeurs de Louis XI à Rome, en 1479, présentent leur instruction secrète, écrite en latin, dans la même forme que l'autre (lat. 11802).

4) Ou adressées avec beaucoup de précaution. Le pape Grégoire XI, informé de l'entrevue de l'empereur et du roi à Paris, en 1378, écrit en toute hâte à Guillaume de Lestrange, archevêque de Rouen, de s'y trouver ; sa mission sera la suivante : « Quod aliquis cautus, prudens et diligens indagator illic existeret, et quicquid fieret vel forte jam factum est, tam in communi quam in privato et secretis consiliis, solicitus exploraret, et confestim, quod sentire posset, nobis nuntiare studeret. » Pour cette mission confidentielle, nul titre, nul pouvoir, nulle autre instruction : Grégoire XI ajoute seulement, en finissant : « Nonnulla etiam tibi scribit decanus, germanus tuus, de nostri conscientia, quibus credas » (Bref du 12 janvier 1378. *Inventaire... des biens de Guill. de Lestrange*, Paris, 1888, p. 154-155. Lestrange était envoyé du pape avec l'archevêque de Ravenne, depuis 1372).

Il y a d'abord des signes matériels. L'instruction qui porte, qu'après avoir salué le chef de l'État, l'ambassadeur lui dira telle et telle chose, est montrable, puisqu'elle a trait à l'audience publique [1].

L'instruction écrite en latin, au XVe siècle, sera presque toujours montrable.

L'instruction secrète porte que l'ambassadeur tiendra tel ou tel langage, à l'audience secrète, ou près du roi seul. Parfois, elle contient l'ordre à l'ambassadeur de la conserver, et de la restituer au retour [2].

Les deux instructions sont généralement écrites sur des feuilles séparées. On trouve aussi des instructions complémentaires réunies à l'instruction montrable, dans une seule rédaction.

Si les signes matériels ne suffisent pas, on pourra chercher des données dans l'examen intrinsèque du texte, données douteuses, mais que le développement ultérieur de la négociation viendra confirmer. L'instruction de Charles VIII pour sa grande ambassade à Rome, composée des évêques de Fréjus et de Lodève, de l'abbé de St Ouen, du sire de St Mauris, porte, par exemple, le caractère montrable. Elle est relative au projet de la conquête de Naples, et elle explique que l'expédition a pour but de chasser les Turcs de Constantinople [3]. Alexandre VI, dans son bref de réponse, exhorte poliment Charles VIII à renoncer à ses grands projets [4]. Dans son ins-

---

1) Montrables, les « Instructions baillées à… par manière de mémoire, de dire au pape les choses qui s'ensuivent, de par le Roy, par vertu des lettres de créance à luy envoyés » ; sans date, signées *Loys* (le régent duc d'Anjou. Douet d'Arcq, *Choix de Pièces*, I, 4).

2) Dans son instruction à Em. de Jacopo, du 27 mai 1463, le duc de Milan lui prescrit de restituer, au retour, cette instruction (Archivio Sforzesco).

3) Février 1494 (K. 1710).

4) Mars 1494 (*id.*).

truction à ses nonces en France en 1498[1], Alexandre VI, à son tour, développe en détail et point par point toute une politique ; il proteste énergiquement contre l'injure qu'on lui fait de lui supposer des relations avec les Turcs ; il insiste vivement, au contraire, pour la paix et l'union des princes chrétiens en vue d'une croisade, œuvre fondamentale de son pontificat. Il omet la seule chose qui l'intéresse, l'avenir de son fils. Sur les divers points traités, sa politique fut le contraire de ce qu'il annonçait. Encore une instruction montrable.

Voici une autre variété d'instructions, essentiellement montrables : les ambassadeurs de France en Castille pour le mariage du roi de France Jean avec la princesse Blanche emportent un projet de lettre tout rédigé, où la date seule reste en blanc, à faire signer et sceller par le roi de Castille. Le mariage a été réglé par les ambassadeurs précédents, Alvarez Garcia de Albornos, et l'évêque de Burgos, pour la Castille, l'archevêque de Rouen, l'évêque de Chalon, le sire de Revel pour la France. Les ambassadeurs nouveaux veilleront à ce qu'il ne soit pas modifié un seul mot au projet de lettre, ils vérifieront les sceaux et la couleur de la cire [2].

Montrable encore l'instruction détaillée donnée au cardinal de Gürck, légat du St Siège près de la diète germanique, en 1500 ; instruction vive et insistante pour le projet de croisade, évidemment faite en vue de la production. Elle n'ajoute rien aux idées personnelles, bien connues, du légat, rien si ce n'est qu'elle retrace à grands traits les efforts personnels

---

1) *Procédures politiq. du règne de Louis XII*, p. 1106 et suiv.

2) « Nuncii dni Regis Francie debent reportare litteram Regis Castelle, sub forma que sequitur : Petrus Dei gracia Castelle, Legionum... » etc. (projet de lettre ; sur parchemin). « C'est ce que ont à faire les messages que e Roy envoie pour la besoigne touchant lui et le Roy d'Espaigne » (instruction particulière sur le collationnement à opérer. J. 915 B).

d'Alexandre VI pour procurer la paix de l'Europe et l'union des princes. Le pape insistait aussi sur son accord parfait et absolu à ce sujet avec l'unanimité des cardinaux [1], unanimité utile à affirmer, car le cardinal de Gürck lui-même s'était plus d'une fois montré l'adversaire résolu d'Alexandre.

Instructions montrables encore, celle de Charles VIII à Jean Rabot et autres, envoyés à Rome en 1491; avant d'aborder diverses affaires, le roi les charge de rappeler les bons rapports séculaires de la France avec Rome, la grandeur de l'Université de Paris, l'argent envoyé à Rome, les concordats passés entre Louis XI et Sixte IV, qu'on n'observe pas et sur lesquels on peut reprendre des négociations....[2]; les instructions d'Innocent VIII à l'évêque de Tréguier et à Antonio Flores, au frère Baldassar en 1489....[3].

Enfin, à l'instruction montrable on ajoute quelquefois une rumeur, répandue, au dehors, dans le grand public, contraire même à l'instruction officielle. En 1492, on annonce que Perron de Bascher va en Italie pour des achats de chevaux [4].

Les instructions s'appellent en France « instructions [5] », ou «instruction», en Italie « instructions » ou « commission.» Elles constituent un acte essentiellement régalien et portent la signature autographe du roi. Elles sont délibérées et arrêtées en conseil du roi [6], sur une minute préparée par un

---

1) Archives du Vatican, reg. β LV, fo 321 et suiv.

2) Ms. fr. 15870, no 1. Burckard, I, 430.

3) Ms. Dupuy 594, fos 91, 103.

4) Boislisle, *El. de Vesc*, p. 54.

5) L'intitulé habituel est : « Instructions baillées de par le Roy à..., lesquelz il envoie devers..., des choses qu'ilz auront à faire devers ledit... (comte)». En chancellerie, on les qualifie plus brièvement par la destination : on les appelle, par exemple : « Instructions de Pavie et d'Avignon » (Jarry, *Vie... de Louis de France*, p. 430).

6) Bernier, *Registre...*, p. 45-46. Instruction de 1385, en conseil (Douet

secrétaire de chancellerie, ou par un membre du conseil. La minute est revue et raturée en tant que de besoin.

En France, elles sont transcrites indifféremment sur papier ou sur parchemin, en forme de notes, et datées le plus souvent du jour et du mois, sans indication d'année, comme les lettres missives. La signature du roi est suivie de celle d'un secrétaire. Le sceau est de cire rouge et plaqué ; mais la plupart des instructions n'ont pas de sceau ; elles ne comportent en effet ni garantie ni engagement [1]. Leur intitulé ne

d'Arcq, *Choix de pièces*, I, 60 et suiv.). Lorsqu'il s'agit d'affaires communes, les instructions ne sont arrêtées qu'après une première négociation entre les intéressés. C'est l'habileté de l'ambassadeur de présenter adroitement celles qu'il désire, pour les faire accepter. Une clause spéciale à ce genre d'instructions est : « Addatur et mutetur, secundum voluntatem dominorum confœderatorum » (Rapp. d'un ambass. milanais, 1478. Kervyn de Lettenhove, *Lettres et négociations*, III, 33).

1) Citons, à titre de variétés, par exemple : « Instructions pour mess. Renier Pot, chevalier, sr de la Prugne, de ce qu'il aura à dire de par la Royne à mons. le duc de Bourgogne ». Il doit dire que le duc « trouvera la Royne bonne dame et mère et autant que s'il estoit son propre filz » ; sur papier in-fo, sceau plaqué rouge de la reine ; signée *Ysabel* ; datée : « Fait à Troyes, le XVIIe jour de décembre l'an mil CCCC et dix neuf », contresignée du secrétaire (ms. Moreau 1425, no 90, orig.). Instruction baillée par le roi et son conseil à l'évêque de Langres et Jean de Ryé, ambassadeurs à Foix ; sur parchemin, sans aucune date ni formule que le titre ; signée *Loys*, sans nulle indication (K. 53 A, 6 *bis*. : *id.*, 8 *ter*. Instruction à l'évêque de Langres, envoyé au pape dans les mêmes conditions). Instruction à l'ambassade près du pape, 30 mai 1376 : « Instructions baillées par le Roy nostre sire à..., envoyez par lui devers..., sur ce qu'ilz ont à faire à cause de leurdite messagerie. Premièrement,... » ; datée du lieu, du jour, du mois, de l'année, du règne, avec signature autographe du roi, sans secrétaire : traces de sceau plaqué, parchemin (Jarry, *Vie... de Louis de France*, p. 385 et suiv.). Instruction aux ambassadeurs envoyés à Avignon, 24 janv. 1393, datée, signée du roi (Douet d'Arcq, *Choix de Pièces*, I, p. 112 et s.). Instruction à des ambassadeurs, datée des lieu, date, jour, mois, année, signée « de Reilhac » (secrétaire du roi), sans signature du roi (6 avril 1459. Quicherat, *Th. Bazin*, IV, 357). Instruction du 16 mars 1478, datée, signée de Boffile de Juge « ex mandato Regis » : du 20 novembre 1478, datée, signée : *Loys* et *Courtin* (ms. lat. 11802) : diverses instructions réunies dans le ms. fr. 3884, etc.

mentionne pas toujours le nom des ambassadeurs : ce nom est quelquefois remplacé par un blanc, qu'on n'a pas pris soin de remplir. Il se peut, en effet, que l'ambassade soit nommée ou complétée après la rédaction de l'instruction. Il arrive aussi qu'on désigne pour une ambassade des personnages éloignés de Paris, sauf à les aviser par lettre close ou sous forme de mandement : dans ce cas, on ne peut remettre l'instruction à tous les membres de l'ambassade en bloc.

Les instructions françaises sont rédigées d'un style très bref, découpées en menus alinéas, qui sont marqués uniformément par le mot *Item*. On emploie rarement un numérotage, si ce n'est la mention *Primo* pour le premier alinéa [1]. Ces alinéas se nomment *articles*. Sous Charles VI, les instructions portent la mention du conseil [2].

Les instructions se bornent à un simple exposé, une fois fait; très rarement, elle comportent une seconde partie « par mémoire de réplicacion, si besoing est [3]. »

1) Instruction du 30 mai 1376, à Réneval, Boitel, Morges et Corbie, « messagés », numérotée en chancellerie (J. 458, nᵒ 9 *bis*). L'expédition originale ne porte pas de numéros (*id.*, nᵒ 9). La minute de chancellerie, sans signature, est écrite sur deux feuillets de papier in-fᵒ cousus l'un à l'autre dans le sens de la longueur, le numérotage ajouté en marge : l'expédition sur un grand parchemin, en forme de rôle, avec trace de sceau plaqué rouge.

2) « Instruccion pour les messagés du Roy pour assembler avecques ceulx d'Angleterre, bailliée le... » : en conseil, sans date, signée d'un secrétaire (instruction du 29 nov. 1401. Douet d'Arcq, *Choix de Pièces*, I, 215). Instruction à des envoyés près du pape, contresignée du conseil; 26 juin 1388 (*ibid.*, 94). « Instruction pour..., envoiez de par le Roy devers..., des choses qu'ilz auront à faire par delà », d'août 1401. Par articles : datée, signée, du roi (autogr.) : « Veue par les ducs de Berry, d'Orléans et de Bourbon, et paravant avisée par leur commandement par les gens du grant conseil, où... » etc., et signée du secrétaire (*id.*, I, 204 et suiv.). « Instruction bailliée de par le Roy à..., envoiez de par lui en Angleterre : » rédigée et signée de même, avec visa du grand conseil, et date de ce visa (6 sept. 1400. *Id.*, I, 193).

3) « Instructions bailliées par le Roy et son conseil à..., sur le fait de leur

Enfin, il y a des cas pressants et exceptionnels où l'instruction s'écarte, par force majeure, des règles habituelles. Telles les « instructions pour Henry de Chauffour, escuier, maistres Jehan Milet et George d'Ostemde, secrétaires du Roy nos· tre sire, et pour maistre Henry de Monstereul, bourgois de Paris, envoiez par devers monseigneur de Bourgogne et par Monsieur de Saint Pol, le conseil du Roy estant à Paris, et les prévost des marchans, eschevins, bourgois et habitans de la ville de Paris... » Cette instruction, qui ne pouvait porter la signature du roi, y supplée, autant que possible, par des mentions solennelles : « Par le Roy, à la relation du grant conseil, tenu par Monsieur le conte de Saint Pol, lieutenant du Roy par deçà. Ouquel Vous, le grant maistre d'ostel, le mareschal de Chasteluz et plusieurs autres. Donné à Paris, le XXII° jour d'octobre, l'an mil CCCC et dix neuf. *Philippe*. *Oger* », et elle porte le sceau rouge, plaqué, du comte de Saint Pol[1].

Les minutes d'instruction n'ont ni date ni signature[2].

Ces minutes, parfois multiples, restent à la chancellerie. Elles se distinguent facilement de la transcription définitive par l'écriture, par les ratures et par diverses mentions. Une minute originale d'instruction du duc de Bourgogne, en 1419, porte, dans l'intitulé, la mention suivante : « De par Monsʳ de Bourgogne, à telz pour aler devers le Roy et la Reyne » : *telz pour aler* est raturé et remplacé par : « A mess. Lourdin, Sʳ de Saligny, Henry de Chaufour et maistre George d'Ostende, qui vont[8] ».

---

légation, toichant... », par articles, sans date ; signée du régent, en deux parties ; la seconde est par « mémoire de réplicacion, si besoing est » (Douet d'Arcq, *Choix de Pièces*, I, 6).

1) Orig. parch. Ms. Moreau 1425, n° 87.

2) Ms. fr. 2964, f° 89.

3) Cette instruction ne porte que des protestations de dévouement. Les

La comparaison des minutes des instructions avec le texte définitif constitue un moyen très important, quand on peut l'opérer, d'interpréter la valeur des instructions dont elles forment le commentaire naturel. Nous avons trouvé jusqu'à trois minutes de la même instruction, étudiées, corrigées et fort diverses [1] : d'autres fois, on rencontre une simple minute, semblable à l'acte définitif [2].

On fait aussi des copies des instructions pour le service de la chancellerie [3] : ou, tout au moins, on garde en note la substance, « Summarium » [4], de l'instruction.

Quand les instructions ne portent ni dans le texte, ni dans les annotations de chancellerie aucune mention d'année, il est souvent difficile de les dater exactement. On peut y arriver par la date des pouvoirs, ou par la date de la trêve, du traité, de l'hommage..., bref de l'acte principal de la mission. Il vaut mieux ordinairement ne pas se fier à l'examen intrinsèque de la pièce pour essayer d'en tirer une donnée

véritables instructions se trouvent dans les « Instructions à la Reyne pour les dessus dits » : montrer le péril de Paris, par conséquent de tous les pays du roi ; dire que l'adversaire veut traiter avec l'Angleterre, etc. (orig. pap. avec ratures, ms. Moreau 1425, n⁰ 95). Cf. l'instruction de Louis XI pour un ambassadeur à Venise, minute sur papier, « à tel » (fr. 10238, f⁰ 12).

1) *Histoire de Louis XII*, t. III.

2) Instructions de Louis XII au sire de Dourrier, ambassadeur en Angleterre (1504), au premier président de Normandie envoyé de même en Angleterre (1514), (ms. fr. 15870, n⁰ˢ 41, 42) : minutes de ces instructions (ms. fr. 17840, f⁰ˢ 131-136, et f⁰ˢ 137-140). Minute de l'instruction donnée au cardinal d'Amboise envoyé au roi des Romains (1501. Ms. fr. 2964, f⁰ 89).

3) Lettre de Jean le Prévost au roi. Il lui envoie, selon ses ordres, le double des instructions adressées « aux ambassadeurs ordonnez par les trois estatz », et en remet un exemplaire au chancelier, qui adresse également un rapport au roi (ms. fr. 2811, 68).

4) « Summarium instructionis d⁰ⁱ Ludovici (Sforza) facte Ambrosio Biucardo... » (ms. fr. 2927, f⁰ˢ 94-97 ; publiée dans Corio, *Historia di Milano*, p. VII, p. 498 et s. de l'édition, in-4⁰ de Venise, 1554).

chronologique, à cause de l'élasticité voulue des affirmations, qui a égaré parfois les meilleurs juges[1].

Dans les républiques, les instructions sont arrêtées par le conseil dirigeant, ou Seigneurie : à Florence, par les Dix : à Venise également, ou même par le conseil général de tous les *savii*[2].

Dans les pays d'Etats, nous voyons, en quelques cas exceptionnels, les Etats Généraux délibérer eux-mêmes sur les instructions, et les arrêter : ce qui constitue un empiétement indiscutable sur les fonctions du pouvoir exécutif[3].

Outre l'instruction, on remet parfois un mémoire[4], un

---

1) Exemple : Dans la très savante et très consciencieuse publication : *Documents luxembourgeois à Paris, concernant le gouvernement du duc Louis d'Orléans*, copiés et rassemblés par M. Albert de Circourt, mis en ordre et publiés par le Dr N. van Wervecke (Luxembourg, 1886), le texte des « Instructions à M. de Gaucourt par le duc d'Orléans », publié page 93, et minutieusement étudié, donne à penser qu'on doit le dater de 1442. La date exacte ne peut être donnée que par celle de l'hommage que devait prêter et que prêta le sire de Gaucourt à l'empereur, le 23 juillet 1444 (K. 68, n⁰ 4).

2) Sanuto, III, 1320.

3) Instructions « commandées et conclues » par les trois Etats de tous les pays de Mlle la duchesse de Bourgogne et Brabant, assemblés à Gand, « du sceu, bon plaisir et consentement de madite damoiselle » (le 28 février 1476, a. st. Gachard, *Analectes*, cccLxxv). Instruction aux ambassadeurs envoyés de Bretagne en Bourgogne, le 14 décembre 1408 ; datée, donnée en assemblée générale des Etats de Bretagne; en français (*Mém. de Bret.*, II, 815).

4) « Mémoire pour faire l'instruction de ceulx qui vont à Jennes. Premièrement, qu'ilz soient bien informez comment... » etc. : mémoire, en français, contenant l'historique de la question, par articles (1398. Archives du Loiret, A. 2193). Instruction de Maximilien à ses envoyés près de Louis XII, nov. 1509, en latin, très développée et très importante ; mémoire étendu sur les actes à arrêter en commun pour la campagne contre Venise. Elle débute : « Maximilianus, divina favente clementia, electus Romanorum imperator semper augustus. — Instructio de hiis que agere et tractare debent nostro nomine... » Elle s'achève par l'ordre de la communiquer au cardinal d'Amboise. Il y est ajouté, en appendice, des articles (Le Glay, *Négociations*, I, 277-291).

mémorial [1] ou memorandum [2], ou une simple note [3] à l'ambassadeur sur l'affaire spéciale qu'il devra traiter. Ce mémoire forme, en quelque sorte, un chapitre détaché de l'instruction [4]. Nous avons précédemment cité l'exemple d'une princesse, faisant fonctions d'agent officieux, qui, par decorum, ne reçoit pas d'instruction, mais simplement un «Memoriàle » [5].

On peut aussi leur remettre, sous forme d'*Articles*, le premier projet de traité, qu'on appelle « le premier traité ». Ce document, dont nous parlerons plus loin, a pour but de fixer la discussion. Il est toujours excessif, afin de faciliter les transactions. S'il n'est pas destiné à être montré, un signe quelconque ou une glose peut indiquer les points sur lesquels on cèdera en première ou dernière ligne [6].

Observons enfin que les instructions présentent un caractère essentiellement temporaire et peuvent toujours être

1) J. 915 A, n° 11. « C'est le mémorial as messagiers qui iront en Espaigne » (Instruction ancienne, sur rouleau de parchemin).

2) L'instruction florentine à Machiavel, en 1511 (Saige, *Documents*, II, 106) forme un simple memorandum (en italien) : « Li effetti della conventione che si ha a fare con Luciano Grimaldi, signore di Monaco, son questi, cioè... » etc.

3) Pièces publ. par Reumont, *Della diplomazia italiana*, p. 140 : « Nota data ambaxiatoribus de agendis in... » : p. 142, « Breve ricordo ed informazione » : p. 154, « Ricordo » (ou instruction secrète) : p. 144, « Istruzione data... Nota e informazione a te... »

4) Une instruction de 1505 est même intitulée : « Mémoire et instruction à vous... pour moy, Lucian de Grimault, seigneur de Monigue, en court de... » (Saige, *Documents*, II, 36 et 41).

5) Parfois ce mémoire se confond avec l'instruction. V. Instruction de l'archiduc, en français : « Mémoire à.., de ce qu'il exposera et remonstrera à monsr le Roy très chrestien de nostre part »; sous forme narrative, sans *Items* (1512. Le Glay, *Négociations*, I, 516).. Instruction milanaise, du 10 février 1470, à Alex. Spinola, envoyé en France, signée de Cicco Simonetta; mémoire très étendu sur les questions à traiter, en italien (Chmel, *Notizenblatt*, 1856).

6) Articles demandés par le roi d'Angleterre au roi de France (1308. Ms. fr. 4054, f° 5).

modifiées. Il a pu arriver, d'abord, que, dans un moment d'urgence, l'on ait fait partir un ambassadeur sans ses instructions définitives, quitte à les lui expédier par la suite. Ainsi les Seize de Bologne font partir, le 15 septembre 1502, Vincent Budriolo qu'ils envoient à Louis XII ; l'instruction est rédigée seulement le 17 et expédiée le même jour. La Seigneurie avait voulu attendre l'arrivée d'un ambassadeur français Claude de Seyssel, dont le roi avait refusé d'indiquer d'avance la mission : les instructions consistent donc dans le récit, point par point, d'une longue et importante conférence, où l'on a juridiquement discuté avec Seyssel la situation de Bologne à l'égard du pape : les objections de Seyssel, les réponses de la Seigneurie sont reproduites pour servir d'enseignement à l'ambassadeur, qui aura à traiter la même question ; jusque-là, l'agent ignorait évidemment le but précis de sa mission [1]. Dans le cours d'une négociation, des objections ou des événements se produisent qui peuvent donner lieu à une nouvelle instruction [2].

1) Archives de Bologne.

2) Ce genre d'instruction ne diffère guère des dépêches par la forme. V. la lettre du duc de Savoie à ses ambassadeurs pour Chypre, du 27 mai 1432 (comte de Mas Latrie, *Hist. de Chypre*, III, 805). Instruction du 9 juillet 1498 du sénat de Venise au secrétaire en mission à Gênes, portant que, le 28 juin, Gênes a envoyé une note sur les affaires de Pise, en demandant : 1o Qu'on rétablisse la paix entre Pise et Florence : 2o Que Venise retire ses troupes qui défendent Pise ; 3o Que les puissances de la ligue se portent garantes de Pise, par des troupes ou par de l'argent. En général, dit l'instruction, nous avons toujours soutenu l'indépendance de Pise. Le 1o répond à notre désir, mais le 2o serait livrer Gênes sans défense ; et il dépend du 1o. L'important est d'arriver à un arrangement qui garantisse efficacement la liberté de Pise ; nous y souscrirons très volontiers, car nous désirons sa liberté, non son occupation. On pourra alors s'arranger pour les troupes. Quant au 3o, on devine ce que serait une occupation mixte de Pise. Quant à un paiement de troupes en commun, nous ne refusons pas, car nous ne voulons que la liberté de Pise (Arch. de Venise, Secreto 37). Nouvelle instruction par lettre des X de Florence à Guichardin, du 24

Ce qui est tout à fait irrégulier, c'est le fait relaté dans
une dépêche des nonces envoyés en France par Alexandre VI.
en 1498. Ces nonces, munis d'instructions régulières, sont
solennellement reçus à Crémone par Ludovic Sforza, duc de
Milan. Ludovic leur remet un bref daté du 14 juin (on était le
24), qui les charge de prendre en main à la cour de France la
défense de ses propres intérêts [1].

Outre leurs instructions générales, les ambassadeurs florentins reçoivent toujours l'ordre de recueillir du résident
ou de leurs prédécesseurs, en arrivant à la cour, un com-
plément d'instructions verbales sur les détails pratiques
de conduite. Nous pouvons apprécier ces instructions verbales par l'une d'elles, que les circonstances obligèrent
d'écrire ; celle que, en 1500, François della Casa et Machiavel, envoyés à la cour de France, reçurent de leurs prédécesseurs, ou plutôt d'un de leurs prédécesseurs, Laurent Lenzi,
car l'autre ambassadeur, Gualterotti, était déjà parti. C'est une
instruction pratique, fort développée, donnée sous la forme
de « conseils et renseignements », dans laquelle l'auteur exa-
mine les affaires pendantes, indique les personnes sur lesquelles on peut compter, celles qu'il faut voir, et donne diverses indications de conduite.

Enfin, au cours de l'ambassade, les instructions primitives
sont tenues à jour ou modifiées par la correspondance, au besoin par de nouvelles notes en forme d'instruction [2]. En septembre 1503, la Seigneurie de Venise envoie à son ambassa-

sept. 1512, d'après les circonstances nouvelles (Guicciardini, *Opere inedite*,
VI, p. 111).

1) Dépêche de Crémone, 25 juin 1498 ; à la Bibl. Marciana, à Venise, cod.
cLxxvII (*Epistolæ Illustr. virorum*, cl. X), f° 40.

2) Instructions vénitiennes au secrétaire chargé d'affaires à Gênes, 9 juillet 1498 ; à l'ambassadeur en Angleterre, 14 septembre 1509 (Arch. de
Venise, Secreto 37 et 42).

deur à Rome une lettre à présenter au collège des cardinaux sur l'élection du nouveau pape. Dans cette lettre, en
latin, de forme solennelle, elle déclare s'en référer au Saint
Esprit, n'appuyer personne et désirer seulement un pape
saint et utile. Une instruction confidentielle y est jointe,
où la Seigneurie déclare à son ambassadeur que le candidat
le plus digne lui paraît être le cardinal de Naples, lequel a
dû se reconnaître dans le portrait tracé par la lettre officielle[1]. Mais, habituellement, les nouvelles instructions sont por-
tées par une nouvelle ambassade, qui les communique à la
précédente [2]. Charles VI écrit à son ambassade en Espagne,
composée de l'évêque de Saint Flour, Hermite de la Faye,
Pierre Trousseau et Jean Luce, secrétaire, que, par suite de
« très mauvaises et déshonnourables » lettres reçues de Pierre
de Lune (Benoit XIII), il envoie en Castille deux conseillers
(non nommés) : il défend absolument jusqu'à leur arrivée et
leurs explications, de parler « des articles ou article » touchant l'église qui sont dans l'instruction[3]. Charles VIII,
lors des difficiles affaires de Saluces, en réponse aux réclamations directes du duc de Savoie, envoie un nouvel ambassadeur, son maître d'hôtel, Antoine de Mortillon, et en prévient par lettre les précédents ambassadeurs, le comte de
Bresse et Du Bouchage. Mortillon a même l'ordre de « se tirer
par devers nostredit oncle (le comte de Bresse) et monstrer à
lui et à vous son instruction pour y estre changé ou adjousté

---

1) Sept. 1503 (Villari, *Dispacci di A. Giustinian*, II, 460 et s.). Cf. 2931,
f° 3. Instruction de François Ier à un agent secret du pape pour faire
nommer Charles V curateur de Jeanne la Folle, et protester contre son
titre de roi d'Espagne.

2) Machiavel apporte à Valori des instructions (dép. de Valori, du 29 janvier 1503-4) : Machiavel en porte, en passant à Milan, à Pandolfini (instruction de la quatrième légation en France).

3) J. 915 B. Paris, 24 mai (lettre close).

cc que à nostredit oncle et à vous semblera convenable et prouffitable à ladicte matière ». Charles VIII prie Du Bouchage d'y réfléchir et d'instruire Mortillon de tout ce qui peut lui servir en cette matière [1]. Charles VIII envoya aussi dans le même but l'archevêque de Narbonne. Sa correspondance avec Du Bouchage modifie sans cesse ou complète ses instructions [2].

Le style des instructions varie extrêmement (comme le ton de toute la diplomatie) selon les circonstances, et selon les personnes avec qui l'on traite. Il admet pourtant certains principes généraux que nous allons essayer de dégager.

Une instruction complète règle : le voyage de l'ambassadeur et ses visites officielles sur la route, son entrée, la remise de sa créance, les compliments qu'il formulera, l'objet à exposer dans son premier discours, les visites à faire. Les deux premiers articles et le dernier sont facultatifs : il n'en est pas de même des stipulations relatives à la créance, aux compliments, au discours ; celles-ci forment le noyau de toute instruction.

L'instruction montrable commence, au moins, par cette clause de style : « Premièrement, ses lettres présentées et recommandations accoustumées faictes, luy dira [3]... » Cette clause, le plus souvent sèche dans la chancellerie française, prête, au contraire, dans les chancelleries italiennes, à des variations infinies, qui atteignent, parfois en un très grand style, à la pompe et à l'exaltation. Cependant, dans l'ancienne diplomatie française, quand le roi s'adressait à des « princes de son sang, » il affectait, par un étalage de cordialité, de les

---

1) Laval, 7 mai (ms. fr. 2923, f⁰ 9) : d'autre part, le roi tient à être averti de tout ce qui surviendrait (lettre du 10 avril. Fr. 2923, f⁰ 24).

2) Portef. Fontanieu 146, p. 100, 147-48. Fr. 2922, f⁰ˢ 49, 27.

3) *Lett. de Louis XII*, I, 34 . *Reg. du Conseil de Charles VIII*, p. 46, etc.

considérer toujours comme parties de sa couronne [1]. Dans une
instruction pour un envoi à la cour de Bourgogne, Louis
XI « desire avoir bonne et parfaite amour avec tous les
princes de son sang », et surtout, bien entendu, avec le duc
de Bourgogne [2]. Pour le duc de Bretagne, il annoncera une
amitié unique, « comme à son prouchain parent, à celuy qu'il
ayme, veult et désire aymer, à celuy où il a sa singulière confiance et qui, entre les autres princes et seigneurs de son
sang, plus le peut servir [3]. »

S il s'agit de traiter un mariage, l'instruction insiste sur
le chapitre des compliments : elle recommandera une grande
amabilité, beaucoup de ménagements : on rappellera discré-
tement qu'on préfère le parti en vue à tous les plus grands :
on tâchera, pour une fille, de faire fixer le douaire et de le recevoir. Le prince auquel on s'adresse est le plus vertueux du
monde : s'il y a quelques difficultés d'âge (la jeune fille, par
exemple, a quinze ans, et le futur cinq), cela ne prouve que
davantage le désir qu'on éprouve [4].

Cette partie des compliments arrêtée, on aborde, par articles, l'exposé du discours à tenir.

La règle générale, ici, est d'affecter une grande clarté.
C'est pourquoi, même en cas d'obscurité voulue, on multiplie les alinéas, les *Item*, on exprime sa pensée dans des
phrases brèves et d'allures précises. C'est une grande faute
diplomatique, de s'écarter de cette règle.

En 1511, Louis XII répond très fermement à l'ambassadeur de Jules II qu'il ne veut pas abandonner l'empereur ;

---

1) Ms. fr. 3884, f° 277.
2) *Id.*, f° 276.
3) Instruction à l'évêque de Langres, Crussol, Doriole, Le Boulanger (fr.
3884, f° 276).
4) Instruction de Louis XI à Jean d'Arson (ms. fr. 3884, f° 285 et s.).

que « les articles du Traicté de Cambray sont si clers que
riens plus, et ne les fault point gloser... » ; si Jules II veut
négocier, « qu'il ne pense plus avec pratiques de habuser et
destruire les choses de l'empereur, mais... envoyer articles
et choses cleres, et non générales, touttes confuses, comme sont ceulx que a apporté de présent ledit ambassadeur [1]. »

Sous cette réserve générale, nous distinguons plusieurs
espèces d'instructions importantes : l'espèce juridique, où
l'on se représente comme le scrupuleux observateur des
traités outrageusement violés par l'adversaire ; on énumère
scientifiquement les *casus belli* dont celui-ci s'est rendu coupable ; on peut alléguer un avis du conseil, des informations
prises sérieusement, [2] ou même se livrer à une véritable démonstration de son droit [3]. Le désir de la paix est une clause
de style, dans cette espèce peu pacifique [4]. On peut aussi
toucher avec légèreté à l'argument d'honneur et de bonne
foi. Dans leur instruction à Fantucci, qu'ils envoient à Milan
solliciter pour leur ville le maintien du protectorat de la
France, les Seize de Bologne consacrent aux compliments
les trois quarts de l'acte : dans le dernier quart, ils rappellent les engagements de protection pris par Louis XII :
« Quiconque entreprendrait contre cette protection ne saurait
être vrai ami ni *devoto* de Sa Majesté, car ce serait essayer de
Lui faire manquer à l'honneur et à la foi donnée. Ce n'est pas
le Roi très chrétien qui y manquera jamais. Aussi.., etc. [5]. »

---

1) *Lett. de Louis XII*, III, 8.

2) Instruction de Louis XI, pour la Bretagne (1470. Fr. 3884, f⁰ 280),
et autres.

3) Instruction de Louis XI, après la mort du roi René, sur ses droits au
duché de Bar : à un ambassadeur à Venise (fr. 10238, f⁰ 12).

4) *Lett. de Louis XII*, I, 34.

5) Instruction du 15 juillet 1501 (Archives de Bologne, Comune, *Litterarum*, 1500 ad 1505, c. 89 r⁰).

L'espèce solennelle appartient plus particulièrement à la diplomatie de Venise. Elle comporte d'amples développements, un beau style, quelque chose de vaste dans les périodes. Cette solennité s'applique surtout à la partie des compliments. Elle s'efface dans la partie des affaires [1].

L'espèce onctueuse, très diplomatique et très romaine, apparaît avec succès. Elle comporte l'avis d'employer des moyens dilatoires. Dans son instruction du 14 mars 1504 à l'évêque d'Arezzo, nonce en Espagne, Jules II lui-même enveloppe un plan très net, très énergique, sous des formes onctueuses et habiles ; car il s'agissait d'une bien difficile mission, celle de réconcilier la France et l'Espagne en vue d'une guerre contre Venise ! Jules II ne se faisait aucune illusion sur des difficultés, qu'il vainquit, d'ailleurs, à force de patience, par le travail persévérant de plusieurs années. Il prescrit donc à son nonce de se satisfaire, pour le moment, de ce qu'on pourra obtenir, fût-ce une simple déclaration de neutralité à l'égard du St Siège. Le nonce ira, en passant, à Florence, dire des paroles affectueuses, à la cour de France voir avec beaucoup d'égards le cardinal d'Amboise ; il parlera chaudement au roi d'un projet d'alliance ; il verra la reine en particulier, et fera appel à ses sentiments de piété : en Espagne, enfin, il tiendra un langage analogue. Là, si on lui parle de la dispense qu'on demande pour le mariage de la fille du roi avec le fils du roi d'Angleterre, il répondra simplement, vaguement, qu'il n'a pas d'instruction, que l'affaire sera traitée avec maturité. Si, par hasard, il réussissait à un accord, il devrait immédiatement revenir [2].

Pour l'espèce énergique, la palme revient à Venise. Il y a

1) Instructions vénitiennes aux ambassadeurs près de Louis XII, le 28 sept. 1499, près du pape le 20 juin 1509 (Arch. de Venise).

2) Archives du Vatican, reg. βLV, f°s 420 v°-433 r°.

certainement des instructions énergiques et chaudes dans les autres diplomaties ; par exemple, l'instruction d'Alexandre VI au légat envoyé en Hongrie pour prêcher la croisade de 1500 : le légat devait jouer un rôle considérable, voir le roi, provoquer une réunion des magnats, vérifier lui-même l'organisation militaire : l'instruction respire donc un souffle tout belliqueux. Alexandre VI annonce qu'il se mettra lui-même à la tête de la flotte... « Nous partirons en personne, avec les cardinaux, quoique bien peu expérimentés des choses de la guerre, nous qui avons fait profession sacrée, *qui sacra seculi sumus*, » chute de phrase très naturelle, mais qui pourtant affaiblit l'effet[1]...

Dans certaines instructions de Venise, à l'époque surtout où ce petit État fait face à presque toute l'Europe, lorsqu'il lutte pour l'existence, éclate une incomparable énergie : vraie, profonde, simple, maîtresse d'elle-même, clairvoyante ; et en même temps éloquente, fougueuse. « La Hongrie elle-même nous attaque comme des ennemis du nom chrétien, nous qui avons versé tant de sang pour lui, et nous n'avons donné aucun grief aux Hongrois ! Mais, Dieu, nous l'espérons, ne nous abandonnera pas ! Exposez au roi (d'Angleterre) la situation : il est notre espérance ; lui seul est en état de sauver la république chrétienne parmi tant de périls ! Notre alliance maritime, si la paix se rétablit, peut lui être très utile. Qu'il agisse sur l'empereur ! Qu'il marche contre la France, sa mortelle ennemie ! Quelle plus belle occasion ? les forces françaises sont retenues en Italie, les peuples tyrannisés ne demandent qu'à se soulever...[2] », etc.

Il y a enfin, dans les instructions, une clause qui doit appeler

1) Archives du Vatican.
2) Nous analysons simplement un fragment de cette belle instruction, du 14 septembre 1509 (Arch. de Venise, Secreto 42; 60).

l'attention, et que nous appellerons : La clause de confiance.
Elle consiste dans la mention de la confiance spéciale que
l'envoyé inspire au souverain, et dans des conseils généraux de prudence [1]. Cette clause n'est pas banale, et, pour
le dire en passant, nous ne la rencontrons guère dans les instructions remises à Machiavel. Elle donne de suite à la négociation un caractère pratique : elle suppose des pouvoirs
étendus, elle indique le désir d'une conclusion. Louis XI, en
envoyant des ambassadeurs sonder le duc de Gueldre sur un
projet d'alliance contre la Bourgogne, leur donne une instruction assez large et vague, avec ordre d'agir « en la
meilleur forme et manière qu'ils pourront [2]. » La clause de
confiance ne supprime pas l'invitation habituelle, d'écrire très
souvent [3]. Le contraire de cette clause ressort de la minutie
extrême de certaines instructions, qui veulent tout prévoir, jusqu'aux moindres incidents de la route [4], ou qui interdisent de
s'aventurer jusqu'à un engagement quelconque [5]. D'après

---

1) Instruction de 1480 (fr. 3884, f° 311 v°).

2) Instruction à Joaquin de Velours, S** de la Chapelle, Jean de Nyvenen, huissier d'armes (fr. 3884, f° 270). A la mort du roi d'Aragon, Charles
VII envoie un ambassadeur au pape et au collège des cardinaux, pour faire
valoir ses droits au royaume de Naples et ceux du roi René, « fare tutto quello che diricto et rasone vole » (instruction de Charles VII à J. de « Manzi »,
3 sept. 1458. Archivio Sforzesco). « Il y a beaucoup d'autres sujets très importants à aborder : nous ne vous donnons aucune règle ; votre sagesse
choisira le lieu et le moment, » porte l'instruction de la Seigneurie de Venise à ses ambassadeurs près de Jules II, le 20 juin 1509. Clause de confiance, dans l'instruction bolonaise à Mino di Russi, du 19 décembre 1500
(Archives de Bologne, Comune, *Litterarum*, 1500 ad 1505, c. 42 r°).

3) Instruction de Louis XI de 1480 (fr. 3884, f° 315). « Eritis autem
diligentissimi in scribendo et minutissime significando omnia occurrentia de
die in diem » (commission vénitienne, du 10 juillet 1498, aux ambassadeurs
en France).

4) Instruction à Galéas Sforza allant en France pour son mariage (2
mars 1466. Archivio Sforzesco).

5) Instruction de Charles VIII à Du Bouchage et au général de Languedoc. Ne pas s'engager à fond, ne pas laisser « cheoir ladite matière en romp-

celles-ci, l'ambassadeur doit s'en tenir strictement à la lettre de l'instruction, et, si on le presse, répondre qu'il n'a pas de mandat, que l'affaire n'est pas mûre, que les circonstances et la volonté même du souverain peuvent changer, et, en dernière analyse, annoncer, s'il le faut, l'arrivée d'un *autre* ambassadeur : l'ambassadeur, en ce cas, doit déployer surtout de la discrétion, et observer avec sagacité [1].

Ce que nous venons d'indiquer nous dispense de nous étendre sur le style des diverses chancelleries, pour les instructions.

Les instructions françaises sont toujours écrites en français [2], par alinéas courts, en style condensé, comme une sorte de code, présentant les propositions ou les réponses du roi [3] sous

ture » ; demander aux gens du duc de Savoie ce qu'il y a à faire. Le général reviendra alors à Grenoble avec le sire du Bouchage, qui y attendra la personne qu'enverra le roi pour terminer la négociation. Le roi les autorise à maintenir d'abord le *statu quo* jusqu'à... (date en blanc) : orig. sur papier, signé: *Charles* ; date en toutes lettres (30 novembre 1487. Ms. fr. 2922, fº 1).

1) Instruction de Fr. Sforza à son ambassadeur en France (27 mai 1463. Archivio Sforzesco).

2) Cf. ci-dessus, pages 69 et suiv.

3) Instruction de Charles VI, publiée par M. le comte de Circourt, *Le duc Louis d'Orléans*, t. II, p. 74. Instruction de Louis XII à son ambassade d'obédience, le 4 février (1500), ms. fr. 2930, fº 1, publ. par Thuasne, *Diarium* de Burckard, t. II, p. 513. — L'original de ce second texte présente une particularité assez fréquente : au-dessus de la signature autographe du roi, la date porte : « Fait à Loches, le IVᵉ jour de février, l'an mil CCCCIIIIXX dix neuf. » Les mots *l'an*, etc., sont ajoutés par une écriture contemporaine. — Autres instructions : *Lettres de Louis XI*, III, 178, en 1468, aux envoyés près le duc de Bourbon, en français, par *Item*, datées d'an et de jour : fr. 2964, fº 89, fr. 2923, fº 49 (copie ancienne, avec date fausse : *Amiens* pour *Ancenis*) : fr. 10237, fº 115, ms. Dupuy 751, fº 145 ; ms. fr. 3884, fºˢ 269, s. d., à Joachin de Velor, et Jean de Nyvenen pour Adolphe, duc de Gueldre, à propos d'alliance contre la Bourgogne ; fº 276, 1ᵉʳ déc. 1470, à l'évêque de Langres, de Crussol, Pierre Doriole, Jean le Boulengier, pour le duc de Bretagne (sur le traité de Péronne) ; fº 286, s. d., à Jean d'Arson, pour le roi de Naples, sur le mariage du dauphin ; fº 292, 1473, à l'ambassade en Bretagne, à propos de la mort du duc de Guyenne ;

une forme sententieuse et un peu raide. Quelques instructions de Louis XI sont rédigées à la mode italienne, c'est-à-
dire qu'elles reproduisent les raisonnements eux-mêmes sous
forme d'un résumé des discours à tenir [1].

fo 310, janvier 1479, pour Metz, à propos de ligue contre Maximilien,
etc., etc.

1) Voici l'analyse d'une instruction de cette manière (fr. 10238, fo 5 et
s.) : instruction confidentielle de Louis XI à Jean d'Arson, son ambassadeur près du roi de Sicile, Ferdinand (en dehors de la commission officielle). Le but est d'empêcher le roi de s'allier au duc de Bourgogne. Louis XI
aime, estime Ferdinand comme *un frère* ; grand éloge de lui. Louis XI
est mécontent du comte du Maine, qui *pratique* avec le roi René, quoiqu'il
doive tout au roi ou à son père et n'ait « ung seul pié de terre » qu'il ne leur
doive. Le duc de Bourgogne a offert son appui au roi René contre tous
adversaires, donc contre le roi de Sicile : il a pris alliance avec le feu duc
Nicolas, dit duc de Calabre, fils du roi René, et a voulu lui donner sa fille ;
donc il est ennemi du roi de Sicile. Louis XI offre, pour prouver son amitié, de céder à Ferdinand tous ses droits éventuels sur le royaume de Sicile. Bien plus, il « veult faire descouvrir ung secret, qui jusques cy n'a
point esté descouvert, » c'est que le roi a plus de droit que la maison
d'Anjou. Le frère du roi St Louis a reçu ce fief en apanage de l'église, et
« promist à son frère le tenir en apanage. » Or, à défaut d'hoirs mâles,
après la mort de la reine *Joannelle*, le royaume eût dû revenir à la couronne, qui, jamais, ne l'a donné à la maison d'Anjou. En outre, Louis XI est
fils de Marie d'Anjou, et a ses droits ; bien plus, le comte du Maine, recevant en partage le comté du Maine, Château du Loir, etc., a cédé ses droits
sur Naples au feu roi par bonne et valable quittance. Louis XI offre donc une
grande concession. Il insiste (question délicate) sur l'affection que lui inspire
Ferdinand, « de ce qu'il est seul filz du bon et vertueux Roy don Alfons,
que Dieu absoille, dont les bonnes et louables vertuz sont par succession et
imitacion naturelle descenduz et demourez en lui » (Ferdinand était fils naturel).Protestations extrêmes d'affection. Louis XI voudrait lui voir tout
l'Aragon, et la Castille. Le roi de Castille n'est pas légitime, mais fils naturel, parce que le second mariage de son père n'était pas valable. Louis XI
ne demande que le Roussillon et la Cerdagne, il est prêt à aider énergiquement Ferdinand : il ne peut abandonner Perpignan sans déshonneur. Louis
XI offre de marier Béatrix, fille de Ferdinand, au dauphin son fils aîné, et
propose d'envoyer une ambassade solennelle. Ferdinand sera libre de
rompre ouvertement ou non avec la Bourgogne, par écrit ou sans écrit.
Louis XI n'a pas de frère d'armes : il serait heureux d'avoir Ferdinand
pour frère d'armes, comme ils seront bientôt frères par le mariage de leurs
enfants. Il lui offre son ordre ; il ne veut pas croire que Ferdinand accepte

Les chancelleries d'Angleterre [1] et des Pays Bas écrivent leurs instructions également en français, dans un style analogue à celui de la chancellerie française, même après l'avènement de l'archiduc Philippe le Beau au trône de Castille [2]. La chancellerie allemande procède du même faire, mais en latin [3] : ses instructions sont adressées à l'ambassadeur, ou aux ambassadeurs, au lieu de la forme de notes à la troisième personne, cultivée par la chancellerie française [4].

En Suisse, on a le faire germanique des instructions en latin, par articles, à la seconde personne, d'un style très net qui confine à une franchise un peu rude [5].

En Portugal, en Espagne, les instructions sont adressées aux ambassadeurs, dans la langue nationale [6]. Le roi, comme

la Toison d'or de Bourgogne, comme on le dit, d'un simple duc sujet du roi ! et traître à son roi ! Il y a un intérêt majeur pour tous les rois à ne pas aider des sujets rebelles. Le duc de Bourgogne est ligué avec le roi René. D'ailleurs, futur père d'une reine de France, Ferdinand ne peut accepter.

1) L'instruction d'Henri VII d'Angleterre à son envoyé près de Louis XII, en 1506, commence par : « Premièrement, après qu'il aura fait les très affectueuses et très cordialles recommandations du Roy à son dit bon frère et cousin, et fait présentation de ses lettres... » (*Lett. de Louis XII*, I, 78).

2) « Instruction de par le Roy (Philippe le Beau, roi de Castille) à..., de ce qu'ils diront au Roy Tres Chrestien, après qu'ils luy auront fait ses très affectueuses recommandations et présenté ses lettres de crédence » (1505. *Lett. de Louis XII*, I, 7, 37).

3) 1509. *Lett. de Louis XII*, I, 180.

4) J. 995. « Proponatur duo... (*sic.*) regi Francorum per vos, dne Scolastice, qualiter... (*sic.*) Romanorum Rex..., etc. »

5) Instruction des Bernois, pour un ambassadeur en France : « In regem instructio, parte dominorum Bernensium, Reverendo patri... etc., sub universali et particulari nomine credita... » « Item dicetis lucidissime quod domini de Liga incontentissimi sint de predictis... » — « In hiis agite augendo vel minuendo ut libet et res expostulat, ita ut singula mox expediantur. Datum sub sigillo Urbis Bernensis, XVI novembris LXXV. Executa coram sculteto..., post prandium Veneris, vigilia Martini, LXXV » (B. de Mandrot, *Relations de Charles VII et de Louis XI, avec les cantons suisses*, p. 194 et suiv.).

6) Mendes Leal, *Corpo Diplomatico Portuguez*, I, 1-5.

on sait, dans ces deux pays, signe *Le Roi*, et non pas de son prénom.

Les instructions vénitiennes affectent la forme de commission; elles s'appellent souvent *Commissio*, et débutent par le mot « Committimus tibi »... Elles portent l'intitulation du doge, et la signature *Per Collegium*. Elles sont écrites en latin[1], et fort minutieuses. Après l'ordre de partir rapidement, elles tracent l'itinéraire, elles indiquent les visites à faire, le langage à tenir ; elles détaillent les affaires pendantes et ajoutent au besoin quelques directions d'ordre général. A ces instructions, sont jointes telles copies de délibérations du Sénat, tels dossiers se rapportant aux affaires à traiter, ou même telle copie des instructions adressées à l'ambassade précédente ou à une autre ambassade[2]. Aucune chancellerie n'est plus soupçonneuse. Il faut que les agents écrivent sans cesse, qu'on voie par leurs yeux, qu'on parle par leur bouche. Les instructions sont adressées à l'agent : « Ser..., oratori nostro, ad partes... »

Les instructions florentines ne sont relatives qu'à l'arrivée et aux premières démarches de l'ambassadeur : elles indiquent les cours où il faut officiellement s'arrêter en route ; elles prescrivent de communiquer la commission au prédécesseur, de s'entendre avec lui et de prendre auprès de lui des renseignements : elles donnent la substance du discours pour l'audience de réception et, s'il y a lieu, les propositions pour l'audience secrète, elles indiquent les

---

1) Les commissions officielles. L'instruction est préparée en italien : « Instructio danda Magnifico d⁰ Bartholomeo Firmiano, captivo, proficiscenti ad Cesaream Majestatem » (5 nov. 1509. Arch. de Venise, Secreto 42, 77 v⁰).

2) Instruction placée en tête du recueil des *Dispacci di Ant. Giustinian*, par M. Villari.

visites à faire en arrivant. L'ambassadeur ne peut rien poursuivre au-delà sans en référer à la Seigneurie. Quelquefois, lorsque la mission a un objet très principal, l'instruction commence par exposer cet objet avec quelques développements. La clause de confiance est rare [1]. En cas d'urgence, on invite les ambassadeurs à se rendre à leur poste au plus vite, par le chemin le plus court, ou par le chemin qu'ils préféreront. Lorsqu'un des ambassadeurs se trouve dans l'impossibilité physique de se hâter, les instructions invitent, en cas d'urgence absolue, l'un des ambassadeurs à se détacher et à aller seul en avant.

Toutes les instructions florentines de l'époque de Louis XII sont écrites en italien. Elles sont adressées directement à l'ambassadeur, sous cette forme, plus ou moins adoucie selon la qualité du personnage : « X.. (ici le seul prénom), tu iras.. [2].» Quand on s'adresse à un simple secrétaire, tel que Machiavel, la formule est brève : « Nicolas, tu monteras à cheval et [3]... », ou bien : « Nicolas, tu partiras en poste... [4] »

1) Instruction du 20 avril 1500 (Desjardins, II, 31). Commission à Gualterotti et Salviati, pour Naples, 1506 (Razzi, *Vita di Piero Soderini*, p. 187). La commission du 23 janvier 1511-12 à Guichardin, pour l'Espagne, est beaucoup plus large, à cause de l'impossibilité de préciser. Cependant, elle détermine le voyage etc. (Guicciardini, *Opere inedite*, VI, 3).

2) Instructions, publiées par Desjardins, t. II, p. 15, 24, 31, 43, 51, 56, 63, 72, 79, 85, 90, 248, 297, 522, 578, 608 (de 1498, 1499, 1500, 1501, 1502, 1503, 1505, 1507, 1510, 1512, 1514). Commission florentine de 1423 à Rin. Albizzi et Al. Bencivenni, envoyés à Venise : « Nota ed informazione a voi.., di quello che avete a fare a Venezia e altrove ; fatta e deliberata per... », etc. — « Andrete a Venezia, e subito... », etc. (Reumont, *Diplomazia italiana*, 351).

3) Cette formule est employée aussi à Milan. C'est, du reste, la même que pour les missions administratives ou militaires à l'intérieur. V. Instruction à Bartholomeo da Chalco, envoyé à Plaisance pour une révolte (Milan, 28 novembre 1466. Arch. Sforzesco).

4) L'instruction à Machiavel, envoyé à Monaco, le 13 mai 1511 (Saige, *Documents*, II, 108), est même sous forme de lettre, avec la formule finale : « Bene vale. »

Un prélat seul a les honneurs du *Vous*. « Vous, Monsignore, et toi [1]... »

Presque toutes les instructions florentines prescrivent d'é-
crire souvent.

Les instructions milanaises pour un envoyé spécial, en italien [2], avec tutoiement, après un préambule qui résume la
question, prescrivent de se mettre en chemin le plus rapidement possible, de voir en arrivant l'ambassadeur résident,
de lui communiquer la commission et d'obtenir par lui l'audience. Elles tracent ensuite le langage à tenir, près du roi et
près de la reine.

Parfois on y ajoute des instructions communes pour les
deux ambassadeurs, le spécial et le résident [3].

Les instructions milanaises excellent dans les démonstrations de dévouement et les compliments : la moindre démonstration d'amitié consiste à offrir, de la part du duc de
Milan, « son état, sa personne, ses biens, tout ce qu'il possède
au monde . [4] »

1) Desjardins, II, 15, 63.
2) Au XIVᵉ siècle, on emploie souvent le latin et la forme d'articles (instruction de ce genre, Arch. du Loiret, A. 2193).
3) Instruction à Maf. Pirovano (1494. F. Calvi, *Bianca-Mᵃ Sforza-
Visconti*, p. 74 et suiv.).
4) Instructions des 26 et 27 août 1460 (Archivio Sforzesco). Instruction
du duc de Milan à son ambassadeur près le roi de France (sans nom), en
1458 : « Tu andaray da la Mᵗᵃ del de Franza e a quella, dopo le debite reve-
rentie et recomandatione... » ; à la fin : « Tandem offerirsegi Noy e nostri
figlioli, e stato, e faculta, quali sarano sempre promptissimi a li piaceri,
honori e comodi di quella che sempre como soy devotissimi saremo, in
ogni cosa obsequentissimi, quanto lo honor nostro se permettera poter fare »
(*id.*). Instruction du duc de Milan à Prospero Camulio, envoyé au dauphin :
date en latin : « Mediolani, die XXVII augusti MCCCCLX » : titre :
« Instructio Prosperi de Camulio, ituri ad... », texte en italien, par articles :
« Prospero, volimo che te transferisse allo serenᵐᵒ et excellᵐᵒ sᵉ monsignore Delphino de Vienna, primogenito del christianissimo re de Franza,
etc., et poy la visitacione et commendacione gli faray per nostra parte, gli

Les instructions bolonaises affectent une forme narrative [1] ; les instructions gênoises, au moins sous le règne de Louis XII, constituent moins des instructions que de véritables mémoires remis aux envoyés [2].

Quant aux instructions pontificales, naturellement rédigées en latin, ce sont des instructions d'affaires, les plus larges de toutes. Elles n'ont pas l'étroitesse des instructions françaises, strictement attachées à la formule exacte des propositions, ni l'étroitesse plus grande encore des instructions florentines et vénitiennes qui se bornent à régler minutieusement les premiers actes de l'ambassade, en attendant une correspondance ultérieure. L'instruction romaine passe en revue les affaires pendantes et donne sur chacune à l'envoyé une direction générale. Elle prescrit quelquefois d'écrire [3]. La clause de confiance y est fort rare [4]. Néanmoins, ce sont les seules qui laissent au diplomate la possibilité de se mouvoir librement, et qui le guident, sans prétendre lui dicter ses paroles. Elles sont quelquefois libellées en commission, sous forme de bref adressé à l'ambassadeur [5].

diray la nostra optima disposicione verso la Excellentia Soa, offerendo lo stato, persona, facultate et quello habiamo al mondo tanto largamente et con quella reverentia che se rechiede et che tu say è nostra intencione etc... Deinde diray che la pratica... » A la fin : « Vogli li capituli et contracto sia facto per mano de notaro et possa sottoscripti per man propria de monsignore Delphino, etc., et retornato che saray et facta la relacion ad boca, la faray ancora sub compendio in scritto, et quella una con questa instructione et l'altre scripture daray ad Cicho, nostro secretario. » Elle est signée seulement de *Cichus* (Cicco Simonetta). (*Lettres de Louis XI*, I, p. 325 : autre, p. 341, avec la même signature).

1) Archives de Bologne, Comune, *Litterarum*, 1500 ad 1505.

2) Instructions du 3 mars 1500, du 4 mai, du 14 juin 1500, etc., etc. (Archives de Gênes, *Istruzioni e relazioni diplomatiche*, filza 3).

3) Instructions diverses aux Archives du Vatican, à la Marciana (papiers de Podocataro), ms. Dupuy 594, fos 91, 103, 760, 80, etc.

4) Instruction d'Innocent VIII à frère Baldassar (ms. Dupuy 594, fo 103).

5) Commission, contresignée de Podocataro, à l'évêque de Tivoli, du 4 mai 1500 (Archives du Vatican, reg. βLV, fo 340).

Un trait commun aux instructions italiennes et romaines, c'est le soin extrême de la forme. Les instructions romaines, sorties de la plume de connaisseurs en beau langage et en belles manières, et souvent d'écrivains excellents eux-mêmes, comme Bibbiena ou Podocataro, trahissent leur origine par un noble tour, un accent, une largeur, une pureté de langage toutes classiques. On peut en dire autant des autres chancelleries italiennes, où des écrivains du premier mérite et d'un goût raffiné savaient revêtir un canevas aride et banal des grandes formes de la tradition diplomatique. Les dépêches les plus admirées de Machiavel ne sont pas supérieures à beaucoup d'autres actes diplomatiques italiens de cette époque, œuvres d'un art consommé, qui mériteraient aussi bien de rester classiques pour la diplomatie que les glorieuses œuvres des contemporains pour les autres branches des arts [1].

1) Nous n'avons pas parlé des instructions des chancelleries françaises, de Bourgogne, de Bretagne, d'Orléans.., qui n'existent plus du temps de Louis XII. Celles-ci suivent le style français (V. l'instruction du duc d'Orléans à M. de Gaucourt, publ. par MM. le comte de Circourt et van Wervecke, *Documents luxembourgeois*, p. 93, en français, par articles, très longue et développée, sans aucune date, signée *Charles*, sans mention de secrétaire). Cf. Instruction de Lucien Grimaldi, seigneur de Monaco, à son cousin Pierre Grimaldi, publiée par M. Saige, II, 36-38 : en français, signée *Monygue* (Monaco).

CHAPITRE IX

L'ambassadeur désigné reçoit souvent l'ordre de partir immédiatement, c'est-à-dire le lendemain ou même sur l'heure[1].
En réalité, il fait plus ou moins hâtivement ses préparatifs,
suivant le genre de mission qu'il va remplir. Le président de
Rouen, désigné comme ambassadeur en Angleterre dans une
séance du grand conseil où avaient été convoqués les quatre
présidents de Paris, devait partir le 19 juillet 1514 ; il part
en réalité le 22[2]. Si l'ambassadeur n'est pas à la cour, il reçoit sa commission, avec ordre de départ, sous forme de lettre ou de mandement[3]

Souvent comme nous l'avons dit[4], il profite du départ d'un
ambassadeur de la puissance près de laquelle il se rend pour

1) Machiavel reçoit, le 22 octobre 1503, l'ordre de se rendre à Rome pour
quinze jours, il part le 24 ; le 12 janvier 1504, il est envoyé en France, son
instruction est du 14 ; il est envoyé à Rome en 1506, son instruction est du
25 août, sa première dépêche du 28. Le 20 juin 1510, il est envoyé en France :
sa première dépêche est du 1er juillet (Canestrini, *Scritti inediti di Nic.
Macchiavelli*, p. LIII-LV). Les ambassadeurs florentins partent souvent le jour
même. A Florence, leurs noms et prénoms, avec la date de l'élection et celle
du départ, sont inscrits sur un registre spécial (Archives de Florence, *Legazioni e comm.*, reg. 4, fos 1-6, 31-36, liste des ambassadeurs de 1505 à 1512.
Registre in-4º de papier, donné par M. le marquis Ginori).

2) Dépêches de Dandolo, 18, 23 juillet 1514 (Arch. de Venise).

3) Instruction du 22 novembre 1473 (fr. 3884, fos 293 et s.).

4) J. Gairdner, *Histª regis Henrici septimi*, p. 211, 222. En 1495, l'ambassade anglaise pour l'Espagne et le Portugal part avec l'ambassade d'Espagne en Angleterre. Elles vont par mer, sur deux vaisseaux espagnols. Obli-
gées de relâcher à plusieurs reprises sur la côte anglaise, elles sont logées
chez les notables (*ibid.*, p. 158).

voyager avec lui. A Venise, il part, quand il y a lieu, sur les galères de la République [1].

Certaines instructions, surtout d'apparat, prescrivent à l'ambassadeur, non seulement de partir de suite, « subito », mais de se hâter « ou plutôt de voler [2]. »

A Florence, les ambassadeurs remplissent les mêmes formalités que les commissaires ordinaires de la République ; ils prêtent serment [3]. Ils font constater par notaire le jour et l'heure de leur départ [4].

A Rome, le départ d'un légat donne lieu à un cérémonial

1) 20 mai 1503. Sanuto, V, 36.

2) Instruction vénitienne de 1499, pour un envoi à Milan, près de Louis XII.

3) Ce serment est enregistré, à sa date, dans un registre de chancellerie, tenu et certifié par un notaire de la Seigneurie, sous ce titre : « Liber ambasiatorum communis et populli civitatis Florencie. » Les Archives de Florence possèdent un registre de ce genre pour le XIVe siècle, sur papier : « Hic est liber continens in se omnia nomina et pronomina ambasiatorum ellectorum pro communi Fiorentino ad infrascriptas partes, ut patet in infrascripto libro mei Guillermi notarii infrascripti... » (*Legazioni e comm.*, reg. 2).

4) Nombre de ces certificats sont réunis dans un recueil factice des Archives de Florence (*Legazioni*, reg. 4). Rédigés par un notaire, deux notaires ou un chancelier, sur une feuille de papier ordinaire (généralement in-quarto), ils n'ont pas de style rigoureux. Ils débutent habituellement par la formule « Fit fides per me notarium infrascriptum qualiter die... » Ils constatent que l'ambassadeur est sorti « exivit », ou « se presentavit extra portam..., iter capturus. » Le certificat de départ de Carducci, à Florence, le 22 avril 1512, constate que le départ a lieu « summo mane » (f° 167). Le certificat de sortie de Pandolfini, à Florence le 23 avril 1505, est rédigé par un notaire impérial (f° 66). Le certificat du 7 juillet 1512 constate que le même jour où Jean-Victor Soderini part en ambassade près de l'Empereur, partent aussi son chancelier et sa suite, « domicelli et familia » (f° 35). Voici un specimen de certificat : « Magncus vir Thomas Soderinus, orator florentinus, iturus ad illustrmum principem dnum Herculem Estensem, ducem Ferrarie, egressus est in suam legationem porta si Galli die XXIII januarii MDI, Me Damiano notario infrascripto vidente, et testibus ibidem presentibus, Petro Matthei Stozza et Andrea Daldanze Nerii, spectantibus et cognoscentibus. In cujus rei fidem hanc rogatus eodem loco et tempore scripsi et annotavi. Datum Florentie, ad portam Si Galli, die XXIII januarii MCCCCCI. Ego, Damianus Blasii Manthi, notarius, scripsi » (f° 5).

tout spécial. Le légat s'agenouille, en consistoire, devant le
pape ; à la sortie, tout le sacré collège le reconduit processionnellement chez lui : « Fu cosa bella a vedere », écrit un
ambassadeur[1], et non sans raison, car, à la cour de Rome, on
excelle dans le cérémonial, on sait relever le prix des choses.
Le jour de son départ[2], tous les cardinaux, leurs maisons, les
prélats de la cour font solennellement escorte au légat, soit
de son palais, soit du Vatican, jusqu'à la porte de la ville par
laquelle il sort : le cortège traverse la porte, et au seuil extérieur prend congé de lui *in nomine Domini* ; tous les cardinaux l'embrassent, on chante : *In viam pacis*[3]. Il arrive souvent que le légat s'arrête dans un couvent voisin, d'où il part
véritablement quand il lui convient[4]. Le légat pour la Hongrie, en 1500, rentre même secrètement à Rome, et trois
jours après va voir le pape, à cheval, en cape rouge, avec
une suite de six ou sept personnes, et quitte ensuite la
ville[5]. Les honneurs ne sont dus qu'à un légat partant pour
une ambassade ; celui qui va gouverner une ville ou
une province, Bologne par exemple, n'y a pas droit[6].

Ajoutons de suite qu'à son retour à Rome, le légat est reçu
avec le même cérémonial. Jules II va en personne à l'avance
du cardinal de Gürck, revenant, en 1504, de la légation d'Al-

1) A propos d'une conduite au jeune cardinal Jean de Médicis, nommé
légat (15 avril 1492. Roscoë, *Vie de Léon X*, pièce xxiv).

2) Il n'y a aucune solennité pour les départs de nonces. Cependant, nous
voyons en 1498 les ambassadeurs milanais escorter bénévolement les nonces
envoyés en France, lors de leur départ (dépêche des nonces, Sienne, 10 juin
1498 : à la Marciana, à Venise, clxxvii, f⁰ 119).

3) Sanuto, XII, 69.

4) Départ, en 1500, du cardinal de Gürck, légat en Allemagne; en 1503, du
cardinal légat d'Amboise (Burckard, III, 83 : Sanuto, V, 545), du cardinal
de Salerne, légat en France, en 1500 (Burckard, III, 82, 83, 85, 86. Cf. 117).

5) Burckard, III, 85.

6) Burckard, III, 425.

lemagne ; tous les cardinaux attendent à la porte *del Po-polo* : Gürck se rend au Vatican, où il est reçu en consistoire public, et admis au baiser des cardinaux ; il prend sa place, rend compte de sa mission, et est admis à baiser la mule. Il dépose ensuite ses ornements dans la salle du *Papagallo* ; dans ses congratulations avec les cardinaux, les uns et les autres se dispensent de visites, dispense dont ils ne tiendront pas compte ; puis le sacré collège le reconduit chez lui[1].

L'ambassadeur doit, en principe, suivre les voies les plus courtes et les plus rapides[2], et de préférence les voies de terre[3]. Mais, bien entendu, il se conformera avant tout pour l'itinéraire aux ordres du souverain[4]. Quelques ambassadeurs évitent de voyager le dimanche[5].

L'ambassadeur' peut et même doit prendre pour sa sûreté les précautions usitées[6].

Les voyages sont souvent pénibles, et nous pourrions citer bien des exemples d'ambassadeurs arrêtés en route par la maladie ou par la mort[7]. Les longues étapes à cheval suffi-

1) 20, 22 octobre 1504 (Burckard).

2) Martini Laudensis, *De legatis*, q. 6.

3) A moins de motif spécial : les ambassadeurs de France en Allemagne, pour gagner du temps, au contraire, et recevoir des instructions du roi, vont de Vérone passer trois jours à Venise. Ils y sont reçus avec honneur, logés et défrayés : on leur montre ce qu'on peut montrer (mars 1502. Sanuto, IV, 248). Des ambassadeurs envoyés de Venise à Rome écrivent de Rimini qu'ils passent par Urbino, parce que la peste est à Pesaro (avril 1505. Sanuto, IV, 151).

4) Bibl. de l'Institut, ms. Godefroy 255, fo 6.

5) « Le dimanche je ne vois pas voulentiers par pays » (Rapp. de 1469. Ms. fr. 3884, fo 192).

6) S'il se rend en Angleterre, il peut attendre, selon l'usage, à Calais, le sauf conduit que lui apportera un héraut d'armes anglais (Rapport de Dandolo, 25 mai 1514. Arch. de Venise).

7) L'ambassadeur Contarini, revenant de Constantinople, est arrêté en route par la fatigue du voyage à cheval et par des fièvres intermittentes (1507. Sanuto, VII, 5). Le chef de l'ambassade allemande envoyée à Venise, en 1506,

raient à fatiguer des personnages qui n'en ont pas ou qui n'en ont plus l'habitude [1]. Il faut braver les épidémies [2], les rigueurs des saisons. Fr. Morexini, ambassadeur de Venise en France, écrit de Turin, au mois de janvier 1506, qu'il vient de traverser les Alpes au milieu de bourrasques de pluie et de neige ; plusieurs gens de sa suite ont péri de froid dans cet affreux passage. Il donne ces détails, non pour se plaindre, dit-il, mais pour avertir les autres ambassadeurs [3]. En février 1475, Panigarola, envoyé milanais près du duc de Bourgogne, traverse à cheval les Alpes et le Jura, malgré les rigueurs d'un hiver exceptionnel : après s'être reposé quelques jours à Besançon, il va, au travers d'un pays infesté de bandes armées, joindre le duc, alors occupé au siège de Neuss, et ne le quitte pas de toute la campagne [4]. Rien de plus curieux que l'odyssée des ambassadeurs de Louis d'Anjou en Sardaigne, au mois d'août 1378 : rien n'y manque, ni les rigueurs de la tempête, ni la longueur de la traversée, ni les privations, ni une réception insultante [5]. Pour aller en Ecosse, les ambassadeurs peuvent fréter un vaisseau, aux frais du roi [6], mais, pour en revenir, s'ils n'ont pas de vaisseau sous la main, il faut passer par l'Angleterre, chose délicate [7]. En allant rejoindre l'empereur, on navigue sur le Rhin, on s'in-

reste malade en route (Sanuto, IV, 404). Sur trois ambassadeurs du voïvode de Moldavie envoyés à Venise, en 1506, un meurt en route (Sanuto, VI, 291).

1) Il faut faire des traites de huit à dix lieues par jour, et quelquefois, en Espagne, mal loger dans de petites hôtelleries, avec des hôtesses rébarbatives, dit le héraut Machado (*Machado's Journals*, dans Gairdner, *Histᵃ regis Henrici septimi*, p. 168), affronter de longues traversées, des tempêtes « à crier à Dieu et à tous les Sains de Paradis » (*id.*, p. 162).

2) V. Lettre de Machiavel du 5 août 1500.

3) Sanuto, VI, 285.

4) Gingins la Sarraz, *Dépêches...* I, xiii.

5) Ms. fr. 3884, fᵒ 68 et suiv.

6) Ms. fr. 20977, fᵒ 223.

7) Ms. fr. 20437, fᵒ 67.

forme où est la cour et on s'y rend à cheval [1]. Machiavel, passant par la Savoie et la Suisse, en décembre 1507, trouve la route longue, les chemins affreux, les chevaux médiocres, les intempéries rudes et sa bourse légère [2]. En novembre 1500, l'ambassadeur vénitien en Espagne arrive à son poste, absolument découragé. Il a fallu aller jusqu'à Grenade ; il y parvient brisé de fatigue et de mauvais chemins, apeuré de la perpétuelle menace des Maures ; faute de gîte où s'arrêter sur la route escarpée de Jaën, il ne peut annoncer son arrivée, il entre le jour même pour coucher : aussi personne ne vient à son avance, sauf deux évêques ; peu à peu d'autres seigneurs se présentent, il les remercie en latin. On lui donne la plus belle maison de Grenade, mais *tristissima*, quoique, contrairement à l'usage, on l'ait tendue de quelques tapisseries [3].

Enfin, quand les ambassadeurs ne traversent pas des pays amis, ils risquent bien des mésaventures. Les ambassadeurs turcs pour la France sont mis sous bonne garde, presque sous clef, à leur passage à Venise, en 1500 [4]. En 1495, les Milanais apprennent la nouvelle d'un accord entre Florence et la France par un ambassadeur florentin qu'ils arrêtent sans façon [5]. Trois ambassadeurs allemands arrivent en armes à Trévise, en 1506 : ce fait produit une véritable sensation ; on l'excuse en disant qu'ils craignaient les troupes allemandes, dont la solde est en retard [6]. Un véritable tumulte populaire se produit à Amiens en 1514, lors de l'arrivée des ambassadeurs anglais : Louis XII se hâte de donner l'ordre secret au gouverneur de Boulogne d'arrêter leurs courriers, jusqu'à ce

1) K. 70, 42. Rapport du 28 mai 1467.
2) Dép. du 17 janvier 1508.
3) Sanuto, III, 1182.
4) Sanuto, III, 577.
5) Benedetti, *Il fatto d'arme*, édit. 1863, p. 197.
6) 1506. Sanuto, IV, 404, 405.

qu'il ait pu arranger l'affaire, afin qu'on n'en sache rien en Angleterre. Par contre, dans les pays amis ou neutres, les ambassadeurs des grandes puissances reçoivent beaucoup d'honneurs[1]. Les ambassadeurs de Louis XI à Rome en 1469 trouvent partout des réceptions merveilleuses : au pied des Alpes, des ambassadeurs de Milan et de Montferrat les attendent, pour solliciter leur visite ; le marquis de Montferrat se présente à leur avance, avec une grande escorte[2]... Le duc de Milan, sous prétexte de chasse, va au-devant de Commines, qui revenait de Venise en 1495, le reçoit au château de Vigevano, et à son départ le reconduit lui-même pendant une lieue, « car ils sont ainsi honorables aux ambassadeurs[3]. » Ludovic Sforza ordonne de traiter et d'escorter avec d'infinis égards le sire du Bouchage, envoyé de France en Allemagne[4]. Un commissaire ducal retient à Parme, le 18 juin 1498, les nonces du pape en France, parce que le duc de Milan veut leur faire une réception solennelle : en effet, après quatre jours d'attente, ils partent pour Crémone, où le duc, avec sa cour, les reçoit somptueusement[5] ; déjà à Sienne, ils avaient trouvé un accueil non moins brillant[6]. On offre aux ambassadeurs de passage un gîte et des vivres, on leur assure des moyens de transport. Le duc de Milan adresse mille excuses à Commines, ambassadeur de France à Venise en 1495,

---

1) Des grands seigneurs viennent au-devant des ambassadeurs en toutes circonstances, les escortent et les reconduisent. On leur montre les monuments, les curiosités locales (Rapp. de 1445. Fr. 3884).

2) Rapport de 1469. Fr. 3884.

3) Commines, l. VIII, ch. XIX. En 1495, les deux ambassadeurs de Venise en Espagne passent par Milan, et partent avec deux ambassadeurs milanais. Le duc de Milan les conduit jusqu'en dehors des portes de la ville (Sanudo, *Spedizione*, 375).

4) Milan, 13 nov. 1494 (fr. 2928, fo 3).

5) Dépêche du 25 juin 1498, à la Marciana de Venise, cod. CLXXVII, fo 40.

6) Dépêche du 10 juin (*ibid.*, fo 119).

de ce qu'un navire commandé à Pavie pour sa navigation
n'était pas prêt : Commines répond poliment qu'il regrette le
déplaisir du duc [1]. Les comptes de la ville de Bologne nous
fournissent le menu des dépenses des divers ambassadeurs
en passage et de leurs suites ; c'est ainsi qu'on héberge au
Grand Hôtel de l'Echelle, en novembre 1500, la suite du car-
dinal-légat de Gürck. Edouard Bullion, simple valet de
chambre de Louis XII, en mission à Naples, est logé, non au
palais [2], mais à l'hôtel du Mouton. On loge au même hôtel la
suite d'Etienne de Vesc. Au moment du mariage de Lucrèce
Borgia, la ville de Bologne offre l'hospitalité au cardinal
d'Este, et à sa suite, qui vont à Rome chercher la fiancée ; puis
aux mules portant les bagages ; puis à Ferdinand, à Sigismond
et à Hercule d'Este, avec leurs suites, se rendant à Rome ; puis
à Lucrèce Borgia, elle-même, avec tout son cortège, quand
elle vient à Ferrare ; puis à l'ambassadeur florentin, à l'aller
et retour de Ferrare, pour le même mariage [3]... C'est à Venise surtout que s'exerce largement l'hospitalité internationale : depuis leur entrée sur le territoire, on nourrit les ambassadeurs amis [4] ; dans la ville, ils trouvent un palais, préparé spécialement dès qu'on sait leur approche [5] : des
patriciens désignés par le doge vont leur rendre visite [6]. On
les défraie, ou bien on leur offre une somme d'argent [7].

1) Kervyn, *Lettres et négociations*, III, 101.
2) Les ambassadeurs sont logés au palais. De même à Ferrare (*Diario
Ferrarese*, 23 mai 1495, 28 mars 1500, dans Muratori, t. XXIV).
3) Archives de Bologne, *Partitorum*, années 1501-1502.
4) Les ambassadeurs de France revenant de Hongrie passent à Vegia : le
provéditeur vénitien leur fait remettre des vivres (8 août 1500. Sanuto, III, c.
606).
5) Ambassadeurs d'Espagne allant de Rome en Hongrie (6 oct. 1499. Sanuto, I, 21).
6) Août 1500. Sanuto, III, c. 607.
7) Un ambassadeur de Hongrie, se rendant à Rome avec dix chevaux, arrive

Quant aux légats, leur voyage comporte des règles toutes spéciales. En dehors même de sa légation, le légat exerce une juridiction véritable [1]. Il a le droit de voyager armé et d'armer toute sa suite [2]. Il a rang souverain. Il correspond avec les souverains et chefs d'Etat, en les traitant d' « ami » et de « frère [3]. » On le reçoit avec les honneurs royaux. Lorsque le légat pour la Hongrie passe par Venise en 1500, le doge l'attend au bas de l'escalier du palais ducal ; la salle du conseil est tendue de draperies d'or et pleine de monde [4]. Naturellement, on défraie largement un légat. Le légat de Hongrie a soixante dix personnes de suite ; Venise paie toutes ses dépenses le premier jour ; on lui alloue ensuite vingt ducats par jour [5], comme moyen indirect de régler les dépenses d'un tel personnage, qui effrayaient un peu l'économe seigneurie. Le 14 août 1507, un légat arrive à Sienne, avec cent dix cavaliers, trente à quarante mulets de transport

à Venise. On va au-devant de lui à Margera, le 7 mars 1508 ; on le loge à St Georges Majeur, sans lui payer de dépenses, mais on lui fait un cadeau d'argent. Il amène une belle suite ornée de grands panaches (Sanuto, VII, 344). Le 8, il a une audience publique, où il est mené par deux patriciens, et réclame une somme due à son roi (*id.*). Le 11, des patriciens l'amènent au conseil ; il reçoit la réponse, il dit qu'il en écrira à son roi, et part le lendemain (*id.*, 346). Constantin Arniti, (envoyé du pape en Allemagne) et « nostro genthilomo », voyage incognito, et arrive à Venise : on envoie deux patriciens lui demander s'il veut venir au conseil. Il répond qu'il est trop tard et qu'il ira le lendemain. En effet, il y va *secrete*, par l'appartement du doge, parle en termes chaleureux de Venise et annonce qu'il partira le soir même. On lui fait mille grâces. Deux *savij* le reconduisent à St Georges, où il est descendu, et on lui offre 300 ducats, afin qu'il parte « bien édifié » (juillet 1510. Sanuto, XI, 820, 822, 828).

1) Bruneau, concl. xxv. Hors de sa légation, le légat exerce « ea que sunt voluntariæ jurisdictionis. »

2) Andreæ Barbatia, *De cardinalibus legatis a latere*.

3) Sanuto, III, 1622, 1628, 1231.

4) *Id.*, III, 1290. Cf. V, 145, réception du légat venant de Hongrie.

5) *Id.*, III, 1167.

et quarante gens à pied : on remarque fort qu'il paie partout
sa dépense. Après quelques hésitations, la ville se décide à
le laisser lui-même assurer sa subsistance, et à lui faire un
présent de comestibles comme à tous les ambassadeurs, un
large présent qui coûte deux cents ducats [1].

Le légat en voyage marche précédé d'une grande croix
processionnelle, ou au moins de massiers [2]. Il bénit tout
le long du chemin, avec le signe de la croix. Son premier
acte, partout, sur son passage, avant de se rendre à l'hôtel,
est d'entrer dans l'église principale, escorté de tout le
clergé du pays; il monte au grand autel, donne la bénédiction papale, et des indulgences jusqu'à concurrence de
quarante jours [3].

Nous ne pouvons mieux faire connaître cette matière spéciale du voyage des légats qu'en résumant brièvement un fort
curieux journal du cardinal de Sainte Praxède [4], envoyé
comme légat à l'entrevue de Savone entre Louis XII et le roi
d'Aragon, en 1507 [5].

Le mercredi 5 mai 1507, en consistoire, le cardinal est élu

---

1) Ce présent se composait de deux veaux et six moutons tout écorchés,
13 sacs d'avoine, 9 corbeilles de pain, 12 paniers de vin de chacun 12 bouteilles, 18 paires de poulets, 18 paires d'oies, 15 paires de pigeons, 14 plats
de poisson, des mûres, des melons, des massepains, 12 paires de torches et
60 livres de bougie (Dép. de Machiavel, 14 août 1507).

2) Sanuto III, 1167. V. dans l'édition illustrée du *Sexte*, donnée à Venise en
1514 par Giunta de Florence, fo LXXXII vo, la vignette représentant la
marche du légat, précédé de deux prélats et de la croix, donnant sa bénédiction, sa queue portée par un clerc, suivi de deux évêques.

3) Sanuto, III, 1170. Villadiego, *De legato*, q. 6. J. Collart, *Journal de la
paix d'Arras*, p. 12.

4) Antoine Pallavicini, évêque de Preneste, cardinal du titre de Ste Praxède,
génois d'origine, protecteur de Savoie en cour de Rome (Paris de Grassis.
Lat. 5164, fos 332, 362).

5) Ce journal, rédigé par le maître des cérémonies attaché à la mission
(Baldassar Nicolaï, de Viterbe), se trouve transcrit dans le registre Pio 61,
fos 117 vo et suiv., aux Archives du Vatican.

légat à l'unanimité [1]. Le 12, Jules II lui donne un maître des
cérémonies, qui reçoit du légat quatre domestiques. Le 17,
en consistoire secret, le cardinal prend à genoux congé
du pape, on chante : *In viam pacis*. On lui fait cortège pour sa
pseudo-sortie, et il rentre chez lui [2]. Le lendemain, mardi 18,
après une messe matinale, il monte à cheval avec une foule
d'amis, qui l'escortent jusqu'à St Paul hors les murs, où l'attendent des galères. L'ambassade s'installe, assez mal, sur
la galère principale, savoir : le légat, ses domestiques, trois
prélats, le maître des cérémonies et quatre domestiques. Le
mercredi, à l'aube, la galère entre en mer, avec beaucoup de
difficulté, faute d'eau ; il faut s'arrêter, décharger les bagages dans des barques...; enfin, on vogue vers midi, on dîne,
puis légat et prélats deviennent la proie d'affreux vomissements,
« usque ad sanguinem inclusive. » A force de rames, on arrive
à souper dans le port de Civita Vecchia, où l'on produit pour
la première fois la croix de légation. Le jeudi, le vendredi, on
avance ainsi péniblement, en touchant terre çà et là pour se
reposer, avec les angoisses du mal de mer, les difficultés d'une
mer houleuse et des nuits sans sommeil. Le samedi 22, veille
de la Pentecôte, les membres de la légation n'en peuvent
plus. Cependant le légat, en rochet et mosette, la croix en avant,
descend près de Porto Venere, au monastère de Monte-Oliveto ;
il y couche et y passe la fête du lendemain. Nous omettons le

---

1) Paris de Grassis donne sur ce consistoire des détails assez précis. Le
tribunal de Rote fut brusquement suspendu pour sa tenue. Grassis blâme le
légat d'avoir baisé en public le pied et la main du pape ; suivant lui, cet
hommage eût suffi en audience particulière. Les prélats et le maître des cérémonies attaché au voyage vinrent au baiser de la mule ; puis tous les cardinaux firent la conduite suivant l'usage et embrassèrent le légat (lat.
5165, fo 329).

2) « Et non fuerunt lecti super ipsum versiculi et orationes in consistorio
secreto, sed associatus a collegio viginti cardinalium, ut moris est, usque ad
domum habitationis suæ » (Paris de Grassis. Lat. 5165, fo 323).

minutieux détail de sa réception et des cérémonies. Le soir, malgré la fête, on repart, on voyage toute la nuit, on rencontre une caraque de quatre envoyés gênois, qui viennent au-devant du légat. Les lundi, mardi et mercredi se passent en débarquements et en cérémonies dans des couvents sur les bords de la mer. Chaque fois, une foule compacte, précédée des moines, attend sur la plage et conduit processionnellement le légat à l'église, où il donne la bénédiction et officie pontificalement. Le jeudi 27 mai, au milieu d'une foule immense, le légat fait à Gênes une entrée solennelle, réglée par son maître des cérémonies : il se rend à pied à la cathédrale, parce que les rues de Gênes ne permettent pas de circuler à cheval. Il en repart le 2 juin, pour Milan, après avoir passé ces quelques jours en cérémonies d'apparat, et en processions avec le gouvernement et les Anciens. Sur sa route, il trouve partout la population, le clergé et les confréries : des messes, des saluts, des processions. Il entre dans chaque ville sous un baldaquin, qui est offert par les citoyens, et qui reste la propriété de ses palefreniers [1]. Il séjourne à Milan du 6 au 14 juin, et part pour Savone avec le même cérémonial. En route, se produisent quelques incidents. Le jeudi 17, à Felizzano, il officie, sans le savoir, dans une église interdite, ce qui le contrarie beaucoup quand on le lui apprend [2]. Ce même jour, le maître des cérémonies se rend à Asti, près

1) A Tortona, on avait pris pour faire ce baldaquin un devant d'autel : « Quod parafrenarii contra omne debitum abstulerunt, quia baldacchinum non debet capi, nisi sit de novo factum per cives. Clerici non tenentur facere baldacchinum, sed cives. Clerici honorant papam et legatum processione, cives baldacchino » (ms. cité, fo 127).

2) Peut-il bénir dans des lieux interdits ? se demande Villadiego : oui, pour la bénédiction non solennelle ; pour la bénédiction solennelle, « Sit nomen Domine benedictum », il y a doute et mieux vaut s'abstenir (De legato, q. 6).

de Louis XII, pour préparer l'entrée : on lui répond que le roi partira dès le lendemain pour Savone attendre le roi d'Aragon et qu'on croit bon d'éviter au légat un dérangement... Le légat continue donc vers Savone ; mais comme il ne convient pas qu'il entre dans cette ville avant le roi, il attend pendant plus de trois jours dans un château des environs, domaine du protonotaire Scarampa. Pendant l'entrevue des deux rois, le légat, discrètement tenu à l'écart des conférences, officie sans se lasser, avec beaucoup de pompe. Enfin, le 8 juillet, sa mission officielle terminée, très fatigué, très souffrant, il va passer une semaine dans une villa qui lui appartient, puis dans le palais personnel du pape à Gênes, d'où il ne sort pas. Après cette retraite bien gagnée, il se rembarque le mardi 3 août pour Rome ; le 18, il est solennellement reçu à la porte *del Popolo* [1]; le 24, il va rendre visite à tous les cardinaux, selon l'usage. Ajoutons que, le 10 septembre, il meurt de la fièvre prise dans son voyage, et qu'il est enterré à St Pierre [2].

L'ambassadeur ordinaire même ne peut guère s'attendre à voyager incognito. Il devra donc se présenter ouvertement, avec un train convenable [3], en profitant des relais que son prédécesseur a pu lui ménager sur la route [4]. Il conservera une grande discrétion, et il aura soin, bien entendu, de ne parler

---

1) Paris de Grassis donne au consistoire de réception la date du 11 août. Vingt cardinaux escortèrent le légat de Ste Marie-du-Peuple au palais. Après son introduction, les cardinaux l'embrassèrent. Sa maison lui baisa les pieds et tout le cortège le conduisit jusque chez lui (lat. 5165, f° 351-355).

2) Paris de Grassis. Lat. 5165, f°s 362-364.

3) 1499. Arrivée à Liège de l'évêque d'Evreux et du sire de « Gymmel », avec trente chevaux d'escorte, pour traiter la paix entre le roi des Romains et le duc de Gueldre (*Joh. de Los Chronicon*, p. 114).

4) Le nouvel ambassadeur de Venise à Rome s'y rend par Rimini, où son prédécesseur a laissé ses chevaux (1507. Sanuto, VII, 28).

de sa mission qu'à bon escient[1]. Il éprouve la tentation, pour mieux faire valoir son talent, d'envoyer en route des rapports[2] ; comme il voyage à petites journées, il recueille, en effet, des renseignements ; mais il fera bien de n'envoyer que ceux qui ont un caractère officiel[3]. Giustinian, ambassadeur de Venise à Rome, se rend, en mai 1502, à Pesaro, où ses bagages le rejoignent par eau ; il les fait charger à mulets, et vient coucher à Fano le 26 mai. Le 1er juin, il arrive à Castelnuovo, à quatre milles de Rome, sans autre incident que la rencontre d'un ambassadeur de Camerino, qui venait solliciter sa visite dans cette ville et demander la protection de Venise : Giustinian a remercié en termes affectueux et il a transmis à Venise la lettre de créance de cet ambasadeur, avec un rapport. De Pesaro à Castelnuovo, il a mis ainsi huit jours et a écrit deux rapports[4].

Dès que l'ambassadeur pose le pied sur le territoire du pays où il est accrédité, son rôle change. Les ambassadeurs français en Angleterre, avant d'aborder, demandent un sauf conduit ; un héraut d'armes ou des délégués officiels de la cour viennent les recevoir au débarquement, pour les conduire près du roi[5],

1) Ms. fr. 2933, fo 70, note sur Philibert Naturel.

2) L'ambassadeur vénitien en Espagne envoie des rapports pendant son voyage. Près de Barcelone, il écrit à cheval son premier rapport sur l'Espagne (oct. 1500. Sanuto, III, 1030).

3) Villari, *Dispacci di A. Giustinian*, I, 9 et suiv. En route pour l'Espagne, Guichardin écrit de Plaisance, le 5 février 1511-12 (deux lettres), d'Avignon le 23 et le 26 (deux lettres), de Narbonne le 29 (*Opere inedite*, VI, p. 10, 18) : mais ce sont de simples avis sur son voyage et de menues nouvelles.

4) Allant en légation près de l'empereur, Machiavel couche quatre fois en Suisse et envoie à Florence une dissertation sur l'état de la Suisse (Dép. de Machiavel, du 17 janvier 1507-8). Gabriel Moro, envoyé ambassadeur de Venise en Espagne, écrit de Savoie des nouvelles fausses et ridicules, qui excitent un immense éclat de rire au conseil des Pregadi, qui en a d'autres (1506. Sanuto, VI, 376).

5) Pour la réception solennelle de 1445 (ms. fr. 3884), le roi d'Angleterre en-

de sorte que leur ambassade commence, à proprement parler, à l'instant où ils débarquent sur le sol de l'Angleterre [1].
Rappelons qu'en France, un légat, avant de pénétrer sur le
territoire, doit envoyer ses bulles : il n'a droit à aucune réception officielle jusqu'à leur enregistrement [2].

En Espagne [3], en Hongrie, le roi envoie volontiers une escorte
importante chercher au loin les ambassades ; nous voyons un
ambassadeur vénitien se morfondre à Agram dans l'attente de
l'escorte annoncée, qui se compose de trente chevaux commandés par un magnat, porteur d'une créance latine régulière [4]. En France, le roi envoie souvent un chambellan, un
maître d'hôtel..., recevoir plus ou moins loin les ambassades [5]. En Allemagne également [6]. Lorsque le cardinal d'Am-

voie sur la route des gens chargés de veiller à tout, le héraut Jarretière va jusqu'à Calais au-devant des ambassadeurs. Le roi d'Angleterre leur fait dire qu'il
veut les recevoir avec solennité, qu'il convoque les princes et seigneurs. On
presse les apprêts. Ils attendent. Suffolk leur écrit que le roi les recevra le jeudi
à Londres, que tout ira bien, « mais qu'il ne teinst à eulx et qu'ils n'eussent
pas la bouche si close comme avoient accoustumé ». Réception très solennelle
à Londres, par une foule de seigneurs, le maire, les échevins, les métiers.

1) L'ambassadeur envoyé par Louis XII en Angleterre ne trouve pas les
orateurs anglais à son débarquement, contrairement à l'usage. Survient un
héraut du roi d'Angleterre, qui déclare inutile d'aller plus loin, parce que
le roi envoie en France deux orateurs pour savoir les communications de
Louis (janvier 1510. Sanuto, IX, 530).

2) V. tome I, p. 330. Cf. Villadiego, *De legato*, q. 6.

3) V. *Machado's Journal*, dans Gairdner, *Hist[a] regis Henrici septimi*, p. 169.
L'ambassade de Louis XI en Castille, en 1462, est reçue à la frontière de
Castille et convoyée jusqu'à la cour (*Lett. de Louis XI*, II, 378). Avisé de
l'arrivée à Burgos d'une ambassade anglaise, le roi d'Espagne envoie un haut
fonctionnaire l'y prendre pour la conduire (1508. *Machado's Journal*, p. 166).

4) Sanuto, X, 268.

5) Jean Thiercelin est chargé par Louis XI de voir les ambassadeurs de
Milan à Lyon en 1475 (J. 496) : réception de l'ambassade d'Aragon, en 1473
(fr. 20980, f° 91). Le sire de la Gruthuze écrit au roi, de Paris, 21 mars, que
suivant ses ordres il va au-devant des ambassadeurs d'Angleterre pour les
escorter jusqu'à Orléans (fr. 15541, 132).

6) Rapport de l'évêque de Paris (Bibl. de l'Institut, ms. Godefroy 255, f°.6).

boise se rend, en 1505, à Haguenau, près de l'empereur, trois
capitaines allemands de Trèves l'escortent de Trèves à Haguenau avec douze hommes d'armes, « pour la seurté des chemyns,
qui estoient dangereux. » On joignit même à son escorte
« ung nombre de gens de guerre », commandés par le batard
de Bisse [1].

Ces escortes d'honneur ou de sûreté ont l'indéniable avantage de permettre de surveiller la conduite de l'ambassadeur [2]. L'ambassadeur trouvera, en effet, sur sa route des
particuliers amis de son pays, qui lui offriront l'hospitalité.
Un ambassadeur de Venise, en passant à Barcelone, descend
chez le fils de l'ambassadeur d'Espagne à Venise, magistrat
dans cette ville [3]. Les rapports de ce genre peuvent exciter de
vives susceptibilités. En 1494, un ambassadeur français, qui
arrive en Toscane, au lieu de descendre dans une auberge
préparée par la Seigneurie, reçoit l'hospitalité dans une villa,
chez Lorenzino et Jean di Pierfrancesco de Médicis. Le chef
du gouvernement, Pierre de Médicis, s'en émeut : les deux jeu-

1) Ms. Clairamb. 16, p. 1053. En 1397, l'ambassade du duc d'Orléans est
escortée de ville en ville, d'Arlon à Luxembourg, à Trèves, à Mayence et à
Francfort, par un écuyer local, avec des gens d'armes. Ces gens d'armes refusant toute rétribution, on leur donne de larges pourboires (6 écus par jour
pour la troupe). Avant d'entrer en Allemagne, chaque ambassadeur prend à
Mouson un *truchman*, pour les guider, commander les logis, etc..., qui est
payé, suivant marché, 12 sous parisis par jour (Circourt et van Wervecke,
Documents luxembourgeois, n° 34).

2) Le maréchal des Querdes écrit au roi, d'Orléans, le 23 mars, pour lui
rendre compte de la réception faite à l'ambassade d'Angleterre, des conversations des ambassadeurs, de leur entrée à Orléans. L'évêque de Winches-
ter se loue, dit-il, du héraut Montjoye. M. de Morvilliers qui l'escortait « loua
semblablement Jaretière » (fr. 15541, 133). Cf. lettre de Ludovic Sforza au
commissaire de Novare, l'informant qu'un ambassadeur d'Espagne vient
d'arriver à Coni, qu'on ne sait pas par où il passera, et lui ordonnant de
veiller sur lui (8 mai 1493. Archives de Milan, Militare, Guerre, 1493,
Congiura di Novara).

3) 1508. Sanuto, VII, 355.

nes gens répondent qu'ils ont le droit et le devoir de recevoir
l'ambassadeur, comme pensionnaires de la France pour 2.000
écus. Pierre les fait arrêter, et traduire devant les LXX, qui les
condamnent, pour complot avec l'étranger, à la confiscation et à
la prison perpétuelle. Les condamnés persistent dans leur atti-
tude énergique. Cependant, les ambassadeurs français n'a-
vaient pas rebroussé chemin ; dociles aux conseils de Ludovic
Sforza, ils attendaient sur le territoire voisin l'issue de l'incident. Pierre de Médicis comprit la nécessité d'y mettre fin.
Sous prétexte de parenté, il fit donner aux condamnés leur
grâce, moyennant un exil à dix milles de Florence ; il alla les
chercher lui-même à la prison et les amena chez lui. Les ambassadeurs français arrivèrent alors [1].

Le diplomate doit se présenter avec pompe [2], de manière
à se faire discrètement valoir au plus haut prix ; il se montrera accessible, avenant, mais imposant par ses valets et ses
discours. Dans chaque ville où il passe, on le loge aux frais
de la ville, dans un hôtel. On lui présente le vin d'honneur,
des dragées, des fruits confits, de la volaille, des viandes [3] ;
dans les cas les plus solennels, les corps constitués vont le saluer [4]. On lui fait les honneurs de la ville, on lui montre les

1) Delaborde, *Expédition de Charles VIII*, p. 363-364.

2) Les ambassadeurs de Hongrie, solennellement reçus à Angers en 1489
par ordre du roi, arrivent vêtus de robes d'or, coiffés de drap d'or « comme
femmes » ; ils sont précédés de tambourins et de hérauts magnifiquement montés. Deux cents cavaliers leur font escorte, parmi lesquels les évêques du
Mans et de Limoges. Les corps constitués d'Angers vont les attendre jusqu'à
Balle, et les accueillent par une harangue latine. La ville leur offre un grand
banquet et les loge. La dépense se monta à environ 119 livres (A. Joubert,
Les passages des ambassadeurs... à Angers, dans la *Revue d'Histoire Diplomatique*, 1892)..

3) V. l'intéressant travail de M. Doinel, *Réceptions d'ambassadeurs à
Orléans (Revue d'Histoire Diplomatique*, 1891, p. 102).

4) Le 3 juillet 1479, une ambassade d'Espagne conduite par l'évêque de
Lombez, est reçue « aux champs » par le corps municipal et les états de

curiosités, les reliques insignes [1]. L'évêque de Gürck, Mathieu Lang, ambassadeur en France, prend la Loire à Nevers pour Paris. Elle est fêtée à Saint-Denis par l'évêque de Lombez (Jean de Roye). Les ambassadeurs de l'Empire sont escortés par les baillis de Gisors et d'Amiens, qui veillent à leurs réceptions. Le 19 décembre 1500, le Bureau de ville de Paris décide de les recevoir, selon les ordres du roi, solennellement. Ils seront festoyés aussi largement que possible, défrayés de tout. Le prévôt et les échevins iront au devant d'eux, on leur donnera un bon logis, on leur fera des dons de « torches, ypocras et espices », de « vins et viandes ». Le 20 en effet, on alla les recevoir au delà de N. D. des Champs, avec les officiers et une foule de bourgeois. On les escorta jusqu'à l'hôtel de l'Ange, rue de la Huchette, affecté en général à ces logements diplomatiques. On leur remet les présents. Le lendemain, on retourne leur faire la révérence, et un docteur en théologie les harangue en latin (Bonnardot, *Registre des délibérations du bureau de la ville de Paris*, t. I, p. 51-52. Cf. p. 214, p. 67). L'ambassade solennelle de Venise, en 1498, est reçue à la porte de Paris par M. de Ligny et 800 chevaux (Reumont, *Diplomazia italiana*, 173). C'est surtout en Espagne qu'on se prodigue pour les ambassades : les grands seigneurs offrent l'hospitalité aux ambassadeurs qui passent ; mais jamais une femme ne dîne avec des étrangers (Gairdner, *Hist^a regis Henrici septimi*, p. 186). En avant de Burgos, des marchands viennent au-devant d'une ambassade anglaise et leur offrent des gites. L'ambassade, ne voulant pas se séparer, descend chez un d'entre eux, qui donne le gite et le couvert. (1489. *Machado's Journals*, *ibid.*, p. 165) : on lui fait grande chère. La ville lui offre des vins et des friandises de tout genre (p. 166), le conseil local vient lui faire la révérence (p. 167) ; au départ, les marchands lui font escorte (*ibid.*). En Portugal, on est très démonstratif sur le passage des ambassadeurs ; on va au-devant d'eux, on les loge, on leur offre du vin, des fruits, des confitures, etc. ; on leur donne des divertissements variés, des danses, des courses, on tire le canon. Grand nombre de personnages vont à leur avance, à leur arrivée, avec un orchestre et des trompettes (Gairdner, *ouvr. cité*, p. 187 et suiv.).

1) V. dans les copies de Gaignières (ms. fr. 20980, f° 125) un certificat du 1er juin 1493, de deux chapelains de la Sainte Chapelle, constatant qu'ils ont ouvert les châsses contenant les reliques de la Passion, en présence de Du Plessis Bourré et du président des Comptes, qui a remis les clefs : les reliques ont été apportées par le sire du Bouchage, par ordre du roi, et montrées aux ambassadeurs de l'empereur, puis remises, en présence de MM. du Bouchage, d'Orval et de l'évêque de Luçon, qui conduisaient les ambassadeurs, et qui ont certifié la volonté du roi qu'on leur montrât les reliques. — *Ibid.*, f° 167. En 1450, Jacq. Juvénal des Ursins, archevêque de Reims, reçoit 100 liv. pour être venu de Reims à Paris montrer les reliques de la Sainte Chapelle aux **ambassadeurs d'Ecosse.**

se rendre à Tours ; en avant de Blois, le duc d'Albanie
vient l'accoster au nom du roi, le fait débarquer et l'accompagne ; à Blois, la reine lui envoie quatre grands *lux*,
deux *foursières*, des huîtres, un panier de marée, trois barils
de vieux vin, trois flacons de vin nouveau, et du pain de bouche, avec tous ses regrets de ne pas le recevoir à Blois ; à Amboise, le corps municipal attendait sur le quai : Lang coucha à
terre ; la comtesse d'Angoulême, habitante du château, lui
adressa du vin, avec ses excuses de n'avoir pas été prévenue
à temps pour envoyer à son avance. Le lendemain, Lang
alla à Montlouis. Le surlendemain, il entra à Tours, par
eau. Au départ de Montlouis, il reçut les ambassadeurs de
Ferrare et de Mantoue, et, à moitié route, cinq évêques et divers magistrats ; un des évêques lui adressa un discours ;
dans les faubourgs de Tours, les princes du sang l'attendaient,
pour l'escorter au château des Montils, où le roi lui donne
l'hospitalité. Séance tenante, Lang, en tenue de voyage, fit sa
révérence au roi, qui le reçut très cordialement, sans cérémonie, et l'engagea à venir le voir *privément* tant qu'il voudrait [1].

Quand un prince voyage en personne ou fait fonction d'ambassadeur, il a naturellement droit aux honneurs des réceptions avec plus d'apparat. En 1476, le roi de Portugal reçoit à Tours l'hospitalité de la cour ; à Orléans, on lui offre des
danses ; à Paris, les autorités l'attendent officiellement, hors
de la porte St Jacques [2]. Le duc de Milan, dans son instruction à son fils Galéas pour un voyage en France, prévoit des
réceptions à la mode italienne, où l'on offre «tous ses biens » ;
le duc de Bourbon, lui dit-il, offrira sans doute ses châteaux ;

---

1) Oct. 1510. *Lettres de Louis XII*, II, 40-41. Nous réviendrons plus loin
sur le détail des entrées.
2) Jean de Roye : Doinel, *loc. cit.*

à Bourges, le gouverneur offrira la ville ; le duc invite son fils
à décliner courtoisement ces offres, dans les termes qu'il lui
indique : Galéas devra faire fête aux personnes de la cour qui
viendront à son avance et ne pas épargner les protestations
d'affection et d'estime pour les gagner. Un jour avant son arrivée près du roi, il mandera l'habile résident milanais Panigarola, il le recevra avec amitié et s'informera, près de lui, des
habitudes du roi, de la conduite à tenir [1].

Un ambassadeur arrive à cheval ; jamais par la poste [2], sauf
dans des circonstances spéciales. Envoyé d'urgence près de
César Borgia en 1502, Machiavel se trouve si mal de l'équitation
qu'il laisse en route chevaux et domestiques, prend la poste
et se présente en habits de voyage à César, qui lui fait l'accueil le plus gracieux [3]. Un envoyé du pape, arrive à Venise en *srafeta*, et repart de même en 1501 [4]. Ce sont des exceptions.

Exception aussi, l'ordre donné par Venise à son agent
Caroldi, en 1509, de traverser le territoire de Ferrare avec
courrier travesti, comme dans les opéras comiques [5].

Il est d'usage que l'ambassadeur s'arrête à quelque distance avant son entrée dans la ville où siège le gouvernement,
et qu'il envoie, de là, prévenir de son arrivée. L'ambassade
du cardinal d'Amboise à Venise, en 1500, s'arrête à Brescia, le
26 avril, dépêche, le 27, un exprès et arrive le 29 [6]. Accurse
Mainier dépêche de Ferrare un exprès, tout en continuant sa

1) 2 mars 1466 (Archivio Sforzesco).
2) Dép. de Machiavel, du 25 juillet 1500.
3) Dép. du 7 octobre 1502.
4) Parti de Rome le 2 mars, il ne se présente pourtant que le 13 (Sanuto.
III, 1549).
5) Instruction du 19 mai 1509 (Arch. de Venise).
6) Boislisle, *Etienne de Vesc*, p. 190-191.

route [1]. En mai 1500, un ambassadeur turc arrive à Venise
sans en avoir demandé congé et sans apparat, à cause des circonstances [2]. Mais, en 1504, Jean Lascaris manque aux conve-
nances en voyageant incognito : le podestat de Vicence apprend sa présence dans un hôtel de la ville, et en avise immédiatement Venise où l'on prépare la réception [3].

En France, comme à Rome, l'avis d'arrivée se produit sous
forme de demande d'audience ; s'il y a à la cour un résident
ou un autre ambassadeur de la même nation, c'est à lui que
s'adresse le nouvel ambassadeur pour demander ce qu'il doit
faire. Il reçoit aussitôt un programme arrêté, qui fixe l'heure
de l'entrée [4]. Parfois, en cas de difficultés, la réponse se fait
attendre, ou même elle peut être négative : Jules II fait dire
à l'évêque de Paris, ambassadeur de France, qu'il le recevra
seulement comme particulier ; dans ces conditions, l'ambassadeur ne continue pas sa route [5]. Mais, d'ordinaire, on prend
des moyens plus détournés. L'ambassade d'Allemagne en
France, au mois d'octobre 1474, envoie, de Meaux, demander
une audience : le messager attend six jours et revient enfin dire
que le roi l'accorde à Château-Thierry. L'ambassade se rend
dans cette ville, et, après huit nouveaux jours d'attente, deux
émissaires de Louis XI viennent lui demander par écrit l'objet
de sa mission : on leur remet une note volontairement incom-
plète. Le roi renvoie l'audience à son retour à Paris. et ce
n'est encore qu'après une longue attente qu'il reçoit enfin
l'ambassade pendant quelques instants [6]. Ou bien on fait par-

1) Sanuto, III, 222. Cf. Sanuto, V, 947.
2) « Senza licentia » (Sanuto, III, 315).
3) Nov. 1504. Sanuto, VI, 101.
4) *Dispacci di Giustinian*, I, 9 et s.
5) Fév. 1511. Sanuto, XII, 88.
6) Rapport, publ. par Chmel, *Monumenta Habsburgica*, I, 261.

tir de la cour, comme ambassadeur pour le pays de l'ambassade, un personnage que celle-ci peut supposer son ami ; ce
personnage rencontrera l'ambassade, lui parlera de sa propre
misssion, et embrouillera si bien les choses que l'ambassade
ne saura plus si elle doit avancer ou reculer [1].

Rarement, très-rarement, c'est l'ambassadeur qui se fait
attendre [2].

Un roi ne va jamais au devant d'une ambassade, à moins
qu'il n'ait un motif pour la recevoir à la fois solennellement
et honteusement dans une ville de province [3].

Près de la capitale ou de la résidence royale, l'ambassade
s'est donc arrêtée [4] pour régler une affaire très importante : le
cérémonial de son entrée. La solennité de l'entrée passe pour
essentielle [5], car c'est un hommage rendu en même temps à
la puissance qui reçoit et à celle qui envoie [6] ; elle s'appelle

1) Envoi de Dunois en Bretagne, 3 oct. 1484 (*Reg. du conseil de
Charles VIII*, p. 116).

2) Lettre du duc de Savoie, alarmé de ne pas voir arriver Du Bouchage ;
il lui écrit pour s'en plaindre, pour protester de son dévouement au roi et lui
envoyer son chancelier ; le duc signe : « bien vostre, Charles » (ms. fr.
2923, f° 32).

3) Réception solennelle d'un ambassadeur turc, à Aversa, par le roi de
Naples, en 1500 (Sanuto, III, 1029).

4) L'ambassade vénitienne à Rome, en 1505, fait halte près de la porte du
Verger, dans la maison d'un certain Falcone, que le résident vénitien
Giustinian avait fait garnir de tentures et de tapis (Paris de Grassis. Lat.
5164, f° 173).

5) On peut en tirer un parti politique : par exemple, affirmer une ligue
par une entrée collective de tous les ambassadeurs (Proposition de Ludovic
Sforza pour l'entrée à Rome des ambassadeurs de Milan, Naples et Florence,
en 1493). La solennité résulte à Rome, d'après les maitres des cérémonies, de
leur présence et de l'organisation de l'entrée par leurs soins. En 1505, le
résident florentin à Rome organise à l'ambassadeur florentin une entrée
solennelle ; « cum pompa et sine pompa », dit Paris de Grassis : « cum
pompa », parce qu'il y avait beaucoup de monde, « sine pompa », parce que
nous n'y étions pas (ms. lat. 2164, f° 265 v°).

6) Les honneurs ne sont dûs qu'à une ambassade de souverain. On se
demande en 1504, à Rome, s'il convient d'aller au devant des ambassadeurs

« entrée avec le triomphe ». On y tient de part et d'autre.
L'évêque de Gürck, envoyé impérial près du pape, en
1511, cherche à s'y soustraire : c'est Jules II qui l'exige,
pour bien afficher la réception [1]. A l'inverse, Ludovic Sforza
veut pour ses ambassadeurs en France des entrées très solennelles, afin de se bien poser en Europe [2]. Ce cérémonial, de
pure forme, d'ailleurs, ne prouve rien, quant au fond des choses,
et se concilie très bien avec l'accueil le plus froid. Serré de près
à Bologne et dans la situation la plus critique, Jules II fait recevoir des ambassadeurs vénitiens avec le cérémonial habituel, par sa garde et sa maison, et par les maisons des cardinaux : à peine arrivés, les ambassadeurs trouvent une con-
vocation du pape : ils s'y rendent vers huit heures du soir :
Jules II les reçoit durement et les accable de reproches [3].
Un ambassadeur du sophi de Perse, adversaire du sultan,
arrive à Constantinople avec une suite de cent chevaux et reçoit les plus grands honneurs ; peu après, il n'échappe que
par la fuite à une émeute de la population [4]. Le 23 mars
1506, le nonce du pape envoyé à Venise, en mission spéciale,
trouve la réception règlementaire, et il part le 31, emportant
un refus [5]. Ainsi la réception n'est qu'une formalité honorable. A Milan, elle était organisée par un introducteur des ambassadeurs, dont la domination française respecta l'institution [6] : à Rome, par un des maîtres des cérémonies. En France,

de Rhodes, parce que le grand maître de Rhodes n'est ni roi, ni prince, ni
chef de république, ni seigneur, mais général d'un ordre soumis au pape. On
se décide, d'après les précédents, à envoyer une escorte de second ordre,
sans tambourin ni canon (Paris de Grassis. Lat. 5164, fos 39, 93).

1) *Lettres de Louis XII*, II, 151.
2) 1492. Delaborde, *Expédition de Charles VIII*, p. 239.
3) Oct. 1510. Sanuto, XI, 553.
4) Sept. 1505. Sanuto, VI, 221.
5) Sanuto, VI, 318, 323.
6) Jérôme Vincimala, « qui a la charge de toutes les ambassades venans à

nous ne trouvons que dans le courant du XVI⁰ siècle un introducteur des ambassadeurs ; l'historien Jacques Gohori, ancien secrétaire d'ambassade à Rome, nous apprend lui-même
qu'il était chargé de faire les honneurs de Paris aux ambassadeurs étrangers[1]. Au commencement du XVIᵉ siècle, le roi
désigne un ou plusieurs personnages pour conduire et diriger
chaque ambassade[2] : quand il y a un résident, c'est lui qui
fait les démarches à la cour.

En matière de cérémonial, on peut poser des règles générales ; mais, au Moyen Age, ces règles ne sont jamais absolues.
« Avant tout, dit le règlement milanais de 1468, il faut avoir
égard aux exigences du moment, à l'importance de l'objet
annoncé de l'ambassade, à la condition des personnes[3]. » Nous
allons donc voir quel est le cérémonial classique d'une réception, puis indiquer les principales modifications qu'on peut y
apporter.

Tout d'abord, le jour de l'entrée est fixé par le souverain,
d'accord avec l'ambassadeur. L'entrée d'apparat ne correspond pas nécessairement à l'entrée réelle. L'entrée à Lyon
de Galéas de San Severino, ambassadeur de Milan, était
fixée au 16 avril 1494 ; mais les astrologues milanais dé-
signant le 15 comme un jour de conjonction favorable des
astres, Galéas fit, ce jour là, une première entrée non officielle, avec quatre hommes seulement, en habit allemand, et

Milan », va en commission et « faict à ses despens plusieurs autres services »,
moyennant une pension annuelle de 200 livres (Cᵗᵉ de 1510, publié dans
notre édition de Jean d'Auton, II, 384).

1) Ms. lat. 5972, fᵒ 24-24 vᵒ.

2) En 1494, Charles VIII envoie Georges Thiercelin, son valet de chambre,
au devant de Galéas de San Severino (lettre du 27 février. Archives de Milan).
En 1495, à Verceil, le maréchal de Gié est chargé avec Rigault d'Oreille de
recevoir et festoyer les ambassadeurs vénitiens (Godefroy, *Hist. de Charles
VIII*, p. 227).

3) *Archᵒ storᵒ lombardo*, 1890, p. 150.

rendit visite au roi. Le lendemain, il entra avec un apparat sans exemple. La garde du roi et nombre des plus grands seigneurs allèrent au devant de lui jusque dans la campagne ; on le conduisit directement au logis du roi. Le roi mena, lui-même, Galéas chez la reine, et l'audience secrète eut lieu immédiatement après [1]. Un ambassadeur d'Allemagne entre à Mantoue ; après cet acte d'apparat, peu soucieux de rester près du marquis, il retourne hors de la ville, à un couvent de Ste Marie des Grâces, où logeait aussi un ambassadeur de France ! il salue son collègue en arrivant, et n'a pas d'autres rapports avec lui [2].

Rome est la patrie du cérémonial. C'est incontestablement là que nous devons chercher le type de la réception correcte des ambassades ; c'est là qu'on excelle à déployer, quand il convient, une pompe extraordinaire. La plus belle des réceptions diplomatiques sous Alexandre VI eut lieu le 23 décembre 1501, pour l'arrivée du cardinal d'Este, qui venait chercher Lucrèce Borgia pour la conduire à son nouvel époux. Tous les cardinaux, toutes les autorités de Rome, le corps diplomatique, les personnes de la cour et des chancelleries apostoliques y prirent part [3].

Les ambassadeurs entrent ordinairement à Rome par les jardins du pape (porta del Viridario [4]) ou par la porte del Popolo. Dans le premier cas, c'est à un petit pont nommé

1) Delaborde, *Expédition de Charles VIII*, p. 341.

2) Mars 1511. Sanuto, XII, 70. L'évêque de Gürck, ambassadeur d'Allemagne, écrit qu'il est entré incognito à Bologne, et qu'il a eu de suite une audience du pape. Mais, malgré ses instances, le pape a tenu à ce qu'il fît une entrée solennelle. L'ambassadeur a donc dû sortir de Bologne en cachette, puis on a été au devant de lui en grand appareil (*Lettres de Louis XII*, II, 140).

3) Burckard, III, 174.

4) Appelée quelquefois aussi Porta S. Pietro (Sanuto, VI, 160 ; Burckard, II, 557).

ponticello, dans le second cas, en avant du pont sur le Tibre
(*Ponte Milvio*, actuellement *Ponte Molle*)[1], à trois ou quatre
milles de Rome, qu'ils trouvent la maison *(familia)* du pape, et
les maisons de tous les cardinaux, sous la direction du gouverneur de Rome, parfois du préfet[2]; il y a toujours un maître des cérémonies[3]. A cette escorte officielle, se joignent des
ambassadeurs de pays amis, des compatriotes, des amis, des
ennemis, des rivaux[4].

L'habitude du corps diplomatique d'aller au devant des
nouveaux arrivants existe dans toutes les capitales et constitue un pur acte de courtoisie. Cependant les amis présentent l'accompagnement comme une marque d'amitié, et chez
des adversaires trop déclarés il pourrait sembler une imperti-
nence ou tout au moins un acte déplacé; dans ce cas, mieux
vaut s'abstenir. En 1511, Mathieu Lang trouve à son
avance l'ambassadeur de Venise : il lui dit qu'il est étonné de
voir là un ambassadeur ennemi. En 1491, lorsqu'un ambassadeur turc fait son entrée à Trajetto, l'ambassadeur
vénitien paraît seul, avec la cour de Naples[5]. En 1500, au
contraire, Venise et les Turcs sont brouillés; une ambassade vénitienne, entrant à Bude, le 2 avril, passe sous les fe-
nêtres de l'ambassade ottomane, qui naturellement ne se dé-
range pas[6] (il serait d'ailleurs difficile à un ambassadeur

---

1) En 1505, à l'entrée des ambassadeurs de France, le cortège traverse, à
tort, le pont. De plus, le torrent avait débordé, en sorte qu'on se tint quelque
temps dans l'eau (Paris de Grassis. Lat. 5164, f⁰ 168).

2) **Le sénateur ne va pas au devant des ambassadeurs** : cependant, par
ordre du pape, il va en 1505 recevoir les ambassadeurs de France, et il
marche avant eux, ce que critique Paris de Grassis (lat. 5164, f⁰ 168).

3) Burckard, *passim*, et not. III, 225.

4) L'ambassadeur de France va au devant de l'ambassade d'Angleterre, quoiqu'appelé à protester contre elle (Burckard, III, 354).

5) Sanudo, *Spedizione*, 120.

6) **Sanuto, II, 235.**

turc de se manifester dans une cérémonie de ce genre). De même, aussitôt après l'arrivée à Rome d'un ambassadeur anglais en 1509, les ambassadeurs de Venise envoient leur secrétaire les excuser de ne pas avoir osé aller à son avance à cause du pape : l'ambassadeur reçoit ce secrétaire fort aimablement [1]. Bref, des scrupules de tact, inspirés par la situation locale, ou d'autres motifs [2], peuvent dissuader de prendre part au cortège de réception. L'ambassadeur arrivant doit, cependant, s'attendre à trouver les amis de son pays, ou les ambassadeurs des puissances amies. Deux ambassadeurs de France arrivent à Bude, le 15 mai 1500 : au devant d'eux se présentent les délégués du roi de Hongrie, avec cinq cents chevaux, et les ambassadeurs de Venise, qui, tout en causant, donnent de suite à l'ambassade de France d'importants renseignements [3]. A Blois, en juin 1504, le nouveau résident de Venise trouve à son avance Accurse Mainier, ancien ambassadeur à Venise et ami très dévoué de la Seigneurie [4].

Il convient, si l'on ne peut aller au devant d'un ambassadeur, de s'en excuser. En février 1495, les ambassadeurs d'Allemagne à Venise trouvent à leur avance l'ambassadeur de Naples, et la maison du légat, qui était indisposé ; dès leur arrivée au logis, ils reçoivent la visite et les excuses des ambassadeurs de Milan et de Mantoue, et une nouvelle visite du Napolitain. L'ambassadeur de France s'abstient [5]. L'entrée, assez bizarre, de Louis de Trans, ambassadeur de France à Rome,

---

1) 24-25 nov. 1509 (Sanuto, XI, 372).

2) Les ambassadeurs de Bologne et d'Espagne à Rome ne vont pas au devant de l'ambassade de Pologne, le premier, dit-il, parce qu'il n'en a pas reçu l'*intimation*, le second à cause de la nouvelle de la mort de sa souveraine (Paris de Grassis. Lat. 5164, fo 135 vo).

3) Sanuto, III, 356.

4) Sanuto, VI, 37.

5) Sanudo, *Spedizione*, 218.

le 23 août 1500, se signale par un incident tout spécial et assez romanesque : Trans s'arrête à quelque distance de la
porte du Verger, dans un cabaret, et là un cavalier masqué
arrive, l'embrasse sans quitter son masque, et repart ; alors
Trans remonte à cheval et fait son entrée. Les commentaires
aussitôt d'aller leur train ; on supposa, en général, que le personnage masqué était César Borgia [1].

L'ambassadeur ne doit rien négliger pour produire bon
effet à son entrée ; sa tenue personnelle, son train de maison
seront irréprochables, car la ville et la cour vont en noter les
moindres particularités [2]. Le 15 avril 1505, Jules II refuse
toute audience, afin d'aller au château St Ange voir passer
l'ambassade française d'obédience. Cette ambassade comprend un évêque, un chevalier et un docteur (Michel Riz)
qui fera le discours, plus un secrétaire, soit à peine cinquante chevaux; il n'y a que onze chariots. Jules II s'en
montre peu satisfait. Le lendemain, il demande à l'ambassadeur de Venise quand arrivera l'ambassade vénitienne : celui-ci, qui comprend l'apologue, se hâte de répondre « qu'elle
va arriver, qu'elle sera très honorable, en rapport avec la
puissance de la République [3] » (cependant, Venise, par esprit d'économie, a défendu aux ambassadeurs d'emmener
chacun plus de cinq gentilshommes[4]), qu'elle sera superbe [5].

1) Burckard, III, 74.

2) Certains ambassadeurs, venant de loin, obtiennent un succès de curio-
sité : lorsqu'arrive le prévôt de Vilna, envoyé de Lithuanie, on s'attend à
des détails pittoresques ; en effet, il était escorté de douze écuyers et de douze
petits enfants, tous en noir et blanc et en longues robes. Le pape lui-même
voulut assister à leur arrivée : mais il y assista incognito, à une fenêtre, derrière une jalousie (Burckard, III, 121). Cf. les curieux détails donnés par
Paris de Grassis (ms. lat. 5164, fo 129 vo).

3) *Dispacci di Giustinian*, III, 485-487.

4) Sanuto, VI, 140. Les frais de l'ambassade d'obédience étaient à la
charge du gouvernement.

5) Paris de Grassis dépeint son entrée. Deux des ambassadeurs étaient

Les ambassades orientales déployent toujours beaucoup de pompe [1]. En 1442, on remarque fort à la cour de Bourgogne les costumes *grégeois* de l'ambassade de l'empereur chrétien de Constantinople [2] : à son entrée à Bude en 1500, l'ambassadeur turc amène cent vingt chevaux [3]. En général, la diplomatie française, au contraire, néglige trop le cérémonial. Roger de Gramont arrive à Rome en 1500, avec treize chevaux seulement [4]. Le 25 novembre 1504, M. de Gimel, bien qu'escorté de dix huit chevaux seulement, entend mieux son entrée à Insprück, près de Maximilien : deux chevaux, caparaçonnés de velours noir et conduits à la main, portent avec ostentation divers présents; l'ambassadeur lui-même, en long costume traînant de velours fourré de zibelines, avec une énorme chaîne autour du cou, produit bonne impression [5]. On attache beaucoup d'importance aux chaînes d'or [6], et aussi au port de la barbe. Au XV° siècle, on se rase entièrement, et une longue barbe, indice certain d'une origine exotique, produit mauvais effet. Sous Louis XII, au contraire, la barbe entière prend faveur [7], et devient la mode nouvelle. Une belle prestance

en habits d'or. Mais une pluie battante empêcha l'ambassade de revêtir les beaux habits qu'elle avait apportés (ms. lat. 5164, f° 173).

1) L'ambassade de Portugal à Rome, en 1505, veut faire sonner ses trompettes, ce qui est sans précédent; elle en reçoit l'autorisation du pape. Mais on obtient que ces trompettes sonnent avec ceux du gouverneur de la ville et marchent dans le cortège, non en avant (Paris de Grassis. Lat. 5164,f° 192).

2) *Livre des faits de mess. Jacques de Lalaing*, ch. vii.

3) Sanuto, III, 235.

4) Burckard, III, 39.

5) Sanuto, VI, 110.

6) Sanuto, *passim*, not. V, 511.

7) Cependant le concile d'Hispala, en 1512, défend encore de laisser croître pendant plus de deux mois sa barbe et ses cheveux en signe de deuil, pour ne pas ressembler aux Mahométans (Labbe, XIX, 645).

produit aussi un heureux effet [1]. Enfin, l'ambassadeur doit
porter un riche costume [2].

L'ambassadeur d'Allemagne près du pape, à Bologne, en
1511, fait son entrée avec trois cents cavaliers, allemands de
marque ou émigrés de Padoue et de Vicence, tous pompeux,
en habits de soie, avec des chaînes d'or. Les maisons du pape
et des cardinaux, tous les ambassadeurs vont au devant de
lui, ce qui produit un bel ensemble de quinze cents chevaux.
Et pourtant à Bologne, écrit l'ambassadeur, la pompe n'est
guère de mise, « il faut la laisser à l'hôtel [3]. »

L'ambassadeur doit aussi s'assurer, avant l'entrée, qu'il
trouvera les honneurs [4] qui lui sont dûs. L'ambassade solennelle hongroise, de sept ambassadeurs et de quatre cents chevaux, venue à Venise en 1504 chercher la nouvelle reine de
Hongrie, trouve une réception superbe : on lui envoie, au
loin, sept barques montées par des gentilshommes vêtus d'é-
carlate, et cinquante barques pour son service. Mais les am-

---

1) Arrivée d'un *nontio* des Suisses à Rome ; allemand, bel homme, avec
une chaîne d'or au cou (nov. 1509. Sanuto, IX, 321). Louis XII envoie au
Grand Turc deux hérauts ; le premier est Montjoye, son premier héraut, déjà
âgé, mais homme de bien et portant toute sa barbe (Sanuto, III, 358) : deux
ambassadeurs de Raguse présentent à Venise leurs lettres de créance : richement vêtus, sans barbe (Sanuto, X, 609).

2) V. toutes les descriptions de Paris de Grassis. Pour son entrée à Rome,
un prélat ambassadeur doit être en rochet et chapeau épiscopal, mais il ne
doit point avoir de capuce (Paris de Grassis. Lat. 5164, fo 129 vo), ni même
de manteau de cérémonies, bref, rien sur les épaules. Cependant Burckard
tolère le manteau (récit d'une vive discussion sur ce point. *Ibid.*, fos 326
vo, 327).

3) 11 avril 1511. Sanuto, XII, 127.

4) Les ambassadeurs d'Espagne à Rome pour obédience, en 1507, « ii omnes
satis bene hispano more ordinati et vestiti », refusent l'itinéraire qu'on leur
propose, ils veulent entrer par la porte du Verger, et arrivent en retard. Le
maître des cérémonies donne à l'escorte un état de l'ordre à suivre, mais on
le suit mal : « familiæ cruciabantur sub sole », en attendant (Paris de
Grassis. Lat. 5165, fo 311).

bassadeurs refusent de poursuivre leur entrée, parce qu'on
leur dit que leur logis est prêt à l'hopital S¹ Antoine, une
grande construction neuve, encore inutilisée : le mot d'hôpital les offusque, ils le considèrent comme injurieux. Ils ne
se décident à poursuivre qu'après bien des négociations,
lorsqu'on leur eût assuré un palais ¹.

Ces questions préalables réglées, il n'y a plus qu'à procéder à l'entrée proprement dite. En bonne règle, on attend
l'ambassadeur à l'endroit indiqué, et c'est un manque d'é-
gards de le laisser arriver le premier. Lui-même doit paraître
strictement à l'heure. Le comte de Caïazzo, à qui on veut
faire à Rome une réception diplomatique, comme lieutenant
du roi de France, le 28 juin 1501, mais qui n'est pas diplomate, arrive un peu en avance, et les gens du pape sont un
peu en retard ; de là un désordre déploré par le maître des
cérémonies ; ce dernier, un peu en retard lui-même, reçoit
Caïazzo avec quelques maisons de cardinaux et les ambassadeurs anglais, vénitiens, florentins ; mais il lui faut, chose
fâcheuse, remanier le cortège ². L'ambassadeur est quelquefois
arrivé la veille et ne se montre qu'à l'heure dite³ ; c'est
même le procédé le plus correct pour ne pas faire attendre
l'escorte. A Rome, dès que l'ambassadeur paraît, tout le monde
descend de cheval ou de mule, pour le saluer ; il répond aux
souhaits et offres de service du gouverneur de Rome, aux
compliments de la maison du pape. S'il est *persona grata*,

1) Juillet 1502. Sanuto, IV, 283.

2) Burckard, III, 148.

3) L'entrée a lieu le matin, parfois de fort bonne heure. Lorsque deux ambassadeurs vénitiens viennent saluer Jules II à Bologne, le pape ordonne de
leur faire une entrée comme pour les ambassadeurs d'obédience. Ils entrent
vers la nuit tombante, ce dont les prélats envoyés à leur avance s'étonnent ;
les ambassadeurs s'excusent, en disant qu'ils ignoraient qu'on voulût venir
au devant d'eux (Frati, *Le due spedizioni militari di Giulio II*, 199).

le maître des cérémonies s'empresse jusqu'à lui fournir des réponses toutes faites [1]. Les ambassadeurs étrangers le saluent de même. Le 23 août 1500, les ambassadeurs d'Espagne et de Naples, hostiles à la France, viennent au devant du nouvel ambassadeur de France, Louis de Trans, et lui disent : « Soyez le bienvenu. » Le maître des cérémonies leur suggère d'ajouter quelques mots moins secs ; ils refusent. Alors Trans pousse son cheval, en disant : « C'est qu'ils ne veulent pas de réponse [2]. »

Le cortège se met en marche, précédé de trois massiers du pape (avec le héraut, s'il y en a un) [3], et des gens de service [4], le chef de l'ambassade en tête, ayant à sa droite le gouverneur (ou le préfet) et à gauche ordinairement un archevêque [5]. Le reste suit deux par deux. Le maître des cérémonies a fort à faire d'organiser ce cortège conformément aux préséances [6]. Si l'ambassade comprend plusieurs membres, chacun de ces membres doit successivement s'accoupler avec les personnages de l'escorte, ambassadeurs ou prélats,

1) Burckard, III, 340. Paris de Grassis déclare « avec stupéfaction » que non seulement il n'a point de réponses à fournir au chef de l'ambassade de Venise en 1505, mais que celui-ci répond avec un à-propos et un esprit merveilleux (lat. 5164, f° 173 v°).

2) Burckard, III, 74-75.

3) Paris de Grassis. Lat. 5164, f° 168 v°.

4) A son entrée à Bologne, en 1511, l'ambassade allemande (dirigée par Mathieu Lang) entre à l'allemande et non à l'italienne, c'est-à-dire sans bagages, et les gens de service, les *familie* par derrière au lieu d'être en avant (Frati, *Le due spedizioni militari di Giulio II*, 263).

5) En juillet 1505, le duc d'Urbin étant allé au devant d'un ambassadeur de Venise, le maître des cérémonies met l'orateur entre le duc et le préfet, au lieu du gouverneur et d'un archevêque (Burckard, III, 396).

6) Paris de Grassis raconte que, pour l'entrée des ambassadeurs de Savoie, il eut, sur place, trois violentes discussions avec Burckard, premier maître des cérémonies : la première pour le costume d'un ambassadeur, la seconde pour le rang d'un autre, la troisième pour le rang à assigner au duc d'Albanie dans l'escorte (lat. 5164, f°s 326 v°-327 v°).

suivant l'ordre de préséance [1]. On pénètre ainsi dans la ville, au bruit du canon et des trompettes [2], et l'on conduit l'ambassadeur jusqu'à son logis, où il met pied à terre devant la porte et prend congé en adressant à chaque personne un remerciement individuel [3]. Comme à Rome, les ambassades ne reçoivent ni logement ni défrai, certaines ont un lieu de descente attitré : les Vénitiens descendent volontiers au palais de Venise, chez le cardinal vénitien Grimani [4]. Les autres vont au logis qu'on leur a retenu : Trans va habiter placé des Saints Apôtres [5] ; l'ambassadeur florentin, en 1501, descend au palais de l'archevêque de Tarente [6]...

Quant aux menus incidents de l'entrée, Giustinian, par exemple, simple résident de Venise à Rome, et conséquemment reçu de la manière la plus simple et la moins stricte, nous en a laissé un récit dans sa première dépêche [7]. Giusti-

---

1) Les ambassadeurs sont placés dans l'ordre réglé par leurs pouvoirs, reproduit par l'intimation du pape : le résident passe le dernier. Il peut y avoir à ce sujet des difficultés (entrée de l'ambassade d'obédience d'Ecosse en 1504. Paris de Grassis, ms. cité, fo 13).

2) Not. Paris de Grassis. Lat. 5164, fo 168 vo.

3) L'ambassadeur donne une gratification au maître des cérémonies. L'ambassadeur d'Écosse, en 1504, donne 40 ducats (Paris de Grassis. Ms. lat. 1514, fo 13 vo), l'ambassadeur d'Angleterre, 50 ducats (ibid., fo 19) : ce dernier donne en outre 20 ducats aux seize huissiers du pape, 20 aux vingt et un massiers, 20 aux trente palefreniers, 25 aux dix neuf courriers, et, en route, des menus pourboires de 6 et 2 ducats, en tout 145 ducats ; l'ambassade de France n'en donne que cent ; l'ambassade de Pologne moins, elle s'excuse sur la richesse des présents qu'elle offre au pape : les ambassades de Portugal, de Venise, donnent comme l'ambassade d'Écosse (id., fo 19 vo).

4) Burckard, III, 75.

5) Burckard, III, 74-75.

6) Burckard, III, 119.

7) Cf. dans Burckard, le récit d'entrées d'orateurs à Rome ; savoir : Ferrare, 7 déc. 1503 ; Lucques, 9 déc. 1503 ; Sienne, 9 janvier 1504 ; Florence, 6 janvier 1504 ; Gênes, 25 février 1504 ; Savone, 13 mars 1504 ; Angleterre, mai 1504 ; St Jean de Jérusalem, 3 octobre 1504 ; Pologne, 28 février (mars) 1505 ; France, 15 avril 1505 ; entrée de princes, 4 janv. 1505 ; Venise, 28

nian envoie d'abord un agent à son prédécesseur pour tout régler. L'agent revient, avec ordre du pape d'attendre le lendemain, pour laisser faire les préparatifs.

Le 2 juin, l'ambassadeur se lève tard et vient tranquillement, à un mille de Rome, jusqu'à un palais (tout est palais), où son prédécesseur avait fort courtoisement commandé un dîner. Peu après, le prédécesseur arrive, avec une foule de prélats vénitiens, qui font fête au nouveau venu. On dîne ensemble, et l'on attend que les maisons *(famiglie[1])* de cardinaux sortent de la porte de Rome. Dès qu'elles commencent à déboucher, on monte à cheval. A un jet d'arc, on rencontre une première escouade de prélats, qui se confondent en salutations. Quelques pas plus loin, un évêque, à la tête d'une maison de cardinal, salue au nom de son maître, et offre à l'ambassadeur, en l'honneur de son Etat, les biens et la personne du cardinal (c'est le compliment d'usage) : l'ambassadeur répond par un petit discours, puis continue et trouve d'autres maisons, avec lesquelles il échange les mêmes discours ; chacune d'elles se range pour laisser passer l'ambassadeur et grossit l'escorte. Un peu en avant de la porte, on rencontre l'ambassadeur de Ferrare, un ambassadeur de France. Ce dernier excuse fort son collègue, qu'une

avril 1505 ; Portugal, 1er juin 1505 ; Florence, 25 novembre 1505 ; Savoie, 13 avril 1506 : les obédiences, en 1504, des 18 janvier, 15 janvier, 28 février, 20 mai, 24 juin, 5 juillet, 14 octobre ; des 10 mars, 21 avril, 5 mai, 4 juin 1505.

1) La *famiglia* d'un cardinal comprend au moins quatre gentilshommes de cape et d'épée, un maître de chambre, un écuyer, un auditeur, un secrétaire, un théologal, un caudataire, un chapelain, deux valets de chambre, un barbier-massier, douze estafiers, deux cochers, un postillon, deux valets d'écurie, sa mule, deux chevaux de selle, quatre chevaux de prix, et sept chevaux pour le carrosse de campagne, d'après un Traité ms. de 1638, dédié au cardinal de Richelieu (Ms. fr. 17227, fos 22 et suiv.). Cf. le chapitre *De familia cardinalis*, dans Pauli Cortesii, *De Cardinalatu*, fo LV et suiv.

indisposition a privé de venir; on échange mille compliments: l'ambassadeur de France prend le côté de l'ambassadeur de Venise et marche, en causant avec lui des nouvelles politiques. A la porte, attend la maison du pape : nouveaux compliments et nouveaux discours. Bref, un cortège d'environ cinq cents personnes à cheval conduit l'ambassadeur jusqu'à sa maison, où tout le monde prend congé. Là, son prédécesseur lui annonce qu'il a obtenu audience du pape pour le lendemain [1].

Dans toute l'Italie et dans toute l'Europe, on reçoit les ambassadeurs, avec moins de pompe et de correction, mais d'une manière analogue. Des seigneurs de la cour vont à l'avance du nouveau venu, avec le corps diplomatique [2]. A Venise, lorsqu'il s'agit d'une ambassade importante [3], dix à vingt patriciens l'attendent à Margera [4]. Côme de Médicis, envoyé à Venise, en 1433, comme ambassadeur, écrit qu'il a été reçu superbement [5]. A Florence, la population elle-même se porte en foule au devant des nouveaux venus [6]. Mais c'est à Milan

---

1) Villari, *Dispacci...*, I, 9 et suiv.

2) L'ambassadeur du pape arrive à Bude, le 12 juillet 1500. Les ambassadeurs français, deux envoyés du roi et quelques chevaux vont au devant de lui (Sanuto, III, 566). L'orateur turc, récemment venu à Bude, y fait son entrée devant tous les ambassadeurs chrétiens envoyés pour une ligue contre lui (mai 1500. Sanuto, III, c. 356).

3) Un orateur de Hongrie : on va au devant de lui jusqu'à Margera (23 sept. 1508. Sanuto, VII, 641)... L'orateur du pape arrive : des gentilshommes vont au devant. Il est logé à St Georges (24 mai 1500. Sanuto, III, 341).

4) Actuellement Malghera, dernier point de terre ferme entre Mestre et Venise.

5) « Come ambasciadore,... con tanto onore e tanta carità, che non si potrebbe dire,... offerendo la signoria, la città, l'entrata loro. » On le loge, on le défraie superbement (Rapport, publ. par Roscoë, *Vie de Laurent de Médicis*, édition française, I, 373).

6) Rapp. de 1469 (ms. fr. 3884). L'ambassadeur de France arrivant à Florence en 1478, Laurent de Médicis, une foule de bourgeois, nombre d'ambassadeurs, et un grand cortège de gens d'armes vont au devant de lui (Kervyn, *Lettres et négociations*, III, 11).

qu'on déploie en pareil cas le plus de faste ; en 1469, une grande ambassade de France est reçue par l'archevêque, quatre évêques, tout le conseil ducal, et six cents chevaux [1].

Parfois, on pousse la courtoisie jusqu'à adresser, sur la route même, un discours latin à l'ambassade arrivante [2].

En Orient, l'étiquette est grande, et l'apparat de rigueur [3]. Un simple consul de Venise à Alexandrie écrit qu'il a été reçu avec honneur par les Maures, « honoré et caressé [4]. » Alvise Manenti, envoyé vénitien près du sultan, va à Patras, puis à Andrinople, avec une escorte de hauts fonctionnaires ottomans [5]. A l'arrivée à Constantinople de Gritti, ambassadeur de Venise, en 1502, le port est encombré d'une foule de curieux de tous les pays. Gritti, pourtant, était bien connu : c'était un ancien marchand de Pera. Deux envoyés du Grand Seigneur l'attendent, avec environ cent chevaux : l'ambassadeur trouve un cheval de l'écurie du Grand Seigneur à sa disposition. Le soir, suivant l'usage, le Grand Seigneur lui envoie des comestibles : le grand vizir également [6].

En France, les réceptions présentent généralement un caractère assez simple. Le vénitien Mocenigo est reçu à Blois, en

1) Rapp. de 1469 (ms. fr. 3884).

2) Les deux ambassadeurs de Venise arrivant à Bude le 2 avril 1500, sont reçus par deux conseillers du roi, 600 chevaux et leur secrétaire, et en grand honneur. Sur la route, à cheval, on leur adresse un discours latin, et ils y répondent. Le 5, ils ont audience du roi, puis audience secrète. Ils sont défrayés de leurs dépenses par le roi (mais moins largement que l'ambassadeur turc). Sanuto, III, 235.

3) En 1512, l'ambassadeur vénitien en Égypte emmène des trompettes très-richement vêtus, qui l'escortent à la première audience en sonnant (Ch. Schefer, *Le voyage d'outremer*, p. 186).

4) Oct. 1507. Sanuto, VII, 182.

5) Sanuto. III, 179 et suiv.

6) Sanuto, V, 456. Cf. le récit de la réception de l'ambassade de France au Caire en 1512, par Jean Thenaud, *Le voyage d'outremer*, publ. par Ch. Schefer, p. 42 et suiv., et de l'ambassade de Venise, *id.*, p. 182 et suiv.

1505, par l'évêque de Nevers et un certain nombre de gentilshommes [1]. Une grande ambassade, celle de Maximilien et
de Marguerite d'Autriche, après le traité de Cambrai, écrit
qu'à son arrivée à Bourges, le 10 mars 1509, vers cinq heures
du soir, elle a trouvé à son avance deux grands seigneurs,
MM. de Foix et le duc d'Albanie, deux évêques, les ambassadeurs de Ferrare, de Mantoue, de Florence, qui lui ont fait
escorte jusqu'au logis. A peine arrivé et avant souper, visite
de l'évêque de Paris et du comte de Carpi : après souper,
avis que le roi accorde son audience pour le lendemain
dimanche, à une heure après midi [2]. Le 26 janvier 1504, à
Lyon, on fait au cardinal de la Rovère, neveu de Jules II,
une entrée diplomatique : la garde du roi, le cardinal de
St Malo et tous les ambassadeurs, sauf celui d'Espagne, vont
au-devant de lui : il s'avance entre le cardinal de St Malo et
l'ambassadeur de Venise [3]. C'est la présence du corps diplomatique qui donne surtout du relief à ces entrées [4].

En Suisse, le cérémonial se réduit à sa plus simple expression. Un envoyé milanais arrive à Berne : tout se borne à une
visite que l'avoyer de Berne vient lui faire à l'hôtel [5], fort
courtoisement.

Les entrées solennelles plaisent peu aux ambassadeurs
qui en sont l'objet, et encore moins aux figurants. En 1500,
sur seize patriciens désignés à Venise pour se rendre au devant d'une ambassade de France, quatre seulement accom-
plissent cette mission. Les autres sont condamnés, pour le
principe, à une amende de dix ducats, mais en réalité on ad-

1) Sanuto, VI, 262.
2) *Lett. de Louis XII*, I, 146 et suiv.
3) Sanuto, V, 667.
4) Desjardins, *Négociations*, II, 93, 117, 139, 293.
5) 1475. Gingins la Sarraz, *Dép. des amb. milanais*, 1, 50.

met leurs excuses [1]. Deux ambassadeurs anglais arrivent à
Blois en juillet 1510 : le roi envoie à leur avance, à quatre
lieues, le bailli d'Amiens et le maréchal des logis Darisoles ;
à leur entrée, ils trouvent les frères du duc de Savoie, du duc
de Lorraine, du marquis de Saluces, beaucoup d'évêques et
de grands seigneurs, sauf M. d'Angoulême qui reste chez lui.
Les ambassadeurs du pape, d'Allemagne, d'Aragon, se bornent à leur faire une visite dès leur arrivée, n'ayant pas pu
trouver le temps, disent-ils, de prendre part à la cérémonie :
« Je suis à demi-mort de fatigue, » écrit l'ambassadeur d'Allemagne [2]. C'est surtout à Rome, au moment de l'arrivée de
multiples ambassades d'obédience, que ces honneurs deviennent tout à fait accablants.

Cependant on voit d'un mauvais œil que l'ambassadeur,
à son arrivée, veuille se soustraire à l'entrée solennelle ; les
diplomates italiens l'affrontent toujours sans difficulté, mais,
pour un motif ou pour un autre, les Français, les Allemands,
laissent voir qu'ils s'en passeraient volontiers : cette réserve
paraît une sorte de manque d'égards. Trois ambassadeurs d'Allemagne arrivent à Venise le 28 août, à deux heures de nuit.
Ils demandent à être reçus en audience le soir même : on leur
répond que c'est contraire aux usages, et leur réception,
fixée au 30, est même remise au 31, sous prétexte de la pluie
et d'une bourrasque [3]. M. de Gramont, de mauvaise humeur
parce qu'il a été dévalisé par des brigands, entre à Rome
sans aucune formalité, ce qui produit fort mauvais effet [4].
Le 5 juillet 1501, M. de Gimel, ambassadeur de France,

---

1) Sanuto, III, 191.
2) *Lett. de Louis XII*, I, 263.
3) Sanuto, VI, 404.
4) Burckard, III, 29. Villari, *Dispacci di A. Giustinian*, II, 43. Burckard,
III, 127.

vient à Venise, en simple mission ; il arrive en poste et ne
veut pas attendre de patriciens à son avance. Il est pressé, et
repart dix jours après pour Vérone. On se moque doucement
de lui ; on remarque qu'il est petit, qu'il porte sur la tête une
barrette rouge [1]. L'arrivée sans apparat n'est possible que
si elle s'impose ou si elle s'excuse par des faits majeurs ; et
encore faut-il l'éviter autant que possible.

A sa sortie de Rome, en 1495, Charles VIII est rejoint, sur
la route même de Naples, par des ambassadeurs espagnols,
qui l'abordent séance tenante, et le somment de s'arrêter,
sous peine de guerre sur terre et sur mer, à moins qu'il n'accepte leur médiation. Charles VIII ne répond qu'à son arrivée
à Velletri, et par une fin de non-recevoir courtoise. Les ambassadeurs suivent et insistent, mais sans succès ; ils partent
enfin. Cette démarche, vraiment inconsidérée, excita, nous
dit Paul Jove, les plus vives plaisanteries des Français [2] ; elle
ne pouvait servir à rien.

L'incognito, au contraire, s'impose naturellement pour les
missions secrètes [3], ou pour l'ambassadeur d'une puissance
non souveraine [4].

Dans certains cas difficiles, on s'accorde à supprimer l'entrée. Ainsi, à Rome, le 14 janvier 1499, personne ne va au-
devant de l'ambassadeur de Naples, parce qu'on sait le roi de
Naples à la veille de perdre son trône [5] : on n'ose point faire
d'entrée, en 1500, à l'ambassadeur turc, qui cependant se
rend à cheval au Vatican, accompagné de l'ambassadeur vé-

1) Sanuto, IV, 73.

2) Paul Jove. Cf. Sanudo, *Spedizione*..., p. 205.

3) Not. Sanuto, VI, 276, 626.

4) Jules II fait faire, contre l'usage, une réception aux ambassadeurs de Savone, 1504 (Sanuto, V, 1031).

5) Burckard, *à la date*.

nitien[1]. Le marquis de Mantoue étant prisonnier des Vénitiens, un secrétaire de la marquise vient à Venise avec des
lettres de créance de la propre main de la marquise, et se
présente au conseil, sans cérémonial[2]. Ou bien, encore, un
ambassadeur arrive mourant[3]. Ou bien il est personnellement trop décrié : Landriano, qu'on avait connu à Venise
peu auparavant, proscrit et fugitif, y revient ambassadeur
d'Allemagne, en 1508, à la stupéfaction générale : il entre
incognito[4], et repart sans délai. Un ambassadeur de Gênes,
du parti populaire, ancien marchand à Venise, arrive à Venise en février 1508, sans aucun apparat; il descend à l'hôtel
et les marchands génois seuls lui font escorte[5]. A un autre
point de vue, lorsque Venise envoie à Rome six ambassadeurs pour se faire relever de l'excommunication de Jules II,
ses envoyés entrent de nuit, en habits fort modestes, sans personne à leur avance : le pape ne leur accorde audience que
pour leur absolution. Hors des cas de ce genre, l'ambassadeur doit tenir à la réception réglementaire. Au retour d'une
ambassade à Milan en 1479, l'évêque de Montauban se plaint
à Louis XI de n'avoir trouvé personne à son avance; les
ambassadeurs de Milan à la cour de France excusent de leur
mieux leur gouvernement[6]. On peut, cependant, en cas
de froideur accentuée, diminuer légèrement l'apparat. Ainsi,
en 1500, l'ambassadeur de Venise en Allemagne trouve à son
avance un seul officier, et, quoique Maximilien refuse de le

1) Burckard, III, 16.
2) 1510. Sanuto, X, 138.
3) L'orateur de Ferrare arrive à Venise malade et meurt avant d'avoir audience. Son corps est transporté à Ferrare (2 mai 1505. Sanuto, VI, 159). Un
ambassadeur demande en vain à entrer sans cérémonie à cause de sa santé
(Dép. de Machiavel, 26 oct. 1506).
4) Sanuto, VII, 251.
5) Févr. 1507. Sanuto, VI, 542.
6) Kervyn, *Lettres et négociations*, III, 77.

recevoir, l'officier l'entretient courtoisement, le mène au logis désigné ; mais le logis est gardé militairement, pour qu'on
ne parle pas à l'ambassadeur [1]. L'ambassadeur d'Espagne à
Rome en 1498 ne trouve que la seule maison du pape [2]. Le
procédé le plus correct et le plus diplomatique en cas de tension consiste à recevoir l'ambassadeur honorablement, avec
les honneurs qui lui sont dus, mais froidement. C'est ce qui
arriva à Philippe de Commines à Venise, en 1495 [3].

Les entrées ne sont dues qu'aux ambassades importantes. Un simple secrétaire envoyé en mission n'y a pas
droit [4]. En principe, on ne les doit pas à un résident [5], ni
même à une ambassade spéciale, dépendant du résident [6]. Si
l'on appliquait ces règles, le nombre des entrées solennelles
diminuerait beaucoup ; mais ces distinctions sont souvent si
délicates qu'on préfère ne pas s'y attacher strictement. A
Rome, où on pouvait plus qu'ailleurs les appliquer, à cause
du nombre des ambassades, et de leur classification naturelle
en ambassades solennelles d'obédience et en menues ambassades d'affaires courantes, comme il s'en présentait constamment, on déclarait bien ne devoir d'entrée qu'aux ambassades
d'obédience [7]; en fait, on l'accordait à peu près à toutes [8].

1) Sanuto, III, 564.
2) 19 déc. 1498 (Burckard, II, 500).
3) L. VIII, ch. XIX.
4) Un secrétaire de Venise arrive à Milan, et va, aussitôt descendu à l'hô-
tellerie, porter à l'évêque de Luçon ses lettres de créance : celui-ci le garde
à dîner. Ensuite, on parle d'affaires (15 juillet 1500. Sanuto, III, 527). Cf. la
dépêche de Machiavel, racontant son arrivée à la cour de France en 1511,
sans aucune cérémonie.
5) Arrivée du résident vénitien à Blois (juin 1504. Sanuto, VI, 37).
6) Une ambassade spéciale (MM. de Beaucaire et Montoison), envoyée à Venise pour réclamer Ascagne Sforza, doit loger chez le résident. Le résident
va au conseil des X annoncer son arrivée (Sanuto, III, c. 268).
7) Burckard, *Diarium*, II, 532.
8) Louis de Villeneuve, baron de Trans, chambellan, ambassadeur de
France, reçu par toute les *famiglie*, « more consueto oratorum ad prestandam

Vainement, en 1505, Jules II essaya de réagir, et, dans un moment où l'on était vraiment excédé d'obédiences, il ordonna de ne plus faire de réception aux ambassades courantes. Sa volonté ne prévalut pas contre ces usages d'amour-propre [1].

Enfin, au contraire, pour certaines ambassades d'un intérêt exceptionnel, on peut accentuer l'apparat de l'entrée ordinaire par des démarches exceptionnelles. Pour des ambassadeurs d'Allemagne, en 1506, la seigneurie de Venise, dès qu'on apprend leur arrivée à Trévise, expédie un grand nombre de patriciens à Margera : à l'audience de créance, elle les fait escorter par vingt quatre patriciens vêtus d'écarlate [2]. L'ambassade française qui arriva à Bude le 15 mai fut reçue, dès la frontière de la Hongrie, par quatre magnats délégués du roi, à la tête de cinq cents cavaliers [3].

Lorsque l'ambassadeur est un personnage de famille souveraine, on rend, à son entrée, des honneurs plutôt princiers que diplomatiques. Le grand bâtard de Bourgogne arrivant à Milan en mars 1475, les fils du duc de Milan et tout le conseil ducal, avec une escorte de trompettes et *pifferi*, vont l'attendre

obedientiam... venientium », quoique ambassadeur ordinaire (Burckard, II, 493).

1) Burckard, III, 396. A l'arrivée d'Accaiuoli, ambassadeur florentin à Rome, en 1507, les *famiglie* des cardinaux vont au devant de lui (mais non la *famiglia* du pape), ce que blâme Paris de Grassis. Trois ou quatre *famiglie* suffiraient, « ex quo non veniebat pro præstanda obedientia nec pro aliqua re ardua, sed simpliciter pro ordinario » (Paris de Grassis. Lat. 5165, f⁰ 327, Cf. f⁰ 431). De même, on ne doit pas de réception aux ambassades entrant à titre privé ; cependant, par courtoisie, on fait tirer les bombardes (Paris de Grassis. Lat. 5164, f⁰ 197).

2) Sanuto, VI, 404. L'ambassade allemande à Venise, en février 1495, est reçue dans chaque ville par le podestat ou le recteur. Le dimanche de son arrivée, on remet la séance hebdomadaire du grand conseil : soixante dix patriciens vont au devant d'elle à Margera. Un docteur lui adresse un discours de bienvenue, on l'escorte jusqu'à un superbe appartement (Sanudo, *Spedizione*, 218).

3) Fraknoï, *ouvr. cité.*

à trois milles ; les fils du duc montent sur son bateau, et on l'escorte jusqu'à sa maison en grand honneur[1]. Dans une lettre à son mari Ludovic Sforza, du 27 mai 1493[2], la duchesse de Bari raconte sa réception à Venise sur le Bucentaure, elle décrit les députations venues au devant d'elle, les compliments échangés, les coups de canon tirés, la foule des gondoles pavoisées et remplies de personnes des deux sexes. Près de St Clément, le doge l'attendait sous un pavillon d'or, escorté d'une suite de cent trente demoiselles couvertes de bijoux. La duchesse leur tend la main à toutes, après les compliments de bienvenue. Une représentation mythologique a lieu sur une galère richement ornée ; elle signifiait que la Paix conserve les Etats : ensuite commence une fête splendide, avec mille gondoles. Le doge fait à la duchesse les honneurs du grand canal : Isabelle loge au palais ; le doge la conduit jusqu'à sa chambre, ornée de tapisseries et d'armoiries de Venise et de Milan, avec de belles tentures à *la Sforzescha*. Le soir, trois gentilhommes viennent la saluer au nom de la Seigneurie et lui faire toutes les offres possibles de service. Quand Jean de Médicis arrive à Rome le 23 mars 1492, tous les cardinaux, et la cour presque entière l'escortent, sous une grande pluie, de la porte *del Popolo* au Vatican[3].

Réglementairement, un souverain ne s'avance jamais en personne au devant d'un autre souverain, ni par conséquent d'un ambassadeur. Cependant, dans les petits Etats italiens, il n'était pas rare de voir le chef de l'Etat participer à la réception. Le doge de Venise va sur le Bucentaure, en 1506, au devant de l'ambassade allemande, à laquelle

1) Gingins la Sarraz, *Dép. des ambass. milanais*, I, 65.
2) Archivio Sforzesco.
3) Roscoë, *Vie de Léon X*, pièce xvii.

il a fait élever cinq arcs de triomphe[1] ; le marquis de Mantoue se présente au devant d'une ambassade allemande, en 1511, avec bon nombre de chevaux[2]. A Milan, c'est la règle que le duc reçoive en personne les ambassades importantes. Dans une circulaire du 11 février 1466 à ses agents, François Sforza notifie l'arrivée d'une grande ambassade française, entrée à Milan la veille : il déclare qu'il l'a reçue hors de la ville, comme c'était son devoir[3]. Le règlement de cérémonial milanais de 1468 stipule que le duc de Milan se rend en personne au devant des envoyés du pape, de l'empereur et de la France, et au devant des cardinaux, des électeurs de l'Empire, du marquis de Mantoue : il envoie ses frères au devant des autres ambassadeurs, sauf exception[4].

Des règles spéciales président à la réception d'un légat, qui a droit aux mêmes honneurs que le pape. On peut laisser les magasins ouverts et le travail libre le jour de son entrée, mais la population doit se porter elle-même au devant de lui, précédée d'une procession solennelle du clergé, et crier *Vivat*[5]. Le légat envoie d'avance son sénéchal régler ses entrées et ses séjours. A Venise, le doge va au devant de lui sur le Bucentaure, avec le patriarche, le corps diplomatique et les patriciens[6]. Le cardinal de St Pierre aux Liens, légat, arrive à Paris le lundi 4 septembre 1480. Reçu par tous les états à la porte St Jacques, il était accompagné du cardinal de

1) Sanuto, VI, 436.

2) Mars 1511. Sanuto, XII, 61.

3) Archivio Sforzesco.

4) *Archivio storico lombardo*, 1890, p. 148. Cf. le récit de Commines sur sa réception à Vigevano en 1496.

5) Villadiego, *De legato*, q. 6. Cf. Compliment en vers latins adressé au légat du pape en Angleterre (1487), dans *Bern[i]Andreæ Vita Henrici septimi*, ed. by Gairdner, p. 54.

6) Sanuto, III, 1161, 1167.

Bourbon. Il alla à Notre-Dame faire sa prière, puis à son logis, à travers les rues tendues de tapisseries. Le logis lui était ordonné au collège de St Denis, près des Augustins. Il resta à Paris du 4 au 13 septembre. Olivier le Daim lui offrit, le 5, un banquet de grand apparat, suivi d'une belle chasse aux daims dans le bois de Vincennes. Il officia pontificalement à Notre Dame, au milieu d'une grande foule. Le cardinal de Bourbon, l'évêque de Lombez à St Denis, donnèrent en son honneur de superbes festins [1].

En 1484, l'entrée du légat Balue provoqua de longs pourparlers, parce qu'on ne se souciait pas de le recevoir. Balue offrit d'entrer, de suite, le soir, avec le cardinal de Foix, sans cérémonie, ou le lendemain avec le cérémonial habituel, si on préférait : il avait envoyé au roi et aux princes du sang ses bulles de légation, et même des pouvoirs, que l'évêque de Coutances lut au conseil du roi ; il avait donné son *scellé* de n'user de censures ni « facultés quelz-conques, fors selon le bon plaisir du roy, » et il se disait bien résolu à tenir parole ; il ne venait pas « évacuer la pécune », « mais y faire le proffit et honneur du roi et bien de son royaume ; » il avait même fait dire qu'il était pressé de retourner à Rome et qu'il s'agissait de prendre congé. Par égard pour le pape, pour le duc de Bretagne, pour les pro-messes du légat, le conseil du roi décida de recevoir Balue comme ayant le titre honorifique de légat, sans pouvoirs ; on aviserait les présidents du parlement de ces conditions, pour éviter tout tumulte, et on étudierait le cérémonial avec le parlement, en prenant pour base la réception autrefois faite au cardinal de St Pierre-aux-Liens [2]. Le parlement se réunit neuf jours après, le 14 août, pour protester contre ce projet

1) Jean de Roye.
2) 5 août 1484. *Reg. du conseil de Charles VIII*, p. 19-20.

d'entrée solennelle, son arrêt ne fut promulgué que le 17, mais on le fit crier à son de trompette et signifier à Balue lui-même, qui avait fini par entrer incognito ; le roi se donna des airs de générosité en maintenant à Balue, par ordre spécial, le droit à la croix et à la bénédiction [1].

En 1502, le cardinal d'Amboise entra à Paris comme légat avec un cérémonial tout à fait royal. Le lendemain de son arrivée, il alla faire au parlement une visite très solennelle ; il prononça un discours latin, auquel le premier président répondit par une longue harangue, également en latin, où il exaltait le cardinal en termes pompeux [2].

Vis à vis du souverain, un légat, lors de son entrée, doit se conduire en souverain. En 1501, le cardinal d'Amboise arrive à Trente avant le roi des Romains ; à l'entrée du roi, le 12 octobre, il envoie au roi sa maison et un magistrat qui prononce un beau discours latin, mais il ne se présente pas lui-même, sous prétexte que le roi devait entrer à trois heures de la nuit. Il va le lendemain seulement au château, avec une suite de deux mille personnes, parmi lesquelles le marquis de Saluces, l'ambassadeur de Venise et cinquante barons ; il est salué par des décharges d'artillerie. Sa suite était somptueuse : ses barons portaient des chaînes d'or au cou. Le cardinal et le roi se serrèrent la main très affectueusement, et s'assirent tous deux, la barrette à la main : puis le cardinal de Gürck se leva et fit un grand discours ; au bout de deux heures, le roi se leva et se retira. Le cardinal de Gürck reconduisit d'Amboise jusque chez lui et l'orateur de Venise reconduisit Gürck [3].

---

1) *Bulletin de la Soc. de l'Hist. de Paris*, 1884 : F. Delaborde, *La légation du cardinal Balue en 1484*.

2) *Cérémonial françois*, II, 818 et suiv. Jean d'Auton, t. II, p. 218.

3) Sanuto, IV, 150-152.

De même, dans un congrès, un légat traite d'égal à égal avec un souverain ou un régent : aux conférences de Cambrai, en 1508, Marguerite d'Autriche, duchesse de Savoie, arrive avec cinq cents chevaux : de son côté, le cardinal d'Amboise se fait accompagner par MM. de Graville, de Piennes, et par toute l'armée de Picardie jusqu'à la frontière ; et il emmène cinquante hommes d'armes de choix pour sa suite. A son entrée à Cambrai, il est reçu par le clergé avec la croix et le cérémonial habituel, et accompagné à la cathédrale où il préside aux vêpres. Puis il va rendre visite à la duchesse [1].

Les ambassadeurs font leur entrée après le souverain. Par exception, l'ambassade de France près de la diète germanique, en 1489, chargée d'empêcher le vote des fonds de guerre demandés par Maximilien, affecte de faire son entrée à Francfort en même temps que Maximilien lui-même, par un motif facile à saisir [2].

Dans les pays où les ambassadeurs sont défrayés, on les prévient dès leur arrivée de la somme qui leur est allouée. Assez souvent aussi, le gouvernement remet cette notification au lendemain, et paie simplement les dépenses de la première soirée, à quelque chiffre qu'elles s'élèvent [3].

Les ambassadeurs n'écrivent en général les détails de leur entrée qu'après l'audience de créance.

Dans la diplomatie florentine, le secrétaire ou notaire constate par un procès-verbal l'entrée de l'ambassade, suivant les formes convenables : mais ce certificat n'est adressé, comme nous le dirons plus loin, qu'après l'audience.

1) Sanuto, VII, 692.
2) Dupuy, *Hist. de la réunion de la Bretagne*, II, 185.
3) Not. Sanuto, VI, 436.

CHAPITRE X

AUDIENCES DE CRÉANCE

L'ambassadeur aura eu soin, avant son arrivée, de solliciter une audience du chef de l'Etat, car tel est le but de sa mission[1]. C'est manquer à tous ses devoirs que d'agir comme l'ambassade de France, envoyée en Allemagne pour proposer un concile général, en janvier 1470, qui, arrêtée par les rigueurs de l'hiver, dépêche à l'empereur un chevaucheur avec ses « lettres (créances) et instructions » : l'empereur ne fait à cet étrange envoi qu'une réponse « générale », comme on devait s'y attendre, et communique au pape copie des lettres qu'on lui a adressées[2]. L'ambassadeur doit rejoindre le souverain, quels que soient les dangers résultant de la fatigue, de la température, des épidémies. En janvier 1509, Louis XII expédie en Hongrie Edouard Bullion : une peste épouvantable ravage le pays, et Bude est abandonné par la cour, par le roi de Hongrie lui-même, qui s'est réfugié en Bohême : l'agent se rend néanmoins à Bude[3]. Du reste, un ambassadeur n'est pas tenu de braver des dangers inutiles ; il va où se trouve

---

1) A quelques milles de Burgos, à Ibeas, Guichardin écrit au roi de Castille, le 25 mars 1512, une lettre de recommandation pour annoncer son arrivée, et, suivant l'usage de la cour d'Espagne, il attend qu'on fixe son logement. Arrêté le 23, il n'entre à Burgos que le 27 (Guicciardini, *Opere inedite*, p. 18, 19). Il est reçu en audience dès le lendemain (*id.*, p. 19) : l'audience secrète n'a lieu que deux jours après, parce que le roi va à la chasse (*id.*, p. 19).

2) Ghinzoni, *Galeazzo Maria Sforza e Luigi XI*, p. 14.

3) Fraknoï, *ouv. cité.*

le souverain. Jules II ne veut pas recevoir l'ambassadeur d'Allemagne à Ravenne, à cause de la peste et de la disette ; il se rend à Bologne, pour le recevoir [1].

L'ambassadeur n'a d'audience le jour même de l'arrivée que dans des cas tout à fait exceptionnels. S'il s'agit d'un très grand personnage, on le conduit directement au château ou au palais, et, après une courte audience pour la forme, on le mène chez lui avec le même cérémonial [2]. On mène directement à leur logis les ambassadeurs : de là, ils peuvent recevoir leur audience pour le jour même, en cas d'urgence, ou si cela convient au souverain. Les ambassadeurs que la duchesse de Milan envoie à Rome aussitôt après la mort de son mari, en 1466, sont reçus au Vatican le soir même de leur arrivée, pendant deux heures ; ils exposent au pape une situation critique et lui demandent d'intervenir pour la paix, comme « chef de la ligue italienne et père de la paix [3]. » Le jour même de l'arrivée de Zorzi, envoyé de Venise, on apprend la perte de Modon, pris par les Turcs : aussitôt le nouvel ambassadeur se rend, avec son prédécesseur, au Vatican, où il est reçu d'urgence [4].

1) Bref de Jules II au légat (1er avril 1511. Sanuto, XII, 131).

2) Entrée de Jean de Médicis, le 23 mars 1492 ; il est conduit au Vatican d'abord, puis chez lui au Campo di Fiore (Roscoë, *Vie de Léon* X, pièce xvii). Entrée de Stuart d'Aubigny, le 23 juin 1501. Il est reçu, suivant l'usage, par les gens du pape et des cardinaux ; entré entre deux évêques, il va droit au Vatican, où il trouve le pape avec quatre cardinaux, qui le reçoit séance tenante, lui et dix ou douze de ses compagnons. Ce n'est qu'après l'audience qu'on le conduit chez lui. Présents, l'évêque de Tréguier et l'orateur de France, les orateurs d'Angleterre, Savoie, Venise, Florence (Burckard, III, 147-148). Henri IV de Castille, en 1462, invite les ambassadeurs de France à lui remettre leur créance le jour même de leur arrivée, pour marquer de l'empressement. L'audience de créance a lieu le lendemain et l'audience secrète ensuite (*Lett. de Louis XI*, II, 378-379).

3) Dép. des ambassadeurs milanais, du 28 mars 1466 (Archivio Sforzesco).

4) *Diarium*, III, 76.

A Rome, l'audience officielle s'accorde généralement pour le lendemain de l'arrivée, à moins que ce ne soit un dimanche ou un jour de fête[1]. Dans les autres pays, on reçoit fort bien le dimanche[2]. L'audience de créance et ce qui s'en suit s'appelle « recevoir, ouyret despescher » une ambassade[3]. Elle peut n'avoir lieu que le surlendemain de l'arrivée sans inconvénient[4]. Mais un retard plus long donnerait l'éveil[5], si on ne le rachetait par quelques politesses, telles qu'un dîner offert à l'ambassade de la part du souverain[6]. Le renvoi de l'audience à une date plus ou moins indéterminée comporte une froideur fort accentuée[7].

L'audience de créance a lieu par tous pays en grand apparat. Les ambassadeurs revêtent naturellement leur plus beau costume : ainsi les ambassadeurs vénitiens près de Louis XII,

1) III, 119.

2) *Lettres de Louis XII*, I, 146. Lascaris présente sa créance un dimanche matin, à Venise (1504. Sanuto, VI, 101).

3) Les ambassades sont « receues, ouyes et despeschées »(Jean d'Auton, I, 314, 316, 317).

4) Audience, le surlendemain, aux ambassadeurs de France à Bude, le 17 mai 1500 (Sanuto, III, 356).

5) Machiavel vérifie qu'un rhume du roi, allégué pour retarder son audience, est bien réel (Dép. du 29 janvier 1504).

6) Des ambassadeurs milanais d'apparat arrivent près du duc de Bourgogne, alors au camp de Granson. Le duc ne peut leur donner audience que le troisième jour, mais il leur envoie la veille un chevalier de la Toison d'Or pour les amener ; ils sont reçus par deux autres chevaliers, ils trouvent prêt un somptueux dîner, après lequel ils ont leur audience. A leur discours répond Guillaume de Rochefort, par des généralités gracieuses. Puis le duc les traite avec beaucoup de cordialité et de familiarité. Le résident leur cherche un logement au camp (1474. Gingins la Sarraz, *Dép. des ambass. milanais,* I, 304). Les ambassadeurs de l'empereur sont reçus à dîner par le cardinal d'Amboise, le roi, avant l'audience, voulant connaître leur mission, pour conserver sa dignité (Dép. de N. Valori, 30 janv. 1503-4).

7) A Lyon, du 6 au 8 février 1390, le roi reçoit la demande d'audience de deux ambassadeurs florentins. On répond qu'on leur donnera audience à Paris (Jarry, *Vie... de Louis de France,* p. 65).

en 1507, portent les robes d'or classiques[1], et même on se moque fort, à Rome, de l'ambassade française d'obédience, en 1505, qui, pour faire nombre à l'audience consistoriale, a fait habiller des gens quelconques et leur a mis au cou une chaîne de laiton[2]. Le luxe déployé dans cette circonstance par l'ambassade passe pour un acte de déférence. Quand des envoyés de Crémone se présentent à la Seigneurie de Venise, c'est en beaux costumes de soie, de velours, avec des colliers d'or, suivis d'une belle compagnie et en bon ordre ; cette marque de politesse et de sujétion produit bon effet[3].

Quelquefois, l'ambassadeur[4] se fait accompagner à l'audience de créance par un ambassadeur allié, afin de donner plus de poids à cette première démarche[5]. L'ambassadeur spécial est accompagné et présenté par le résident[6].

Dans tous les pays, divers personnages viennent chercher l'ambassadeur à son logis pour l'escorter et l'introduire à l'audience de créance ; le nombre de ces introducteurs varie suivant les cas. En 1501, un grand seigneur vient chercher chez eux les nouveaux ambassadeurs vénitiens à Blois[7]. La grande

1) Sanuto, VII, 86.

2) *Dispacci di Giustinian*, III, 495.

3) 13 oct. 1499 (Sanuto, III, 31) ; 24 avril 1503 (*id.*, V, 24).

4) Ou les ambassadeurs. Nous employons le singulier pour plus de simplicité.

5) En 1513, les ambassadeurs de Flandre se présentent au conseil de Suisse avec l'ambassadeur impérial. Un envoyé hongrois, arrivant à Rome en janvier 1503, va voir l'ambassadeur vénitien et s'entend pour se rendre avec lui au palais (*Disp. di Giustinian*, I, 344).

6) Sanuto, III, c. 277 ; VII, 123. Péron de Bascher, envoyé extraordinaire de France, est présenté au pape par le cardinal de St Denis, ambassadeur ordinaire (Sanudo, *Spedizione*, 33).

7) Un « monsignor » (Sanuto, IV, 186). A l'audience de créance, en Espagne, les ambassadeurs se rendent avec une escorte de grands personnages, chacun accouplé à un de ces personnages ; en avant, marche leur roi d'armes, richement vêtu, escorté lui-même par un chevalier (*Machado's Journals*, dans Gairdner, *Hist[a] regis Henrici septimi*, p. 170).

ambassade de Marguerite d'Autriche, arrivée le 10 mars 1509,
est prise à son logis, le dimanche 11, à l'heure indiquée d'a-
vance, par le duc d'Albanie, le comte de Carpi, un évêque
et des gens de robe longue [1] : le duc d'Albanie était un
Stuart, de la maison royale d'Ecosse, Alberto Pio, comte de
Carpi, un grand seigneur italien. C'est, en effet, un usage
presque constant à la cour de France d'employer des grands
seigneurs étrangers dans les rapports d'apparat avec les ambassades.

A Venise, l'ambassadeur, turc ou chrétien, se présente toujours à la première audience avec une escorte plus ou moins
nombreuse de patriciens qui ont été le prendre chez lui et lui
adresser des compliments, même lorsqu'il n'y a pas eu lieu à
entrée solennelle [2], ou lorsque l'envoyé est présenté par son
résident [3]. Quatre *savii* vont en barque, le 3 avril 1500, chercher un simple chargé d'affaires turc pour l'amener à l'audience [4] : un agent turc se présente en 1503 avec un bon accompagnement de patriciens [5]. En 1504, un ambassadeur turc,
grave, important, musulman, spahi, ancien ambassadeur en
Hongrie, somptueusement vêtu, arrive à l'audience solennelle avec son drogman et plus de vingt patriciens vénitiens [6].

Un ambassadeur ne peut refuser les honneurs d'une telle

1) *Lettr. de Louis XII*, I, 146.
2) Ambassadeur français, en avril 1500 (Sanuto, III, 223).
3) Des ambassadeurs français, envoyés en Hongrie, reçus par le conseil
du prince, sont amenés par dix patriciens, et présentés par le résident de
France (1506. Sanuto, IV, 445). L'orateur résident vient au conseil des X
annoncer pour le lendemain la visite des envoyés extraordinaires. Le conseil nomme des Sages pour aller les voir d'abord (avril 1500. Sanuto, III,
c. 272).
4) Sanuto, III, 192.
5) Sanuto, V, 27.
6) Sanuto, V, 991.

escorte. Nous voyons le célèbre Bembo, envoyé de Léon X à Venise, en 1514, les décliner[1] : mais Bembo était vénitien ; arrivé incognito, il descendit chez son père, et il demanda à se présenter comme un médiateur privé[2].

A Rome, au contraire, c'est l'ambassadeur qui organise sa suite pour l'audience de créance ; à ses gens, il joint ses compatriotes, ses amis, les maisons des cardinaux amis, et il doit s'appliquer à rendre la présentation aussi brillante que possible. Ainsi, l'ambassadeur de Lithuanie se rend au Vatican, le 30 mars 1501, à l'heure du consistoire, avec sa suite dans laquelle on remarquait douze gens habillés à la mode de son pays, et avec les maisons des cardinaux Corsini et de Capoue[3].

L'audience de créance est essentiellement une audience publique[4]. Le souverain la donne souvent entouré d'une cour nombreuse[5]. Les ambassadeurs des autres puissances y assistent[6]. Une ambassade allemande en France, par exemple, est reçue le 23 novembre 1500, par Louis XII, en présence, naturellement, du cardinal d'Amboise et du chancelier, et de divers membres du conseil, devant les ambassadeurs de Rome, d'Espagne, de Florence, de Venise et trois ou quatre gentilshommes italiens[7]. A Bude, la même année, les envoyés de Pologne, de Naples, de Venise, assistent à l'au-

---

1) Lettre du 7 déc. 1514, du conseil des X, à l'ambassadeur à Rome (Arch. de Venise).

2) Il est évident qu'en cas de presse ces honneurs aussi sont omis. En 1502, Machiavel se présente à César Borgia au débotté, en habit de voyage (dép. du 7 oct. 1502), en 1506 au pape qu'il trouve à table, à l'issue de son dîner (dép. du 28 août 1506).

3) Burckard, III, 121.

4) 13 déc. 1505, à Blois (Sanuto, VI, 262) ; 25 nov. 1504, à Insprück (Sanuto, VI, 110).

5) Une soixantaine de courtisans assistent à la réception de Fr. della Casa, envoyé florentin en France (1493. Boislisle, *Et. de Vesc*, p. 92, 93).

6) Gingins la Sarraz, *Dép. des amb. milanais*, I, 76-77 (1475).

7) Dép. de Machiavel, du 24 nov. 1500.

dience des ambassadeurs de France[1]. Cette règle est générale.

En 1500, Machiavel remarque malicieusement que la comtesse de Forli le reçoit en présence du seul ambassadeur de
Milan[2].

Il y a aussi une classe d'audiences spéciales, les audiences sans-façon, qui témoignent d'une grande intimité, mais
qui ne sont de mise qu'à titre absolument exceptionnel.
Emmanuel de Jacoppo, ambassadeur de Milan, rejoint
Louis XI à Pontoise et passe par hasard devant la maison du
roi. Louis XI, qui l'aperçoit, le fait aussitôt entrer sans cérémonie[3]. Par un motif différent, pour s'éloigner des indiscrets
et des importuns, Charles VIII reçoit à cheval, au moment
où il se mettait en chasse, le 3 août 1493, le nouvel ambassadeur de Milan. Le prince de Salerne sert d'interprète. Le
roi s'éloigne pour être seul. Le duc d'Orléans vient annoncer
que le gibier est levé; le roi s'éloigne un peu plus[4]. Dans ce
second cas, l'audience sans façon devient plutôt une audience
secrète.

La publicité avait, évidemment, pour mobile une prétention apparente d'agir ouvertement, en présence des amis

1) Sanuto, III, 356. 'Le 10 janvier 1479, à Florence, les ambassadeurs de
Venise, Ferrare, Milan, assistent à l'audience de l'ambassade française (lat.
11802).

2) Le seul ambassadeur accrédité près d'elle, et qui passait, en outre,
pour son amant (Dép. du 17 juill. 1500).

3) Dép. du 9 sept. 1463 (Archivio Sforzesco).

4) Dépêche de l'ambassadeur, du même jour (Arch. de Milan, Pot. Este,
Francia). Cf. Romanin, *Storia Documentata*, V, p. 36-39. A Étampes, Louis
XII reçoit en 1498 dans une salle d'auberge l'ambassade solennelle de Ve-
nise, parce qu'Anne de Bretagne occupait le château. Les Vénitiens s'en mon-
trent assez formalisés : « On pourrait dire qu'un grand roi ne donne pas
audience à l'auberge, mais ici les auberges sont ce qu'il y a de mieux. »
Pourtant la salle était tendue de velours et ornée, et le roi fort aimable
Reumont, *Diplomazia italiana*, 173/.

comme des adversaires[1]. Mais on savait à quoi s'en tenir et l'on s'exprimait en conséquence. C'est donc par un scrupule un peu naïf que des ambassadeurs inexpérimentés ont quelquefois demandé des restrictions à cette publicité. Ainsi, en 1476, Venise étant liée avec le duc de Milan à la triple alliance, son ambassadeur à Rome refuse d'exposer sa créance devant l'ambassadeur de Naples[2] ; précaution bien ridicule, pour un acte nécessairement public ! En 1510 aussi, à Bude, les ambassadeurs de France réclament l'absence de l'ambassadeur de Venise à leur audience : l'ambassadeur vénitien n'y vient pas, mais il y envoie son secrétaire[3].

La première audience solennelle est présidée par le souverain, le souverain n'est présent là que pour la forme, l'affaire sera ensuite renvoyée et traitée au conseil, où s'engagera la vraie négociation. En France, c'est le grand conseil qui est régulièrement saisi de toute affaire internationale[4] et qui

1) Le duc de Savoie écrit à Du Bouchage qu'il ne veut entendre le premier les ambassadeurs du Piémont, que si le roi l'ordonne : dans ce cas, il demande qu'on lui envoie un homme qui soit présent à l'audience (11 juin. Ms. fr. 2923, f° 41).

2) Gingins la Sarraz, *Dép. des amb. milanais*, I, 281. En 1419, les ambassadeurs du dauphin, venus à Rome pour justifier leur maître de la mort du duc de Bourgogne, présentent leur créance devant les ambassadeurs anglais, qui se hâtent d'écrire à leur cour les incidents de l'audience, les termes du discours, les dispositions du pape. Aussi supplient-ils le pape et les cardinaux « ut propter honorem regis et regni ac coronæ regalis ista materia non deduceretur in publicum. » Ils insistent : les ambassadeurs du dauphin offrent leur obédience s'ils ont satisfaction, sinon ils resteront avec Pierre de Luna (Rapport des ambassadeurs anglais. Quicherat, *Th. Bazin*, IV, 281).

3) Lamansky, *Secrets d'Etats de Venise*, p. 308. L'ambassade de France, arrivée à Rome le 19 mai 1495, reçoit audience le 20. Le cardinal de Gùrck émet la prétention d'entrer avec elle, comme ayant suivi les négociations pour le roi. De là, une discussion : finalement, le cardinal n'entre pas, et ce refus le rend ennemi du roi ; toutes les autres ambassades notent le fait (Sanudo, *Spedizione*, 347).

4) « L'affaire des ambaxades... fut pareillement la mys en conceil » (Jean d'Auton, I, 314, 316, 317).

14

assiste le roi à l'audience de créance. Les ambassadeurs de France en Bourgogne remettent leur créance devant le conseil de Bourgogne [1]; le roi reçoit les ambassadeurs de Venise, en 1502, avec six membres de son conseil [2]... Parfois même, lorsque le roi, pour un motif ou pour un autre, ne peut ou ne veut pas recevoir des ambassadeurs, il les renvoie directement au grand conseil. Le cardinal de St Marc, envoyé du pape en 1418, expose sa créance au grand conseil [3]; le roi renvoie au grand conseil l'ambassadeur du comte de Charolais [4]. En mai 1421, la reine de Sicile, qui se prêtait peu aux cérémonies, reçoit les ambassadeurs florentins dans une église, au moment où le prêtre montait à l'autel pour dire la messe. Les discours commencent : mais Michel de Pazzi, qui connaissait les habitudes de sa souveraine, les interrompt en disant à la reine : « Nous allons emmener les ambassadeurs, nous *pratiquerons* avec eux, puis nous reviendrons vers Votre Majesté [5]. »

Dans les républiques italiennes, c'est la *Signoria*, en latin *Collegium*, qui reçoit les ambassadeurs, c'est-à-dire le conseil exécutif. A Venise ce conseil se composait de vingt six membres [6]. En Suisse, c'est la diète fédérale elle-même qui donne audience [7], ou en son absence le conseil des Etats. Une députation de ce conseil vient à l'auberge de l'ambassadeur, recevoir l'exposé de sa créance. Si l'affaire est importante, la

1) Duclos, *Histoire de Louis XI*, 185.
2) Sanuto, IV, 445.
3) Douet d'Arcq, *Choix de pièces*, I, 397.
4) Duclos, *Hist. de Louis XI*, IV, 230.
5) Rapp. de 1421. Saige, *Documents*, I, 29.
6) Le doge, cinq conseillers, trois chefs de la quarantie criminelle, six sages du conseil, cinq sages de terre ferme, cinq sages aux ordres. Introduits dans la salle de l'Anti-Collège, les ambassadeurs étaient reçus dans la grande salle du Collège, l'incomparable salle décorée, depuis lors, par Tintoret et Paul Veronèse.
7) Jean d'Auton, I, p. 347.

députation déclare qu'elle en référera aux confédérés, et engage l'ambassadeur à prendre patience, à faire bonne chère [1]...

A Rome, l'audience est publique ou privée, au gré du pape. L'audience publique est généralement réservée aux démarches d'apparat, telles que l'obédience, qui est toujours publique, ou aux notifications d'actes importants et publics, comme la conclusion d'une paix ; mais il n'y a pas de distinction bien absolue entre les audiences publiques ou privées, parce que ni les unes ni les autres n'ont un caractère strictement public ni strictement privé. La publicité peut s'improviser ; elle résulte du nombre et du caractère des assistants [2].

La solennité véritable consiste dans la réception en consistoire public [3], c'est-à-dire dans une exposition de l'affaire devant tous les cardinaux réunis en grand conseil du pape. Les ambassadeurs peuvent réclamer une audience en consistoire, mais le pape est libre de la refuser, et il la refuse pour les mêmes motifs que les ambassadeurs la sollicitent, c'est-à-dire en vue de la démonstration [4]. Quelquefois des négociations s'engagent sur cette question préliminaire et n'aboutissent qu'au bout de quelques jours [5].

Il n'y a pas lieu à audience en consistoire pour la récep-

1) 1475. Gingins la Sarraz, *Dép. des amb. milanais*, I.

2) Villari, *Dispacci di A. Giustinian*, II, 1.

3) Villari, *Dispacci...*, I, 14.

4) Burckard, III, 121 : instruction française de 1494, K. 1710. Les ambassadeurs d'Espagne arrivés à Rome le 19 déc. 1498, demandent à être reçus en consistoire ; le pape refuse opiniatrément, il leur accorde enfin audience dans la chambre du Papegai, le 16 janvier 1499, devant six cardinaux. Après un long discours des ambassadeurs, la discussion devient orageuse et presque injurieuse. Les ambassadeurs demandent l'introduction d'un notaire pour enregistrer leurs protestations ; le pape leur répond de protester où ils voudront (Burckard, II, 506-507).

5) Delaborde, *Un épisode des rapports d'Alexandre VI*, p. 12.

tion d'un ambassadeur adjoint à une ambassade préexistente, ni pour l'arrivée d'un simple résident, que son prédécesseur présente au pape [1].

Le roi de France attend les ambassadeurs, assis sur une estrade élevée, dans la grande salle d'honneur du château, garnie de tapis et de tapisseries. Il aura à sa droite, par exemple, des cardinaux, à sa gauche des princes du sang et les membres du grand conseil : derrière lui, des grands seigneurs français ou étrangers et des personnages de la cour [2], debout, appuyés sur le fauteuil du roi selon l'usage français [3]. En 1445, le roi d'Angleterre, vêtu d'or, reçoit amicalement l'ambassadeur de France, dans une chambre « sans lit », richement décorée. La tapisserie qui couvre le dossier du baldaquin derrière le trône représente des dames offrant l'écu de France à un prince, allusion plus que transparente aux prétentions du roi sur la couronne de France : les ambassadeurs font semblant de ne pas s'en apercevoir et notent dans leur relation que la tapisserie représente l'offre des armes de France « à ung seigneur [4]. » Quand on se trouve au camp, on fait préparer comme on peut une chambre pour l'audience [5].

---

1) V. le détail d'une audience publique du pape aux ambassadeurs (1511), dans Frati, *Le due spedizioni militari di Giulio II*, 265.

2) A Venise, tout le conseil se revêt exceptionnellement d'écarlate, pour recevoir un orateur turc ; « fo bel veder » (15 mars 1505. Sanuto, V, 990).

3) Audiences de 1501, de 1509 (Sanuto, IV, 186. *Lettres de Louis XII*, I, 146).

4) Ms. fr. 3884, fo 175 vo.

5) Camp devant Neuss, 1475 (Gingins la Sarraz, *Dépêches...* I, 76). En Espagne, si l'audience de créance a lieu le soir, on se sert de torches (*Machado's Journals*, dans Gairdner, *Histª regis Henrici septimi*, p. 170). Le roi et la reine d'Espagne reçoivent les ambassades, somptueusement vêtus d'or et de diamants, entourés d'une cour étincelante (*ibid.*, p. 170-171). Le roi et la reine reçoivent ensemble, et on leur remet à chacun une lettre de créance, après leur avoir baisé la main (*ibid.*, p. 172).

Pontanus recommande au prince, dans ses audiences, d'avoir l'air aimable et avenant, l'accueil doux, facile, de laisser une impression d'honnêteté et de justice, de parer ce qu'il donne, de ne jamais opposer un refus net, mais de se retrancher dans une objection d'inutilité, d'impossibilité[1]. Son costume doit concourir à sa majesté : il sera sérieux, approprié aux circonstances, il ne tombera pas dans les excès de la mode : « maintenant, ajoute Pontanus, c'est à qui changera le plus souvent de costume, on ne vaut rien quand on n'a pas son tailleur ou sa modiste en France[2] : un prince ne saurait donner dans ce ridicule ; c'est à lui de choisir : on ne comprendrait pas qu'il suivît toutes les plaisanteries des modes actuelles ; cheveux tordus, *contortos in annulum*, et retombant sur les épaules, longue barbe descendant sur la poitrine, soieries débordantes autour du cou et des poignets. Que les femmes cherchent de semblables parures, soit ! Mais un homme, un italien, doit conserver un caractère grave et ne pas se laisser pénétrer par toutes les excentricités étrangères[3]. » Les rois sont donc condamnés à se raser comme par le passé, et à ne figurer dans les audiences que « vêtus à la longue », avec des chaînes d'or ou de diamants[4].

Les ambassadeurs entrent et font leur révérence[5] : Louis XII se lève en souriant, ôte sa barrette et fait mine de descendre ; mais les ambassadeurs se précipitent, et il leur serre la main. Les ambassadeurs remettent au roi leur créance, saluent les cardinaux, puis, sur l'invitation du chancelier, prennent place sur un banc en face du roi, le chef de l'ambassade au mi-

1) *De principe.*
2) Pontanus était napolitain.
3) *De principe,* édit. de Lyon, 1514 : hij.
4) Roi des Romains (25 nov. 1504. Sanuto, VI, 110).
5) Scène représentée par Vittore Carpaccio dans l'un des admirables tableaux de la Vie de Sainte Ursule (réception des ambassadeurs), à l'Académie de Venise.

lieu [1]. Le roi remet la créance au chancelier, qui la fait lire, ou bien à un secrétaire, à un membre du conseil, qui en donne lecture [2]. On constate ainsi qu'elle est en forme [3].

Laurent de Médicis, en envoyant à Rome son fils Pierre, lui recommande, lorsqu'il se présentera à Sa Sainteté, après s'être bien informé de tous les détails du cérémonial, de porter à ses lèvres la lettre de créance de son père, de la remettre en suppliant le pape de daigner la lire, puis de dire qu'il met son père aux pieds de Sa Béatitude [4]. Ces pratiques ne sont point d'usage ; cependant, on accompagne la remise matérielle de la créance par quelques premières paroles de salutation ou de « recommandation », auxquelles le souverain peut répondre de même [5], mais très brièvement [6]. Les envoyés russes demandent des nouvelles de la santé du chef de l'Etat, et en fournissent de la santé de leur souverain [7]. Un ambassadeur pontifical donne la bénédiction pontificale [8]. Charles VIII ne répondait pas, même à des « recommandations », sans conférer avec un membre du grand conseil [9].

---

1) Audiences citées de 1501 et 1509. Cf. Sanuto, VII, 86. Lorsque l'ambassade comprend un héraut, le héraut prend part à l'audience, mais il reste debout, derrière l'ambassade assise (J. Gairdner, *Hist[a] regis Henrici septimi*, p. 172).

2) *Id.*, Desjardins, I, 224.

3) « Lettera in forma » (1503. Sanuto, V, 179).

4) Roscoë, *Vie de Laurent de Médicis*, pièce LIX. La jeune Anne de Bretagne embrasse un ambassadeur anglais, à sa réception en 1490 (J. Gairdner, *Hist[a] regis Henrici septimi*, 219).

5) Charles VII ne répond pas à l'ambassadeur du dauphin (Duclos, *Hist. de Louis XI*, IV, 161).

6) 24 janv. 1460. Audience du conseil de Florence à l'envoyé du dauphin, Baude Meurin. Compliments habituels de part et d'autre, en commençant l'exposé, après avoir montré les lettres de légation : Pierre Come de Médicis, *vexillifer justitiæ*, répond (*Lettres de Louis XI*, I, p. 344).

7) S. de Westman, *art. cité*. Sanuto.

8) « Nomine pontificis » (16 juin 1500. Sanuto, III, 398).

9) Audience de F. della Casa (Desjardins, I, 224).

À Rome, le cérémonial de la première partie de l'audience diffère de celui que nous venons d'indiquer : il est beaucoup plus strict. Les ambassadeurs ont habituellement leur audience à l'issue d'un consistoire ; ils sont reçus dans une des grandes salles, celles du *Paramento*, du *Papagallo*, ou celle du consistoire. Après une courte attente dans une salle voisine ou dans un appartement, l'ambassadeur suit les membres de la haute prélature qui viennent le chercher. Introduit, il s'approche, s'agenouille, baise la mule et la main du pape (le baisement de main est contesté); parfois le pape l'embrasse. Se mettant à genoux, l'envoyé présente sa lettre de créance, que le pape remet à un secrétaire, puis, guidé par le maître des cérémonies, il retourne vers la porte d'entrée, et attend là, à genoux, que le secrétaire, agenouillé à gauche du pape, ait donné lecture de la créance ; ensuite, toujours à genoux, il prononce son discours. Ainsi l'ambassadeur de Lithuanie, entré à Rome le 11 mars 1501, reçoit son audience pour le 30. Il attend dans l'appartement du cardinal de Capoue. Le consistoire fini, le gouverneur de Rome et sept prélats viennent l'y prendre et l'introduisent [1].

Le roi d'Angleterre, en voyant entrer une grande ambassade, descend de sa *chaire*, et se tient, tout droit, au bas des marches. Il tend la main aux ambassadeurs et ôte un peu son chaperon au chef de l'ambassade [2].

À Venise, le doge se lève et va au bout du *mastabe*, c'est-à-dire au milieu de la salle, en avant de l'ambassadeur à qui il serre la main ; l'ambassadeur peut serrer également la main aux membres du conseil, puis il s'assied, et, assis, présente ses lettres de créance, et enfin prononce son discours [3].

1) Burckard, III, 121.
2) Rapp. de 1445. Ms. fr. 3884.
3) Sanuto, IV, 468. Accurse Mainier, en 1500, présente incorrectement sa créance après son discours (*id.*, III, 227).

Les lettres de créance sont lues par un secrétaire, et traduites séance tenante, s'il y a lieu. Dans ces premiers saluts, on échange quelques compliments plus ou moins banaux. Lorsque Commines revient à l'ambassade de Venise, après la guerre de 1495, le doge lui dit : « Monseigneur, comme vous voilà maigre ! » — c'était la vérité. — « Sérénissime prince, repartit Commines, ce sont les fatigues de la guerre, et le changement de régime, après que vous m'aviez fait faire ici si bonne chère. » Puis il commença son discours sur l'amour de son roi pour Venise, etc.[1].

Après ce préambule, a lieu, en effet, l'exposé de la créance ; un des ambassadeurs se lève et prononce debout un discours. C'est ce qu'on appelle couramment « dire sa créance[2], dire sa charge[3] », ou, plus rarement, « exposer sa créance, les causes et manière de sa légacion[4]. » Les discours officiels indiqueront sans doute, par des allusions plus ou moins sensibles, le terrain général des négociations, comme les détails de la cérémonie elle-même refléteront des nuances plus ou moins caractérisées de cordialité. Mais le but principal de cet ensemble consiste à agir avec honneur et decorum, « con onor è decoro », et non à obtenir des résultats. Les affaires viendront par la suite, à une audience secrète[5].

1) Sanudo, *Spedizione*, 651.
2) Instr. de janv. 1393 (Douet d'Arcq, *Choix de pièces*, I, p. 113).
3) Jean d'Auton, I, p. 347.
4) Douet d'Arcq, *Choix...*, I, 397.
5) Villari, *Dispacci di Giustinian*, II, 1. A l'audience solennelle, « pour ce qu'il y avoit beaucop gens, nous parlasmes seulement de la matière des alliances et autres poins généraulx. » Le roi répondit de même, et commit plusieurs conseillers pour suivre la négociation. « Nous dismes à part, audit sⁱ Roy de Castelle que nous avions autres choses à luy dire de par vous, quant son plaisir seroit. Sur quoy, yer, il nous oit à part, et luy dismes bien au long ce qu'il vous avoit pleu nous charger par voz instruccions... » (Rapport de l'ambassadeur de France en Castille, 1462. *Lett. de Louis XI*, II, 378).

Ainsi, l'on doit prêter la plus grande attention aux moindres détails de la réception.

Le discours public de créance [1], est le plus souvent prononcé par un ambassadeur de robe longue, qui n'est pas nécessairement le chef de l'ambassade. En 1445, M. de Vendôme, chef de l'ambassade de France en Angleterre, laisse l'archevêque de Reims faire le discours ; il se borne à ajouter quelques mots, plus chevaleresques que diplomatiques, sur la sympathie du roi de France pour son neveu le roi d'Angleterre ; « et puisqu'ils estoient si amis, maudit fust il qui leur conseilleroit avoir guerre ensemble. » — « Et chascun qui la estoit dit : Amen [2]. »

Le discours n'a aucun caractère d'improvisation ; c'est une œuvre de rhétorique et de beau langage, calquée sur la teneur des instructions qu'il développe et amplifie [3]. L'ambassadeur novice, ému de l'honneur qui lui échoit, le prépare depuis le jour de son départ, le soigne, l'apprend par cœur et le débite enfin de son mieux. De là, le désappointement de deux ambassadeurs de Louis XI à Milan en 1469, qui, conformément aux instructions du roi, allèguent la volonté d'un prince, mort depuis leur départ et dont tout le monde (excepté eux) connaissait la mort. Les désagréments de ce genre pourraient s'étendre aux historiens qui feraient trop de fonds sur ces discours et n'y démêleraient pas suffisamment la part du *convenu*. C'est ainsi qu'un savant fran-

1) Ce discours est appelé, dans des textes anciens, *Harenga, Sermo de ambaxiata* : « Sequitur harenga facta coram dno nostro Francorum Rege Karolo, VIImo hujus nominis, pro parte regis Humgarie Laudilavo, apud Turonis (Ms. lat. 11414, fo 23-24, discours en latin, assez serré, sans très grandes phrases, avec des compliments, de style moderne). « Sermo de ambaxiata », dans un recueil des lettres de Philippe de Maizières, vers 1366 (article de M. Jorga, dans la *Revue Historique*, mai-juin 1892, p. 49).

2) Fr. 3884, fo 180.

3) Instruction vénitienne, du 17 mai 1509, à l'ambassadeur en Allemagne.

çais, ayant découvert dans la Bibliothèque de Saintes, par hasard, le texte de ce discours officiel de 1469, a cru à sa sincérité et a laborieusement échafaudé à ce sujet un roman historique [1]. Le langage de l'envoyé lui est presque toujours dicté par une instruction minutieuse. Ainsi, le fils même de François Sforza, Galéas, reçoit de son père l'instruction de « se présenter avec l'humilité et l'extrême révérence d'un serviteur envers son seigneur, surtout envers un si grand roi »; son père lui trace le discours à tenir point par point. Galéas demandera, en substance, à être traité non comme un étranger, mais comme quelqu'un de la maison ; il recommandera toute sa famille, il remerciera le roi de la peine qu'il a prise d'envoyer des ambassades, il parlera des grandes et infinies obligations de son père, que cent ans ne suffiraient pas à acquitter : il garantira au roi le dévouement profond du roi de Naples : il protestera lui-même d'un dévouement sans bornes, il se dira prêt à obéir au roi plutôt qu'à son père ; il priera le roi de lui indiquer ou de lui faire indiquer qui il doit voir ou recevoir à la cour [2].

Le discours est généralement prononcé en latin [3], ce qui explique qu'il offre souvent peu d'intérêt pour les personnes de la cour. A Rome, bien entendu, le latin est de règle absolue [4] : dans le reste de l'Italie également [5], et l'on est scanda-

1) Ghinzoni, *Galeazzo Maria Sforza et Luigi XI*, p. 16.

2) Instruction du 2 mars 1466 (Archivio Sforzesco). Cf. « Summarium instructionis dni Ludovici facte Ambrosio Biucardo et Martino de Cazali»..., dans Corio, *Historia di Milano*, p. vii, p. 498 (édit. de 1554) etc.

3) San Severino, ambassadeur milanais à Lyon, écrit, le 16 avril 1494, qu'il a été reçu le matin par le roi, en audience solennelle, réglée la veille par l'évêque de St Malo et Etienne de Vesc. Le roi lui demande s'il entend le français : « Un peu », répond Sn Severino. Et alors ils échangent des compliments dans cette langue (Arch. de Milan, Pot. est., *Francia*, 1494-95).

4) Villari, *Dispacci...*, I, 14. Burckard, III, 121.

5) V. pour Venise, Sanuto, III, 227 ; VII, 103; en Hongrie également, *id.*, III, 356, 1170 ; en Allemagne aussi.

lisé à Venise de voir un ambassadeur de Crémone faire son discours en italien ; on décide, avant d'y répondre, d'écrire à Crémone pour s'informer sur le compte de l'ambassadeur [1]. Les ambassadeurs qui ne savent pas le latin sont réduits à parler par interprètes [2].

Nous retrouvons ici l'usage du français, de la part de la diplomatie anglaise accréditée en France [3], et de la diplomatie des Pays Bas [4]. En Suisse, une ambassade des Pays Bas se croit autorisée à faire son discours en français ; mais les Suisses veulent du latin; les ambassadeurs suisses en Allemagne parlent « en leur allemand » [5]. Certains ambassadeurs italiens en France sont en état de faire leur discours en français [6]. L'ambassade circulaire française de 1478-79 en Italie prononce son discours en français à Milan, comme témoignage d'intimité, et en latin à Florence, à Rome [7].

Le discours est écouté dans un profond silence, que le roi lui-même ne doit pas interrompre. Lors du discours de l'ambassadeur vénitien, en 1509, Louis XII interrompit deux fois l'orateur pour lui dire de s'asseoir ; l'ambassadeur affecta de ne pas entendre [8]. En août 1509, un ambassadeur

1) Sanuto, III, 1158.

2) Ambassades de Russie, d'Angleterre, d'Espagne à Venise : Sanuto, III, 61, IV, 468, 518.

3) Discours des ambassadeurs du roi Edouard d'Angleterre au duc de Bourgogne. On lui dit : « Très inclit et noble prince ... Votre Excellence... cheux qui par office de légation vous approchoient...» L'exorde est insinuant, et procède par louanges ; voici les qualificatifs : « Nostre très paisible et très chrestien seigneur Édouart, Roy de France et de Engleterre... Vostre excellente personne..., mes très espéciaulx et précellens compaingnons en légation...» (ms. fr. 1278, f° 64).

4) Le Glay; *Négociations,* I, 24.

5) Le Glay, *Négociations,* I, 210.

6) 1475, Gingins la Sarraz, **Dép. des ambass. milanais,** I, 76, 77.

7) Lat. 11802.

8) Sanuto, IV, 186.

de France présente sa créance au roi d'Angleterre. Dans son discours, il dit que Louis XII l'envoie, en réponse à une lettre d'amitié et de paix. Le roi l'interrompt et, se tournant vers sa cour : « Qui a écrit cette lettre ? moi, j'ai demandé la paix au roi de France ! » Il se lève et ne veut rien entendre de plus[1].

Le discours de créance s'ouvre par une formule ou de recommandation ou de salutation ; la seconde est la plus simple et la plus digne. Parfois même, l'orateur se borne à présenter chaque membre de l'ambassade, sans se nommer, et sans aborder aucune question. C'est la simple salutation[2]. La recommandation suppose une nuance d'infériorité[3]. Le discours de créance peut aussi se borner à une recommandation. Les deux ambassadeurs de l'archiduc, en audience publique, recommandent au roi son très obéissant parent, cousin, vassal et sujet : ils déclarent qu'ils diront autre chose en audience secrète[4]. Cette forme, dans sa simplicité et sa modestie, peut fournir une habile diversion. Les ambassadeurs du dauphin de France à Rome, en 1419, après le meurtre de Jean sans Peur, s'en servent pour prononcer un discours fort diplomatique. Ils appellent le duc de Bourgogne « cousin du dauphin » : ils offrent au pape « les personnes du roi et du dauphin, le royaume, les châteaux, les pays » (on ne peut aller plus loin dans ce style), mais ils ne parlent pas de la restitution d'obédience : ils se tiennent sur l'expectative[5]. Pres-

1) Sanuto, IX, 149. Pendant que François Becchi, évêque d'Arezzo, ambassadeur de Florence, prononce un beau discours, Charles VIII se permet de dire en riant qu'il n'a jamais entendu si bon *bec* (Desjardins, *Négociations,* I, 338).

2) Rapp. de 1445. Fr. 3884, f⁰ 176.

3) Burckard, III, 367.

4) 8 juillet 1500. Sanuto, III, 525.

5) Dépêche des ambassadeurs anglais, publiée par Quicherat, *Th. Bazin,* IV, 281.

que toujours le discours affecte une portée plus marquée.

A Venise, à Rome, ce que les fins connaisseurs du pays appellent un bon discours, c'est un discours bref et qui se tient dans les généralités .[1] « Trop long ! » s'écrie Burckard [2], après un discours de créance : celui-là est « bref et très bien, court et bon [3] », dit-il après d'autres audiences [4]. Ainsi Macé Toustain, homme de robe longue et second ambassadeur, fait à Venise, le 3 avril 1500, un bon discours latin, avec des protestations d'affection, des généralités, et il conclut en demandant qu'on désigne des conseillers pour l'entendre en particulier [5]. Un ecclésiastique de l'ambassade anglaise à Paris, le 13 septembre 1514, expose en bons termes la créance ; il vante simplement la paix et le projet de mariage qui la consacre [6]. Machiavel rend un compte favorable du discours de l'ambassade allemande à Tours, le 23 novembre 1500. Philippe de Nassau, chef de l'ambassade, a simplement exposé la nécessité classique de l'armement contre les Turcs, et il a ajouté briè-

1) Ces appréciations sur le caractère d'un discours diplomatique s'appliquent à la fois aux discours de créance et aux discours d'obédience.

2) Les ambassadeurs florentins à Gênes, en 1421, remercient d'abord le doge de la libération de certains navires et lui parlent avec une extrême cordialité (Rapp. de 1421. Saige, *Documents*, I, 23). A Rabello Grimaldi, ils rappellent l'antique amitié, ils parlent très cordialement *(Id.*, 15). Mais à la reine de Sicile, ils font la « debita reverentia », ils recommandent la Seigneurie et la commune à Sa Majesté, « et quella offerta con larghezza di parole, ricordandole la divotione avuta sempre questa Comunità alla Maestà Reale et a tutti quelli della sacratissima reale stirpe. » Les Florentins ont toujours été traités par elle, disent-ils, avec une extrême bienveillance *(Id.*, p. 28). Ils observent ainsi une nuance importante, selon qu'ils s'adressent à une autre république ou à un souverain.

3) Discours de créance des ambassadeurs de l'archiduc, en français, court et bon : se terminant par la demande de députés, et d'une brève expédition, et le désir que le roi se trouve aux conférences (1501. Le Glay, *Négociations*, I, 24).

4) Burckard, III, 355. Cf. Etienne Dolet, *De officio legati*, I, 24.

5) Sanuto, III, 192.

6) Dép. de Dandolo, du 14 sept. 1514.

vement qu'il est envoyé en vue de conclure la paix entre
l'empereur et la France, condition nécessaire pour une résis-
tance effective de la chrétienté. On parle ainsi en bons termes et dans les formes consacrées, sans faire allusion à aucun objet irritant[1]. Robert Guibé, évêque de Tréguier, chargé
de porter à Innocent VIII l'obédience de Bretagne, obtint
un succès qui lui valut par la suite la plus brillante carrière.
Son discours est très habilement conçu ; il est fort bref : une
phrase sur la grandeur du St Siège et des cardinaux, une
phrase de modestie, puis tout le reste consacré à un dithy-
rambe lyrique en l'honneur de la personne du pape, de sa
noblesse, de ses vertus, qu'il exalte sans une ombre et qui
sont venues « jusqu'au bout du monde » remplir la Bretagne !
Guibé salue le Souverain Pontife, « totius christiane reipublice principem, patrem et ducem », élu « summo totius
eorum ordinis consensu et christiani populi plausu atque læ-
ticia », il le salue, selon sa charge, au nom du duc, hérédi-
tairement dévoué, qui met sa personne et ses biens à la disposition de Sa Sainteté et lui demande de tout son cœur de
daigner l'avoir pour très recommandé. « Dixi, pater beatis-
sime[2]. » Voilà un vrai langage diplomatique[3].

L'ancienne forme pompeuse[4], ampoulée, compassée, paraît démodée[5]. Nous voyons dans les *Facéties* de Pogge com-

---

1) Dép. de Machiavel, du 24 nov. 1500.

2) *Roberti Guibé, Britani, episcopi Trecorensis, ad Innocentium octavum,
pontificem maximum, legati Illustrissimi ac invictissimi Francisci Ducis Bri-
tannie, oratio in obedientia præstanda*, plaq. goth. in-4 de 2 ff. s. l. n. d.

3) Pour les compliments d'avénement, on doit exprimer d'amers regrets
du défunt, en faire un éloge exquis : ajouter « non tam ejus morte tristatos
esse quam assumptione sua... lætatos », et développer fortement cette dernière pensée (Instruction d'Alexandre VI, *Procédures politiques*, p. 1107).
Sur les discours d'obédience à Paul III, V. Pastor, *Histoire des papes*, édit.
française, t. IV, p. 16 et note 5.

4) Fr. 3884, f°s 178, 180, 182.

5) Un exemple de cette vieille forme se trouve dans le discours de créance

bien de son temps on se moquait déjà des lourds et empâtés discours de créance. Urbain V, malade et au lit, reçoit des ambassadeurs de Pérouse, et subit un long discours, récité par le principal ambassadeur. Le pape, avec sa courtoisie habituelle, demande aux autres s'ils ont quelque chose à ajouter. « Très Saint Père, dit en riant l'un d'eux, homme d'esprit, nous avons l'ordre, si vous n'accordez pas nos demandes, de recommencer notre discours. » Le pape sourit doucement et les fait expédier[1]. Un autre ambassadeur s'enlise, devant le conseil de Florence, dans ce texte de l'Ecriture : « Donnez-nous de votre huile », qu'il se proposait de développer. L'huile excite une hilarité universelle, le malheureux ne peut même pas achever[2]. En 1445, le comte de Suffolk dit amicalement aux ambassadeurs de France en Angleterre « que ils seroient le lendemain ouys et qu'il luy sembloit qu'il ne falloit ja user de grandes solennitez de proposition, mais que privéement et familiairement ils deissent ce que le jour précédant avoient dit en bref. » Et, en effet, l'archevêque de Reims tient un discours, très court, qu'il divise en deux parties : 1° protestations d'amour, et paroles de politesse. « On vient chercher des nouvelles du roi..., etc. »; 2° désir de paix, sobrement indiqué. L'orateur parle de Dieu, de Moïse, des apôtres, de la parenté des rois ; il formule des protestations de loyauté, de franchise, sans rien articuler. Il exprime l'intention commune « de besongner plainement et privéement, et non pas par grandes sollempnitez ne estrangetez ainsi que autresfois on a accoustumé de faire, dont venoient de grandes longueurs et obscurtez es matières. »

de Philippe de Maizières à Venise, vers 1366, analysé par M. Jorga, *Revue Historique*, mai-juin 1892, p. 49.

1) Facétie cxxv, édon Liseux, II, 11.

2) Facétie cxxiv, édon Liseux, II, 9.

Cependant, le langage compendieux, pompeux, la fade amplification de rhétorique présente aux ambassadeurs une tentation à laquelle ils n'ont pas toujours le bon goût de ré-sister, et ce verbiage paraît d'autant plus lourd et insuppor-table que l'ambassadeur, obligé de ne rien dire de sérieux, se maintient forcément dans les limites de la plus pure ba-nalité. Le discours de l'ambassadeur vénitien Donati à Maximilien « pro re christiana », c'est-à-dire en vue d'une union de l'Allemagne avec Venise contre les Turcs, n'est, par exemple, qu'une longue suite de phrases cicéronniennes sur un thème extrêmement usé[1]. Il nous reste un grand nombre de dis-cours conçus dans ce style : en général, ils appartiennent à des gens d'église. Le prélat, habitué, dans la chaire, à raisonner lon-guement, à citer des textes et des « exemples notables », suc-combe plus qu'un autre à la tentation de prononcer sa harangue en forme de sermon, dans un latin « bien orné. » L'un, l'en-voyé du pape, en 1418, prend pour texte la parole : « Pax huic domui[2] » ; un autre emploiera des métaphores poéti-ques ou religieuses. « Les paroles du roi de France, dit le cardinal d'Yorck, ne sont pas de lui, c'est le verbe même de l'Auteur de la paix, transmis par lui comme par un ange de paix[3]. » Un des types les plus accentués de ce genre de rhétorique se trouve dans l'œuvre diplomatique du car-dinal Jean Jouffroy, abbé de St Denis, qui jouit, dans le milieu du XVe siècle, d'une immense réputation d'é-loquence et de savoir, et qui occupa les plus hauts postes. Jouffroy adressa, notamment, deux discours, en 1448 à Ni-

1) *Hieronymi Donati dignissimi oratoris Veneti ad Cæsarem pro re Chris-tiana Oratio.* Plaq. in-4°, contemp. (impressum Venetiis per Bernardinum Venetum de Vitalibus, anno Domini MCCCCCI, die primo mensis junii).

2) Douet d'Arcq, *Choix de Pièces*, I, 397.

3) « Non creduntur sue, sed potius ab eo tanquam angelo pacis verba ipsius Auctoris pacis dicta » (fr. 3884, f° 184).

colas V, en août 1459 à Pie II, au nom du duc de Bourgogne, excellents monuments de compendiosité colossale, de
compilation classique, de lourdeur : l'auteur parle en homme
sûr de l'admiration de son auditoire. Le discours de 1459,
publié par M. Kervyn de Lettenhove, n'occupe pas moins de
quatre vingt dix pages in-quarto du texte le plus serré [1]. Un
autre genre de pompe encore plus fade résulte de l'abus des
superlatifs, auxquels certaines chancelleries ne conviaient
que trop leurs envoyés : on paraissait croire que le meilleur
moyen de faire admettre des affirmations de dévouement
contredites par les faits, était de les présenter sous la forme
du superlatif [2]. C'est là un simple travers ; une erreur bien
plus grave et qui trahit une complète inexpérience diplomatique, consiste à aborder nettement, dès la première audience
publique, un terrain brûlant. La diplomatie française, un

1) Cf. les discours de créance, ms. fr. 1278, fr. 23330, fo 1-23, etc.
2) Arch. de Venise, Secreto 27. Commission du 10 juillet 1498 aux orateurs
(non nommés) partant pour la France « ad Christianissimam Majestatem
Francorum ».— Nous vous avons tracé votre conduite jusqu'aux Alpes. Après
les Alpes, à Moulins, voir les duc et duchesse de Bourbon et leur présenter des
compliments de condoléance. Puis aller au roi, demander une audience, s'y
présenter « reverenter », remettre les lettres de créance, dire qu'à la nouvelle
de « felicissime successionis ipsius Majestatis ad illud nobilissimum et amplissimum Regnum, incredibiliter sane fuimus oblectati, usque adeo ut ma-
gnitudinem gaudii nostri explicare non valeamus » : rappeler notre singulière
et « vetustissima (!) benivolentia et observantia » envers la maison d'Orléans,
et surtout Sa Majesté, « ob suas rarissimas et admirandas animi et corporis
dotes ». Dès la première nouvelle, nous lui envoyâmes notre secrétaire Jean
Pierre Stella. Sitôt la nouvelle confirmée et ses lettres de notification reçues,
notre joie fut « usque ad extremum cumulum adauctum. » Pour montrer
notre joie à tout l'univers, nous vous envoyons aussitôt porter nos félicitations à Sa Majesté : « facietis commendationes ac oblationes status ac rerum
nostrarum, generales, verum amplissimas, affectuosas, reverentes, diffundendo
vos in qualibet parte ; et amplificando precipue devotionem nostram erga
Majestatem prefatam, gaudiumque et leticiam a nobis susceptam,... » : plus
vous vous étendrez, plus vous ferez bien. Telle est la *summa* de ce que vous
aurez à exposer à votre premier discours public.

peu portée par tempérament au langage comminatoire, est
sujette à ce défaut. M. de Citain, chevalier, le 3 mai 1494,
demande, en présentant sa créance à Venise, l'appui de la
Seigneurie pour l'expédition projetée par Charles VIII, ou au
moins le passage libre sur les terres de la République[1]. En
1504, à Venise encore, dans son discours de créance, Lascaris, littérateur grec, attaque l'Espagne qu'il traite de dé-
loyale[2]. Louis Hélien, poète italien, dans son discours à
Maximilien, en 1510, attaque les Vénitiens avec une extrême
violence[3]; mais il faut dire qu'il parlait devant la diète, et
que, par conséquent, ce discours sort un peu de la tradition
diplomatique proprement dite pour entrer dans la tradition
parlementaire, qui admet certaines vivacités[4]. Guillaume Briçonnet, évêque de Lodève, bénéficie d'une excuse analogue
pour le long, l'immense plaidoyer qu'il prononça en 1507 à
Rome, en consistoire, contre Jules II : il jugea évidemment
utile de débuter par un manifeste retentissant, de nature à
influencer le collège des cardinaux et même à le compromet-

1) Arch. de Venise, Secreto 35, 5 v⁰.
2) Sanuto, VI, 102. Cf. le discours de créance de Giustinian, envoyé vénitien près de Maximilien, en 1509, réclamant le secours de l'Allemagne (Lünig, *Codex Italiæ diplomaticus*, II, 1999).
3) Pasqualigo, ambassadeur de Venise, en apprenant ce langage, se rend
devant l'empereur pour protester. Maximilien lui répond : « Dⁿᵉ orator, non
curetis oratorem gallicum, quia fatuus est » (Sanuto).
4) Il appelle Venise une « vipère toujours renaissante », les Vénitiens des
Cyclopes et Polyphèmes, monstres des mers, bandits(« prædones »), mangeurs
de chair humaine. Ce discours est resté fameux. Il fut lu à Ausbourg en 1510,
et imprimé de suite. Il a été plusieurs fois republié, par Freher, *Rerum Ger-
manic. Scriptores* (Argent. 1717; II, 522 et s.), dans l'ouvrage attribué à Alfonso della Cueva : *Lo Squitinio della libertà originaria di Venezia, con un
discorso di L. Helian, Ambasciatore di Francia, contro i Veneziani*, trad. dal
latino e con note storiche, Cologne, 1681, dans l'*Examen de la liberté origi-
naire de Venise*, trad. de l'italien, avec une harangue de Louis Hélian, ambassadeur de France, contre les Vénitiens, trad. du latin (in-12, Ratisbonne,
1678). Copie, ms. fr. 20773, f⁰ 47.

tre [1]. Un ambassadeur turc, en 1494, offre, dès les premiers mots, au roi de Naples un appui contre la France [2]. A Venise, en 1507, un ambassadeur allemand déclare que l'empereur va arriver en Italie contre la France ; en 1506, un ambassadeur écossais annonce que son roi veut aller à Jérusalem et demande des galères... : à des déclarations de ce genre, le doge répond vaguement, par des généralités, ou bien il répond seulement sur les autres points du discours de créance, et se contente de faire « bonne chère » à l'ambassadeur, de lui serrer la main [3].

L'orateur doit aussi soigner son débit, s'il tient au succès :

1) Dans cette longue harangue en « beau » style, il rappelle, au nom du roi, la haine du roi des Romains contre la France. Après avoir guerroyé contre Louis et Charles, ses prédécesseurs, « ne c'est peu toutesfoys contenir qu'il ne l'ait continuée à l'encontre de luy, en luy faisant deux moys après son sacre et coronation, sans offense, cause ne raison, la guerre, de laquelle l'yssue fut selon sa querelle ; et par expérience congneut hayne sans juste querelle et povoir n'estre de grant effect. » Puis, jaloux de la prospérité du roi et désarmé, il l'a attaqué indirectement « par nouvelle façon de guerre,... c'est assavoir par opprobres, injures et libelles diffamatoires, en le voulant descrier envers les électeurs de l'empire et princes d'Almaigne, en l'appelant par ses lectres publicques mises en mousle infracteur de foy, tirant, lasche, envielly et couard. » Le roi sait que le roi des Romains a écrit aux cardinaux qu'il venait défendre l'Italie contre le roi de France qui voulait usurper l'empire d'Italie, « retirer le papal en France, pour avoir temporel et spirituel à son plaisir, et que tout ce procédoit par l'exortacion de très révérend père en Dieu monsr le cardinal d'Amboise, légat en France, lequel vouloit estre pape, toy non seullement vivant, mais pour à ce parvenir te en degecter et desappoincter, ce que ledit seigneur eust facilement fait pour la grant armée qu'il avoit assemblée, n'eust esté la paour qu'il a eue de luy et de sadite venue en Italie. » Briçonnet réfute publiquement ces accusations publiques. Il révèle que le roi des Romains a plusieurs fois offert à Louis XII l'empire d'Italie et que celui-ci a refusé. Le roi veut seullement garder ce qui lui appartient... Le reste du discours n'est qu'amplification. Le roi tient à son titre de très chrétien... etc., etc. (traduction française contemporaine, ms. fr. 5105 : publiée par le bibl. Jacob, à la suite de son édition de Jean d'Auton, t. IV, p. 305 et suiv.).

2) Sanudo, *Spedizione*, 120.

3) Sanuto, VI, 102, 513 ; VII, 103.

il s'appliquera à faire bien valoir le style et l'accent du discours [1].

Le discours de créance est prononcé au nom du souverain
qui accrédite [2]. Il est généralement disposé par points, de
manière à avoir les apparences de la clarté, bien qu'on ne
lui en donne presque jamais la réalité.

Dans le début, on place toute la partie encombrante, sail-
lante : protestation d'affection, de dévouement, de loyauté.
L'ambassadeur ne vient que pour rendre des services, pour
offrir des troupes ; son maître est prêt à se sacrifier. Que dé-
sire-t-on? le voilà.

Le dernier ou l'avant-dernier article est bref, modeste,
d'apparence très douce. C'est dans celui-là que l'orateur glisse
ce qu'il réclamera. On dirait un détail : simple détail, impossible à refuser à quelqu'un qui apporte d'ailleurs tant d'autres choses.

Cette sorte de composition, plus ou moins naïve dans son expression, appelle des formules sérieuses et nettes : des excuses,
des compliments [3], tout ce qu'on peut trouver de *liant*. Très
fréquemment, l'ambassadeur emprunte son préambule à l'histoire ; il rappelle d'antiques relations d'amitié. Près du pape, il
parle de la dévotion de la France, de la faveur de l'Eglise. La
France a plusieurs fois remis le pape à Rome, et « l'Eglise en
paix et union..., pour quoy l'Eglise s'est tousjours plus tenue
obligiée aux roys de France que à nulz autres princes du mon-

---

1) Burckard, III, 121.

2) Comme dépêche incorrecte, citons celle de Barthélemy et Antoine Grimaldi à Jean Grimaldi (27 mars 1451. Saige, *Documents*, I, 210). Dans cette
dépêche d'un ton familier, ils appellent Jean : « Magnifice et potens miles », et, à
la fin, ils disent mille souvenirs à sa femme. Ils ont remis, disent-ils, sa lettre
au duc de Savoie, tout en parlant « ultra quod non scripsistis », en spécifiant
bien qu'ils parlaient de leur chef.

3) Discours de Commines (Kervyn, *Lettres et négociations*, II, 111).

de.»[1] En France, Venise parle de la « très antique bienveillance des rois... [2] » Si l'on sort d'une guerre, l'évocation historique présente quelques épines ; on peut pourtant l'affronter ; l'ambassadeur français chargé de négocier la paix après la guerre si justement nommée de Cent ans, expose au roi d'Angleterre « l'amour que le Roy avoit à luy, et, durant la guerre mesme, comment il faisoit honnorablement traiter ses gens quelque part qu'il les trouvast, fust en prenant villes, ou quant ils venoient prisonniers, par sauf conduit ou autrement, en les laissant venir jusques à sa personne[3] ».

Commines, envoyé aux coalisés italiens après Fornoue, commence par les louer excessivement : « ils se sont battus contre les meilleurs soldats du monde, des soldats invincibles[4] ».

Le rapport de la grande ambassade circulaire de 1479, en Italie, nous montre divers degrés de discours de créance. Cette ambassade sacrifie peu à l'apparat, elle tient un langage d'affaires, mais elle en modifie l'expression suivant les cours. A Milan, elle prononce un discours de tournure intime, en quatre points : 1° salutation ; 2° protestations d'affection ; 3° nouvelles du roi de France, et communication des instructions ; 4° demande de concours. A Florence, son discours, identique au début, ajoute quelques faits : elle expose le programme du roi, c'est-à-dire son vœu d'un concile, et comme il faut d'abord mettre en demeure le pape, elle déclare se rendre à Rome. Arrivée à Rome le 24 janvier, et reçue le 26, elle proteste contre certains bruits

1) Instruction pour les ambassadeurs à Avignon (25 janv. 1393. Douet d'Arcq, *Choix de Pièces*, I, p. 112).
2) 1459. Perret, *L'ambassade de Jean de Chambes à Venise*, p. 3.
3) Rapport de 1445 (fr. 3884, f° 179).
4) Sanudo, *Spedizione*.

répandus à son égard. Le 27, elle a audience solennelle en
consistoire, et prononce un discours de créance très nourri,
où elle établit d'abord le droit du roi d'intervenir ; elle reproduit les raisonnements tenus à Florence et formule six con-
clusions [1]. Ce discours s'achève par une adresse aux cardinaux : l'ambassade prie Leurs Paternités d'opiner dans le
même sens [2].

L'envoyé d'Imola près d'Alexandre VI, au contraire, ne
traite que deux points : le passé, le présent. Le passé
était infernal, le présent (le règne d'Alexandre VI) est admirable [3].

Lorsque Charles VII envoie des ambassadeurs au duc de
Bourgogne, pour son fils révolté, les discours de créance

1) Elle est envoyée, dit-elle, pour : 1° exposer à Votre Sainteté la question ;
2° offrir tout « onus et laborem possibilem » ; 3° supplier Sa Sainteté de
déposer les armes ; 4° demander un concile général pour s'entendre contre le
Turc ; 5° prier Sa Sainteté de se mettre au-dessus des passions d'un moment ; et 6° d'avoir le royaume de France pour recommandé.

2) Lat. 11802.

3 *Jacobi Mezamici jurisconsulti reipublice Immolensis legati ad Alex. VI
pontificem maximum* (Oratio), in-4°, imprimé, 6 ff., s. l. n. d. ni signature d'imprimeur. L'ambassadeur déclare, dans les termes les plus humbles,
se prosterner aux pieds du pape. Imola sera dévouée. Imola a un passé glorieux :
elle fut jadis un boulevard pour l'Italie « laceratam, jacentem, afflictam. »
Elle a fourni beaucoup de grands hommes. Sa situation est belle, le pays fer-
tile et charmant... Vive César, « nepos tuus », qui a toutes les vertus : humanité, générosité, audace, prudence, travail, courage, activité, adresse, tout ce
qu'il faut pour porter *ad sidera* l'antique nom de Borgia ! Vous nous avez reti-
rés tous de la condition la plus misérable. Les citoyens, quelles que fussent leur
noblesse et leur innocence, étaient comme fauchés, sans distinction de vertu,
de foi, de dignité ou de sexe : « Alios laqueo appendere, aliis capita truncare,
alios in plateis et in triviis dilaniari ferro..., alios in teterrimo carcere de-
trusos interimere, alios in ferratos puteos dare precipites, et in eosdem, quod
relatu execrandum, pleno utero pudicissimas matronas, collo etiam applicatis
infantibus, atrocissime prostrathas : alios in turris profundo egerrime animam
exalare ob recusatam de suis beneficiis renunciationem. Difficile mihi nempe
esse sentio hac querula voce mestoque animo tot feda, tot spurca et tot
abhorrenda percurrere flagitia. » C'est Dieu qui vous envoie....

prennent une teinte onctueuse et paternelle. En 1459, la créance se divise en trois points : 1° bonté du roi ; 2° affaires pendantes ; 3° une péroraison onctueuse, nourrie de l'Ecriture Sainte, sur la qualité de père. On peut même arriver, dans ce cas, très spécial, au genre pathétique, à évoquer des sentiments filiaux, le salut de l'âme, le bien de la chose publique, la joie éventuelle des princes de la maison de France [1].

Les discours de créance subsistent en très grand nombre. Nous ne pousserons pas plus loin, ici, l'examen de leur rhétorique variable. Constatons simplement que, malgré la règle générale de brièveté, on peut trouver avantage, quand il s'agit de parer avec pompe l'art de ne rien dire, à s'étendre en un vaste discours érudit. Les gens d'église ont cela de précieux, que leur appareil d'érudition masque bien l'inanité du fond. Le chevalier est porté à frapper dès l'abord un grand coup, le magistrat plaide et cherche à établir une apparence de logique. L'homme d'église est le seul qui excelle à parler pour parler, à éblouir et à accabler l'auditeur sous le poids d'un beau langage, à le cribler de citations qui tombent comme la grêle sans laisser le temps de respirer et sans que personne puisse s'en défendre.

Dans les cas, tout exceptionnels, où il n'y a pas audience, il n'y a pas discours de créance. A Pontoise, en 1463, quand Louis XI reçoit sans façon le nouvel ambassadeur milanais, il lui prend sa lettre de créance, la lit et demande cordialement des nouvelles du duc, de la duchesse, du comte Galéas, de Mme Hippolyte, de tous les enfants, sans autre apparat. Après quelques instants de conversation, comme il pleuvait, le roi charge un de ses valets de

1) Fr. 23330 f° 1-23 : Duclos, *Hist. de Louis XI*, IV, 185.

chambre de faire bien loger l'ambassadeur[1]. Bembo, au contraire, tout en se présentant à Venise comme un vénitien, lit un long écrit, qui contient sa commission, rédigé par lui, dit-il, pour mieux traduire les intentions du pape[2], et y ajoute un long discours.

Les ambassadeurs turcs remettent un écrit, en ajoutant à peine quelques mots; mais ils font des présents, tels que des pièces de soie brochée, des étoffes de plus ou moins de prix[3]. Les ambassadeurs russes agissent de même ; ils formulent quelques phrases banales et offrent des fourrures[4] : les envoyés de Moldavie également[5].

Un ambassadeur de passage, qui n'a pas de négociation à suivre, mais simplement un document à communiquer, aborde sur le champ l'objet de sa communication, et remet la pièce dès la première audience[6].

Les présents ne sont guère d'usage en Occident. Cependant nous voyons les ambassadeurs de la duchesse d'Orléans of-

---

1) Dép. d'Em. de Jacoppo, 9 septembre 1463 (Archivio Sforzesco).

2) Lettres du 7 déc. 1514, aux ambassadeurs à Rome et en France.

3) L'ambassadeur dit peu de chose et présente une lettre du Turc, sans savoir, dit-il, ce qu'elle contenait. Il avait quatre turcs, restés à la porte, qu'on fit entrer : il expliqua la lettre. On remit la réponse au lendemain. Il dit qu'il ne pouvait parler, ayant mangé du pain de la Seigneurie et craignant son maître (3 avril 1500. Sanuto, III, 192-193). Il se borne à articuler que le Grand Seigneur désire la paix. Il offre au doge quelques pièces de soie turque, sans grande valeur, que le doge fait remettre à Saint Marc pour en confectionner des devants d'autel : puis il se retire avec le même accompagnement (28 avril 1503. Sanuto, V, 27). L'ambassadeur de 1504 adresse quelques compliments généraux d'amitié, des vœux de bonne santé ; il remet une lettre du Grand Seigneur, et on lui prend des mains ses présents qui sont de médiocre valeur; ce sont des broderies d'or et d'argent de Brousse, et des soieries (Sanuto, V, 993).

4) Sanuto, III, 61.

5) Sanuto, VI, 291.

6) Sanuto, III, 626.

frir à l'empereur, en 1467, un objet d'art, à l'occasion d'une
négociation difficile [1]. En Orient, au contraire, ils sont de rigueur [2]. L'envoyé vénitien en Turquie, en 1500, ne peut obtenir d'audience du Grand Seigneur, parce qu'il n'apporte
pas de présents : il est seulement reçu par trois pachas [3].
C'est même agir habilement que d'apporter des présents magnifiques et de les faire porter avec ostentation par une suite
nombreuse [4].

Le moindre envoyé oriental doit de même apporter en Occident de somptueux présents [5]. En 1500, au moment où le roi
de Hongrie veut reprendre la guerre contre les Turcs, l'en-

1) K. 70, n° 42.

2) Même sur la route. Ainsi, l'ambassadeur de Venise en Egypte, en 1512,
est solennellement reçu à Alexandrie par l'amiral, à qui il remet une lettre de
créance (Ch. Schefer, *Le voyage d'outremer*, p. 172). L'amiral lui envoie le
lendemain des provisions (p. 175), et l'ambassadeur lui adresse un magnifique
cadeau (p. 176). Des gratifications sont, de part et d'autre, données aux porteurs. A Rosette, l'ambassadeur reçoit des cadeaux du gouverneur (p. 178).
Un ambassadeur du sophi entre au Caire, vêtu de drap d'or, avec un chapeau
à plumes, suivi de 150 cavaliers persans. Il offre avant son audience trente-six
corbeilles pleines de draps, de tapis, de harnais, et huit léopards (Ch. Schefer,
Le voyage d'outremer, p. 199-200).

3) Sanuto, III, 179.

4) Présents offerts au soudan d'Egypte par l'ambassadeur vénitien, au
Caire, en avril 1503 (Sanuto, V, 50) : 6 habits d'or, 10 de velours de diverses
couleurs, 14 de *rasi* et *damaschini*, 30 d'écarlate et *paonazi*, 120 zibelines,
3,000 vairs, 40 *formazi peze* : présent magnifique, porté par plus de cent dix
hommes. Un orateur d'Ali, sⁱ de Perse, vient à Constantinople demander aide
contre le sophi. Il offre au Grand Seigneur un joyau estimé 36.000 ducats
(1504, Sanuto, VI, 37). L'ambassadeur vénitien au Caire, en 1512, avant sa
première audience, envoie au soudan 8 robes de drap d'or, 14 de velours, 26 de
satin, 2 de damas, 50 de soie et or, 42 de drap écarlate, 8 de drap violet, 120
peaux de zibeline, 4.500 peaux de vair, 400 peaux d'hermine, 50 fromages
de Plaisance pesant chacun 80 livres (Ch. Schefer, *Le voyage d'outremer*,
p. 186-187). Il envoie dix robes à la sultane et de magnifiques cadeaux aux
grands officiers (p. 191, 192) : aussi réussit-il à merveille dans sa mission
contre l'ambassade de France, laquelle n'offre au soudan que pour 2,000
ducats d'étoffes et de vaisselle d'argent (*id.*, p. 43).

5) En octobre 1495, vient à Venise un orateur du pacha de la Valona, vêtu

voyé turc arrive à Bude avec huit chariots de présents. Le roi
juge ces présents mesquins et les reçoit mal[1].

Après la harangue de l'ambassadeur, le chef du pouvoir
répond quelques mots, généralement aimables, bienveillants,
vagues[2]. A Rome, le pape ne dit presque rien. En 1501, il
formule, pour l'ambassadeur de Pologne, quelques éloges personnels et déclare l'élever séance tenante au rang de protonotaire[3]. A Venise, le doge reprend point par point le discours
de l'ambassadeur et y répond, avec beaucoup de mesure, par
des généralités[4]. Sa réponse, par exemple, à l'ambassadeur
de France, en 1495, lors de la reprise des rapports diplomatiques, est un modèle exquis du langage mesuré ; il parle d'a-
bord du « respect « qu'il a toujours eu pour le roi : « Nous
nous sommes toujours fait un usage et comme une loi naturelle d'accueillir avec empressement et bonheur les envoyés
de S. M. et les marques de sa bienveillance envers nous. » Il
ajoute ensuite de courtoises paroles pour la personne de l'ambassadeur, et répond ensuite point par point aux questions abordées dans le discours[5]. L'empereur répond lui-
même[6], et d'une façon souvent brusque. En 1489, il reçoit
les ambassadeurs de France avec des plaintes amères,
« et usa de grosses paroles que les Allemands sont assez

à la stratiote. Il offre trois beaux chevaux harnachés et une balle de tapis. Les
chevaux valent cent ducats pièce. La Seigneurie en fait présent à ses généraux
(Sanudo, *Spedizione*, p. 646).

1) Sanuto, III, 77, 117.
2) Langage de la reine de Sicile (1421. Saige, *Documents*, I, 29).
3) Burckard, III, 121.
4) Sanuto, *passim*.
5) 7 nov. 1495 (Kervyn, *Lettres et négociations*, III, 235).
6) En 1493, le roi des Romains, qui vient de se marier, donnant audience
aux ambassadeurs de Montferrat devant les ambassadeurs de Milan, demande
à ces derniers leur avis sur la réponse qu'il doit faire. C'est une marque officielle d'amitié et d'intimité sans exemple (F. Calvi, *Bianca-Ma Sforza-Visconti*,
p. 62).

coutumiers de tenir[1]. » Il répond à une ambassade de France, en 1474, par l'apologue de la peau de l'ours, sans autre explication[2].

En France, le roi fait généralement répondre[3], à moins qu'il ne s'agisse d'une mission sans grande importance. Ainsi, en 1506, il répond à Machiavel, en le tutoyant[4]. En 1507, il fait répondre aux envoyés vénitiens par le président de Provence[5]. Ces réponses sont toujours extrêmement brèves et simples. Cependant, là aussi, l'école pompeuse s'était autrefois introduite. Jean Jouffroy, dont nous avons parlé, ce foudre d'éloquence, répondit ainsi, au nom du dauphin Louis, à une ambassade de Charles VII, par un long sermon, tout débordant de l'Écriture sainte, à laquelle se mêlaient des souvenirs classiques. Il s'étendit notamment sur la fleur de lys, dans laquelle il trouva quatre vertus; Noblesse, Richesse, Ancienneté, Bonne renommée. Il rappela l'histoire de Joseph, il cita Diogène et St Jean Chrysostome, Quintilien et les Prophètes ; il rappela les trois *lumières* du roi, Puissance, Justice, Sagesse. Il compara le dauphin à Job. Il signala en lui trois vertus, Pudeur, Compassion, Prudence, et s'étendit naturellement sur cette trilogie, à laquelle en succéda une autre : *Veni, Vidi, Vici*. Arrivé à ce point de son discours, il parut

1) Dupuy, *Hist. de la réunion de la Bretagne*, II, 185.

2) Cet ours était le duc de Bourgogne (Commines, liv. ɪv, c. ɪɪɪ).

3) Après le discours de l'ambassadeur, ses collègues se lèvent. Alors, le roi, es cardinaux, le chancelier se lèvent aussi : le chancelier résume en français le discours, on se congratule. Puis tout le monde s'assied. Le roi ordonne de répondre, et le chancelier prononce un discours latin (Réception des ambassadeurs vénitiens, à Blois, 4 déc. 1501. Sanuto, IV, 186).

4) Son discours rapporté dans la dépêche de Machiavel, de Civita Castellana, 28 août 1506.

5) Sanuto, VII, 86. En Hongrie, Thomas Erdœdi, primat de Hongrie, archevêque d'Esztergom (Gran), répond à l'ambassade française de 1500 (Fraknoï).

en recommencer un second, et l'on vit encore longuement dé-
filer Joseph et Chrysostome et Isaie, mêlés au panégyrique
du dauphin[1]. Ce système a disparu de la diplomatie.

En 1509, après la harangue des ambassadeurs de Marguerite
d'Autriche, Louis XII marque beaucoup de joie ; il confère brièvement avec le cardinal d'Amboise et le chancelier, et fait répondre par le chancelier. Cette réponse, après
de cordiaux compliments de bienvenue, aborde d'une manière assez nette les questions négociées, c'est-à-dire la ratification du traité de Cambrai, déjà accomplie par l'empereur,
et que Louis XII annonce également pour sa part. Après ces
belles paroles, on déclare aux ambassadeurs que le roi leur
donnera et députera gens pour communiquer et « besoigner »
avec eux, et l'audience prend fin[2].

A Rome, l'ambassadeur resté à genoux pendant la réponse
du pape, se relève[3], et se place debout à gauche du trône,
pendant que toute sa suite vient baiser la mule, puis l'audience est levée[4].

Un discours de créance devient bientôt un évènement, dont
le monde politique et littéraire retentit. Chacun dit son mot.
L'ambassadeur vénitien à Bude, en 1500, écrit, modestement,

1) Duclos, *Hist. de Louis XI*, p. 185-215.
2) *Lett. de Louis XII*, I, 146 et suiv.
3) L'orateur de Lithuanie, fait protonotaire, reçoit ses insignes séance tenante. Le maître des cérémonies s'approche de lui, et lui ôte son vêtement de
dessus, vêtement qui doit être le profit du *maître*; mais comme ce haut fonctionnaire, dans la circonstance, s'attend à une meilleure gratification, il
affecte de ne pas le garder et le remet à un des gens de la suite. Alors le pape,
en présence de tous les cardinaux, passe à l'orateur les insignes du protono-
tariat, en le déclarant protonotaire. Puis l'orateur se relève, dépose ses
insignes et se retire, suivi des gens du cardinal de Capoue. Dix-neuf cardinaux
étaient présents (Burckard, III, 121).
4) L'ambassadeur retourne à sa maison avec le même cérémonial (Burckard, III, 122).

qu'il vient d'entendre le discours de l'ambassadeur de France, et qu' « on » le trouve inférieur au discours récemment prononcé par l'ambassade vénitienne [1].

Les ambassadeurs présents à l'audience échangent leurs impressions, leurs critiques, leurs louanges, et les transmettent à leurs gouvernements. L'ambassadeur d'Allemagne en France, à la sortie de l'audience de créance des ambassadeurs d'Angleterre, écrit qu'il était impossible de faire un meilleur discours : l'orateur a représenté son roi comme aimant le roi de France plus que tout autre, comme voulant toujours rester son bon fils. Louis XII a fait aussi très bien répondre [2]. A la cour aussi, les commentaires suivent. Burckard, d'ordinaire peu bienveillant, note, par exemple, dans son journal la réception d'obédience de Bretagne, le 11 mars 1499, en consistoire public, où tout se passa à merveille. Les trois ambassadeurs furent introduits un à un, chacun entre deux prélats ; leur créance (écrite en français) avait été traduite d'avance : le pape répondit au discours, habilement, en termes généraux, très élégamment [3]. La harangue du comte Belgiojoso, ambassadeur de Milan près de Charles VIII, qui abordait ouvertement la question d'une descente en Italie, aussitôt divulguée en France, y produit des effets très divers [4].

La divulgation ne manque jamais : en effet, note est aussitôt prise, pour l'usage de la chancellerie, des paroles échangées [5],

1) Sanuto, III, 356.

2) Juillet 1510 (*Lett. de Louis XII*, I, 264). L'ambassadeur de Florence en France écrit à Laurent de Médicis, en 1487 : « Vous aurez sû que les ambassadeurs du pape se sont tirés à leur honneur de leur harangue, et que l'évêque en a été grandement loué » (Kervyn, *Lettres et négociations*, II, 63).

3) A la date.

4) Ms. fr. 17519, fᵒ 77 vᵒ (Hist. manusc. de Charles VIII).

5) Procès-verbal du discours tenu par les ambassadeurs de Chypre, et de la réponse de la Sʳⁱᵉ de Florence (3 oct. 1461. Mas Latrie, *Hist. de Chypre*, III, 154 et s.) Relation de la réception des ambassadeurs du roi, par le duc

et de très bonne heure même, l'usage s'introduisit en Italie de faire imprimer les discours de créance et d'obédience,
en plaquettes in-quarto, qui nous restent en grand nombre [1].
Ce sont de simples feuilles, la plupart sans mention de lieu
ni date d'impression, parfois ornées d'initiales gravées sur
bois. Les discours prononcés à Rome sous Innocent VIII et
Alexandre VI furent ainsi imprimés [2]. On imprimait aussi
à Rome et à Venise les discours prononcés par les ambassadeurs à l'étranger. En France, on ne paraît avoir suivi cet
exemple que pour les harangues importantes. Ainsi le long discours de l'évêque de Lodève, en 1507, fut aussitôt imprimé
officiellement à Paris et à Lyon [3].

Les auteurs, de leur côté, prenaient soin de répandre leur

de Bourgogne : en forme de memento des paroles échangées, sur papier,
sans signature (6 nov. 1464. Fr. 1278, fos 217-219 vo).

1) Le discours d'obédience de Guibé, sous Innocent VIII, cité plus haut
eut deux éditions (Hain, nos 8154, 8155) ; le discours de Jean François Mar-
liano, pour Milan, deux également (id., nos 1774-75) ; Hain cite jusqu'à cinq
éditions du discours d'obédience de Jason del Maino (pour Milan) à Alexandre
VI, en 1492 (id., nos 10971, 10975-78).

2) Hain (Repertorium, nos 10526, 10527) cite même l'impression de trois
discours d'Accurse Mainier à Venise : deux imprimés ensemble sous la date
de 1499, un autre sans date.

3) « Coram Julio secundo, maximo pontifice, sacroque cardineo collegio, pro
christianissimo Francorum rege Ludovico XII adversus impudentem et parum
consultum calumniatorem appologia, per reverendissimum d. d. Gulielmum
Briconnetum, Lodoviensem meritissimum antistitem, Romæ habita mccccvii,
cum privilegio » (armes royales, entourées du collier de l'ordre, avec un
St Michel et un porc-épic, le tout encadré de deux tiges naturelles de fleur
de lys ; pet. in-4o carré de 20 fllts) ; à la fin : « Impressum Lugduni impensis
Vincentii de Portonariis de Tridino de Monteferrato. Anno domini mccccvii,
die xii mensis octobris ». Le même discours a été imprimé à Paris pour Denis
Roce, sous ce titre : « Apud Iulium secundum, pontificem maximum, sacrum-
que cardineum collegium, pro christianissimo Francorum rege Ludovico XII,
per reverendum D. d. Gulielmum Briconnetum, Lodoviensem meritissimum
antistitem, oratorem regium, Romæ habita apologetica oratio mccccvii. » A
la première page, la marque de Denis Roce, et « Venundantur Parisius in vico
sancti Jacobi sub sancti Martini intersignio » ; petit in-qo long, de 9 fllts.

œuvre. La traduction française du discours de l'évêque de Lodève existe encore à l'état de manuscrit original, offert au roi, très probablement par l'ambassadeur [1]. Un ambassadeur de Rimini envoie en présent à Marino Sanuto le texte de son discours [2]. Nous voyons imprimer à Leipzig un discours prononcé à Rome en 1511, et adressé par l'auteur à l'un de ses amis [3].

Aussitôt après l'audience, si elle est importante, le gouvernement en envoie le résumé, ou par circulaire sommaire à tous ses représentants à l'étranger [4], ou par dépêches détaillées à certains d'entre eux [5], pour communication aux gouvernements respectifs [6].

1) Ms. fr. 5105, petit in-f⁰, orig., de 27 ff⁸, dont 24 utiles, sans titre : la première page est encadrée d'une bande de fleurs de lys sans nombre sur champ d'azur, avec les armes du roi et de la reine.

2) Sanuto, V, 684.

3) Sous ce titre : *Oratio sanctissimi federis initi inter pontificem et hispanum et Venetos, habita Rhome tertio nonas octobris anno undecimo*, pet. in-4⁰, impression de Leipzig, s. d., avec marque du libraire. Au verso du titre, une note, ainsi intitulée : « Prestantissimo viro, dⁿᵒ Gunthero de Gunan, prothonotario apostolico et decano Neumbergensi, etc. Doctor Scheurlus », avise que l'impression est faite pour assurer la publicité de l'œuvre.

4) Circulaire du duc de Milan (11 février 1466. Archivio Sforzesco), avisant qu'il a donné, le matin même, audience aux ambassadeurs de France. Ils ont fait l'éloge de la maison de France, puis le nôtre, malgré notre indignité, dit-il. Le but de cette ambassade est de : 1⁰ nous remercier de notre appui ; 2⁰ nous offrir celui de la France ; 3⁰ nous exhorter très instamment à envoyer quelqu'un pour conclure le mariage de la sœur de la reine avec notre fils Galéas. Nous avons répondu comme il convenait et accepté le § 3. Nous envoyons Albéric Malleta. « Delche darete immediate notitia ad quella Illustrissima Signoria ».

5) Dépêches de Venise aux ambassadeurs en France et à Rome, du 8 déc. 1514 (ces deux dépêches racontent la même audience sous des formes différentes).

6) Le duc de Milan communique à Venise par son ambassadeur la harangue de créance de l'ambassadeur de France et la réponse qu'il y a faite (février 1495. Kervyn, *Lettres et négociations*, II, 167). Le 9 déc. 1514, le conseil des X de Venise, sur une interpellation directe d'Antoine Trivulce, évêque d'Asti, orateur de France, à propos de la harangue de Pierre Bembo et du bref

C'est aussi après l'audience de créance que les ambassadeurs adressent eux-mêmes[1] à leur gouvernement une dépêche détaillée, où ils rendent compte de leur arrivée, de leur entrée[2], où ils analysent leur discours de créance et la réponse officielle[3]. Nous trouvons à Bologne des lettres, où, répondant à cette dépêche, la Seigneurie analyse de nouveau à son tour le langage tenu par l'ambassadeur pour l'approuver et lui donner ainsi plus de force. Elle écrit le 4 novembre 1500 à Ant. Saxigliono, son envoyé en France : « Excellent et très cher, nous avons reçu ta dépêche du 22 octobre dernier, datée de Nantes en Bretagne ; elle nous a été fort agréable, et nous avons eu grand plaisir à être avisé par toi des choses que tu nous écris. Entre autres, nous apprenons par cette dépêche comment, après avoir dûment fait en notre nom la révérence au très chrétien seigneur roi, tu lui as, avec la plus grande habileté, recommandé nos affaires, attendu la présence d'une armée de Romagne[4] » etc.

Dans les ambassades florentines, le notaire-secrétaire de

---

de Léon X, décide de dire que la république a évité de répondre catégoriquement pour gagner du temps, qu'il ne faut pas croire à la réponse faite à Bembo ; aucune menace ne peut ébranler l'alliance avec la France. « C'est une réponse provisoire, nous en avons annoncé une seconde, et Bembo ne l'aura pas de sitôt. » Le conseil décide aussi d'écrire directement dans le même sens à l'ambassadeur en France.

1) Lorsqu'une ambassade spéciale est présentée par un résident, le résident, de son côté, rend compte de l'audience. Ainsi Villiers de la Groslaie, ambassadeur à Rome, écrit au roi que son envoyé spécial, l'écuyer Perron de Bascher (*alias* Baschi, dans les textes italiens, ou Basché) est arrivé, qu'il a été reçu par le pape, et bien (fr. 15541, f° 200).

2) L'ambassadeur de la duchesse de Milan à Rome, après la mort de François Sforza, écrit qu'il est entré la veille à Rome, reçu par toutes les *familles* des cardinaux ; pas un ambassadeur ni un prélat n'a manqué. Démonstration sans exemple depuis longtemps (28 mars 1466. Archivio Sforzesco).

3) Dépêches diverses de Machiavel, not. du 17 juillet 1500.

4) Arch. de Bologne, *Litterarum*.

l'ambassade rédige un certificat latin constatant l'entrée de l'ambassade et sa réception et il adresse cette pièce par la poste, sous pli cacheté, au premier chancelier ou secrétaire de la Seigneurie [1].

A partir de ce moment, le terrain se trouve préparé pour la négociation et, la période d'apparat terminée, la négociation proprement dite va s'ouvrir. Quelquefois, à l'issue de l'audience, on offre à l'ambassadeur de lui faire voir les curiosités de la ville [2]. On le festoie [3], même lorsque

1) Archives de Florence, *Legazioni e comm.*, reg. 4, certificats originaux. Voici le texte de l'un d'eux (f° 96) : « Fit fides per me notarium et secretarium infrascriptum qualiter die XI[a] decembri anni millesimi quingentesimi secundi, et in oppido Loces, partium Francie, Mag[cus] vir Alexander Francisci de Nasis, ex oratoribus Florentinis ad Christianissimum Regem Francie, se cum ejus collegis presentavit ad primam audientiam, et expositionem eorum commissionis coram ejus Chr[mo] M[te] aliaque omnia fecit que et ad que tenebatur secundum ordinamentum communis Florentie, ut moris est. In cujus rei fidem hanc fieri et me suscribi... Ego Octavianus Pepe, notarius et secretarius oratorum Florentinorum, interfui, predictumque jussus scribere scripsi et me ut supra suscripsi. » — (F° 48). Certificat du notaire-secrétaire, que Nicolas Valori, ambassadeur en France, « se personaliter presentavit et primum ingressum et audientiam habuit a prefato rege chr[ma] die XVIII[a] januarii », 1503. (F° 49). Semblable certificat de la première audience de Donato Accaiuoli, ambassadeur près du pape, le 8 mai 1507. (F° 50). Semblable certificat, du 25 novembre 1505, pour Alex. de Nasi, ambassadeur à Rome (avec deux témoins, marchands florentins), constatant son entrée à Rome « cum solita pompa et sufficienti comitiva » et sa première audience le 26. (F° 55). Certificat du 28 mai 1505, que François, fils feu Pierre Philippe Pandolfini « una cum debita et requisita comitiva seu numero servorum, se representavit coram suprascripto chr[mo] Regi eique publicas litteras presentavit, ut moris est, in civitate Blesis. » (Envoyé par la poste sous pli cacheté à « D[no] Marcello Vergilio secretario ». F° 65. Même certificat, avec même envoi. F° 66). Certificat de l'entrée à Rome de Pierre Accaiuoli, « novus orator florentinus,.... moram tracturus apud Summum Pontificem ». (F° 97). Certificat de la première audience de Nasi près de Louis XII, le 11 décembre 1502. (F° 166). Certificat de première audience de Bald. Carducci, ambassadeur florentin près Raymond de Cardone, vice roi de Naples et capitaine général de la ligue, par un secrétaire « penes » le vice-roi (23 août 1512).

2) Sanuto, V, 994.

3) Après leur réception solennelle en consistoire, les ambassadeurs polonais

le ton de l'ambassade ne présage pas des négociations très faciles [1].

En Orient, la présentation de créance par les ambassadeurs donne lieu à un déploiement de faste tout particulier.

En septembre 1505, l'ambassadeur musulman du sophi de Perse offre à Constantinople de magnifiques présents, notamment quatre éléphants : néanmoins, le sultan lui refuse le baise-main, sous prétexte que le sophi a fait manger du porc à l'ambassadeur turc, et l'envoyé se montre fort blessé de ce traitement [2].

André Gritti, envoyé à Constantinople en 1502, part, avec l'ambassadeur turc, sur les galères de la république. A la bouche de *Streto*, l'orateur turc descend à terre, pour recevoir des présents du sandjack selon l'usage : de même, à Gallipoli : Gritti en reçoit également.

A son arrivée à Constantinople, Gritti est attendu, par l'agha et les principaux fonctionnaires, et logé à la maison de l'ancien baile vénitien, maison donnée, depuis la guerre, au sandjack de Gallipoli. Des sentinelles, placées à la porte, empêchent toute communication avec le dehors. L'ambassadeur envoie ses présents au Grand Seigneur et aux pachas : lui et tout son personnel sont reçus à dîner par des pachas [3]. L'audience du sultan est fixée au dimanche, un des quatre jours d'audience ordinaire. L'ambassadeur descend de cheval à la deuxième cour du sérail, au milieu de 3,000 janissaires, de 1500 spahis, d'une foule de pachas et d'offi-

---

sont retenus à dîner par le cardinal *Regino* (mars 1505. *Disp. di Giustinian*, III, 448).

1) Août 1505 : *Deuxième voyage de Philippe le beau*, publié par Gachard, p. 398-399.

2) Sanuto, VI, 221.

3) Sanuto, V, 449.

ciers [1]... Le sultán se lève pour recevoir l'ambassadeur, et le fait asseoir. D'ordinaire, on baisait la main du Grand Seigneur, mais Bajazet II ne voulait pas montrer sa main qui était malade : il refuse donc le baise-main [2]. En présence des pachas, restés debout, l'ambassadeur présente sa lettre de créance. Par l'intermédiaire d'un drogman du sultan et d'un drogman de l'ambassade, le sultan demande des nouvelles de l'ambassadeur et du doge ; l'ambassadeur répond, fait ses salutations, et donne le projet de paix, juré à Venise, en priant d'accepter les modifications. Le sultan passe ce document aux pachas. Puis on parle de diverses affaires, le sultan se retire, et l'ambassadeur revient chez lui, escorté jusqu'à la porte par les pachas, et jusqu'à sa maison par l'agha. Il écrit à Venise que le sultan lui a paru gauche et timide [3].

Il est curieux de rapprocher de cette description le récit de l'audience de l'ambassadeur vénitien, Dominique Trevisan, par le soudan du Caire, le 10 mai 1512, dont le souvenir est consacré par un tableau de l'école de Gentile Bellini [4]. La réception a lieu dans une cour de la citadelle du Caire, à la porte d'une salle qui existe encore sous le nom de Diwan el Ghoury. Le soudan Cansou Ghoury est assis, et l'ambassadeur debout, avec sa suite.

Une longue dépêche du secrétaire de l'ambassade vénitienne au Caire du 24 avril 1503 [5], rend un compte fort détaillé de la première audience de son ambassadeur. Dès l'aube,

1) Sanuto, V, 456 et suiv.

2) A l'ambassadeur de Perse, en 1508, il fait baiser son genou (Sanuto, II, 631).

3) 1502. Sanuto, V, 449-450.

4) Musée du Louvre, n° 60. Sa relation manuscrite, due à Zaccaria Pagani de Bellune, appartient à M. Charles Schefer, membre de l'Institut, administrateur de l'Ecole des langues orientales.

5) Sanuto, V, 49.

l'ambassadeur monte à cheval et se rend au château, avec une grande escorte de pachas et de mamelucks. Sa *familia* le suit sur des ânes. On met pied à terre au bas d'un grand escalier, et l'on entre au château entre deux haies de mamelucks blancs, rangés en silence et en respect, comme des observantins de St François. Après la grande porte de fer, on traverse encore onze portes : à la dernière, se trouvent des eunuques noirs ou blancs. Trois ou quatre, d'une prestance superbe, sont majestueusement assis. A chaque porte, se tient une haie de cent mamelucks. L'ambassade reprend haleine, après avoir parcouru près d'un mille à travers toutes ces portes, puis elle pénètre par la onzième porte, gardée par des eunuques et des mamelucks. Là, se trouve une place six fois grande comme la place St Marc, avec 6,000 mamelucks blancs rangés en bataille, toujours dans plus le profond silence. Au fond, une superbe tente, avec un grand tapis : le soudan y était assis à l'arabe, entouré d'une brillante cour ; l'orateur entre, avec force révérences, en faisant mine, lui et sa suite, de baiser la terre : à huit pas du soudan, il donne sa créance, et dit quelques mots que traduit le drogman (« el magnifico turcimano »). Puis on retourne dans le même appareil. Mais comme c'était jour d'audience et qu'il y avait sur la place un millier d'Arabes, le gouverneur du château avertit l'ambassadeur que ces gens pourraient bien lui faire un mauvais parti et donne une escorte de dix mamelucks, qui repoussent la foule à grands coups de bâton, comme un troupeau.

Revenu chez lui avec le même cérémonial, l'ambassadeur envoie au soudan de riches présents ; puis il a une audience secrète, le lendemain.

En cas de brouille complète, le souverain peut refuser toute audience aux ambassadeurs [1], ou n'accorder qu'une audience secrète. Dans ce second cas, l'ambasssadeur voit sans aucun apparat [2] le roi ou bien seulement un membre du conseil délégué pour le recevoir [3]. La première audience peut demeurer secrète aussi pour des causes toutes différentes, dont le souverain reste juge [4].

Dans le cas, très rare, où l'ambassade a pour but une simple notification, la première audience publique suffira, et le souverain se borne à annoncer qu'il fera remettre plus

1) Louis XII refuse toute audience aux ambassadeurs napolitains en 1500 et en 1501 (Sanuto, III, 1632, IV, 8). Jules II ne veut pas recevoir, pour la première entrée, l'évêque de Paris comme ambassadeur de France, mais comme évêque, et promet de lui faire bonne chère. 1511 (*Lett. de Louis XII*, II, 199).

2) L'ambassadeur de Venise en Allemagne obtient difficilement une audience : la reine ne voulait pas qu'on la lui donnât. Enfin, on la lui accorde, secrète : il s'y rend par un jardin, et remet sa créance, avec le discours habituel, devant trois ou quatre personnes (juillet 1500. Sanuto, III, 564). Des ambassadeurs milanais écrivent qu'ils n'ont pu être reçus du roi que grâce à Philippe de Commines. Le roi les reçoit dans un petit cabinet, brusquement et familièrement : « C'est vous qui êtes l'homme du duc de Milan »?, dit-il au premier. Il les congédie, sous prétexte d'une occupation urgente, et leur donne audience pour le lendemain. Mais le lendemain il part pour la chasse. Commines dit aux ambassadeurs que le roi a vu leurs papiers, qu'il répondra une bonne lettre au duc de Milan et qu'ils n'ont plus qu'à prendre congé (Kervyn, *Lettres et négociations*, III, 9).

3) Le roi des Romains envoie incognito à Venise un de ses conseillers, H. Rauber, comme *nontio* pour des ouvertures de paix. Le conseil charge un de ses membres de le voir (4 sept. 1508. Sanuto, VI, 626).

4) Un orateur hongrois est expédié très secrètement par Maximilien, qui le voit seul (17 déc. 1506. Sanuto, VI, 276). En 1493, Pirovano, l'envoyé milanais, reçoit avis d'attendre le roi à la porte du château (à Melun) et de lui présenter à cheval ses lettres de créance, ses recommandations, et d'exposer quand il serait en rase campagne ses propositions. A peine en selle avec son secrétaire, le roi parut et s'approcha. Pirovano mit pied à terre par respect et offrit ses lettres. Le roi les prit, les lut, écouta Pirovano, le pria de le suivre; ils s'éloignèrent, suivis à cinquante pas d'un simple archer écossais, et l'entretien dura plus d'une demi-heure. Le roi ne parlait que français: Pirovano le comprenait avec une certaine peine (Rapport de Pirovano. Romanin, *Storia documentata di Venezia*, t. V, p. 29 et s.).

tard sa réponse [1]. Cette méthode suffit aussi pour entamer une négociation, lorsque l'ambassadeur a jugé bon d'attaquer ouvertement les questions d'affaires dès son discours de créance ; mais on comprend qu'une négociation sous cette forme revêt de suite une couleur plus spécialement officielle et comminatoire.

Selon la pratique habituelle, l'ambassadeur demande à l'issue de l'audience publique une audience secrète [2] ; il est souvent fait allusion expresse à cette audience dans le discours de créance ou dans la réponse du souverain. L'audience secrète se produit sous deux formes : 1° comme véritable audience du souverain, ou tout au moins du grand conseil ; 2° comme conférence avec une commission spéciale du grand conseil. Quant au résident, envoyé sans aucun mandat spécial, son œuvre diplomatique peut commencer par de simples visites. Ainsi, nous distinguons quatre procédés pour suivre une négociation ; 1° réponse du chef de l'État ; 2° audience secrète, 3° conférence avec des délégués, 4° visites. Nous allons les passer en revue.

1° *Réponse du chef de l'État.* — Cette réponse consiste dans une déclaration aux ambassadeurs, qui met fin à la négociation.

La déclaration peut être verbale [3], et dans ce cas elle com-

1) Il peut même répondre séance tenante, mais le cas se produit très rarement, et ne suppose pas de ménagements à garder. Venise étant très mal avec Florence, le doge répond dès la première audience aux envoyés florentins (Buonnaccorsi, *Diario*, p. 8).

2) Rapport d'un ambassadeur anglais, 1419 ; Quicherat, *Thomas Bazin*, IV, 278. Sanuto, III, 87, etc.

3) Réponse verbale (mais gardée par écrit) du roi (Charles VII) à Ouaste et Levrault, envoyés de son fils: « C'est la responce que le Roy de sa bouche a faicte... », en forme plutôt paternelle que royale (fr. 2811, 50). Lettre du duc de Milan à Louis dauphin, 31 juin 1461 (*Lettres de Louis XI*, I, p. 352). Bien qu'ayant déjà écrit le 20, sur l'arrivée des ambassadeurs,

porte souvent une recréance, comme nous le dirons plus loin.
Mais la réciprocité est la règle des négociations diplomatiques. Si donc l'ambassadeur a présenté une lettre de son souverain, on lui remettra une lettre [1] ; s'il a communiqué ses instructions, on lui remettra une note écrite en réponse aux articles.

Dans les cas même ou l'on n'a pas à donner de vraie réponse, la courtoisie de mise entre souverains amis veut qu'on
réponde à la lettre de créance apportée par l'ambassadeur,
par une lettre directe, où l'on remercie plus ou moins chaleu-
reusement des protestations d'amitié formulée par l'ambassade [2]. Dans tous les cas, la réponse est délibérée en grand
conseil, et l'on en donne habituellement lecture [3] à l'ambassadeur, mandé dans ce but [4]. Elle est écrite en latin, par ar-

le duc adresse une nouvelle lettre de congratulation, très vive, avec l'éloge des
ambassadeurs, qui diront au dauphin tout son dévouement. — Autre **créance**
avec grand éloge du secrétaire chargé d'affaires, du 13 juillet 1461 (*Id.*,
p. 353). V. plus loin.

1) Sanuto, III, 194.

2) Desjardins, II, 519. Ms. lat. 10133 (Recueil de Simonetta), fº 428. **Lettre**
d'Henri VII d'Angleterre au duc de Milan, Westminster, 18 février 1480. Il
a reçu avec grande joie les protestations d'affection apportées par les ambassadeurs, il proteste de sa sympathie. Même lettre, fº 481, sous date de 1489.—
Ms. Moreau 734, fº 119. Gênes envoie à Louis XI des ambassadeurs, le 2 oct.
1479. Plessis-les-Tours, 27 novembre, Réponse de Louis XI : il a reçu les ambassadeurs ; il traitera les affaires des Gênois de manière à les contenter. —
Sanuto, III, 1622. Le légat du pape en Hongrie (pour la croisade) a délégué
un nonce au roi de Pologne. Lettre du roi au légat, accusant réception
(en latin. Intitulation : *Amice honorande*); mars 1501.— Lettre du duc de Savoie au roi, très humble, accusant réception de sa lettre. Dès qu'il aura ouï
l'ambassade, il fera «telle response que aurez cause vous contanter ». Signée:
« Vostre très humble et très obéissant serviteur, le duc de Savoye, Charles »,
adressée : « A mon très redoubté seigneur, Monsʳ le Roy » (fr. 2923, fº 27).

3) « De more. » Sanuto, vii, 108.

4) K. 78, 13. — Lettre (en français) de Maximilien aux ambassadeurs de
France. Vous nous avez parlé, dit-il, à Loben (Leoben) de la part de Louis XII:
nous avons *délayé* de vous répondre. Nous avons assemblé « ceulx de nostre
Saint Empire et sommes en consultation avec eulx ». Nous pourrons vous

ticles, calquée sur les instructions et dans le même style [1].

Cette communication se fait attendre trois ou quatre jours, souvent davantage [2], et ne procure pas toujours un moment agréable [3]. Lorsqu'elle a véritablement l'importance d'un acte diplomatique, on cherche à lui retirer le caractère purement verbal, et à la transformer en notes écrites, dans un intérêt réciproque [4]. Si elle doit présenter un caractère commina-

---

répondre dès votre arrivée. Venez le plus tôt possible à Schaffouse. J'envoie à vous, M. de Champdeniers, la ramure du cerf que vous avez désirée (Haguenau, 7 mars 1506). — En 1506, le doge de Venise va en personne à l'auberge des ambassadeurs d'Allemagne, leur porter la réponse du conseil (Sanuto, VI, 494).

1) Réponse écrite du duc et de la duchesse de Milan, en latin, divisée en deux parties, signée du duc et de la duchesse : 1° pour l'affaire principale. Félicitations, remerciements, compliments, dévouement aux ambassadeurs et au roi. Vertu, sagesse, religion de l'immortel roi et de ses félicissimes et christianissimes prédécesseurs. Ses avis sont portés « usque ad cœlum ». Mais on ne peut rien traiter sans les Florentins. La conduite du pape est peu digne du vicaire du Christ ; 2° pour Gênes. Grâces immortelles au roi. Nous tiendrons Gênes en hommage de lui. Mais il n'est pas facile de la prendre. A Rome, dites donc à Urbain de Flisco, évêque de Fréjus, de tenir ce qu'il a promis au roi à ce sujet pour sa famille (Signé). — Note analogue des Florentins (ms. lat. 11802).

2) En Suisse, la diète fédérale indique le jour de la réponse (Jean d'Auton, I, p. 347) : mais, hors de ses sessions, on attend souvent une quinzaine de jours (1475. Gingins la Sarraz, Dép. des ambass. milanais, t. I); en 1495, Commines attend à Venise quinze jours la réponse (Kervyn, Lettres et négociations, III, 235).

3) Au bout de quatre jours, Charles VII mande Courcillon, envoyé du dauphin, pour la réponse. Le chancelier répond que « la chose a trop duré, et en veut le Roi voir la fin, et en effet est délibéré de n'en souffrir plus.» Le chancelier ajoute : « Messire Guillaume, prenez congé du Roi, vous estes expédié. » Guillaume se jette aux genoux et supplie le chancelier d'ajouter quelque chose : le roi dit que non. Guillaume alors dit : « Messeigneurs, je ne suis point clerc, et je suis de gros entendement. Je vous prie, baillez moi cette réponse par écrit. » Le chancelier répond que ce n'est pas la coutume (Duclos, Hist. de Louis XI, IV, 161-163).

4) « La vint mondit sr de St Pol, et récita la cause qu'il avoit de par Mgr de Charolois, comme il disoit... Sur laquelle créance, fut délibéré et conclu en la présence du Roi... » M. de St Pol n'ayant rien apporté par écrit, on résolut de ne lui donner aucune écriture « signée de secrétaire », mais de le laisser libre d'écrire lui-même la réponse, s'il le voulait, pour sa

toire dangereux, on préfère attendre ; on trouve des excuses pour ce retard : absence de certains conseillers, désir de consulter le royaume, nécessité de l'agrément préliminaire d'une autre puissance [1]...

A Venise, la Seigneurie en référait au sénat des communications des ambassadeurs, par une note détaillée et très précise, intitulée : « Summarium expositionis magnif[i] d[ni]..., oratoris... » Le sénat délibérait sur la réponse à faire, quelquefois au bout de plusieurs jours. Cette réponse, arrêtée à la pluralité des voix, était verbalement communiquée en italien par le doge à l'ambassadeur, en séance du conseil. Outre le caractère verbal, la réponse présentait, dans les cas difficiles, une rédaction soigneusement ambiguë qui, dans une lecture rapide, pouvait donner le change à un ambassadeur, même expérimenté. A M. de Citain, venu, le 3 mai 1494, proposer nettement, au nom de Charles VIII, une action armée commune contre Naples, le sénat vote, le 9 mai, après de longs débats, une réponse de ce genre : il promet de faire ce que doivent « de bons amis » [2]. En 1493, Perron de Bascher rapporte

gouverne. Quelque temps après, un homme apporta des lettres du Cte de Charolais et de M. de St Pol, demandant l'interprétation de quelques paroles de la première réponse, qui « lui sembloient troubles et obscures. » On répondit par lettres (Duclos, *Hist. de Louis XI*, IV, p. 230-235). En 1505, l'archiduc fait aux ambassadeurs français réponse qu'il s'ébahit d'une « si brève sommation. » L'empereur, présent à la réponse, parle beaucoup plus vertement. Après le départ des ambassadeurs, on fait courir après eux, pour leur demander leur charge par écrit, afin de savoir si le roi « les advoieroit. » Ils la donnent, mais en termes très adoucis (Gachard, *Deux voyages de Philippe le beau*, p. 398-99). « C'est la cause que Messires Jean de Croy et Simon de Lallain, chevaliers, Me Jean de Clugny et Toison d'Or, conseillers de M[r] le duc de Bourgogne, ont proposé devant le Roi par ledit Me Jean de Clugny le samedi 27e jour de novembre 1456... et aujourd'hui 5e jour de décembre... l'ont baillée par écrit » (Longue note. Duclos, *Hist. de Louis XI*, IV, p. 153). Cf. Réponse de Charles VII aux ambassadeurs d'Espagne, lat. 5956 A, n°s 27-42, f° 188.

1) 1510. Fraknoï, *ouvr. cité*.

2) Arch. de Venise, Secreto 35, p. 5 v°.

à Charles VIII, après une réponse très polie, qu'on peut compter sur Venise : Charles VIII écrit en conséquence et Venise
se demande s'il faut lui ouvrir les yeux par une ambassade
verbale, ou par un écrit : ce dernier système prévaut comme
plus sûr [1].

2° *Audience secrète.* — L'audience secrète est accordée
par le chef de l'Etat à son gré. Parfois, elle a lieu séance tenante ; il suffit d'évacuer la salle, et l'audience s'achève en
présence des mêmes conseillers [2]. En général, l'audience est
fixée au lendemain de la première ou au surlendemain [3].

L'audience secrète ne paraît pas tout d'abord, pour un historien, se distinguer bien nettement de l'audience de réponse ;
pourtant, elle en diffère profondément. L'audience de réponse
suppose que les ambassadeurs, à moins d'ordres nouveaux,
ont épuisé leur mission dès la première audience : l'audience
secrète, au contraire, marque la première étape d'une négociation, et elle comporte encore un certain apparat : on peut,
si l'on veut plaire particulièrement à un ambassadeur, lui
faire une escorte, comme la première fois [4]. Cette audience
complète en tout la première. Si, par un hasard quelconque,
l'ambassadeur s'était borné, dans son audience publique,
à une rapide salutation sans présenter sa créance, il peut la

1) Perret, *Bibl. de l'Ec. des Chartes.* LII, livr. 3, p. 285 et s. *L'Ambassade de Jean de Chambes*, pièce I.

2) Sanuto, III, 237, 1170; X, 504. En 1502, à Rome, pour un simple changement de résident vénitien, la conversation s'engage de suite entre le pape
et le nouveau résident, sans autre formalité (Villari, *Dispacci di A. Giustinian*,
I, 14). Les ambassadeurs suisses ont de Maximilien leur audience de créance
avant la messe (Le Glay, *Négociations*, I, 210), et leur audience privée après
diner (*id.*, 212).

3) Sanuto, VII, 86; V, 1001. Roscoë, *Vie de Léon X*, pièce XVII.

4) Ambassadeur turc à Venise en 1504 (Sanuto, V, 1001). A chaque audience, en Espagne, une escorte va prendre chez eux les ambassadeurs (Guicciardini, *Opere inedite*, VI, 21).

présenter à celle-ci [1]. Il peut réserver aussi pour la seconde audience la présentation d'une lettre [2] ou même l'offre de ses présents [3]. Mais ce qu'il réserve le plus volontiers, c'est l'exposé véritable de la négociation.

L'audience secrète a lieu dans une chambre du palais, par exemple dans le *retrait* ou cabinet du roi ; le roi est simplement vêtu [4], le dialogue y prend une tournure privée et, au besoin, affectueuse [5]. On abandonne le latin officiel [6].

Il n'y a point d'ordre régulier à suivre. L'ambassadeur peut prendre la parole et exposer ce qu'il doit dire [7], ou bien l'audience s'engage sous forme de conversation. Dans une dépêche du 9 septembre 1463 [8], le milanais Em. de Jacoppo raconte une audience secrète de Louis XI, type accompli du genre familier et du parti à en tirer. Louis XI voulait : 1° donner une haute idée de son indépendance et de sa puissance ; 2° s'attacher le duc de Milan ; deux objets fort ration-

---

1) L'ambassade solennelle de 1445, en Angleterre, prononce un premier discours de simple présentation et salutation : après la réponse du chancelier, les ambassadeurs s'agenouillent, et protestent de l'amitié du roi de France pour le roi d'Angleterre et de son désir profond de paix. Ils se déclarent prêts à exposer leur créance : puis se retirent. La créance n'est exposée que dans une seconde audience, privée (fr. 3884, f° 177 et s.).

2) Sanuto, V, 1001.

3) L'envoyé de Lithuanie offre au pape en audience particulière de magnifiques fourrures, de zibeline, de martre, d'hermine et autres, 50 peaux très belles de zibeline et deux tasses d'or, qui plaisent fort au pape (1501. Burckard, III, 123).

4) 1445. Ms. fr. 3884, f° 177 et s...

5) Roscoë, *Vie de Léon X*, pièce XVII.

6) Sanuto, III, 1170. Le roi et la reine d'Espagne donnent eux-mêmes l'audience privée aux ambassadeurs d'Angleterre, entourés d'anciens ambassadeurs en Angleterre : l'audience dure plus d'une heure (J. Gairdner, *Historia regis Henrici septimi*, p. 173).

7) Cte de Circourt, *Le duc Louis d'Orléans*, II, 35 : Boislisle, *Et. de Vesc*, p. 190-191. Dans ce cas, l'exposition est faite, — irrégulièrement, — par le résident.

8) Archivio Sforzesco.

nels. A cet effet : 1° le roi, sur un ton de conversation, passe
en revue ses relations avec ses voisins, pour prouver qu'elles
sont bonnes et qu'il n'a rien à craindre. Les Barcelonais,
dit il, lui ont envoyé, pour la seconde fois, des ambassadeurs,
afin de se donner à la France, ainsi que les Roussillonnais ;
il a refusé, par respect pour sa parole envers le roi d'Aragon. Il déclare aussi qu'il tient à sa discrétion le duc d'Orléans. 2° L'ambassadeur insinue qu'on craint des désordres à
Gênes. Louis XI répond par des serments de dévouement au
duc de Milan[1]. Puis on s'embrasse, on se congratule ; à la
faveur d'un moment de silence, Louis XI pose discrètement
des questions sur quelques points délicats, puis on se sépare
très affectueusement. Louis XI tutoie l'ambassadeur, lequel
s'incline jusqu'à terre.

Pour les audiences moins intimes, l'ambassadeur est muni
d'instructions détaillées. Certaines instructions visent nommément cette audience après l'audience publique. Ainsi, une
instruction de 1498 prescrit aux envoyés vénitiens en France
de reprendre, en audience privée, la thèse du dévouement
de la République pour le roi, qu'ils développeront largement : puis, d'exposer le vif désir d'une alliance. Si le roi
paraît indiquer que tel est également son vœu, il faudra in-
sister de suite dans ce sens. Les ambassadeurs devront, « avec
toute la dextérité possible, chercher à pénétrer et à comprendre toute résolution intime et formelle du roi en cette
matière, et donner avis très rapide, très minutieux, de toutes
choses, pour qu'on puisse y répondre[2]. »

1) Le roi lui dit : « Manuel, jo te giuro per mia conscientia che o piu gran
voglia di havere bona intelligentia con luy (ton maître) che con tutto el resto
de li signori de tutta la X[ta]. »

2) 10 juillet 1498 (Secreto, 37). Cf. l'instruction vénitienne du 20 juin 1509
aux ambassadeurs à Rome (A. de Venise).

La relation de l'ambassade circulaire française de 1478-1479, en Italie [1], suffit à nous montrer la valeur et la place de l'audience secrète dans une négociation. Le 27 décembre 1478, **en** audience publique, à Milan, les ambassadeurs ont formulé leurs propositions et communiqué leurs instructions. Le duc et la duchesse de Milan avaient déclaré qu'ils répondraient après conférence en conseil : ils remettent leur réponse **écrite**, le 31 décembre. Le 11 janvier, même procédure à Florence : la réponse, libellée le 15, est remise le 16 aux ambassadeurs. A Rome, les ambassadeurs prononcent leur créance le 27 janvier. Le pape confère, après leur départ, avec les cardinaux ; puis il rappelle les ambassadeurs et leur demande, sur l'avis des cardinaux, de remettre leur discours par écrit, à cause de son importance. Les ambassadeurs le déposent le jour même, en latin. Le 30 janvier, les ambassadeurs demandent et obtiennent pour le lendemain audience secrète. Là, ils communiquent leurs instructions particulières, et sur cette base s'engagent les négociations, qui dureront jusqu'au 2 juin.

3° *Conférence avec des délégués.* — A l'issue de l'audience publique, le chef de l'Etat désigne un ou plusieurs membres de son conseil pour recevoir les ambassadeurs et suivre avec eux les négociations. Ce système est le plus pratique et le plus expéditif pour mener à bien une négociation : en France, c'est le système usuel. Un ambassadeur ne saurait se refuser à l'emploi de ce procédé que s'il était porteur d'un ultimatum et qu'il refusât de négocier [2]. Tout ce que pourrait faire un

1) Lat. 11802.
2) Mathieu Lang, évêque de Gürck, ambassadeur d'Allemagne pour la paix avec Jules II, arrivé à Bologne, voit quatre fois le pape. Après les premiers pourparlers, Jules II veut renvoyer la question à trois cardinaux : Lang, à qui cela est interdit par ses instructions, prend congé et part à l'instant pour Modène... Au fond, on sait que la chose s'arrangera. Il emmène l'ambassadeur d'Espagne. — Lang n'a pas voulu aller à la chapelle du pape : il a

ambassadeur maladroit, serait de demander le changement
ou le retranchement d'un délégué, qu'il supposerait mal in-
tentionné. Adressé par Charles VIII à une commission
de six conseillers, le florentin François della Casa, en 1493,
obtient le retranchement d'un des conseillers, le prince de
Salerne, qu'il blesse ainsi sans aucun profit[1].

Le roi désigne pour cette commission au moins deux membres de son conseil[2], et souvent cinq ou six. Il choisit toujours
des personnes de sa plus entière confiance : Guillaume Briçonnet, sous Charles VIII, le cardinal d'Amboise sous
Louis XII, reçoivent les ambassades, pour peu qu'elles aient
une importance. Le chancelier, et, pendant les premières années de Louis XII, le maréchal de Gié figurent dans ces commissions. On leur adjoint volontiers des conseillers spécialement au courant des affaires dont on va traiter, ou anciens
ambassadeurs dans le pays[3]. Les délégués étudient soigneusement l'affaire et les ambassadeurs trouvent ainsi à qui uti-

amené d'Allemagne une chapelle, et fait célébrer l'office dans sa maison. Et
tout le monde crie : *Imperio, Franza, Siega, Siega* (*siegen*, paix) (avril 1511.
Sanuto, XII, 148).

1) Boislisle, *Et. de Vesc*, 62.

2) 1502. Sanuto, IV, 445. Buonnaccorsi, *Diario*, p. 129 : « Deux ambassadeurs de Florence, près Louis XII, pratiquent pour Pise, avec les deux audi-
teurs qu'on leur a donnés » (le Cte de S. Severino et un secrétaire du roi très
influent).

3) Pour traiter et conclure le mariage d'Anne de Foix avec les ambassadeurs de Hongrie, Louis XII délégue le cardinal d'Amboise, le chancelier de
France, le maréchal de Gié et Valérien de Sains (ce dernier ancien ambassadeur en Hongrie. Jean d'Auton, II, 217). « Aussitôt sortis de cette première
audience, Sa Majesté nomma, pour traiter avec eux (les ambassadeurs d'Allemagne) de la paix, le cardinal d'Amboise, le grand chancelier, Mgr de
Bourbon et le maréchal de Gié. Cette négociation doit être terminée dans la
semaine. On dit que ce prince partira ensuite pour Blois; mais on ne parle
pas du voyage de Lyon » (Dépêche de Machiavel, de Tours, 24 novembre 1500.
1re Lég[on] de France, lettre xxvii). Vesc, Ligny l'évêque de Périgueux, le chancelier, G[es] d'Amboise, sont chargés par Louis XII de recevoir l'ambassade
vénitienne de 1498 (Boislisle, *Et. de Vesc*, p. 185).

lement parler ; à Madon, en 1505, dès l'après dînée de l'audience de créance, l'ambassade de Philippe le Beau, se mettant au travail avec le chancelier et les conseillers députés,
trouve les conseillers « garnis et fournis de grans enseigne-
mens et largement'; et nous, au contraire, écrivent les ambassadeurs, nous sommes trouvez très mal instruis et furnys;»
n'étant pas en état de répondre, ils réclament la fixation
d'une *journée* pour produire les pièces[1].

Ce procédé est d'un usage général[2] (sauf en Italie où l'on
paraît répugner à l'adopter ; cependant, quand des ambassadeurs demandent une commission spéciale, on la leur donne)[3].
Il a l'inconvénient que le succès de la négociation dépend
beaucoup de l'habileté, de la discrétion, de la probité des
délégués. L'ambassadeur de Bourgogne, chargé, en 1475,
de suivre une négociation avec deux conseillers du roi de
France, entend, à travers un paravent, ses commissaires se
moquer de son maître, auquel il rapporte immédiatement
leurs paroles[4].

En 1493, l'ambassadeur florentin, tout en allant rendre visite individuellement à chaque membre de la commission,
s'indigne, et non sans motifs, que Charles VIII reste étranger
à ses affaires, et laisse tout diriger par des conseillers à la
solde de Milan[5].

1) *Lett. de Louis XII*, I, 15, 22.

2) Le roi d'Angleterre désigne trois conseillers pour suivre les négociations
avec l'ambassade de France (fr. 3884, fo 180) ; le roi de Hongrie quatre conseillers, pour négocier avec les envoyés de France et de Venise (1500. Frak-
nòi, *ouvr. cité*).

3) Sur la demande des ambassadeurs de France, le doge désigne un conseiller, un sage-du conseil, un sage de terre ferme, pour les voir et savoir ce
qu'ils veulent (3 avril 1500. Sanuto, III, 192) : Cf. Kervyn, *Lettres et négociations*, II, 111-114.

4) Commines, *Mémoires*, I, 359.

5) En réalité, Charles VIII aimait mieux se débarrasser de lui (Desjardins,
Négociations, p. 224 et s.: Boislisle, p. 62, 63).

4° *Visites*. — Dans tous les cas, l'ambassadeur, ou spécial,
ou résident, commencera sa négociation par des visites. Après
l'audience du roi, il verra la reine et les ministres. Il ira voir
les princes du sang, et les personnages de la cour les plus influents près du roi. Les instructions désignent souvent certains personnages à visiter ; mais l'indication n'est jamais
complète ni absolue. C'est à l'ambassadeur d'apprécier qui il
doit voir, en dehors des visites rigoureusement officielles ; il
se fera guider par les conseils du résident ou de son prédécesseur, il s'inspirera des circonstances ; avant tout, il ne fera
que des visites qui ne puissent pas déplaire au souverain ; s'il
lui faut sortir de cette règle, il devra alors cacher soigneusement sa démarche.

En résumé, l'ambassadeur fera des visites de quatre catégories :

1° Visites dues, c'est-à-dire à la reine et aux ministres. Nous
en parlerons plus loin.

2° Visites officielles, aux princes du sang et personnages
désignés par leur rang : le duc et la duchesse de Bourbon,
sous Charles VIII le duc d'Orléans, sous Louis XII le comte
d'Angoulême.., etc. Ces visites, de pure déférence, n'indiquent aucune relation spéciale. Les princes du sang, rarement bien vus, représentent d'ailleurs habituellement une co-
terie d'opposition [1].

3° Visites à des personnages que désignent leurs hautes
fonctions à la cour et leur faveur près du roi.

---

1) Le duc d'Orléans, absent de Paris lors de la réception des ambassadeurs
milanais, revient un mois après. Les ambassadeurs vont aussitôt le voir (quoique ses adversaires naturels. — Delaborde, *Expédition de Charles VIII*,
p. 246). Après l'audience privée, les ambassadeurs en Espagne demandent
à baiser la main des infants et infantes, que le roi fait venir ; de même en
Portugal (J. Gairdner, *Historia regis Henrici septimi*, p. 173, p. 192).

4° Visites à des personnages dont l'appui est spécialement acquis à l'ambassadeur.

Pour donner plus de poids aux démarches, on remet à l'ambassadeur des lettres de créance pour ces diverses personnes. Ces créances sont ordinairement semblables, de tout point, aux créances pour le chef de l'Etat [1] : ou bien elles prennent une forme plus intime de recommandation [2], de mis-

1) Ms. fr. 2922, fo 42, orig., sur papier : « Mons. du Boschage, je me recommande a vous. J'envoye devers le Roy messire George de Menthon, lequel vous prie croire sur ce qu'il vous dira de ma part comme moy mesmes. Priant Dieu qu'il vous doint ce que desirez. Escript a Chasteau Renault, le xviiie jour de septembre. *Le duc de Savoye*, (signé) : CHARLES, *vostre*. GAVORET. » — Billet du duc de Savoie au même du Bouchage, accréditant près de lui le sire de la Forest envoyé près du roi (fr. 2923, fo 27: orig. pap., signé « Vostre, CHARLES »). Lettre du dauphin Louis à un seigneur de Bourgogne, pour l'aviser de l'arrivée d'un ambassadeur milanais (déc. 1460. *Lettres de Louis XI*, I, c.) — Créances du duc de Milan pour son chancelier près du duc et la duchesse de Bourbon (23 février 1495. Archiv. de Milan). Créance du doge de Venise Lorédan, pour ses « solennes oratores » Seb. Giustinian et Pierre Pasqualigo, au grand maître de Boisy (sous François Ier), sur grand parchemin, en cinq lignes, sans détail : « écoutez-les comme nous-mêmes » (K. 79, 18). Créance de François Sforza pour Emol de Jacoppo, son ambassadeur en France, au maréchal de Bourgogne : 28 mai 1463 (lat. 10133, fo 27 vo). Créance pour Soderini au cardinal d'Amboise (1504. S. Razzi, *Vita di Piero Soderini*, Padova, 1737, fo : p. 87). Créances pour Hue Bournel à divers seigneurs d'Ecosse (1412. Fr. 6748).

2) Lettre du chancelier de Milan recommandant à Phil. de Commines l'ambassadeur envoyé en France, en le priant de continuer comme par le passé à s'occuper des affaires de Milan (1478. Citée par Kervyn, *Lettres et négociations*, I, 226). Lettre de Louis XII, du 13 mars, recommandant Accurse Mainier à Const. Priuli, citée par Baschet, *Archives de Venise*, p. 500 note. En 1476, reprenant les rapports diplomatiques avec la France, le duc de Milan fait écrire par son chancelier une lettre de recommandation à Philippe de Commines. Commines, absent de la cour lors de l'arrivée de l'ambassadeur, écrit à celui-ci pour s'excuser, pour lui dire de ne se préoccuper de rien et de ne parler de ses affaires à personne avant que Commines ne soit là, c'est-à-dire avant trois ou quatre jours (Kervyn, *Lettres et négociations*, I, 143).

sive [1], de compliment [2], d'affaires [3], suivant le rang du personnage et la nature de son dévouement. Il y en a d'entièrement autographes [4], et même de chiffrées [5]. Nous reviendrons plus loin sur ce point.

Les créances privées, qui ont le caractère personnel, portent naturellement l'adresse du destinataire [6]. Quant aux créances courantes, l'ambassadeur les reçoit souvent en blanc et garnit l'adresse suivant les besoins [7].

1) Lettres closes de Louis XI, au sire de Lescun, dans la négociation de 1473. Ms. fr. 3884, fᵒˢ 293 et suiv.

2) Ms. fr. 2919, fᵒ 7 ; lettre de François II de Bretagne à Du Bouchage, de Nantes, 4 mars. Orig. sur papier, dans la forme habituelle des missives : portant créance auprès de lui pour « Morteraye, mon serviteur »... Au début: « Je vous tiens tant mon amy que tousjours vouldriez faire quelque chose pour moy...; » prière de vous employer. Vous me connaîtrez « vostre bon amy. Le vostre, (signé) Francoys. Guéguen. »

3) Longue lettre à Commines, en 1495, du conseil de Florence, le priant de solliciter une affaire qu'ils lui expliquent longuement. Ils annoncent l'arrivée de deux ambassadeurs dans ce but : «Nous prions Votre Seigneurie d'ajouter une pleine foi à ce que lui exposera ledit Thomas Spinelli » (Kervyn, Lettres et négociations, II, 214).

4) Ms. fr. 2919, fᵒ 9, orig. sur papier. Lettre autographe du marquis de Montferrat à Du Bouchage (sans mention de secrétaire),portant en substance : J'envoie au roi mon serviteur Jeannin Dagle. Prière de vous y employer. Si je puis faire quelque chose pour vous, je le ferai.

5) Lettre chiffrée « pour les cittadyns de Florance, affectionnés au service du Roy et de toutte la chosse publicque de Florance. Premier, A Robert Azaiuoly. A Nicolao Valory. A Alfonso Strozzy. A Nicolao Cappony. A mess. Gyovanny Victorio Soderyny » (fr. 2961, fᵒ 43).

6) Les ambassadeurs florentins déclarent,dans leur relation de 1421, n'avoir pas remis leur lettre de créance pour Nicoló de' Grimaldi, à Gênes, parce qu'il n'y a personne de ce nom. On aura voulu dire Antonio (Saige, Documents, I, 38).

7) « Les messagés du Roy emportent plusieurs lettres closes de créance du Roy sans superscripcion, pour les adrécer aux prélas, nobles et bonne s villes du païs » (Instruction de 1385. Douet d'Arcq, Choix de Pièces, I, 60). L'instruction vénitienne du 10 juillet 1498, pour les ambassadeurs en France, leur prescrit de visiter « sub litteris nostris credentialibus » le duc de Lorraine « et omnes alios dominos et barones qui vobis videbuntur, et gratos intellexeretis Chrᵐᵉ Majestati, utendo erga omnes verbis amicabilibus,

En règle générale, c'est l'ambassadeur arrivant qui doit faire le premier la visite. Quand la visite s'adresse à un grand personnage, il demandera d'abord une audience [1]. A chacun, il parlera selon la qualité du personnage et les indications du résident [2]. Il peut arriver cependant, par exception, que la créance s'adresse à des amis assez sûrs et d'assez mince importance pour que l'ambassadeur les mande à son auberge et les charge de préparer l'audience de créance [3]. L'ambassadeur voit assez souvent, dès le début, quelque notable, ancien ambassadeur dans son pays, qui, s'il ne lui a pas fait escorte à son entrée, lui rend au moins visite [4].

Le système des créances particulières est tellement usité en Italie que les ambassadeurs en emportent même à utiliser sur la route. Le système oligarchique de la plupart des états italiens donne, en effet, à beaucoup de citoyens notables une part d'action dans les affaires publiques. L'ambassadeur reçoit même des instructions sur le langage à leur tenir [5].

gravibus et accommodatis, et tenendo eos ac eorum quemlibet optime edificatum et dispositum erga statum nostrum » (Arch. de Venise). Le *Summarium* de l'instruction de Ludovic Sforza à ses envoyés près du Grand Turc, porte « quod fecit prefatus dnus Ludovicus sex litteras credenciales, unas Magno Thecro, alias quinque sine nomine, ut postea possint apponi nomina et dirigi quibus melius eis videbitur » (publ. dans l'éd. de Corio, de Venise, 1554, p. VII, p. 498: ms. fr. 2927, f° 94). Cf. Desjardins, *Négociations*, II, 49.

1) Le nouvel ambassadeur de Venise à Rome ne peut obtenir d'audience du duc de Valentinois, qui les refuse toutes. Le pape lui-même, très occupé, n'en accorde que fort difficilement (juin 1502. *Dispacci di Giustinian*, I, 23).

2) Commission vénitienne du 3 juillet 1515, à Fr. Capello (Archives de Venise). Desjardins, II, 580.

3) Ambassade florentine à Gênes, en 1421. Le génois, ainsi mandé, se dit, « per cierto,... bueno fiorentino » (Saige, *Documents*, I, 22).

4) Visite d'André Gritti à l'ambassadeur turc (Sanuto, V, 991).

5) Envoyant à Rome son fils Pierre, Laurent de Médicis lui donne pour instructions, le 26 novembre 1484, de passer par Sienne et de remettre trois lettres de créance à trois des principaux citoyens, avec toute sorte de compliments. Il ira chez eux, se recommandera à « Leurs Magnificences » ; il leur dira que, sachant l'affection et le respect de Laurent pour eux, qu'il con-

Aucune visite n'est faite avant la remise de la créance, sauf à quelque haut personnage, dont l'intervention serait nécessaire pour préparer cette audience [1].

sidère comme des pères, il a voulu lui-même se présenter comme leur fils ; qu'il est, comme Laurent, à leurs ordres en tout temps et en tout lieu, qu'il leur obéira toujours comme Laurent, dont les biens, l'Etat et la famille sont à leur disposition, qu'il se présente comme « leur chose, » dont ils peuvent disposer à leur bon plaisir. Pierre devra exprimer ses sentiments dans un langage convenable, naturel, sans rien d'affecté, sans prendre des airs de savant ; il parlera avec amabilité, douceur et gravité, là et toujours. Bien plus, il emporte une liste de citoyens de Sienne, qu'il ira voir également (Roscoë, pièce LIX).

1) Le 25 janvier 1479, lendemain de leur arrivée à Rome, les ambassadeurs de Louis XI vont présenter une créance au cardinal de St Pierre aux liens et lui communiquent leurs intentions (lat. 11802). Ils l'assurent de la *fiance* du roi ; celui-ci répond qu'il est tout dévoué... Il va voir le pape, et le soir même répond que le pape désire voir les ambassadeurs avant l'audience publique.

CHAPITRE XI

MANIÈRE D'ÊTRE ET CONDUITE DES AMBASSADEURS

L'ambassadeur n'a pas mieux à faire, en général, que de se conduire, tout simplement, en homme intelligent et bien élevé. Tout ce qui sent la profession, l'apprêt, l'habileté, la morgue, détonne et nuit; il faut qu'on sente un homme du monde, sans pédantisme, à l'accueil engageant et aimable [1]. La première règle, une règle absolue de la diplomatie, est de se présenter, à l'arrivée, comme un personnage sage, modéré, moyen; l'ambassadeur est un intermédiaire, qui va *pratiquer* [2], *moyenner* [3], *traiter* [4], *manéger* [5], *attendre son expédition* [6]; il va écouter, chercher à faire parler (en italien, *sottraher*) [7]. Toute allure personnelle, ou trop en dehors, ou trop couverte, échoue; il faut dès le début se déclarer passif.

Les ambassadeurs permanents, et même les ambassadeurs spéciaux si leur envoi se répète, doivent s'attendre à être mal vus dans les cours : « ce n'est pas chose trop sûre de tant d'allées et venues d'ambassades, car bien souvent se traitent

---

1) Discours du cardinal Commendone à Girol. Savorniani (ms. ital. 635). Cf. fr. 3296, fo⁵ 1,13.

2) « Praticare » en italien, terme courant.

3) Janv. 1483; les ambassadeurs de Flandre, qui avaient *moyenné* la paix par le mariage du dauphin et de Marguerite d'Autriche (Jean de Roye).

4) « Tractatus, tractatus pacis » (1421. Ms. Moreau 1452, no 102).

5) « Maneggio della pace » (Benedetti, *Il fatto d'arme*, éd⁰ⁿ 1863, p. 211).

6) « Tractare et expedire articulos » (Pouvoir anglais de 1400. Douet d'Arcq, *Choix de pièces*, I, 168). En France, un ambassadeur « attend son expédition. »

7) Dép. de Dandolo, 18 déc. 1543 (Arch. de Venise).

de mauvaises choses [1]. » Sans doute, s'ils représentent un
ami vrai, indubitable, on ne saurait leur faire trop « bonne
chère », mais l'ami vrai ne se rencontre pas souvent. « En nul
temps, dit Commines, il n'y a grant seureté, selon mon advis. » En France, on tient les ambassadeurs un peu à l'écart,on
les fait surveiller doucement [2].

L'ambassadeur a donc à se faire bien venir, et il lui faut,
pour y réussir, une connaissance approfondie de la cour et de
ses usages. Il doit, en premier lieu, *s'acclimater* à la cour,
et en prendre l'esprit.

Le diplomate italien qui arrive à la cour de France s'y
trouve dépaysé ; cette monarchie absolue est plus libre d'allures que les républiques italiennes. Chaque seigneur y tient
sa place, et affecte vis à vis du roi une sorte de sans-gêne,
de familiarité [3], fort ancrée dans les mœurs, qui scandalise
un italien. Les seigneurs sont riches, entreprenants, hardis [4] ;
ils se piquent peu de littérature, ils aiment à paraître : « fous
en habillements et en paroles. » Un homme qui a treize livres de rente, dit : « Parlez à mes gens », comme un grand

1) Commines, *Mémoires*, I, 264.

2) « On les doibt bien traicter et honnorablement recueillir : comme envoyer au devant d'eulx, et les faire bien logier, et ordonner gens seures et
saiges pour les accompaigner, qui est chose honneste et seure ; car par la on
sait ceulx qui vont vers eulx, et garde l'on gens légiers et mécontens de leur
porter nouvelles. Je les vouldroye tost ouyr et despescher, car ce me semble
tres mauvaise chose que de tenir ses ennemys chez soy ; de les faire festoyer,
deffrayer, faire présens, cela n'est que honneste. Et me semble qu'on doibt
ouyr tous messaigés, et faire faire bon guet quels gens iroient parler à eulx,
tant de jour que de nuit, mais le plus secrettement que l'on peult. Et pour
ung ambassadeur qu'ils m'envoyeroient, je leur en envoyeroye deux, car vous
ne scauriez envoyer espie (*espion*) si bonne ne si seure » (*Id.*, 264).

3) « Una certa libertà et domestichezza » (Balth. de Castillon, *Le parfait
courtisan*, liv. II, trad^on de Chapuis, 1592, p. 200).

4) « La couronne et le roi de France sont aujourd'hui plus entreprenants,
plus riches, plus puissants qu'ils ne l'ont jamais été » (Machiavel, *Ritratti
delle cose di Francia*).

seigneur [1]. Dans un tel milieu, les affaires se traitent un peu
à bâtons rompus [2]. L'italien ne trouve plus, au premier abord,
l'amabilité extérieure, les formes obséquieuses, la grâce de
son pays ; tout lui paraît froid, et le met mal à l'aise. Mais si,
soutenu par un bon guide, il surmonte cette première impression et s'acclimate, il change promptement d'avis ; il subit
le charme, il prend les habitudes du pays ; le monde lui paraît plus grave et plus réservé, mais il y découvre un art exquis de conversation [3].

2° L'ambassadeur doit apprécier exactement dans quelle
mesure les traditions locales lui permettent de se mêler aux
choses de la cour et du pays.

Il peut circuler comme bon lui semble, pourvu qu'il conserve une grande réserve dans ce qui ressemblerait à des
investigations. Ainsi, il est de règle que personne, même avec
sauf conduit, ne peut entrer dans une place forte sans autorisation particulière [4]. Si Alvise Manenti, envoyé vénitien en
Turquie en 1500, entre librement dans les églises grecques,
pour y prier, et si les prêtres lui donnent secrètement des avis
sur les préparatifs du Grand Seigneur, c'est que les Turcs
eux-mêmes affectent de lui montrer tout le déploiement ter-
rifiant de leurs préparatifs [5].

1) Commines, c. x.

2) « A bâtons rompus, comme on traite toutes les affaires ici » (Dépêche de
N. Valori, du 7 février 1503-4).

3) Rapport d'un amb. milanais, 1479 (Kervyn, *Lettres et négociations*,
III, 52).

4) « Pour ce dit on aux sauf conduiz qu'ilz n'entreront ne en ville ne en
chasteaulx sans avoir congé des personnes ad ce ayans povoir » (*Le Jouvencel*, II, 11).

5) Son impression est que c'en est fait de la chrétienté ! Les Turcs, se montrent dit-il, d'ailleurs bienveillants ; les pires ennemis de Venise en Turquie, ce
sont les autres italiens. Un pacha lui dit qu'on a reçu des lettres du grand
Maitre de Rhodes, d'un cardinal résident à Rome, d'un prince italien, contre
Venise. Il y a à Raguse des ambassadeurs d'Allemagne et de Milan qui vien-

L'ambassadeur doit suivre partout le roi, notamment en campagne, sans aucun souci de la fatigue ni des épidémies[1], et se rendre au lieu qu'il ordonne[2]. Si le prince est malade, raison de plus pour ne pas s'éloigner[3].

En général, à la cour de France, on se tient sur la réserve à l'égard des ambassadeurs : on leur donne des fêtes[4], les principaux personnages leur offrent de grands dîners de cérémonie[5], parfois même des dîners amicaux, si les rapports le comportent[6] ; mais l'intimité ne franchit guère ces limites. Chaque matin, le roi de France va à la messe ; c'est à l'issue de cette cérémonie qu'on peut le ren-

---

nent négocier : on annonce l'arrivée de hérauts de France... De toutes parts, les troupes s'ébranlent (Sanuto, III, 179 et s., 419).

1) Cependant une ambassade de France, logée à Ala, où règne une épidémie dont viennent de mourir le chevaucheur et un serviteur, demande à être logée à Inspruck. (1501, Le Glay, *Négociations*, I, 43).

2) Desjardins, *Négociations*, II, 238, 306, 320, 323. Le Glay, *Négociations*, I, 206-207. Nys, *Les origines de la diplomatie*, p. 9.

3) Quand le roi est malade, chacun tire de son côté, et s'agite, et pense à l'avenir. Les ambassadeurs sont parfois embarrassés (1506. *Lettre de Louis XII*, I, 69).

4) Les principaux personnages de la cour de France donnent des dîners chaque jour en l'honneur des ambassadeurs d'Angleterre. Pour mieux les honorer, le roi fait donner pour eux une passe de lances, où courent M. d'Angoulême, le frère du duc de Savoie, divers princes et le roi en personne (juill. 1510. *Lett. de Louis XII*, I, 270).

5) Diners offerts aux ambassadeurs par le cardinal d'Amboise, par Trivulce (Sanuto, VII, 95, 94) : banquet, du prix de 376 liv. 14 s. 4 den., offert par le roi à l'ambassade d'Espagne, le 19 janvier 1493 (Portef. Fontanieu, 149-150) : dîner offert en 1487 à l'ambassade de Hongrie chez l'amiral de Graville, qui fait réparer à ce propos une tapisserie déchirée (Perret, *L. Malet de Graville*, p. 97). En 1483, le cardinal de Bourbon offre à l'ambassade flamande une *moralité*, dans sa cour tendue de superbes tapisseries. Malheureusement il pleut à verse sur ces tapisseries (Jean de Roye).

6) « Expédiant la poste, M. le Chancelier m'a envoyé quérir pour disner avec luy, et me dire et communiquer ce qu'il avoit eu du Roy. » L'ambassadeur lui montre des dépêches (Lettre de l'amb. d'Allemagne en France, 24 avril 1511. *Lett. de Louis XII*, II, 181).

contrer et lui parler le plus facilement [1] ; là on cause, on apprend des nouvelles, on voit le roi sans avoir l'air de le chercher. Les ambassadeurs vont donc « à la messe du roy [2]. » Dans une circonstance solennelle, on les y invite. Nicolas Valori, ambassadeur florentin en France, écrit, le 22 septembre 1504, qu'il a été invité, de très bon matin, à la messe du roi. C'était dans la chapelle du jardin du château, à Blois. Il se rend d'abord chez le légat, par respect, et l'accompagne à la messe. Le roi vient, avec le chancelier et une cour nombreuse. Tous les ambassadeurs arrivent successivement. Après la messe, le roi entretient une demi-heure les ambassadeurs d'Allemagne et jure sur l'évangile, tenu par le cardinal d'Amboise, l'observation des *articles* conclus avec l'archiduc [3]... Louis XI aimait fort peu à rencontrer les ambassadeurs, et il assistait à la messe derrière une grille d'où il voyait sans être vu. C'est ainsi qu'apercevant un jour l'ambassadeur de Milan, il lui fait communiquer par Commines une lettre de nouvelles qui venait de lui arriver [4].

En France, le corps diplomatique n'est pas appelé aux grandes cérémonies nationales : sacres, couronnements, mariages des princes, enterrements des rois et reines. Au sacre de Louis XI, opéré en grande pompe, assistent beaucoup de seigneurs étrangers mêlés aux français ; le légat du pape, des prélats étrangers siègent parmi les membres du clergé, mais aucun ambassadeur n'a rang comme ambassadeur [5].

1) *Lett. de Louis XII*, 1, 191.
2) *Lett. de Louis XII*, II, 58. Sanuto, IV, 535, 849, 1385, etc.
3) Publ. par Villari, *Dispacci di A. Giustinian*, III, 533.
4) Kervyn, *Lettres et négociations*, III, 55. Le Pogge raconte que Martin V ne put, un jour, échapper aux importunités d'un ambassadeur milanais qu'en s'écriant : « Ah, que j'ai mal aux dents ! » et en fermant brusquement la porte (*Facéties*, ccxviii ; édition Liseux, II, 147).
5) Ms. fr. 4316.

Les vassaux remplissent un devoir strict en assistant personnellement au sacre ou en s'y faisant représenter : le duc de Lorraine vient ainsi, de mauvaise humeur, à celui deLouis XII [1], et l'archiduc d'Autriche s'y fait représenter, comme comte de Flandre, par un mandataire formel et spécial [2]. De même, pour le couronnement d'une reine (que l'on *oint*, elle aussi, de l'huile sainte sur la tête et à la poitrine [3], et à qui le prélat remet un sceptre, puis la couronne), le corps diplomatique n'a pas non plus à figurer. Le résident vénitien Dandolo écrit, le 7 novembre 1514, qu'il vient d'assister à l'onction et au couronnement de la reine [4], mais sans dire s'il y a assisté officiellement; ce qui serait une innovation. [5] Le 18 mai 1514, aucun ambassadeur ne paraît au mariage de Claude de France avec le comte d'Angoulême, célébré d'ailleurs sans apparat, à cause du deuil de la cour [6]. Aucun am-

1) *La légende des Flamens.* Belleforest, p. 1338.

2) Lettre de l'archiduc Philippe le Beau au sire de Ravenstein, 21 mai (1498) : « Beau cousin, nous avons fait despescher noz lettres de procuracion sur vous, pour, au prochain sacre et couronnement de monseigneur le roy, faire, en nostre nom, les devoirs acoustumez et par nous deus, comme per de France, à cause de nostre conté de Flandres. Sy vous requérons et néanmoins ordonnons bien à certes que ausdis sacre et couronnement veullez faire lesdis devoirs, y gardant nostre honneur, ensemble nostre droit, ainsi que bien faire saurez, et que en vous en avons la fiance. Et a tant, beau cousin, Nostre Seigneur soit garde de vous. Escript en nostre ville de Gand, le XXIe jour de may. *Haneton. Phelippe* (publ. par Gachard, *Analectes*, cccxxxvii).

3) Fr. 17909, fo 187 vo.

4) Arch. de Venise.

5) Cette innovation ne tarda pas à passer en usage. En 1590, les ambassadeurs assistent au couronnement de la reine Marie de Médicis (Favyn, *Hist. de Navarre*, p. 1261). En Castille, on affecta, par politique, de rendre les ambassadeurs témoins du serment prêté au nouveau roi Philippe le Beau. L'ambassadeur de France envoie à ce sujet un rapport détaillé et assez caustique: « Sire, dit-il, je fuz appellé à veoir tout ce triumphe... L'on ne vouloit point desrober ces sermens » etc. (fr. 2927, fo 130 et suiv.).

6) Dép. de Dandolo, 13 et 18 mai 1514 (*Ibid.*). En 1510, tous les ambassadeurs assistent au baptême de Renée de France (Le Glay, *Négociations*, I, 368, note).

bassadeur n'est admis aux obsèques de Charles V, de Charles VI, de Charles VII, de Marie d'Anjou, de Louis XI, de Charles VIII, d'Anne de Bretagne ni de Louis XII [1].

Les ambassadeurs ne prennent pas part davantage aux entrées solennelles des rois et des reines. C'est par exception que les envoyés de Venise et d'Espagne, lors de la première entrée de Louis XII à Tours, en novembre 1500, escortent le roi à la cathédrale, puis à son logis [2] : ce procédé n'eût pas été de mise à Paris. Dans tous ses rapports avec la nation, un roi de France ne doit rencontrer que la nation ou ses représentants. Qu'un étranger, résidant dans le pays, concoure à rendre au roi des honneurs particuliers, comme preuve de sa reconnaissance pour l'hospitalité qu'il reçoit, rien de mieux, mais il agit alors en vertu de son établissement dans le pays [3]. En Bourgogne au contraire, le duc aimait à se voir entouré d'ambassadeurs; il portait « fort grand honneur aux ambassadeurs et gens estrangers », et les festoyait fort [4]; il aimait à les rendre témoins de sa puissance [5].

1) Ms. fr. 4340, 11192, 4317 : Dupuy 324, fº 26, etc.

2) Sanuto, III, 1202.

3) Ms. fr. 3887, fº 4. Lors de l'entrée à Bruges de Philippe le Bon et de Mᵐᵉ de Bourbon, sa sœur, à carême prenant 1462, il n'est pas fait mention d'ambassadeurs ; « mais plusieurs des nacions aultres que des pais de mondit sr demeurans audit Bruges » vont au devant de lui en bateaux richement décorés. Les Florentins ont deux bateaux couverts d'or, à leurs couleurs, avec leurs armes et leurs bannières ; de même les *Ostrelins* (drap rouge), les *Portugaloiz* (violet et vert), les *Espaignoz* (*pers* et vert), les *Escoussois* leurs armes et bannière, les *Génevois* (Gênois) dans un bateau blanc à croix rouges, avec un homme armé, représentant Saint Georges ; ce bateau est monté par des hommes vêtus de chemises blanches, semées de croix rouges. Tous les bateaux jetaient des fusées de feu.

4) Comminés, l. v, c. ix.

5) 1469. Il les fait assister à la soumission et à l'humiliation des délégués de Gand (Beaune et d'Arbaumont. *Olivier de la Marche*, p. L). A la cour, les ambassadeurs passent immédiatement après les princes du sang. Ils assistent aux audiences publiques de justice (Olivier de la Marche, IV, p. 5).

Mais le corps diplomatique assiste aux noces simplement princières [1] ou à des obsèques de personnages politiques. Adam Moleyns, doyen de Salisbury, ambassadeur d'Angleterre à Tours en 1446, officie même à l'enterrement de Louis de Bueil [2], avec lequel il négociait. Tous les ambassadeurs se rendent, le 28 mai 1510, aux obsèques du cardinal d'Amboise. Les cordons du catafalque étaient portés par les envoyés d'Aragon, de Florence, du pape et des Pays Bas ou Allemagne ; ces agents expriment au roi, qui se montre très affligé, les condoléances de leurs souverains [3].

En Espagne [4], en Angleterre [5], en Allemagne, les choses se passent un peu comme en France. Maximilien aime médiocrement à recevoir les ambassadeurs. Cependant, il leur offre des fêtes ; au carnaval de 1501, après des joutes à Insprück, en présence du seul ambassadeur de Venise, il va à Ala, donner aux envoyés de France, d'Espagne, de Flandre, un bal masqué. Le 13 février, premier jour du carême, ces fêtes se terminent par un tournoi à Insprück, où deux ambassadeurs de Flandre et un héraut de France figurent parmi les juges [6]. Mais, en 1504, un jour que l'ambassa-

---

1) En 1509, les ambassadeurs assistent aux noces de M. d'Alençon et de Mlle d'Angoulême, sur l'invitation de la reine, qu'ils accompagnent. Il y a une querelle de préséance entre les ambassadeurs d'Allemagne et ceux d'Aragon : ces derniers demandaient qu'après un ambassadeur allemand vint un ambassadeur espagnol, et ainsi de suite. Les ambassadeurs allemands résistent avec énergie : ce serait aller, disent-ils, « per à per et compagnon » et il n'y a « nulle comparaison de l'Empereur à leur Roy »... Ils offrent qu'un seul d'entre eux vienne au dîner ; mais on reconnait leur droit (*Lett. de Louis XII*, I, 306).

2) Escouchy, III, 114.

3) *Lett. de Louis XII*, I, 238, 240.

4) Le roi reçoit à la messe. Sanuto, III, 1385.

5) L'orateur vénitien est bien vu en Angleterre. Le roi l'invite à dîner et lui fait des amabilités (février 1510. Sanuto, X, 7) ; — peu après, on apprend la ligue de l'Angleterre avec la France, contre Venise.

6) Sanuto, IV, 217.

deur de Venise désire lui parler, Maximilien répond simplement qu'il est occupé ; il faut que l'ambassadeur l'accompagne dans une promenade [1], et Maximilien ne s'arrête
même pas pour le recevoir [2].

En Hongrie, au contraire, les ambassadeurs font bien
d'assister aux cérémonies nationales, entrée solennelle de la
reine [3], baptême de la fille du roi [4], obsèques de la reine [5], couronnement du roi [6], remise d'un chapeau cardinalice [7]. Le
jour de Pâques, le roi de Hongrie se rend à la messe en grand
apparat ; les ambassadeurs se mêlent au cortège [8]. Mais
aucune de ces assistances n'est obligatoire ni officielle.

En Italie, les ambassadeurs sont de toutes les cérémonies
et de toutes les fêtes ; bien plus, ils y tiennent le premier
rang. On les associe aux deuils, aux pompes de la cour [9].

A l'investiture du duc de Milan, en 1495, les ambassadeurs
impériaux jouent naturellement le premier rôle ; ils sont
pompeusement escortés. A côté du duc de Milan, viennent les

---

1) Sanuto, V, 958.

2) Mais l'orateur de Venise assiste à l'investiture du nouvel électeur de
Cologne, par l'empereur (1507. Sanuto, VII, 36).

3) *Id.*, IV, 348.

4) *Id.*, V, 72.

5) *Id.*, VI, 410.

6) *Id.*, VII, 560.

7) *Id.*, XI, 849.

8) *Id.*, III, 288.

9) M. P° Magistretti, dans l'*Arch° storico lombardo*, de 1879, p. 685 et suiv.,
a donné de curieux détails sur le deuil et les fêtes de la cour de Naples en 1494,
d'après les rapports de l'ambassadeur milanais (ennemi de Naples et cependant présent à toutes ces fêtes). Cf. une dépêche de l'ambassadeur de Milan
à Naples, du 20 mars 1466, sur la mort de Froi* Sforza. « La cour de Naples
est tout en noir et l'ordre est donné de faire un service solennel. Hier, jour
où arriva la nouvelle, le roi n'est pas sorti du Castelnuovo, afin de témoigner
de sa douleur et de donner des ordres. Aujourd'hui, à la 20e heure, Sa Majesté
avec la cour entière est venu faire une visite de condoléance à l'Ill*e duchesse
votre fille » (Archivio Sforzesco).

ambassadeurs d'Espagne et de Naples, et à côté de la duchesse, les deux ambassadeurs de Venise [1]. Ludovic Sforza se plaisait même, par parade, à montrer aux ambassadeurs son trésor [2].

Louis XII, comme duc de Milan, crut devoir se conformer à ces traditions. En 1499 [3], il fit son entrée à Milan, escorté du légat du pape, des ducs de Savoie et de Ferrare, des marquis de Mantoue et de Montferrat, et des ambassades de toute l'Italie, éblouissantes de luxe et de faste. La plupart de ces ambassades avaient cent ou cent cinquante chevaux d'escorte. Les ambassadeurs de Venise marchaient en tête, récoltant les démonstrations hostiles de la population, puis venaient les ambassadeurs de Sienne, de Lucques, de Pise. A l'entrée de 1502 prirent part, avec le roi de Naples, les souverains de Ferrare et de Mantoue, deux légats, et toutes les ambassades [4].

Venise est la terre promise des ambassadeurs : à toutes les fêtes religieuses, ou civiles, le doge se rend à St Marc en grand gala, entouré des ambassadeurs, le matin à la messe, le soir aux vêpres [5] : le jour de l'an [6], le jour de la Saint Marc,

1) Sanuto, *Spedizione*, 353.

2) Composé de vases d'or et d'argent estimés 1,500,000 ducats, sans compter les pierreries (Guichardin, liv. IV, ch. IV). En France, la reine Isabeau de Bavière avait confié à Louis de Bavière, en 1405, ses joyaux pour emprunter 75,000 liv. (J. 426, n° 28) ; en 1571, les joyaux de la couronne n'étaient estimés que 567.882 liv. (J. 947). L'ambassadeur de Venise va voir les bijoux de la reine, chez le roi (février 1504. Sanuto, V, 906).

3) Jean d'Auton, I, 101, n° 2. Prato. Burckard, II, 567. *Chron. manuscrite de Léonard Sfrenati*, à la Bibliothèque de Parme, f° 51 r°.

4) Sanuto, IV, 296.

5) Le 16 avril 1503, jour de Pâques, il n'y a pas de prédications à Venise, à cause de la peste. Cependant les ambassadeurs vont à l'office avec le doge (Sanuto, V, 17).

6) Bien que l'année civile commence à Venise le 1er mars, le premier jour de l'an est le 1er janvier, comme en France. On va à la messe, etc. (Sanuto, VI, 118).

aux processions du Corpus Domini, de San Sydro, à la Chandeleur, tous les vendredis de mars, le 1ᵉʳ mai, la veille et le jour de la *Sensa* (1ᵉʳ juin), quand le doge va épouser la mer, le 15 août, le 8 septembre, le 1ᵉʳ novembre, le jour de Noël, les 26 et 27 décembre, le jour anniversaire de l'élection du doge, les ambassadeurs entourent le doge, et marchent avant les patriciens. Avec lui, les ambassadeurs prennent part au carnaval [1]. Chaque année, la Seigneurie de Venise donne, le 26 février, une fête, à laquelle assistent les ambassadeurs [2].

A ces fêtes réglementaires s'ajoutent les grands dîners offerts par le doge [3], ou par des personnages [4], des concerts, des représentations..., les fêtes extraordinaires [5], les enterrements [6]. On choie les ambassadeurs, non seulement en les défrayant de tout, mais par les témoignages de sympathie personnelle les plus variés [7]; on affecte, de part et d'autre,

1) Sanuto, VII, 751.

2) Kervyn, *Lettres et négociations*, II, 165.

3) Le doge invite à dîner l'ambassadeur de France, avec l'archevêque de Spalato et des patriciens, le 27 avril 1505. L'ambassadeur d'Espagne s'abstient d'aller au conseil, pour ne pas rencontrer l'ambassadeur de France (Sanuto VI, 157) : le 27 décembre, la messe est suivie d'un dîner chez le doge. Dîner diplomatique donné par le doge le 27 janvier 1507 (Sanuto, VI, 517).

4) Le commandeur de Chypre donne, à Venise, un grand dîner à l'orateur du soudan. Le dîner est suivi d'un concert : le soir, on représente une églogue pastorale (1506. Sanuto, VI, 430).

5) Nov. 1495. Les ambassadeurs de tous les princes d'Italie, d'Espagne, d'Allemagne, assistent, avec la Sʳⁱᵉ, aux grandes fêtes de triomphe sur le Bucentaure données en l'honneur du marquis de Gonzague, à Venise (Benedetti, *Il fatto d'arme*, édᵒⁿ 1863, p. 241).

6) Enterrement du professeur M. Ant. Sabellico, à Venise, 20 avril 1506, auquel assistent les orateurs de France et d'Espagne (Sanuto, VI, 329).

7) Accurse Mainier, ambassadeur de France à Venise, étant gravement malade, les membres du gouvernement de Venise vont le voir, la Seigneurie lui envoie des médecins (Sanuto, III, 41) : il devait quitter Venise le 2 janvier 1501, pour aller voir son père malade; obligé de rester, il prie la Seigneurie d'écrire à son père une lettre pour le réconforter (*Id.*, III, 1244).

une grande intimité [1]. C'est un assaut, sans trêve, de cordialité, de gaieté, de somptuosité ; impossible de s'en abstraire. Le 2 octobre 1502, à la messe pour l'anniversaire de l'élection du doge, l'ambassadeur de France se montre extrêmement joyeux ; or, il avait reçu, la veille, la nouvelle de la mort de son père et avait passé sa journée dans le deuil [2]... Le jour de Pâques 1500, parmi les ambassadeurs de France, de Naples, de Ferrare, d'Urbin, de Rimini, l'ambassadeur de Naples se fait remarquer par un magnifique costume, tout en or ; son roi allait être détrôné, avec la connivence de Venise [3]... Si un ambassadeur s'abstient à une cérémonie, on se demande aussitôt pourquoi [4].

A Rome, la présence des ambassadeurs forme la base essentielle des cérémonies ; car Rome appartient à tout le monde : le peuple romain disparaît en quelque sorte, Rome semble un composé, une quintessence de toutes les nations, et chaque ambassadeur représente le chef d'une nation qui a droit de cité dans la Rome chrétienne. Et puis Rome est, par excellence, l'école et pour ainsi dire l'académie de la diplomatie. Cette cour si haut placée, en relations pacifiques avec tout l'univers connu, cette cour, si puissante sans armée, si traditionnelle, si immuable, qui gouverne par des armes intellectuelles ou religieuses, a acquis une perfection

1) En cas de bonne nouvelle, les orateurs viennent successivement, au conseil, protester de leur joie (Sanuto, III, 1278).

2) Sanuto, IV, 334.

3) Sanuto, III, c. 239.

4) L'orateur de France, courroucé, on ne sait pour quel motif, ne vient pas avec le doge à l'office de Noël (1500). On lui envoie le secrétaire qui parle français, pour le prier de venir. Il refuse. Le doge tient alors conseil, et lui députe deux patriciens, l'un procureur, l'autre simple chevalier, mais vêtu d'or ; enfin, l'ambassadeur vient avec eux. La procession part. Après l'office, le doge interroge doucement l'ambassadeur, et celui-ci répond par quelques plaintes (Sanuto, III, 1215).

d'étiquette, un raffinement, une dignité, une délicatesse, un art consommé de mise en scène, une science des cérémonies, qui ne se rencontrent nulle part et que les autres cours, en vérité, ne paraissent même pas soupçonner [1].

Au commencement du XVIᵉ siècle, la cour de Rome, comme cour, tient incontestablement le premier rang ; c'est là qu'on possède le secret des belles réceptions et des beaux dîners diplomatiques [2]. Aucun souverain ne saurait non plus se comparer à Alexandre VI ou à Jules II [3] (en tant que princes temporels), pour la puissance intellectuelle, la hauteur de vues, la compréhension de tout ce qui élève l'esprit humain. Ces papes sont des princes brillants, qui aiment la chasse, la pêche, qui adorent l'art sous toutes ses faces : Jules II, plein d'une fougue et d'une énergie entraînantes ; Alexandre VI, très calme au contraire, resté gai et jeune en dépit des années. Alexandre a la passion du théâtre : au carnaval de 1503, il fait donner une comédie publique, à laquelle assistent beaucoup de cardinaux, les uns en soutane rouge, les autres masqués ; des femmes entourent le pape, l'une même s'assied à ses pieds : plusieurs ambassadeurs sont de la fête ; l'un d'eux, l'ambassadeur de France, aborde le pape

1) Les ambassadeurs à Rome sont obligés de connaître à fond la science du cérémonial. Paris de Grassis, sous Jules II, offre au cardinal de Narbonne un petit *compendium* de cérémonial de sa composition, sur les messes pontificales et cardinalices (lat. 1004, petit in-4º, 31 ffs).

2) Le jour de Sᵗ Pierre aux liens 1510, un provéditeur de l'armée vénitienne, de passage à Rome, l'orateur vénitien, beaucoup de cardinaux dînent chez le pape (Sanuto, XI, 51, 52) : l'orateur de Venise étant à table avec Jules II, arrive la nouvelle de la mort du Sᵍʳ de Pesaro. On la commente (*id.*, 12). L'ambassadeur de Venise raconte les propos tenus la veille à un grand dîner donné au Vatican par le trésorier pontifical ; les uns se louent de la ligue contre Venise, d'autres y voient l'esclavage de l'Italie (oct. 1504. *Disp. di Giustinian*, III, 277), etc.

3) Jules II va en mer pêcher (Sanuto, VIII, 23). Le pape revient de la chasse (18 août 1502. *Dispacci di Giustinian*, I, 94), etc.

à la sortie pour lui communiquer une lettre désagréable du roi : « *confetto*, qui parut peu gouté [1].» Au carnaval de 1501, l'ambassadeur de Venise, seul sur un balcon avec le pape qui regarde passer les masques, en profite pour causer [2] ; Alexandre consacre la journée du 17 février 1501 à assister à des comédies [3]. La cour de Rome présente donc un caractère de gaîté, de splendeur, de magnificence sans égale.

Cependant, à Rome, les nouvelles se recueillent particulièrement aux cérémonies, aux services, aux *fonctions* de chapelle. Les ambassadeurs d'Allemagne et de Venise se rencontrent à la messe à Sant'Agostino, et échangent des nouvelles [4]... L'ambassadeur de Venise rend compte d'une importante conversation qu'il a eue avec Jules Orsini, dans l'église de St Pierre [5]... On apprend une nouvelle à un enterrement de cardinal [6]...

On voit le pape, comme le roi en France, au sortir de sa messe [7].

Les ambassadeurs assistent à toutes les cérémonies, et certes, elles sont nombreuses ! ils se dédoublent pour y faire face... Ils assistent aux grands enterrements [8], notam-

---

1) *Disp. di Giustinian*, I, 404.

2) Sanuto, III, 1098, 1472.

3) Sanuto, III, 1473.

4) *Disp. di Giustinian*, III, 268.

5) Oct. 1503. Villari, *Dispacci di Giustinian*, II, 270.

6) *Dispacci di Giustinian*, I, 86.

7) L'ambassadeur de Venise attendant au Vatican le pape, au sortir de la messe, un des serviteurs du pape le tire à part et lui raconte que, pendant la nuit, est arrivée une dépêche entièrement chiffrée du légat à Venise, qui a été immédiatement déchiffrée. Il lui en résume le contenu (15 déc. 1504. *Disp. di Giustinian*, III, 337).

8) Burckard, III, 39, 133 : le 2 mars 1501, à l'enterrement du comte de la Mirandole, l'ambassadeur d'Allemagne occupe la place d'honneur (*id.*, III, 119).

ment à ceux des cardinaux[1], lesquels se font en pompe[2] : ils
prennent part, en 1506, comme les cardinaux, aux fêtes du
mariage de la nièce de Jules II avec Marc Antoine Colonna[3],
célébrées au Vatican[4]. Au couronnement du pape, ils jouent
un rôle majeur ; c'est eux qui portent le baldaquin, sous
lequel le pape entre dans St Pierre[5]. Le jour de Pâques 1495,
c'est un ambassadeur vénitien qui a l'honneur de tenir la
queue du pape, à la sortie du Vatican[6]. Nous voyons les
ambassadeurs assister à la fête annuelle du 20 avril, en l'honneur de la fondation de Rome, fête qui consiste en une messe
et une représentation théâtrale, et qui donne lieu à une
grande production de poètes lauréats[7]. Si un personnage
marquant quitte Rome ou y arrive, les ambassadeurs se mêlent au cortège des cardinaux, prélats, protonotaires... Le
26 février 1500, Alexandre VI fait inviter les cardinaux à envoyer leurs *maisons* au devant de César Borgia qui devait

1) Not. Burckard, III, 119.

2) Présence des orateurs à l'enterrement du cardinal de Capoue (16 août 1501.
Burckard, III, 160). Ils étaient invités par le pape; voici le billet de faire-part:
« De mandato S. S. D. N. Pape intimetur singulis RRmis DD. cardinalibus,
magistro domus Sanctitatis sue, oratoribus, et prelatis Romanam curiam se-
quentibus, quod, die crastina, que erit 16 presentis mensis, circa horam
duodecimam, in capella b. Marie de Febribus basilice St Petri, fient exequie
bone memorie cardinalis Capuani. Rmus D. Cardinalis S. Crucis faciet officium, et, post missam, orationem magister Titus de Sutrio, familiaris cardinalis defuncti » (*Id.*, III, 158).

3) Sanuto, VI, 384.

4) Tout le corps diplomatique assiste au baptême du fils de Lucrèce Borgia (novembre 1499. Burckard, II, 576). Les ambassadeurs assistent au mariage de Lucrèce Borgia (Gregorovius, *Lucrèce Borgia,* édition française, I,
120), d'Angela Lançol, cousine du pape (*id.*, 215), au mariage de Lucrèce
Borgia avec Alphonse de Ferrare (p. 395).

5) Villari, *Dispacci di A. Giustinian*, II, 313. Sanuto, V, 470. A la procession de Latran pour la prise de possession d'un nouveau pape, les ambassadeurs portent le dais (Reumont, résumant Burckard, *Diplomazia italiana,* 195).

6) Sanuto, *Spedizione*, 368.

7) Burckard, III, 131, 132.

entrer le soir, et tous les ambassadeurs ou fonctionnaires de
la cour et de la ville à s'y rendre en personne. Les ambassadeurs vont attendre à cheval, en avant du pont Milvio, à
environ quatre milles de Rome. Borgia arrivait magnifiquement, à la tête de son armée, entouré d'une foule d'estaffiers
et de trompettes. Le cortège diplomatique se mit en ordre selon l'usage, accouplé avec des prélats : en tête du cortège,
marchaient le duc de Bisceglie et le prince de Squillace, puis
César entouré de cardinaux ; puis l'archevêque de Raguse,
et l'ambassadeur de France (évêque de Tréguier), l'évêque de Zamora et l'ambassadeur d'Espagne, etc. La discussion habituelle de préséance éclata entre les deux ambassadeurs de Navarre et ceux d'Angleterre et de Naples.
Vaincus, les envoyés de Navarre quittèrent le cortège[1]...
Les ambassadeurs prennent part aux grands offices de St
Pierre, ou de la chapelle pontificale ; par exemple le jour de
l'Assomption[2], au baisement de la croix, le vendredi saint...,
dans la chapelle[3], le samedi saint à la distribution des
Agnus[4]... Ils reçoivent des cierges[5], ils portent le dais du

1) Burckard, III, 21. Paris de Grassis, lat. 5164, f° 86. A l'entrée du duc
d'Urbin en 1505, les ambassadeurs font partie du cortège (Paris de Grassis,
lat. 5164, f° 112 v°).

2) Burckard, III, 399.

3) *Id.*, III, 201.

4) Le 13 avril 1504, à la distribution des *Agnus Dei* par le pape, l'orateur
vénitien s'étant avancé pour recevoir le sien sur le même rang que le conservateur de la Chambre de Rome, reçut de celui-ci une *poussée* si forte, qu'il
serait tombé des marches sans l'intervention du maître des cérémonies. L'ambassadeur s'en alla sans *agnus* : le pape, mis au courant de l'incident, le fit
de suite rappeler : il refusa de revenir, et dit, assez grossièrement, qu'il ne
se souciait point de cette cire ; elle venait de Venise où il y en avait bien
d'autres... Le pape destitua le conservateur, ce qui fit beaucoup de bruit
(Burckard, III, 350).

5) A la messe du 9 février 1511, les ambassadeurs portent des cierges :
ceux d'Espagne et de Venise ont les deux gros, l'envoyé de Florence verse
l'eau (Frati, *Le due spedizioni militari di Giulio II*, 234). A la Purification

pape [1]. A St Pierre, dans les grandes cérémonies, ils ont, avec
les prélats de la cour, des sièges spéciaux dans la nef, hors
de la chapelle [2].

Certains jours de grande fête, à la messe anniversaire du couronnement [3], à la Saint Pierre, le jeudi saint, à Pâques, à Noël,
aux Rameaux, le mercredi des cendres, à la Chandeleur, il
est d'usage que des personnes de haute distinction aient l'honneur, à la messe solennelle, de verser de l'eau sur les mains
du pape ; quatre personnes à la St Pierre, au couronnement, à Noël et à Pâques, une seule aux autres fêtes. A
Noël de l'année 1500 (1499), par exemple, le nouvel ambassadeur d'Espagne à Rome, deux français de passage à Rome
(Louis de Bourbon, comte de Vendome, et M. du Bouchage),
et Alphonse d'Aragon, duc de Bisceglie, reçoivent cet honneur [4] : le mercredi des cendres, 1500, le nouvel ambassadeur de Naples y est admis [5] ; le dimanche des rameaux,
c'est l'ambassadeur de Florence [6] ; le jour de Pâques, un
grec, un polonais, un hongrois, un ambassadeur de Naples,
un ambassadeur d'Espagne [7] : à Pâques 1501, Carlo Orsini,
et les ambassadeurs de Florence, de Venise, d'Espagne : aux

en 1507, à Bologne, les ambassadeurs d'Espagne, de France, de Savoie, de
Florence, portent des cierges, l'ambassadeur de France présente l'eau (Frati,
Le due spedizioni militari di Giulio II, 137, 138).

1) A l'office du 11 nov. 1506, un ambassadeur de France, d'Espagne, de
Venise, et les trois ambassassadeurs d'Allemagne portent le baldaquin du
pape, puis l'ambassadeur de Florence, de hauts fonctionnaires et des
princes (Frati, *Le due spedizioni militari di Giulio II*, 91). Les ambassadeurs
de France, d'Espagne et de Venise portent le baldaquin à l'entrée de
Jules II à Bologne (*id.*).

2) 1506. Paris de Grassis, lat. 5164, f° 280.

3) Frati, *Le due spedizioni militari di Giulio II*, 105.

4) Burckard, III, 2. Charles VIII l'avait eu.

5) III, 23.

6) III, 33.

7) III, 137

Rameaux de 1502, l'ambassadeur de Ferrare, à Pâques l'orateur de Venise, le sénateur de Rome, l'infant de Navarre, le
duc de Valentinois : au couronnement de Pie III [1], les ambassadeurs d'Allemagne et de Venise... En 1503, à Noël,
quatre ambassadeurs, de Lucques, de Ferrare, de Venise,
d'Allemagne présentent l'eau à Jules II: l'ablution prend cette
fois une couleur politique. On varie beaucoup : aux Rameaux
de 1504, c'est l'orateur de Venise ; le jeudi saint, le premier orateur de Savone : à Pâques, les orateurs de Venise,
du roi des Romains et deux personnages : le samedi *in albis*,
l'orateur de Lorraine : à la Chandeleur 1505, l'ambassadeur
de Venise : à Pâques 1506, les orateurs de Florence, de Venise, de Pologne [2]: à la saint Pierre, l'orateur de Portugal: aux
Rameaux 1506, l'orateur vénitien... Cela s'appelle « donner au
pape la première eau, la seconde eau...» ou encore : « avoir l'a-
blution [3] ». Sur cette cérémonie, comme sur toute autre, se greffent naturellement les querelles de préséance [4].

Quant aux ambassadeurs ecclésiastiques [5], ils officient eux-
mêmes. Après la mort d'Innocent VIII, un ambassadeur d'Espagne, évêque, prononce un sermon sur l'élection du pape [6] ;
le 2 novembre 1498, le cardinal de St Denis officie à la chapelle pontificale et donne l'absoute [7].

Il y a aussi des fêtes relatives aux cardinaux, qu'il ne faut
pas négliger. Il est courtois de se rendre à la fête patronale

1) III, 323.
2) Paris de Grassis, lat. 5164, f⁰ 159 v⁰.
3) Burckard, III, 283.
4) III, 362.
5) Un ambassadeur ecclésiastique ne porte pas la queue du pape (Paris de
Grassis, lat. 5165, f⁰ 316 v⁰).
6) Martène et Durand, *Thesaurus*, II, c. 1768.
7) Burckard, II, 499.

de l'église dont un cardinal porte le titre. Les ambassadeurs de France et d'Allemagne assistent à la fête de S* Vital, par égards pour le cardinal de Gürck, cardinal de ce titre[1].

On va, lorsqu'il y a lieu, au devant d'un cardinal qui fait son entrée. A l'arrivée du cardinal d'Este à Rome, en décembre 1501, Alexandre VI, qui avait plus d'un motif de désirer lui être agréable et plus d'un souvenir à effacer, fit adresser aux cardinaux, aux ambassadeurs, à tous les personnages ayant rang, l'invitation d'aller à l'avance. La réception eut lieu, en effet, devant la porte du Peuple, avec l'apparat réservé aux grandes cérémonies romaines. Le cardinal entra, ayant à sa gauche le duc de Valentinois, entouré de la maison du pape, suivi de deux de ses frères : puis venaient les ambassadeurs laïques de France et d'Espagne, le gouverneur de Rome et l'évêque d'Andria, les ambassadeurs d'Angleterre, de l'archiduc, de Venise... Toute cette escorte marchait selon l'habitude deux par deux, un des personnages venus de Rome accouplé à un de ceux qui accompagnaient le cardinal, par ordre de préséance. Le cortège se déploya magnifiquement dans Rome. A la porte du Vatican, où il se rendait, le cardinal prit congé, en remerciant individuellement chacun, selon l'usage[2].

Enfin, il y a un bon nombre de fêtes nationales ou politiques. Ces fêtes ont souvent un caractère officiel, public[3].

Le 2 mai 1498, le pape fit célébrer un service funèbre pour Charles VIII et donna lui-même l'absoute, en présence de dix huit cardinaux[4]; quelques jours après, le 10, les Français

1) Burckard, II, 527.
2) *Diarium*, III, 175, 176.
3) Le 24 août 1501, le mariage de Claude de France est annoncé par ban dans Rome (Burckard, III, 160).
4) Burckard, II, 460.

célébrèrent un service solennel, dans l'église de leur hôpital : cinq cardinaux y assistèrent, avec des torches ; un peu
au dessous de leur banc, sur le banc diplomatique, prirent
place les trois ambassadeurs d'Allemagne, de France, de
Savoie, avec des cierges : le vicaire d'Ara Cœli, français,
prononça l'oraison funèbre ; le cardinal de St Denis offrit
ensuite un dîner aux membres présents de la cour pontificale [1].

Chaque nation possède un hôpital, avec une église nationale [2].
En mars 1500, l'ambassadeur d'Allemagne, à la nouvelle
de la naissance de Charles d'Autriche (le futur Charles Quint),
fait orner l'église de l'hôpital des Allemands et célébrer une
messe. Le 26 février 1505, est célébré à l'église de l'hôpital
des Espagnols un service extrêmement somptueux pour le
repos de l'âme d'Isabelle d'Espagne [3] : l'ambassadeur d'Espagne conduisait le deuil, avec une suite de vingt personnes,
en longs manteaux de deuil ; dix neuf cardinaux y assistèrent,
ainsi que plusieurs grands personnages et les ambassadeurs
d'Allemagne, de Lucques, de Venise, de Florence. L'ambassadeur d'Allemagne, qui était évêque, devait même prononcer
cer l'oraison funèbre, mais il s'excusa au dernier moment sous
un prétexte de santé. Les archevêques de Florence, de Raguse, de Bari et de Tarente donnèrent l'absoute [4].

La fête de chaque saint national provoque aussi une ma-
nifestation nationale. L'ambassadeur de France, évêque de

1) *Id.*, 461.

2) La Savoie n'a pas d'établissement spécial ; elle est considérée comme
une partie de la France ; elle a ses cérémonies à l'église française et agit en
tout à la mode française (*id.*, III, 152).

3) A la nouvelle de cette mort, l'orateur d'Espagne fit inviter tous les cardinaux espagnols à revêtir des chappes violettes, ce qu'ils firent (*id.*, III,
373).

4) *Id.*, III, 378.

Tréguier, se fait un devoir d'assister aux offices de la fête de saint Yves, patron de la Bretagne [1], et il y tient la place d'honneur [2]. Le jour de la saint Louis, on célèbre à l'église de l'hôpital des Français un office solennel, auquel assistent bon nombre de cardinaux [3]. Le 7 décembre, a lieu à l'église de l'hôpital des Lombards la fête de saint Ambroise: le cardinal de San Severino s'y rend, comme lombard [4]. Le jour de saint Jacques, 1508, le pape offre aux ambassadeurs de Castille une messe solennelle, puis les invite à dîner avec les cardinaux palatins [5].

L'ambassadeur a soin de rehausser par son concours les distinctions accordées à ses nationaux. Quand le célèbre Burckard, nommé évêque, se rend officiellement au Vatican, pour remercier Jules II, il chevauche, ayant à sa droite l'ambassadeur allemand, à gauche l'évêque de Castres; cinq évêques, les orateurs de Bamberg, et une troupe d'amis l'escortent [6]. Lorsque le cardinal d'Albret vient recevoir la pourpre (mars 1502), l'évêque de Tréguier, ambassadeur de France, et l'ambassadeur laïque vont au devant de lui jusqu'au pont Milvio, le terme classique [7].

Il y a enfin des cérémonies solennelles, d'ordre à la fois religieux et politique, où les ambassadeurs jouent un rôle majeur [8]. Ces cérémonies ont trait surtout aux questions de croi-

---

1) Les 22 et 23 mai 1499, l'évêque de Tréguier, encore ambassadeur spécial de la reine, officie pontificalement à l'église St Yves, de l'hôpital de Bretagne. L'ambassadeur de France, le cardinal de Gürck, plusieurs autres y assistent (*id.*, II, 531).

2) *Id.*, 137.

3) En 1501, 14. Burckard, III, 161.

4) III, 224,

5) Sanuto, VII, 599.

6) Burckard, III, 310.

7) *Diarium*, III, 198.

8) Jules II rehaussa par un cérémonial un peu théâtral la levée de l'excommunication contre Venise. C'est à St Pierre, au milieu des cardinaux et

sade. Chaque année, le 3 mai, les cardinaux et les ambassadeurs assistent à la fête de la Sainte Croix, dans l'église Sainte Croix de Jérusalem[1]. Le jour de la Pentecôte 1501, à l'office pontifical solennel, l'évêque de Césène monte en chaire et prononce un discours pour annoncer l'alliance conclue entre le pape, Venise et la Hongrie contre les Turcs. On chante ensuite le *Te Deum*, et le pape dit les oraisons prévues par le rituel pour cette circonstance[2] : le soir, la grande cloche du Capitole sonne, des feux s'allument dans les carrefours ; puis, on proclame une amnistie pour les criminels[3]. A l'office pontifical des vigiles de l'Ascension en 1502, on prêche sur la guerre contre le roi de Perse[4].

En 1505, sur la nouvelle de la prise de Mers-el-Kébir par l'Espagne, l'ambassadeur et les cardinaux espagnols demandent au pape un *Te Deum* et une messe solennelle : mais,

---

d'une foule considérable, que le pape, assis sur une estrade élevée pour la circonstance, admit les ambassadeurs au baisement des pieds, après deux agenouillements. Les ambassadeurs étant toujours à genoux, l'un d'eux, en bons termes, sollicita l'absolution et la bénédiction du pape : puis un secrétaire du pape lut, à voix très basse, le texte de l'accord passé avec Venise. Après cette lecture qui dura plus d'une heure, les ambassadeurs jurèrent l'observation du traité, avec quelques paroles de circonstance, reçurent la bénédiction et baisèrent le pied et la main du pontife. Ensuite, on les fit passer dans le local du pénitencier, d'où, après quelques dévotions, ils vinrent dans la chapelle dite du pape Sixte (Sixtine), où ils entendirent une messe solennelle. Pendant ce temps, Jules II, selon son usage de ne jamais assister aux longs offices, rentrait dans ses appartements. Après la messe, les ambassadeurs retrouvèrent leurs chevaux au pied de l'escalier de St Pierre, et toute la maison du pape leur fit un pompeux cortège, ainsi qu'un grand nombre de cardinaux. Le peuple romain, toujours enthousiaste, témoigna son allégresse. Comme œuvre de pénitence, les ambassadeurs durent visiter plusieurs églises (24 février 1510. Sanuto, X, 9-11).

1) Burckard, II, 529.
2) *Diarium*, III, 141.
3) 141.
4) III, 205.

comme cette prise avait peu d'importance, on se contente d'un
Te Deum et d'une procession [1].

Les cérémonies, surtout à Rome, engendrent une plaie ; les
querelles incessantes de préséance, qui naissent à tout propos, sous toutes les formes, dans les questions les plus claires . Les préséances constituent la plus grosse préoccupation
des petites légations.

A l'entrée de l'ambassade d'obédience du Portugal, le 1er
juin 1505, l'ambassadeur ordinaire de Portugal, qui doit céder le pas aux nouveaux ambassadeurs, s'obstine à ne le céder qu'au chef de la nouvelle ambassade et à passer le second : il allègue la volonté du roi de Portugal... Au même
moment, une dispute éclate entre deux ambassadeurs français, Guibé et Michel Riz, et le chef de l'ambassade espagnole : à Rome, la France passe immédiatement après l'empire, mais l'espagnol ne voulait, ici, céder le pas qu'au chef
de l'ambassade française. L'ambassadeur espagnol était fort
peu aimé : des deux maîtres des cérémonies, l'un se fait un
malin plaisir de le laisser s'engager, l'autre perd la tête et
court au château Sᵗ Ange raconter l'aventure à Jules II, qui
éclate de colère. Pendant ce temps, les ambassadeurs en viennent aux mains ; ils se frappent de leurs chapeaux ; ils allaient
tirer leurs armes, quand le duc d'Urbin réussit à les séparer.
On s'arrange en plaçant sur le même rang les ambassadeurs
ordinaires de France et l'ambassadeur d'Espagne [2], contrairement à toutes les règles.

En décembre 1501, les ambassadeurs de Venise et de Savoie,

---

1) Quelques cardinaux espagnols y étant venus en violet (en deuil), le
pape les en reprit (*id.*, III, 403. Cf. Paris de Grassis, lat. 5164, fᵒˢ 254-255).
Cf. Messe pour la victoire du roi de Portugal contre les Maures (déc. 1507.
Paris de Grassis, lat. 5165, fᵒ 399).

2) Burckard. Paris de Grassis.

qui se rencontrent dans une commune attente d'audience du pape, se disputent à qui passera le premier et en viennent aux gros mots. L'ambassadeur vénitien s'exclame contre ce réprésentant d'un duché de fraîche date qui ne veut pas lui céder le pas, à lui représentant du 800° duc (ou doge) de Venise ! Le pape leur fait dire de revenir chacun un jour différent, et donne tort à l'ambassadeur de Savoie [1].

En 1504, un ambassadeur de Ferrare, protonotaire, cause mille embarras ; ses prétentions sont le casse-tête des maîtres des cérémonies [2].

Les questions de préséances et de droits prennent souvent le caractère le plus futile, surtout chez des ambassadeurs peu rompus aux usages. Ainsi l'envoyé lithuanien à Rome, en 1501, reçu avec honneur par le pape qui l'embrasse et le fait protonotaire, arrive à la chapelle papale, en grand costume, sa queue portée par des prélats, et réclame contre le rang qu'on lui attribue : bien plus, il se met en colère, parce qu'on ne permet pas à son *groom*, âgé de douze ans, de s'asseoir à ses pieds pendant la fonction [3]. A Venise, les ambassadeurs de Russie prétendent le pas sur l'ambassade de France, à la procession du 1er mai 1500 : on ne les invite pas [4]. Malgré tous les soins possibles, on ne saurait éviter tous les froissements.

A un dîner offert par le maréchal Trivulce à Milan en 1507, on dit au duc de Savoie que les ambassadeurs de Venise réclament la préséance sur lui : aussitôt il part, et les ambassadeurs aussi [5].

L'ambassadeur de France est invité à Westminster au jeu

1) Burckard, III, 171, 172 : cf. 147-148.
2) Burckard.
3) Burckard.
4) Sanuto, III, 278.
5) Sanuto, VII, 95.

de l'*anneau* ; comme on ne lui a pas gardé de place, il prend
congé en courroux. Le roi lui fait donner un coussin pour s'asseoir [1].

Les préséances résultent, avant tout, de l'usage et de la
possession. Les jurisconsultes prétendent les fixer par la qualité du pays ; d'après eux, l'ambassadeur d'un grand prince
précéderait celui d'une moindre puissance [2], mais on ne voit
pas comment une telle théorie s'appliquerait. En pratique, la
préséance ne tient ni à la puissance des Etats, ni à la person-
nalité des ambassadeurs, mais au fait acquis, ou, si l'on veut
un principe plus élevé, à l'ancienneté des royaumes [3]. Les ambassadeurs marchent au premier rang, aussitôt après le souverain [4] ; ils se placent à droite, puis à gauche, alternative-
ment. La première place à gauche est plus honorable que la
seconde à droite [5]; cependant, quand on est assis, dans un banquet par exemple, Olivier de la Marche estime qu'il convient
de placer tous les ambassadeurs, à une table à part, à droite
du souverain [6]. Les membres d'une même ambassade se placent par rang d'âge, mais une ambassade est indivisible,
parce que chacun de ses membres représente la personne du
souverain [7]. Ainsi le chef de l'ambassade classée la seconde
passe après le dernier membre de la première [8]; mais les mem-

---

1) Août 1509. Sanuto, IX, 149.

2) Martini Laudensis, *De legatis maxime principum*, q. 27, citant des
gloses.

3) Æneas Silvius, *De gestis Basil. concilii*, lib. II: « Namque istum (ordi-
nem) neque nobilitas, neque majoritas, sed tempus peperit. Quia ut quæque
natio verbum Dei prius suscepit, sic prior habetur » (cité ms. lat. 9809).

4) Olivier de la Marche, IV, 162, 184, 186, 189.

5) Jacq. de Valdes, *De dignitate Regum Hispaniæ et honnoratiori loco eis
debito*, cap. 3, n° 3.

6) IV, 175.

7) *Lett. de Louis XII*, I, 206.

8) En 1505, à l'entrée de l'ambassade de Portugal, l'ambassadeur espagnol
veut se placer après le premier ambassadeur français, avant les deux autres

bres de l'ambassade *en honneur* ont seuls droit à un rang [1].

Les ambassadeurs n'admettent avec eux dans un cortège que les princes du sang [2] ; toutefois, ils laissent le pas aux cardinaux [3]. Une question plus délicate se présente pour les préséances, entre un ambassadeur et un prince présent en personne. On a discuté sur ce cas [4] : en fait, il n'y a point de doute ; qu'un prince soit présent dans sa personne ou dans la personne de ses ambassadeurs, la préséance ne change pas,

français. Il s'en suit un tumulte, un scandale : sans l'intervention énergique du duc d'Urbin, on en venait aux armes. Burckard finit par négocier un arrangement. Le premier ambassadeur d'Espagne marche au second rang, avec les deux autres français et à leur droite : arrangement que tout le monde blâme (Paris de Grassis, lat. 5164, fo 193).

1) Les anciens ambassadeurs qui vont au-devant des nouveaux ambassadeurs de leur pays n'ont pas droit à un rang spécial, selon Paris de Grassis (1511. Prati, *Le due spedizioni militari di Giulio II*, 264).

2) Cependant cette étiquette cède quelquefois. En décembre 1499, le pape fait placer le comte de Vendôme et le sire du Bouchage, l'un parent, l'autre conseiller intime de Louis XII, entre lui et les cardinaux : chose fort peu convenable, mais que les cardinaux comprirent à merveille (Burckard, II, 581). Au concile de Latran, le sénateur de Rome passe entre les ambassadeurs de l'empire et ceux de France (1513. Labbe, *Concilia*, XIX, 862). L'entrée des ambassadeurs de France en 1505 donne lieu à mille difficultés de préséances. Burckard place à tort le sénateur de Rome avant eux ; au lieu de mettre le prince de Salerne à droite d'un des ambassadeurs, avec un prélat à gauche, Burckard le met en avant, avec le sénateur : le prince offensé quitte le cortège. Burckard chasse à tort de leur place les ambassadeurs de Rhodes à qui le pape a donné rang. Le héraut français refuse de se joindre aux massiers, et marche seul après eux. L'évêque de Redon, assistant pontifical et ancien ambassadeur, n'est classé que second dans les pouvoirs. Il déclare qu'il passera seulement le troisième. Le maître des cérémonies interpelle les autres ambassadeurs, qui sont d'avis de lui maintenir le second rang (Paris de Grassis, lat. 5164, fos 167 vo, 168 vo). Sur la difficulté perpétuelle de préséance entre le sénateur et les ambassadeurs, V. Reumont, *Diplomazia italiana*, 198.

3) Sanuto, VII, 83. Au consistoire *ad osculum pape et cardinalium* des nouveaux cardinaux, l'évêque de Redon, l'un d'eux, prétend passer le premier comme ambassadeur de France, mais on ne le lui permet pas (12 déc. 1505. Paris de Grassis, lat. 5164, fo 219).

4) Vanherden, *Grundveste des heiligen Rœmischen Reichs*, p. ii, ch. 5.

parce qu'elle n'est pas personnelle [1]. Quant aux hérauts qui accompagnent une ambassade, on leur donne rang avec les massiers, malgré leurs réclamations [2].

L'ambassadeur du pape passe partout le premier, puis vient l'empire [3], puis la France [4], puis l'Espagne [5]. Parmi les ambassades italiennes, Venise prend toujours le premier rang [6], en dépit des ardentes disputes de la Savoie et de Florence [8] : Naples prétend aussi à la primauté. A l'entrée de

1) Entrées de Louis XII à Milan.

2) A l'obédience de l'ambassade de France à Jules II en 1505, le maitre des cérémonies place un massier du pape à droite du héraut de l'ambassade, et les deux autres massiers derrière : le héraut n'est pas satisfait, « sed audivi a peritis quod sic faciendum esset » (Paris de Grassis, lat. 5164, f° 169). On place de même un héraut attaché à l'ambassade de Portugal (*id.*, f° 192).

3) Cependant à Bude, en 1509, lors de l'ambassade d'Hélien, les envoyés impériaux cédèrent le pas aux Français, selon M. le docteur Fraknoï (*ouvr. cité*). Les ambassadeurs de France passent avant les impériaux agissant comme tuteurs de l'archiduc (Paris de Grassis, lat. 5165, f° 606, 619).

4) En 1513-1515, au concile de Latran, Louis Forbin, seigneur de Soliers, conseiller au parlement de Provence, ambassadeur de Louis XII, précède les ambassadeurs d'Espagne. Le 12 mars 1514, à l'entrée solennelle à Rome des ambassadeurs d'Emanuel, roi de Portugal, pour l'obédience à Léon X, l'ambassadeur de l'empereur marche au deuxième rang, celui de Louis XII au troisième. Cf. Jean d'Auton, t. I, 101 n. 2. Sanuto, VII, 498, 47, III, 632, etc.

5) Lorsque Philippe le Beau devient roi de Castille et de Léon, on se demande à Rome si ses ambassadeurs auront ou non le pas sur ceux d'Aragon. Le pape consulté n'émet pas d'avis et déclare s'en rapporter à l'usage. Le maître des cérémonies décide de donner le pas à la Castille ; mais, par bonheur, les ambassadeurs se sont entendus entre eux (Paris de Grassis, lat. 5164, f° 362).

6) A Rome, on fait, en chapelle, une distinction entre les ambassadeurs royaux et non royaux. Les hauts fonctionnaires de Rome prétendent passer avant ces derniers (notamment avant l'envoyé vénitien). Il se produit à ce sujet un scandale la veille de la Toussaint 1505 (Paris de Grassis, lat. 5164, f° 256).

7) Les discussions de préséance entre ambassades italiennes sont perpétuelles. V. la discussion entre les ambassadeurs de Bologne et de Lucques (Frati, *Le due spedizioni militari di Giulio II*, 241), de Venise et de Savoie (*id.*, 137), de Sienne et de Bologne (Paris de Grassis, lat. 5165, f° 399, 411) : à une cérémonie en 1507, « orator ducis Ferrariæ protonotharius voluit oratores Januenses præcedere, sed illi recesserunt et bene, ne indebite irent » (Paris de Grassis, lat. 5165, f° 317).

Louis XII à Milan en 1499, l'ambassade de Florence s'abstient de paraître, parce qu'on lui a assigné sa place après
Gênes [1]. A Milan, pour le mariage de Galéas Sforza, en 1489,
le duc de Milan prend place au milieu du chœur, entre deux
tribunes : dans la tribune de droite, se trouvent les ambassadeurs du pape, de Venise, de Ferrare, et Ludovic Sforza ;
à gauche, les ambassadeurs de Hongrie, de Florence, Philippe Sforza Visconti, le marquis Hermes Sforza ; ce qui revient à l'ordre suivant : Le pape, la Hongrie, Venise, Ferrare, puis les membres de la famille ducale [2].

Quelquefois les questions de préséance se greffent sur de
délicates questions politiques. En 1499, les ambassadeurs
d'obédience envoyés spécialement à Rome pour la Bretagne
par la reine Anne de Bretagne, causèrent un grave embarras.
On décida de les placer immédiatement après les ambassadeurs de France. On les faisait ainsi passer avant les ambassadeurs d'Espagne et d'Angleterre. L'ambassadeur d'Espagne
refusa de se soumettre à leur préséance ; il quitta bruyam-
ment la première cérémonie où la question se posa [3] et refusa
de se rendre aux autres [4]. Deux mois plus tard, en mai, l'é-
vêque de Tréguier, pour mettre fin à une situation un peu
fausse, accepta, dans une cérémonie, de passer après l'ambassadeur d'Angleterre. Le pape s'en aperçut et, à la sortie, ordonna que le fait ne se reproduisît pas [5]. Louis XII ré-
gla cette délicate situation en instituant l'évêque de Tréguier ambassadeur de France, et l'ambassade bretonne disparut ainsi : l'évêque de Tréguier, avec le titre de procureur

---

1) *Chroniq. inédite de Léonard Sfrenati*, à la Bibl. de Parme, f° 51 r°. Cf.
Prato.
2) Rel. contemporaine (Archivio Sforzesco).
3) Burckard, II, 510, 511, 515.
4) *Id.*, 519.
5) *Id.*, 531.

du roi en cour de Rome, fut agrégé à l'ambassade d'obédience du roi en février 1500, et fit, depuis lors, fonction de premier ambassadeur [1].

Des difficultés analogues se présentèrent à Rome pour les ambassades de Rhodes et de Bologne, toutes deux sujettes du pape [2].

A Rome, le règlement des cérémonies et des préséances appartient aux maîtres des cérémonies [3], et fait l'objet d'une science approfondie [4]. Mais la première science d'un ambassadeur, là comme partout, consiste à esquiver prudemment les difficultés, et à se rendre agréable ; la matière de préséance se résume dans la nécessité de beaucoup de prudence en même temps que de fermeté.

1) II, 514 n. 2. Cf. II, 53. Cependant il ne tarda pas à être réduit au rôle de 2e ambassadeur, au nouvel étonnement de Rome. Il s'en tira en demandant à ne passer que le troisième à l'obédience de Jules II, par déférence envers un ambassadeur laïque qu'il laisserait passer le second (Paris de Grassis, lat. 5164, fo 169).

2) Pie III autorisa finalement et Jules II décida que l'envoyé du Grand maître de Rhodes prendrait place après les autres ambassadeurs laïques (1506. Burckard, III, 419 : Paris de Grassis, lat. 5164, fes 39, 51 vo, 75 vo : cf. fo 93). Il y eut à cet égard une démarche des cardinaux, et une invocation des précédents. L'orateur de Bologne obtint de prendre place après celui de Rhodes (Paris de Grassis, fos 78, 94 vo).

3) Paris de Grassis s'irrite de voir de nouveaux ambassadeurs prendre spontanément place à la chapelle, sans lui en avoir référé. Cependant il leur fait bon visage, et leur offre même l'encens et la Paix (1519. Frati, Le due spedizioni militari di Giulio II, 219). A la messe de l'Ascension 1507, Paris de Grassis, voyant arriver le nouvel ambassadeur de Bologne dont le pape ne lui a pas parlé, le prie de se retirer : celui-ci riposte qu'il s'en ira bien volontiers (Paris de Grassis, lat. 5165, fo 325).

4) Il y a un Liber ceremoniarum, dont certains cardinaux indiquent près de Pie III le titre De Ordine sedendi, en faveur des ambassadeurs de Rhodes (Paris de Grassis, lat. 5164, fo 75 vo). Chaque maître des cérémonies est tenu, en outre, de rédiger, jour par jour, un Diaire ou registre de tout ce qui se fait (id., fo 1 vo): c'est ainsi que nous avons les Diaires de Burckard et de Grassis (Cf. ms. ital. 143).

3° L'ambassadeur doit donner à sa maison un caractère particulier: sans déployer un luxe choquant, il veillera sur sa tenue et celle de ses gens ; c'est faire acte de convenance[1]. A une réception du doge de Venise, le 27 décembre 1500, on remarque fort le costume de l'ambassadeur de Naples : un très beau manteau d'or avec des agrafes de diamant[2]. Le 28 décembre 1502, l'ambassadeur d'Espagne vient au conseil de Venise en habit à la mode, c'est-à-dire à la française. Le doge rit, et lui dit : « Magnifique orateur, vous voilà habillé à la française ? — Certes, riposte l'ambassadeur, je ne garde rien de français à l'intérieur, tout est en dehors ». Il demande s'il y a quelque nouvelle, et disparait aussitôt[3].

L'ambassadeur choisira de préférence son logement dans la maison d'un national ou d'un ami[4], et il y tiendra table ouverte[5]. Il aura soin de se montrer homme de goût, littérateur, artiste. La plupart du temps, rien de plus facile, et l'ambassadeur trouve un avantage inappréciable à se reposer de ses soucis dans d'agréables occupations[6]. La réputation de connaisseur lui assurera, de suite d'utiles amitiés même auprès

1) *Allegationes Vincentii* (Rigault), Paris, 1512, f° XXVI v°. « Non debet aliquis princeps mittere aliquem ad alium cum veste ignominiosa, secundum Bartolum, In Lege Julia, § de vi publica. »

2) Sanuto, III, c. 1227.

3) Sanuto, IV, 571.

4) Jules Orsini. et l'archevêque de Nicosie, filleul du comte Pitigliano, offrent à l'ambassadeur vénitien leurs maisons de Monte Giordano, pour loger l'ambassade vénitienne d'obédience qui est annoncée (mars 1505. *Disp. di Giustinian*, III, 448). Il n'en est pas toujours ainsi. L'ambassadeur d'Espagne à Londres, en 1498, vivait, pour deux pence par jour, dans une auberge misérable, où il partageait ses repas avec des femmes de mauvaise vie et des maçons (Nys, *Les origines de la diplomatie*, p. 24). Un décret florentin, du 9 mars 1430 anc. st., défend aux ambassadeurs de vivre parcimonieusement, pour économiser leur traitement, et s'élève contre les citoyens qui briguent les charges publiques par amour de l'argent (Arch. de Florence, *Legazioni e Commissarie*, reg. 1).

5) Dépêche citée par M. Nys, p. 12.

6) V. plus haut, ce que nous avons dit du Choix des ambassadeurs.

des hommes politiques. L'ambassadeur vénitien en France Condolmeri, ayant besoin d'importants renseignements, va droit chez le chancelier, « avec lequel, dit-il, j'ai été, dès mon arrivée, en termes de bonne amitié, parce qu'il aime beaucoup les études d'humanités (studii de humanità) » [1]. À plus forte raison, l'ambassadeur devra se lier avec les artistes, surtout avec les écrivains en état d'influer sur l'opinion publique. Nous avons, par exemple, une jolie épître latine de Georges Mérula, un traducteur de Juvénal, à Jacques Trotto, ambassadeur du duc de Ferrare, datée du 20 février 1489. Mérula parle de Juvénal, de ses travaux littéraires : il plaisante les gens qui croient aux démons, à la magie, aux oracles, aux esprits familiers, comme « cet homme de Ferrare, à qui un démon attaché à son service obéissait, et fournissait des réponses en cas de difficulté » [2]... L'ambassadeur de France à Venise présente au conseil un savant romain, qui fait des vers latins [3]. Celui-ci offre un grand livre de vers en l'honneur du doge et de la république [4].

Aucun luxe n'assure mieux le relief d'une ambassade que celui de l'art : une œuvre d'art l'emporte sur toutes les démonstrations de faste.

Jean de Mabuse accompagne en Italie l'ambassadeur de Maximilien, en 1503 ; Dominique Trévisan emmène au Caire, en 1512, un peintre qui retrace sa réception [5]. Palmieri, am-

1) Dép. de Bourges, 29 février 1507-1508.
2) Archivio Sforzesco. Cf. les lettres d'Ange Politien à Laurent de Médicis, de M. Bosso, au même, lui envoyant un dialogue *De salutaribus animi gaudiis* (Roscoë, *Vie de Laurent de Médicis*, pièces LXIII, LXIX).
3) Très probablement le poète latin connu sous le pseudonyme de *Nagonius*, auteur de vers ultra-louangeurs à Louis XII et au duc de Bourbon.
4) 15 janv. 1503. Sanuto, IV, 616.
5) Tableau du Musée du Louvre, jadis attribué à Gentile Bellini, n° 80 du Catalogue de M. de Tauzia. M. Ch. Schefer possède la Relation manuscrite de cette ambassade, par Zacch. Pagani.

bassadeur de Florence à Rome, se fait peindre par Botticelli, et sans doute son intervention valut à Botticelli l'honneur de figurer dans la chapelle Sixtine [1].

C'est, on le sait, au cardinal de St Denis, Villiers de la Groslaie, ambassadeur de France, que l'on doit l'incomparable *Pietà* de Michel-Ange. En 1504, l'archevêque d'Embrun, autre ambassadeur de France à Rome, fait élever un monument à son frère Giraud d'Ancezune [2]...

L'histoire italienne est pleine de missions artistiques confiées à des ambassadeurs [3]. Dans les petites cours, les ambassadeurs n'avaient qu'à mener quelques menues intrigues, et à suivre les artistes, à savoir les nouvelles littéraires, à débaucher habilement quelque grand peintre, architecte ou sculpteur. Passionné pour les œuvres de Jean Bellini, le roi de France se les procurait par le sire de Montjeu, son ambassadeur à Venise. Jean Leveau, chargé d'affaires de Marguerite d'Autriche en France, reçoit la mission de prier Jean Perréal, dit de Paris, et Jean Lemaire de s'occuper des affaires de l'église de Brou : Leveau va les voir, et leur remet des lettres directes de la duchesse, et ils envoient, le jour même, un homme à Tours réclamer les maquettes au sculpteur [4].

Dans les trois dernières années de sa vie, Raphaël subit de la part du duc de Ferrare une véritable persécution [5]. Dans le cours de cette longue négociation, qui ne garda pas toujours le caractère diplomatique, « tantôt, dit M. Rio, nous voyons Raphaël

---

1) Rio, *L'Art chrétien*, éd[on] de 1874, II, 397.
2) Boislisle, *Et. de Vesc*, p. 191, n. 3.
3) V., pour Léonard de Vinci, Desjardins, *Négociations*, II, 211, 213, 220.
4) Blois, 28 février 1512. *Lett. de Louis XII*, III, 180.
5) L'Arioste, deux fois ambassadeur de Ferrare à Rome, sous Jules II, donnait des conseils à Raphael pour la *Dispute du Saint-Sacrement* (Muntz, *Raphael*, p. 293).

avec la conscience des hautes prérogatives que lui confère son génie, traiter de puissance à puissance avec le chef de la maison d'Este, et se rendre d'un accès difficile au négociateur officiel qui parle en son nom, tantôt nous le surprenons, recourant, comme un débiteur insolvable, à des subterfuges indignes de lui, pour éluder les poursuites de son créancier. Le tableau que voulait le duc Alphonse devait représenter son sujet de prédilection, le *Triomphe de Bacchus dans les Indes*. Pour calmer son impatience, Raphaël lui expédiait, en échange d'un acompte de cinquante ducats, des cartons qu'il avait dessinés de sa propre main... Mais ce n'était pas pour un saint Michel que le petit potentat envoyait ses ducats et ses sommations, c'était pour un Bacchus, et surtout pour son cortège de Bacchantes dont il savourait d'avance les attitudes et les nudités. Ce tableau, écrivait-il à son secrétaire Pauluzzi, chargé de poursuivre la négociation, ce tableau nous fait bien défaut pour compléter notre cabinet. » Raphaël longtemps se dérobe. «Enfin, le négociateur obtint une audience, mais ce fut pour être éconduit par son interlocuteur, qui se montra plus versé que lui dans les circonlocutions diplomatiques [1]. »

Mauroceno, ambassadeur vénitien à Paris, écrit à la Seigneurie, le 18 novembre 1504 : « Ici se trouve un frère Giocondo, de Vérone, aux gages de la ville, homme de grande valeur. Il touche l'argent de la ville, pour lui avoir fourni les plans d'un pont sur la Seine, fort remarquable, et il en touche du roi, pour avoir conduit de l'eau dans ses jardins de Blois, ce qui sera aussi une jolie chose. Il vous serait utile pour diriger l'artillerie : *pratiqué* par Palmario, il a répondu qu'il se contenterait d'un modeste bénéfice de cent vingt ou cent cinquante ducats, pour pouvoir vivre, et qu'il aban-

---

1) Rio, L'*Art chrétien*, IV, p. 478-479.

donnerait volontiers ses pensions pour rentrer à Venise et y rester, en bon sujet et serviteur... Fra Giocondo a été secrétaire de Philibert [1], auquel, pour se reposer de mathématiques, de génie militaire, d'architecture, il lisait Vitruve. Philibert a pour fra Giocondo la plus haute estime... » A ce que raconte l'ambassadeur, fra Giocondo lui a promis, dans l'avenir, de servir utilement les intérêts vénitiens et, pour le moment, il lui communique des secrets d'Etat très importants qu'il aurait surpris ; il lui expose les projets d'alliance qui commençaient effectivement à s'élaborer dans le plus grand secret contre Venise ; il a copié, un jour, par surprise, une dépêche chiffrée du pape, qu'il avait trouvé Robertet en train de déchiffrer et sur laquelle Robertet lui avait fait promettre le plus absolu oubli [2]. Ce curieux détail montre bien la faveur dont jouissaient les savants ou artistes, et combien leur amitié pouvait devenir précieuse aux ambassadeurs.

4° Quant à sa conduite générale et à son langage, l'ambassadeur ne doit jamais perdre de vue qu'il n'est pas homme d'État, mais simplement intermédiaire : que son action importe fort à l'Etat. « Avec habilletés qui procèdent de grant sens, dit Commines, on évite de grans périls et de grans dommaiges et pertes » [3]. Reste à savoir, et c'est là le point délicat, jusqu'où il faut pousser l'habileté.

Pour l'habileté active, le droit canon a établi une théorie des procédés diplomatiques, par ses préceptes sur le serment, sur le mensonge. Le *Décret de Gratien* enseigne qu'on ne doit tromper personne, mais que tous les mensonges ne présentent pas la même gravité. On ne peut pas mentir pour sauver sa vie, ni même celle des autres ; mais ce n'est pas mentir que

1) Naturelli, ambassadeur d'Allemagne.
2) Arch. de Venise.
3) *Mémoires*, I, 137.

parler par manière de plaisanterie, et dans les matières sérieuses, cela est permis, recommandé même. L'utilité de
la dissimulation résulte des exemples des Livres Saints : Abra-
ham, présentant Sarah comme sa sœur, « a fait ce qu'il a pu » ;
il a caché la vérité, mais il n'a pas commis un mensonge ir-
rémissible, puisque Sarah se trouvait à la fois sa femme et sa
nièce ; or une nièce peut passer pour une sœur [1].

En matière de serment aussi, il faut distinguer : l'on n'est
pas tenu par les serments qui obligeraient à un acte mauvais,
car de deux maux il faut choisir le moindre, ni par un serment illicite, ou contraire aux divins préceptes [2].

En pratique, on ne discute guère sur ces distinctions théori-
ques. Il existe, au commencement du XVIe siècle, une école
de politique transcendante, l'école française, qui considère
l'art des affaires publiques comme l'art le plus élevé de tous,
comme une sorte de magistrature destinée à faire prévaloir
les habitudes de probité, les idées d'honneur et de bonne foi,
par lesquelles se soutiennent, s'élèvent, se civilisent les peuples. Dans cette doctrine, on se pique de franchise, on se déclare
esclave des traités. Le roi (de France) « ne veult enfreindre sa
promesse, ce qu'il n'a pas de coustume[3] ».

La bonne foi présente certainement un caractère utile.
Le grand défaut diplomatique de Louis XI fut d'en manquer
trop ouvertement. Il se rendit suspect à tous, il resta isolé,
sans ami [4], et ne gagna jamais l'opinion, d'autant plus qu'il

1) *Decreti* secunda pars, causa XXII, quest. II, c. 12 à 22 : édon Friedberg,
I, c. 871-874.

2) *Ibid.*, quest. IV, c. 1 à 22 : c. 875-880.

3) Instron du roi d'Angleterre. 1506 (*Lett. de Louis XII*, I, 82). « Considéré la bonne fame et grande renommée dudit Sr Roy (Louis XII) d'avoir
tousjours esté vray observateur de ses promesses et séellez » (Instruction
de Philippe le Beau, 1505. *Id.*, I, 13).

4) Gingins la Sarraz, *Dép. des ambassadeurs milanais*, I, p. IX.

aggravait son défaut par le culte du secret, par une affectation de mystère excessive et maladroite [1]. D'autre part, il
faut avouer que la bonne foi de Louis XII le rendit constamment dupe.

Pour l'école italienne, la diplomatie constitue une sorte de
négoce, de marchandage, de maquignonnage, au jour le jour,
en vue du lucre immédiat : c'est, dit Commines, l'art de pratiquer des marchés au dehors, sous « quelque bonne couleur
et ung peu apparente [2] ». Commines, fonctionnaire vénal et
sans conviction, Machiavel, simple secrétaire de carrière avec
peu de fortune, ami du jeu, du plaisir, du monde, des femmes, du luxe, harcelé à toute heure par le besoin de jouir de
la vie et de courir désespérément après le succès immédiat,
voilà les professeurs de cette doctrine. Commines exerce(nous
dit-il) un métier, qui consiste à tout *pratiquer*, c'est-à-dire à
intriguer en tout sens, souterrainement. Deux termes se
retrouvent sans cesse sous sa plume, *pratique* et *marché* ;
l'un représente le travail qui consiste à débaucher sous main
les serviteurs, les capitaines, les villes d'autrui [3]... : l'autre
l'acte qui conclut et couronne les négociations [4]. Quant aux actes provisoires qui interviennent comme des étapes, les trêves
par exemple, ce sont pour lui des « dissimulations » [5].

Machiavel, mettant en balance les avantages de la

---

[1] On lui reprochait aussi d'être extrême dans ses mesures, quand il se
croyait le plus fort,et de laisser ainsi des blessures inguérissables.L'ambassadeur milanais,fort hostile à la maison d'Orléans, témoigne en 1475 que c'était
l'opinion générale du monde politique que Louis XI allait trop loin contre
elle, parce que le jeune duc n'avait que treize ans, que dans quelques années
le premier soin de celui-ci serait de s'allier à la Bourgogne ou à la Bretagne.
(*Dépêches des amb. milanais*, I, 38).

[2] Commines, *Mémoires*, I, 208.

[3] I, 213, 226, 399, etc.

[4] I, 209, 215, etc.

[5] I, 121. «Le Roy praticquoit fort le duc (de Bourgogne) par plusieurs marchés...» (I, 122).

loyauté et de la tromperie, n'hésite pas à les concilier. Il
estime indispensables, pour un diplomate, les dehors de la
loyauté, de la franchise. L'ambassadeur, qui arrive dans un
pays nouveau et inconnu, doit commencer par faire lui-même
sa réputation : il se montrera « homme de bien », c'est-à-dire
généreux et vrai ; c'est là un point essentiel ; faute de formes
ouvertes, bien des diplomates, pourtant sagaces, ont échoué.
Si l'on dissimule, il faut que cela ne paraisse pas, ou que, si
l'on est découvert, la défense soit préparée et soudaine.
Alexandre Nasi reçut en France un grand honneur, à cause
de sa parfaite réputation de franchise [1]. Un langage net, un
langage « de soldat » rend des services, et on peut le tenir,
d'ailleurs, sans être soldat. Ainsi, un ambassadeur milanais,
Antoine d'Applano, rendant compte à sa cour d'un entretien
avec le marquis de Montferrat, écrit : « Je lui dis que j'allais
lui déclarer ma façon de penser, ouvertement, en soldat ; que
ces ambassades contre le pape ne me déplaisaient pas... etc. »,
ces ambassades lui déplaisaient, mais Antoine d'Applano voulait en savoir plus long [2]. La nécessité de la franchise une fois
admise, ajoutons qu'il faut s'en tenir à l'apparence. « Chacun
sait combien il est louable pour un prince de maintenir sa foi,
de vivre avec intégrité, sans astuce », dit Machiavel, mais
« par expérience de notre temps », ajoute-t-il, il y a des
princes qui ont réussi, en manquant à leur parole, en em-
barrassant par leur astuce, « ils ont à la fin vaincu ceux qui
avaient fait fonds sur la loyauté ». — « Il y a deux manières
de combattre : avec les lois, ou avec la force. La première

---

1) Machiavel, *Instructions à Raph. Girolami.*

2) Kervyn, *Lettres et négociations,* I, 174. Le prince d'Orange, ambassadeur
de France en Bretagne, trahit et fait les affaires du duc d'Orléans. Le duc
de Bourbon, indigné, lui écrit que sa conduite « fait rêver. » Dunois proteste
énergiquement (1487. Dupuy, *Hist. de la réunion de la Bretagne,* II, 98).

est celle de l'homme, la seconde celle de la bête. Comme la première souvent ne suffit pas, il arrive qu'on recourt à la seconde ; ainsi il est nécessaire qu'un prince sache bien être la bête et l'homme ». Machiavel enseigne donc qu'une parole n'oblige pas lorsque l'effet doit se retourner contre vous, car vous pouvez supposer que votre co-contractant ne s'en croirait pas plus tenu, le cas échéant. Bien plus, un prince « se voit souvent obligé d'agir contrairement à la foi promise, à la charité, à l'humanité, à la religion » ; il se bornera à sauver les apparences, qui comptent seules aux yeux du vulgaire. Qu'il frappe l'opinion du plus grand nombre par les dehors de la clémence, de la fidélité, de l'humanité, de la religion : « le vulgaire marche toujours avec ce qui paraît, et avec le fait accompli ; or le monde n'est encore que le vulgaire. Le petit nombre ne peut rien où le grand nombre n'a pas de quoi s'appuyer. » Quant aux prétextes pour colorer les manques de foi, il ne manquent jamais : « celui qui trompe trouvera toujours qui se laissera tromper... »[1]

On ne se fait donc point scrupule de mentir,[2] en diplomatie[3], et un mensonge artistiquement présenté flatte les con-

1) *Le Prince*, ch. xviii.

2) L'orateur espagnol vient à la Seigneurie, à Venise, demander s'il y a des nouvelles de France. On lui dit non (cependant on en a). (Janv. 1504. Sanuto, V, 734). L'ambassadeur de Naples montre une lettre par laquelle le roi de Naples propose à Venise une ligue contre le Turc. La Seigneurie répond par de bonnes paroles (10 juillet 1500. *Id.*, III, 473). Traitant avec le dauphin de France, rebelle et *rex futurus*, à *Genepe* en Brabant, le duc de Milan affirme qu'il est inspiré par son affection, « eam quam erga serenissimum atque Christianissimum dominum dominum Carolum, presentem Francorum regem, gerimus » et envers le dauphin. « Ejus sublimitati tantum debere fateamur quantum persolvi humana ope vix possit » (Pat. du 24 juillet 1461. Archo Sforzesco). Le dauphin demande au roi la permission d'aller à la croisade avec le duc de Bourgogne, — sur la requête du pape et comme gonfalonier de l'Eglise. Il ajoute qu'il part près du duc de Bourgogne dans ce but (31 mars 1456. *Lettres de Louis XI*, I, n° LVII).

3) Dunois écrit au duc d'Orléans de Lyon, le 10 septembre (1463), que

naisseurs [1]. En 1494, les ambassadeurs de Milan, soi-disant amis et dévoués de la France, rassurent Commines, ambassadeur de France à Venise, sur les rumeurs d'une ligue contre la France. Cette ligue, disaient-ils, ne se peut pas sans notre coopération : n'en croyez rien, messire, » — « agissant, dit Sanuto, comme doivent agir les gens sages en affaires d'Etat, qui assurent à leurs ennemis vouloir faire une chose, et en font ensuite une autre » (et même faisant l'*autre* en même temps [2]). L'habitude du mensonge crée un scepticisme [3], que l'ambassadeur étend à tout, même à son propre gouvernement. André de Burgo, ambassadeur de Marguerite d'Autriche et de son père, écrit naïvement à Marguerite, à propos d'une bonne nouvelle qui vient de se vérifier : « L'empereur (père de Marguerite) le me escrivit ja sont aucuns jours, mais je cuydoye estre quelque fiction à son propos » [4].

Pour sonder un ambassadeur, on le regarde en face [5], au

François Sforza envoie au roi un ambassadeur porter des assurances dont aucune n'est vraie (K. 72, 8).

1) Mais il faut se souvenir que le trompeur trompé prête à la plaisanterie. Louis XII, ayant trompé Ferdinand le Catholique, se moque de lui : « Je lui demanderai, dit-il à l'ambassadeur florentin, de m'indiquer une excuse à l'espagnole » (1514. Desjardins, *Négociations*, II, 656).

2) *Spedizione*, 285-86.

3) Le prince, et par suite l'ambassadeur, doivent être soupçonneux, sans le paraître. « Quant à estre soupeçonneux, dit Commines, tous grans princes le sont, et par espécial les saiges... C'est grante honte d'estre trompé et de perdre par sa faulte: toutesfois les suspections se doivent prendre par moyen; car l'estre trop, n'est pas bon » (*Mémoires*, I, 242; II, 224).

4) 3 oct. 1511 (*Lett. de Louis XII*, III, 64).

5) On peut toujours contredire une parole par des jeux de physionomie « Lorsque le représentant de Charles VIII vint demander au pontife s'il était disposé..., Alexandre VI lui répondit par des défaites... : » néanmoins. des yeux, de la bouche, de toute la physionomie, le pape, bien qu'il ne le dit pas, me faisait signe, rapporte l'ambassadeur, que le roi devait tenter l'entreprise (Delaborde, *Un épisode des rapports d'Alexandre VI avec Charles VIII*, p. 6).

moment où il multiplie les protestations, et on lui dit qu'on croit à leur sincérité. Si cela ne suffit pas, on peut aller jus-qu'à répéter doucement quelques insinuations venant du de-hors. La duchesse régente de Savoie répète à l'ambassadeur de Milan que Louis XI dit qu'elle n'est qu'une femme, qu'elle ne comprend pas l'art du duc de Milan, etc [1]...

Ainsi, 1° l'ambassadeur ne se croira pas toujours tenu de dire la vérité, 2° il aura soin d'envelopper, autant que pos-sible, ses paroles, de témoignages d'affection et de confiance. César Borgia était un diplomate émérite, qui maniait les né-gociations avec beaucoup de dextérité ; habile, d'abord à té-moigner de la confiance, puis à tenir les discours les plus flatteurs ; il possédait souverainement l'art de pénétrer ensuite avec beaucoup d'esprit et de feu : il excellait à exposer une question sous les dehors qui lui plaisaient, à persuader de sa confiance, de son dévouement [2].

Il ne faut pas craindre d'appuyer sur les termes affectueux ou sur les compliments. Le grand bâtard de Bourgogne dit à l'ambassadeur milanais, en 1475, que, penser à rompre l'a-mitié de la Bourgogne et de Milan, ce serait vouloir « re-monter l'eau vers sa source » [3].

En ouvrant les négociations après Fornoue, où 35,000 mer-cenaires de l'armée italienne avaient laissé passer 8,000 fran-çais, Commines commence par rendre, de la bravoure de l'armée italienne, un éclatant hommage, tandis que les prové-diteurs se montrent arrogants et de mauvaise humeur [4].

---

1) Mars 1475 (*Dépêches des ambassadeurs milanais*, I, 86, 89).
2) Guichardin, liv. v, ch. iv.
3) *Dépêches des ambassadeurs milanais*, I, 47.
4) Benedetti, *Il fatto d'arme*, l. 1°. Cf. Desjardins, II, 74. On donne pour motifs d'une ligue, l'affection réciproque (Louis dauphin et le duc de Milan, 1er juin 1461. Archivio Sforzesco). Dans une alliance, si on offre 3.000 chevaux et 1.000 fantassins et qu'on en demande 4.000 et 2.000, l'orateur

En matière de louange, il ne faut même pas craindre la fadeur.

3° L'ambassadeur, cela va sans dire, donnera à toute proposition une couleur d'intérêt, ou, faute de mieux, il en appellera à de nobles sentiments. Parle-t-il d'une alliance, il affirme que l'intérêt de la chrétienté seul le fait agir, que les Turcs menacent de tout engloutir.

Inutile de négocier, si l'on paraît rechercher ce qu'on désire. « S'est bien fait de donner à cognoistre qu'on veult la paix, écrit le cardinal d'Amboise à Louis XII : mais aussi de donner à entendre qu'on a crainte de luy (le roi des Romains), je ne le trouveroys pas bon, par quoy ne fault rien promectre audit des Romains particulièrement : mais, quand ce viendra qu'il se vouldra mectre à la raison, on luy donnera à cognoistre que vostre amytié luy est bonne[1]. »

Enfin, un des premiers devoirs de la diplomatie consiste à saper la concorde. Louis XI, dit Commines, « a mieulx sceu entendre cet art de séparer les gens que nul aultre prince que j'aye jamais veu ne congneu[2]. »

---

dira que, ce nombre, « lavemo posto per honore et gloria de la Ser^ta soa, perche el facto suo non ha comparatione con lo nostro. » S'il le faut, nous nous résoudrons à rendre l'apport égal, « come vuole et comanda la Signoria soa » (Instr^on du duc de Milan à Pr° Camulio, envoyé au dauphin, 25 août 1460. Arch° Sforzesco). Dans une négociation difficile et importante, on doit parler « cum tute quelle suasive parole vi sarà possibile et cum tute le forze vostre sollicitando..., cum quella però dexterita et modestia che se conviene, per modo che sentiano quel fructo de questa legation vostra che habiamo sperà »; il faudra parler au roi et aux principaux seigneurs, mettre en campagne, « imprimis l'opera del amico nostro » (Instr. du sénat de Venise en Angleterre, 14 sept. 1509. Arch. de Venise, Secreto 42, 60).

1) 3 août 1501 (Boislisle, *Et. de Vesc*, p. 203). Louis XII ne trouve pas le moment venu de traiter, « car, dit-il, ung homme reculé ne fait jamais appoinctement à son proufft, et que, si l'on veult faire bon appoinctement, il la fault fere la lance sur la cuysse » (déc. 1509. *Lett. de Louis XII*, I, 218).

2) *Mémoires*, I, 116.

François Sforza disait : « Quand on a trois ennemis, on fait la paix avec le premier, une trêve avec le second, on attaque le troisième [1]. »

En 1495, devant Novare, les plénipotentiaires français ont avec Ludovic Sforza des conférences particulières et secrètes, qui excitent fort la suspicion des Vénitiens alliés de Ludovic [2] ; et non sans raison, puisqu'on réussit à séparer d'eux Ludovic [3].

L'ambassadeur se propose le but d'échanger des objets de valeur(concessions politiques, renseignements importants...), contre des objets sans valeur (amitié, familiarité, louanges). Il paie de sa personne, et perçoit pour son gouvernement. Il doit plaire et tromper.

Dans ce difficile métier, la qualité maîtresse est la patience, c'est-à-dire l'habileté passive, qui est la première habileté du diplomate.

Il faut s'armer de longanimité et de sang-froid, caresser et plier, en vertu du fameux axiome de Machiavel : « Les hommes doivent être caressés ou détruits. Ils se vengent des offenses légères. Ils ne peuvent se venger des offenses graves. L'offense qu'on fait à l'homme doit être telle qu'on ne craigne pas sa vengeance » : la guerre détruit, la diplomatie caresse. Si une chose ne plaît pas, il suffit de répondre froidement et gracieusement « qu'elle est bien dite, mais qu'on veut y penser [4]. » Reçoit-on un reproche, très justifié, mais pour lequel on ne veut rien faire, on répond poliment et aussi brièvement que possible [5].

1) Cité par Cantù, *Gli Sforza e Carlo VIII*, p. 4, n° 1.
2) Benedetti, *Il fatto d'arme*, éd°ⁿ 1863, p. 224.
3) *Id.*, p. 230.
4) *Dépêches des ambass. milanais*, I, 365.
5) Dép. de l'amb. milanais, 11 mars 1476 (*Id.*, I, 351).

·On parle « par forme de devises, non par résolution »,
des sujets sur lesquels il convient de glisser[1]. Il faut se montrer conciliant, et savoir accepter ce qu'on ne peut empêcher[2].
Toute négociation comporte une certaine lenteur. Heureux les
soldats, improvisés diplomates, qui, à la guerre, traitent une
capitulation en six ou sept heures [3] ! Dans les cours, tout
marche lentement : « l'on est bien disposé, mais l'on ne peut
encore répondre [4]. » La lenteur est le grand procédé italien : à la cour de Rome, elle est systématique et proverbiale :
« On ne se hâte jamais ici [5] » ; sans cesse, les cardinaux se
trouvent retardés par une fête, par une tenue de consistoire, etc. [6]... Le roi de Hongrie dit aux ambassadeurs allemands, en 1511, tantôt qu'il attend l'arrivée de son chancelier, ou de ses conseillers, tantôt qu'il veut en référer à son
frère le roi de Pologne ; ensuite, il trouve peu clair le texte
qu'on lui propose ; des objections surgissent, dit-il, chez les
magnats... etc [7]. Lorsqu'il s'agit de questions majeures, que
d'angoisses les pratiques de ce genre valent à l'ambassadeur !
« Robertet dit que c'est fini... Je suis à la torture, *cruciato*,
de ces retards qui m'empêchent de dormir, écrit l'ambassa-

1) *Lettr. de Louis XII*, III, 204.

2) Dép. de Lyon, 16 sept. 1501, de Foscari. Il accepte une somme inférieure à celle qu'on lui doit, pour éviter des difficultés (Arch. de Venise).
Abandonné par le roi René, Fr. Sforza avise par son secrétaire Nicodème
Jean de Calabre, à Florence, qu'il va s'allier à Alphonse de Naples : « respose
chel intendeva tanto dele conditione de Italia che li pareva che nuy non have-
semo torto a prendere questi partiti cum lo Re Alfons » (Réponse de Frco
Sforza à Louis XI, 12 nov. 1461. Archivio Sforzo).

3) *Hist. des guerres de Flandre, Corp. Chronic. Flandriæ*, IV, 562 ; capitulation de Lille, 14 décembre 1487.

4) Instron du 15 août 1407. J. 505, 4ter.

5) Dép. de l'amb. milanais à Rome, 4 mai 1468 (Archivio Sforzesco) : « Le
cose non se fanno qui troppo in freta. »

6) Mém. de 1468. Fr. 3884, fo 204 vo.

7) Fraknoï.

deur vénitien en France Dandolo... Soyez sûrs que je pousse
de toutes mes forces à la solution. Voilà seize mois que je
passe dans d'atroces angoisses [1]. » Des ambassadeurs milanais, trouvant Louis XI un peu tiède pour leurs intérêts, s'attachent à ses pas, afin d'arriver à lui parler ; ils sollicitent
enfin une audience : après les avoir remis au lendemain, le
roi les reçoit fort bien, devant un grand nombre de personnes, cause chasse, et même politique, avec sa verdeur habituelle, pendant plus de deux heures, et les ambassadeurs ne
peuvent placer un mot. Ils demandent en partant à lui parler à leur tour, quand il lui plaira. Il les remet de nouveau au
lendemain [2].

Un ambassadeur ne doit pas craindre les discussions ; il
présentera ses arguments avec calme et douceur. César Borgia se montre fort mécontent que les Florentins refusent un
sauf conduit pour lui et ses troupes : Machiavel lui expose doucement qu'on n'a pas précisément refusé ce sauf conduit,
mais qu'on voudrait savoir sur quel pied on se trouve,
qu'on préférerait conclure une alliance comme il convient
entre deux États pleins de franchise et de fidélité : que Florence n'a pas l'habitude d'agir avec précipitation, qu'il serait utile d'y envoyer une personne de confiance, qui obtiendrait sûrement satisfaction. César, calmé, répond qu'il
est pressé ; Machiavel dit qu'il va écrire à l'instant, que pendant ce temps l'envoyé arrivera à Florence, qu'il négociera
heureusement... César paraît satisfait. Mais il ajoute que, si
l'on n'agit pas franchement avec lui, il négociera avec n'importe qui, fût-ce avec le diable [3]...

Claude de Seyssel reçoit de Louis XII, qui avait accepté

1) Dép. de Poissy, 26 juillet 1514.
2) 1478. Kervyn, *Lettres et négociations*, I, 232.
3) Machiavel, Dép. de Rome, 18 novembre 1503.

le protectorat de Bologne, la difficile mission d'aller, en septembre 1502, expliquer à la Seigneurie de Bologne qu'on va
la remettre au pape. Cette mission nécessite des précautions ;
Louis XII l'annonce préalablement à l'envoyé bolonais, mais
il refuse d'en spécifier le but, il se borne à dire que l'on sera
satisfait. Seyssel arrive ; il expose que le roi veut la liberté de
Bologne, que le meilleur moyen d'assurer cette liberté consiste dans l'envoi d'un bon légat, avec une forte garnison
pour maintenir l'indépendance ; le roi est, du reste, obligé de
reconnaître les droits de l'Église, car le protectorat assumé
par lui contient la clause « sauf les droits de l'Église », ces
droits sont établis par d'anciennes bulles qui garantissent la
liberté de Bologne ; et le roi lui-même est feudataire de
l'Eglise pour le royaume de Naples..., toutes allégations de
forme auxquelles la Seigneurie de Bologne ne trouve pas ma-
laisément une réponse [1]...

Un bon ambassadeur sait accepter les plus mauvaises rai-
sons, et écouter une allégation inexacte sans sourciller. Un
ambassadeur de Venise demande à Jules II de lever l'interdit
sur trois villes du Frioul. Jules II répond très gravement que
cet interdit résulte d'une décision de la *Rota*, et il fait un
long discours sur la nécessité d'observer ce qui est arrêté *in
Rota* [2].

« Quant aux mensonges des gens de Carpi, écrit Machiavel
à Guichardin, je suis en mesure de leur tenir tête ; il y a
longtemps que je me suis fait docteur en ce genre... Depuis
un certain temps jusqu'à ce moment-ci, je ne dis jamais ce
que je pense..., et si quelquefois on me dit la vérité, je la ca-
che, de façon qu'il est impossible de la retrouver [3]. » C'est une

---

1) Longue dépêche-instruction des *Seize de Bologne* à Vinc. Budriolo, 17
sept. 1502. Arch. de Bologne, *Comune, Litterarum*, 1500-1505, c. 140 vo.

2) Mars 1504. Sànuto, V, 1014.

3) Cité par Artaud, *Machiavel*, II, 80.   20

plaisanterie, mais elle peint la lassitude du diplomate vieilli sous le harnais[1]. Le vrai ambassadeur ne s'étonne de rien[2]. Constantin Lascaris, ambassadeur de Venise près du sophi de Perse, écrit avec éloge qu'avant de quitter la Perse, le sophi, pour supprimer toute opposition, a fait arrêter et exécuter quatre-vingt-dix notables et leurs familles[3]. Ce qui se pardonne le moins, en diplomatie, c'est le défaut de sang-froid. A Rome, paraître toujours souriant est la règle absolue[4]; les ambassadeurs notent l'habileté d'Alexandre VI à « se montrer gaillard » quand il lui arrive une mauvaise nouvelle[5]. Commines se rendit pour jamais ridicule par une mémorable absence de sang-froid, dont il donna l'exemple à Venise en 1495, au moment d'une catastrophe. Lorsque, après s'être longtemps joué de lui, le doge, un jour, lui annonça en conseil, avec la mesure habituelle, qu'au nom du saint Esprit, de la Vierge et de saint Marc, la république venait de conclure avec toutes

1) Le sire du Bouchage étant envoyé près de Maximilien pour la mission la plus impossible à réaliser, Ludovic le More, qui agit contre lui, lui écrit, le 13 novembre 1494, que Thomas Bohier vient d'apporter ses instructions, qu'il s'agit d'une affaire de premier ordre, qu'il le recommande à son *orator* près le roi des Romains et l'engage à partir. Lettre en latin de grand style : Ludovic lui dit « Vos », et le qualifie : « Magnifice amice noster charissime : » signée de Ludovic. Lettre de recommandation annexée, pour Erasme Brasca, du même jour, en italien : Ludovic recommande à son ambassadeur en Allemagne de faire honneur et bonne compagnie à Du Bouchage et d'aider la grosse affaire. *Mais* il se borne à cela, et mentionne sans aucun détail « la pratica che vui sapeti » : signée d'un secrétaire (Mandrot, *Ymbert de Baturnay*, p. 359, 360).

2) Il est très nécessaire de savoir dissimuler, professe Et. Dolet (*De officio legati*, 18).

3) 1502. Sanuto, IV, 353-354.

4) Il est de notoriété que le pape Alexandre VI médite un coup de force contre les Orsini ; cependant le cardinal Orsini ne cesse d'aller au palais, et *spem vultu simulat* (1503. *Dispacci di A. Giustinian*, I, 46). « Spem vultu simulant, sed premunt altum corde dolorem » (Dép. d'Albert Pio da Carpi, 11 mars 1513 : citée par Petrucelli della Gattina, *Hist. des conclaves*, I, 495).

5) *Dispacci di Giustinian*, I, 175.

les autres puissances une ligue, bien entendu « défensive », contre la France, il perdit contenance : « Que fera mon roi! » s'écria-t-il, hors de tout propos. Puis, sans même écouter les explications lénitives du doge, sans faire les saluts d'usage, il sort. En descendant l'escalier, ne voyant plus clair, se croyant la victime d'un cauchemar, il demande un secrétaire de la Seigneurie et se fait répéter les paroles du doge. Il saute en gondole, jette par terre son bonnet, se fait ramener chez lui, consigne sa porte en se disant malade. Réellement, il se met au lit. On devine quelle hilarité souleva un pareil écart. « Il ne sut pas feindre, comme on doit faire dans des cas semblables[1]. »

La nouvelle de la prise de Ludovic le More par les Français arrive à Venise le jour des rameaux 1500, pendant la messe solennelle à laquelle assistaient le doge et les ambassadeurs. L'ambassadeur de France témoigne une extrême joie, c'était son droit ; les envoyés de Naples et de Ferrare perdent contenance et paraissent atterrés[2], mais l'ambassadeur de Naples comprit aussitôt sa faute ; il revint le jour même à vêpres, très élégamment vêtu, et fit bon visage[3].

L'ambassadeur a le devoir impérieux de veiller sur sa propre conduite et celle de son entourage, d'empêcher tout scandale, ce à quoi il ne réussit pas toujours[4], d'éviter, pour lui et les siens, tout ce qui peut donner prise à la critique.

1) 1495. Commines, II, 422 : Sanuto, *Spedizione*.., 285-86.
2) Sanuto, III, 214.
3) *Id*, 215.
4) Le 29 juin 1504, après la double présentation de haquenées pour le royaume de Naples par la France et l'Espagne, on ne peut empêcher les suites des deux ambassadeurs d'en venir aux injures, puis aux coups. La garde papale doit intervenir pour les séparer, mais il y a plusieurs blessés. (*Disp. di Giustinian*, III, 161). Un jour, à Rimini, les deux orateurs d'Aragon, tous deux originaires de Girone, se prennent de querelle, se provoquent en duel, puis, encore irrités, réclament l'arbitrage du s⁗ de Rimini. Sigismond s'amuse à les réconcilier dans une fête solennelle, où l'on joue leur querelle

Machiavel, dans ses légations, se montre constamment plein de politesse, d'égards, de circonspection ; et cependant il professe théoriquement des principes différents. « Je pense, moi, qu'il est mieux d'être impétueux que circonspect ; la fortune est femme ; il est nécessaire, si on veut la dominer, de la heurter et de la battre... Elle est amie des hommes jeunes qui sont moins circonspects, plus fiers, et qui commandent avec plus d'audace [1]. » Il le dit, mais ne le pense pas, et il a raison : cette manière n'est pas la bonne. Ainsi, parmi les ambassades à Rome en 1500, les deux plus grandes, celles de France et d'Espagne, ne savent pas tirer parti de leur situation. On reproche à l'ambassadeur d'Espagne un caractère altier et susceptible. L'ambassade de France a pour chef un habile, Robert Guibé ; mais, sauf lui elle ne se compose que de seigneurs incapables de dissimuler un moment de mauvaise humeur. M. de Trans, en particulier, prête à la plaisanterie. S'il court une fausse nouvelle, on la lui attribue de suite [2]... En 1500, la Seigneurie de Venise fait part à Accurse Mainier, déjà nommé, des hésitations du pape relativement aux projets de croisade, hésitations que le pape attribue à la France : Mainier, éclate en termes virulents ; il dit que le roi est bon et le pape méchant, il montre une lettre qu'il écrit au roi, « lettre excellente : s'il était vénitien, il n'écrirait pas mieux », dit-on à Venise, et on rit [3].

Les diplomates italiens, tout en estimant Commines le plus habile diplomate de France, le jugent un agité, un ambitieux,

et leur défi ; puis la réconciliation est notariée et scellée par lui (Yriarte, *Rimini*, p. 337).

1) Machiavel, *Le Prince*, ch. xxv.

2) « Ottimo maestro de simil trame » (1503. Villari, *Dispacci di A. Giustinian*, II, 73).

3) Oct. 1500 (Sanuto, III, 885).

qui se donne énormément de peine pour obtenir un peu de crédit et le faire valoir, et ils se jouent constamment de lui [1]. Commines y prête. Ainsi il s'agite au point que, le 28 août, à minuit, il expédie à Milan un billet pour annoncer à Antoine de Médicis la mort de la duchesse de Savoie, laquelle mourut seulement le lendemain [2].

M. de Trans, que nous venons de nommer, passe de même pour un *faiseur*. Il dit au pape que les Vénitiens sont « français », aux Vénitiens que le pape est « espagnol »... Dans le subtil monde du Vatican et de la diplomatie italienne, ces façons ne réussissent guère. Le pape en rit dans l'intimité avec l'ambassadeur de Venise et surnomme M. de Trans : Monsieur « delle Trame [3]. » Un ambassadeur d'Espagne, arrivant à Milan en 1513, débute par mille bonnes paroles ; mais, « à son aspect, semble personnage fort couvert », il ne sort pas de chez lui et ne voit personne. On dirait qu'il apporte quelque chose d'« obscur » et de « clandestin » ; on se méfie de lui [4]. Dans les cours, il faut agir sobrement, au moins en apparence, prendre sans cesse sur soi et écouter « tous vens venter, sans murmure [5]. » Les bonnes façons, l'extérieur agréable, l'instruction solide, sans rien d'affecté, les connaissances en musique, en peinture, la réputation de bon cavalier, l'art excellent de plaire aux femmes [6], constituent les qualités de second rang.

Les bons ambassadeurs poussent la réserve à l'extrême.

---

1) Benoist, *Lettres de Phil. de Commines aux Archives de Florence*, p. 6-7.
2) *Id.*, p. 9-10.
3) *Dispacci di A. Giustinian*, II, 82.
4) *Lett. de Louis XII*, IV, 248.
5) « La Court aprend à se vestir honnestement, parler distinctement, ryre sobrement, dormir légièrement, vivre chastement et escouter tous vens venter sans murmure ; mais le tout est faict par vaine gloire, ambicion ou ypocrisie » (*Panégyric du chevalier sans reproche*, ch. v).
6) Balth. de Castillon, *Le parfait courtisan*.

Certains d'entre eux, avant d'agir, consultent leur astrologue. D'après Etienne Dolet, le diplomate doit aussi s'entourer de domestiques taciturnes et d'espions. Un décret du sénat de Venise, en 1480, interdit formellement à ses ambassadeurs de parler d'affaires, verbalement ou par écrit, avec des tiers [1].

Quand il parle, l'ambassadeur doit peser ses paroles [3]. Dans une négociation difficile et dangereuse, son premier soin est d' « adoucir » les matières, d' « eschapper et évader les scandalles». D'autre côté, les commissaires chargés de l'entendre déclarent, qu'ils vont en référer au roi, qu'ils s'emploieront à chercher « bonne fin » [4].

Un ambassadeur a même le droit, le devoir, d'adoucir autant que possible, dans l'exécution, les ordres violents qu'on lui donne. En 1464, le chancelier de Morvilliers, ambassadeur de France en Bourgogne, fit la faute de prononcer devant le comte de Charolais une sorte de réquisitoire [5]: retenu par son père, le comte ne répliqua que le lendemain et en termes convenables, mais il jura de se venger, et se vengea. L'ambassadeur ne doit tenir un langage comminatoire qu'en cas d'une mission spéciale à cet effet : et dans cette circonstance on lui adjoint des notaires chargés d'instrumenter. Sur les plaintes des ambassadeurs de Louis XII, Philippe le Beau fait répondre « en toute amiableté et douceur », qu'il va

1) Nys, *Les origines de la diplomatie*, p. 39,

2) *Ibid.*, p. 10. Par contre, un décret de 1481 punit du bannissement et de 2,000 ducats d'amende quiconque parlera à un ambassadeur étranger des affaires du pays. Un décret florentin, du 25 janvier 1496 anc. st., stipule les peines les plus sévères contre quiconque enfreint les secrets diplomatiques (Arch. de Florence, *Costituzione per gli ambasciadori*: *Legazioni*, reg. I).

3) Le Pogge raconte la plaisante histoire d'ambassadeurs florentins, qui rebroussent chemin pour s'expliquer près du duc de Milan, parce qu'ils lui avaient dit: « Nous sommes citoyens et envoyés de Florence, s'il vous plait.» Ce « s'il vous plait » leur pesait. Le duc ne pût s'empêcher de sourire (*Facétie* cxxvi ; édition Liseux, II, 13).

4) 1505. *Lett. de Louis XII*, 1, 28.

5) Jean de Roye.

envoyer une ambassade au roi, pour le satisfaire. Les ambassadeurs, suivant leurs instructions, refusent et le somment deux fois de s'exécuter; la troisième fois, ils dressent procès-verbal du refus « devant notaires et tesmoings qu'ils avoient ammenez tout propre de Paris ». Philippe réclame contre cette injonction, « moult esbahy et desplaisant » [1].

La plus grande épreuve de l'ambassadeur, celle qui excite le plus sa patience, vient de ses rapports avec son propre gouvernement. Officiellement ou non, l'ambassadeur est parfois desservi près de ses chefs ; on lui reproche trop de raideur ou trop de souplesse, on l'accuse de trahir leurs intentions [2]. Les Français ont particulièrement la réputation de peu soutenir leurs ambassadeurs [3]. C'est en pareil cas, surtout, que l'ambassadeur ne doit rien laisser paraître. Accurse Mainier, ambassadeur de France à Venise en 1504, agit pitoyablement ; gravement accusé en France et non sans motifs, il vient remercier la Seigneurie d'une lettre qu'on a écrite en France pour le disculper d'imputations fausses. Il est tout ému : « le cardinal d'Amboise va, dit-il, retrouver le

1) 1505. *Lettres de Louis XII*, I, 13.

2) Edouard Bullion, envoyé en mission à Naples, écrit aux ambassadeurs de France à Rome, pour les prier de faire des démarches près du pape, pour modifier la conduite de l'ambassadeur pontifical à Naples (1502. Sanuto, IV, 422). Le pape, pour nuire à l'ambassadeur d'Angleterre, envoie directement la rose d'or au roi d'Angleterre. Les ambassadeurs de France disent au Saint Père, en 1468, que son ambassadeur en France, Falco de Sinibaldi (qui les accompagnait) « estoit devenu si fort françois que nous doutions qu'il ne l'eust doresenavant en souppesson » ; le pape répond qu'il ne l'aura pas pour ce motif en soupçon, car lui-même a l'intention de se montrer si bon français qu'il blâmerait Falco de ne l'être pas (fr. 3884, f⁰ 189).

3) « Ils estiment leurs hommes en beaucoup d'occasions d'une manière peu délicate, dit Machiavel : ce qui n'est pas conforme à la conduite des seigneurs italiens ; c'est ainsi qu'ils tinrent peu de compte d'avoir envoyé à Sienne réclamer Montepulciano et de n'avoir pas été obéis » (*Du naturel des Français*).

roi et il est prévenu contre lui » : Accurse voit déjà sa vie en
jeu. Le doge le réconforte et lui dit qu'il n'en sera rien [1].
Mercurin de Gattinara, ambassadeur de Marguerite d'Autriche
en France, nous donne aussi le spectacle d'un manque 'de
tenue, qui, au moins, ne se trahit pas en dehors de sa correspondance. Il écrit à Marguerite pour excuser une lettre
qu'il lui a adressée dans un accès d'emportement. « Il me
sembloit que vous eussiez si petite confidence en moy et que
vous me teinssiez si meschant que de vouloir consentir et
entendre à chose qui fust contre l'honneur de l'Empereur ny
de vous » et contre mon honneur ; « lequel je me souis continuellement efforcé de bien garder, et le vouldroye garder
pour l'advenir plus que tous les biens que vous ny autre prince
ne sçauriez faire, car les biens, l'on les me pourroit oster
maulgré moy, mais de mon honneur il ne seroit en pouvoir ny de vous, ny de Prince du monde le moy oster sans
mon consentement ; et pour ce je m'efforceroy, tant que la vie
durera, de garder cette pièce autant que le plus grand trésor
du monde [2]. » Dans cette longue dépêche, il ajoute encore que
Marguerite perdra ses serviteurs si elle leur témoigne tant de
défiance, et qu'elle n'en retrouvera point de si sûrs, de si
expérimentés, de si loyaux : « je vous dis, Madame, en toute
humilité, que ne seriez pas digne d'avoir tels serviteurs [3]. »
Il revient encore, à la fin, sur ce sujet. Marguerite se laisse
égarer par de mauvais soupçons, elle reconnaîtra son innocence. « Et à vous dire la vérité, Madame, combien que ce que
dessus ne soit pas escript en chaulde colère, mais à sang
rassis, néantmoins le grand regret que j'ay eu de vos lettres
et de la diffidence qu'avez monstré avoir de moy et de vos

---

1) 4 janv. 1504 (Sanuto, V, 651).
2) Oct. 1509. *Lett. de Louis XII*, I, 185.
3) *Id.*, 196.

aultres bons serviteurs a fait passer ma plume ung peu plus avant pour vous donner mieux à cognoistre la vérité de ces choses [1]. »

En résumé, le diplomate, simple intermédiaire, doit s'appliquer à rester effacé, de manière à pouvoir, en cas d'échec, rejeter la responsabilité sur « le grand diable [2] » ; il doit accepter toutes les missions, bonnes ou mauvaises. Machiavel, déjà avancé dans sa carrière, reçoit en 1521, après une longue disgrâce, l'ordre de se rendre au couvent de Carpi, pour négocier une affaires de moines. Il y part aussitôt. Guichardin lui écrit à ce sujet des lettres très plaisantes, mêlées de réflexions sérieuses : « Quand je lis vos titres d'ambassadeur de république chez des moines et que je considère avec combien de rois, de ducs et de princes vous avez autrefois négocié, je me rappelle Lysandre... etc. » Machiavel répond sur le même ton : « J'ai reçu votre lettre *sul cesso* (au cabinet d'aisance) [3]. »

A côté des préceptes généraux sur l'art de se conduire, il faut connaître les difficultés spéciales, inhérentes à chaque négociation ou à chaque pays. En France, les ambassadeurs rencontrent deux difficultés spéciales : 1° un esprit trop exclusivement militaire [4], et un dédain trop prononcé pour les moyens diplomatiques ou politiques [5].

Un jour, à Nantes, raconte Machiavel, « le cardinal de Rouen me disait que les Italiens n'entendaient rien à la

---

1) *Id.*, 199.

2) « Semble que le *Grand Diable* ait tenu la main à interrompre la ditte veue » (Dép. d'A. de Burgo. *Lett. de Louis XII*, I, 176).

3) Artaud, *Machiavel*, II, 79 et s.

4) Balth. de Castillon, *Le parfait courtisan*, trad. Chapuis, p. 112. « Les Français préfèrent les armes aux lettres... »

5) « Les Français sont plutôt taquins que prudents. Ils ne s'embarrassent pas beaucoup de ce qu'on écrit et de ce que l'on dit d'eux » (Machiavel, *Du naturel des Français*).

guerre, et je lui répondis que les Français n'entendaient rien aux affaires d'Etat, parce que, s'ils s'y entendaient, ils ne laisseraient pas arriver l'Eglise à une telle grandeur » [1].

2° Le caractère des Français est essentiellement changeant; leurs dispositions varient d'un jour à l'autre, et l'on ne peut jamais compter sur elles [2].

Machiavel a mis en relief ces deux difficultés dans un passage célèbre : Les Français dit-il, « ne sont libéraux que dans les audiences. Les premiers accords sont avec eux toujours les meilleurs. A qui veut conduire une chose en cour, il faut beaucoup d'argent, une grande promptitude et une fortune favorable. Ils sont variables et légers ; ils ont la foi du vainqueur. » En France, le meilleur moyen d'être bien vu du roi, c'est de réussir [3].

Quant aux Anglais, on les trouvait aussi, en diplomatie, des gens trop gros, trop gras, aimant à boire, colères, naïfs, francs, hardis ; en somme, vrais soldats et peu diplomates, laissant les traités contrebalancer leurs victoires : « Ils ne sont pas, dit Philippe de Commines (grand admirateur pourtant de la constitution anglaise), si subtils en traictés et en appointements comme sont les François, et quelque chose que l'on en die, ils vont assez grossement en besongne ; mais il fault avoir ung peu de patience et ne débattre point coléricquement avec eulx [4] ».

---

1) Il s'agissait de l'expédition de César Borgia en Romagne : Machiavel jugeait que le roi de France se repentirait d'avoir tenu au pape sa parole (*Le Prince*, ch. III).

2) « In Francia, secondo la natura loro, non so come si possa fare fondamento » (Dépêche de Laurent de Médicis à son ambeur à Rome, 17 oct. 1489. Roscoë, *Vie de L. de Médicis*, trad. Thurot, II, 399).

3) Machiavel, *Du naturel des Français*.

4) *Mémoires*, I, 344, 369.

On peut rendre un témoignage analogue aux Allemands. Quant aux Pays Bas, couverts de grandes villes industrielles en pleine prospérité, on n'y rêve que luxe et fêtes [1].

La diplomatie française a un rôle pénible en Suisse, contrée encore rude, où le pape seul exerce une influence : au contraire, elle ne trouve que des amis en Hongrie et en Portugal [2] : ce dernier pays, où règne une dynastie qui se rattache à la première maison de Bourgogne, du XI° siècle, est même considéré comme quasi-français. En Espagne et en Italie, condamnée à lutter de finesse, la diplomatie française a presque toujours le dessous. Rome, Florence, Venise, représentent les académies de la diplomatie. En mars 1502, Venise entretient des ambassades résidentes à Rome, en Allemagne, en France, en Angleterre, en Espagne, en Portugal, en Hongrie, en Pologne, à Rhodes, et un chargé d'affaires à Milan [3]. Quant au caractère florentin, il semble, au Moyen âge, incarner le génie diplomatique : intelligent, spirituel, caustique, sceptique, très actif, quelque peu mercantile, et cependant ouvert, par delà toute expression, au sentiment de l'art, plein d'une distinction native, raffiné par la culture intellectuelle, rompu en même temps à la pratique la plus intelligente des affaires de banque. On raconte cette anecdote que Boniface VIII, à l'époque du fameux jubilé qui attirait à Rome, au mi-

1) Alberi, *Relazioni degli ambasciatori Veneti*, ser. I, A, VI, p. 1-30, Relation de Quirini (1506).

2) Cf. Seyssel, *Hist. du roy Louys XIIme*, p. 66 v°.

3) Sanuto, IV, 540. Cf. E. Gebhart, *Etudes méridionales, Machiavel* (Paris, 1887). « Florence détestait en Venise un État dédaigneux de la démocratie, une puissance marchande, industrielle et financière, qui gênait ses comptoirs et ses banques. On ne tenait pas compte du don éminent de Venise qui pouvait être employé pour le bien de toute l'Italie, le grand art de la diplomatie, la science consommée de la politique extérieure. » M. Gebhart reproche aux quatre papes de ce temps « une diplomatie indécise et brouillonne » et des alliances contradictoires, une direction personnelle et incertaine...

lieu d'une foule immense, le florentin Arnolfo, le florentin
Giotto, le florentin Dante, donnant audience aux envoyés
de France, d'Angleterre, d'Allemagne, de Bohême, de Raguse, de Vérone, de Naples, de Sicile, de Pise, de Camerino,
des chevaliers de Saint Jean et du khan des Tartares, apprit
avec étonnement qu'ils étaient tous florentins.

CHAPITRE XII

Toute ambassade a pour mission essentielle de savoir ce qui se passe : l'ambassade spéciale a, en outre, pour but de négocier une affaire. L'un et l'autre résultat ne s'obtiennent qu'à condition de posséder des amis bien placés et influents. L'art essentiel de la diplomatie consiste donc à gagner des amis et à les entretenir. C'était la constante préoccupation de Louis XI, de « pratiquer à gagner des hommes ». Il n'épargnait rien pour se les concilier, pour les soudoyer, pour acheter leurs services ; argent, fonctions, il promettait et donnait libéralement[1]. De ses ambassadeurs en Bourgogne, dit Commines, « les uns alloient et venoient pour sçavoir nouvelles, les aultres pour soubstraire gens et pour toutes mauvaises marchandises, soubs umbre de bonne foy[2]. »

Recevoir, héberger, soudoyer des émigrés, des fugitifs, des gens compromis, constitue l'action naturelle de toute puissance voisine. Louis XI entretient une foule d'émigrés bretons, Charles VIII, des émigrés napolitains ; le roi d'Angleterre retient à son service, pour 1,000 couronnes de pen-

---

1) Commines, *Mémoires*, I, 83, 84.

2) *Mémoires*, I, III, 8 novembre 1509. Cf. Lettre du sénat de Venise aux ambassadeurs à Rome, «Oratoribus nostris in Curia.» Remercier affectueusement Prospero Colonna de ce qu'il a dit au pape. Il sera l'instrument de la libération de l'Italie des mains des barbares ; le pape commence à voir l'arrogance et la perfidie des Français. Il est d'intérêt majeur que le pape s'éloigne de la France. Persuader Prospero Colonna de continuer. Tâcher de le faire entrer au service de Venise (Arch. de Venise, Secreto 42,81).

sion, le procureur général de Bretagne Olivier Coetlogon, obligé de s'expatrier [1].

A plus forte raison trouve-t-on naturel, surtout en Italie, d'engager des *condottieri*. Charles VIII marchande à deux reprises les services du marquis de Mantoue, qui, dans l'intervalle, commande contre lui l'armée italienne à Fornoue. Le milanais Trivulce passe de l'armée napolitaine à l'armée française, lors de la campagne de Charles VIII : en 1498, Venise l'embauche et il demande au roi l'autorisation de passer à ce nouveau service...

On va plus loin. On paie à un capitaine la reddition d'une place [2]. Le capitaine Benedetto Crivello devient, en 1512, patricien de Venise, et riche, pour avoir trahi son devoir de soldat [3].

---

1) 3 déc. 1492. Champollion-Figeac, *Lettres des rois*, II. 504.

2) Ms. Moreau 1452, n° 126. 19 mai 1435. Engagement du duc de Bourgogne à Etienne de Vignolles, dit La Hire, de lui payer 4200 saluts d'or pour la reddition de Breteuil. *Id.*, n° 128. 4 juillet 1435. Reçu par Lahire de cette somme; il promet « en bonne foy et sur mon honneur » de s'en tenir pour bien payé: signé « Lahire. »

3) 11 septembre 1512. Dépêche vénitienne, à l'orateur à Rome : « Renzo da Ceve a corrompu par de l'argent Benedetto Crivello, capitaine d'Italiens, pour la France à Crema, et sa compagnie, à condition d'un sauf conduit du pape, de l'évêque de Sion et du gouverneur de Milan, pour M. de Duras, le capitaine français de la place avec tous ses gens, pour retourner sûrement en France, moyennant quoi il rendrait Crema. On a donné en otage un fils de Duras. Prière de faire expédier de suite les saufs conduits : que le gouverneur de Milan envoie un commissaire pour escorter Duras. Tout va bien contre les Français ». 14 sept. 1512. Lettre au capitaine d'infanterie (devant Crema). « Reçu votre projet de convention, apporté par les *nuntii* de Crivello. Nous l'approuvons et envoyons les patentes confirmatoires. Pour la promesse de noblesse, nous faisons Crivello gentilhomme vénitien héréditaire: on lui expédiera le diplôme. Nous confirmons les promesses particulières de 200 fantassins à Jean Antonio da Piasenza, de 150 à Bassan da Lodi, avec 300 ducats une fois donnés pour le passé, et six ducats par mois ; au capitaine de *bandiera*, deux ducats par mois ». — Avis conforme aux provéditeurs. — Patentes du doge, confirmant le pacte entre Laurent de Anguilaria, capitaine-général d'infanterie, et Crivello, capitaine pour la France ; comportant : 1° un

Mais tout cela n'est rien à côté du travail souterrain auquel se livre perpétuellement la diplomatie pour se procurer des amis et des alliés jusque dans les conseils du souverain. D'après Commines, Louis XI connaissait tous les gens de valeur ou influents en Angleterre, en Espagne, en Portugal, en Italie, en Bourgogne, en Bretagne, aussi bien qu'en France[1], et, grâce à des études de ce genre, le héraut Montjoye ne craignait pas de dire que Louis XII était plus puissant en Allemagne que Maximilien[2].

Même en matière diplomatique, même pour sauver l'État, on ne peut pourtant pas approuver tous les moyens contre des ennemis. On a souvent accusé le gouvernement français de recourir à l'incendie ou au poison, car, à la fin du XVe siècle, les accusations de ce genre se retrouvent sans cesse. Ainsi, en 1495, on croit à une conspiration contre la vie du roi Henri VII et on la suppose aidée par la France[3]. Un

revenu de 1,000 ducats en biens de rebelles ; 2º une maison à Padoue ; 3º 800 ducats en bénéfices ecclésiastiques, pour un neveu ; 4º maintien de sa compagnie de 500 gens de pied à la mode de France, payés par ses mains, avec 100 ducats pour lui ; 5º une gratification extraordinaire de 1500 ducats pour la compagnie, comptant ; 6º une paie extraordinaire d'un mois, de même ; 7º un don de 7,000 ducats d'or, larges, payés à lui avant la remise de la porte ; 8º tout le sel actuellement à Crema, venant de la gabelle française : 9º autorisation d'amnistier, à son choix, deux gentilshommes rebelles de Crema, avec tous leurs biens et leurs familles ; 10º don de tous les biens meubles, immeubles, du mobilier, de la personne, de la famille de Guido Pace, de Crema, rebelle manifeste. 14 septembre 1512.—Même jour. Patentes d'anoblissement pour Benedetto Crivello, qui est inscrit au nombre des patrices du conseil majeur. 16 avril 1513. Sur la réclamation de Bened. Crivello, qui n'est pas satisfait de la maison et des biens qu'on lui a donnés à Padoue, et qui en demande d'autres, on ajoute un bois voisin ; on le dispense des dettes qui grevaient les biens à lui attribués (biens de Artuso et Anzolo Conte, à Creda ou Criola, maison de feu Bertuzi Bagarolo à Padoue), l'État les paiera (Archives de Venise, *Conseil des X*).

1) Chap. x.
2) Sanuto, VIII, 95.
3) Champollion-Figeac, *Lettres des rois*, II, p. 505. Tous les gouvernements

auteur moderne, assez peu informé, il est vrai, M. Lamansky, suppose encore l'intervention de Louis XII dans l'incendie
de l'arsenal de Venise en 1509 [1]. Ces hypothèses ne reposent
sur rien. Le 9 février 1503, l'ambassadeur de France à Venise, à propos de l'arrivée d'un envoyé de Mantoue, s'indigne que le marquis de Mantoue accuse le roi de vouloir
l'empoisonner. « Ce n'est pas, dit-il, l'usage des rois de
France. Louis XII garde chez lui sains et saufs trois ennemis, Ludovic et Ascagne Sforza, le roi Frédéric de Naples,
et même il a rendu la liberté à Hermès Sforza [2] ».

Venise, au contraire, du XV° au XVIII° siècle, a constamment et authentiquement fait appel à l'assassinat et au poison
en matière internationale. Elle accorda des primes pour
assassiner François Sforza, Mahomet II, Bajazet, César Borgia, Maximilien, Charles VIII, Louis XII..., sans d'ailleurs
qu'aucun de ces princes ait succombé [3]. Dans la correspondance avec l'ambassadeur à Rome, nous trouvons en toutes
lettres des arrêts d'assassinat; une dépêche du 10 mai
1513 prescrit à l'ambassadeur de voir, dans le plus profond
secret, un exilé vénitien, Marc da Leze, qui, pour rentrer dans
son pays, se chargerait, croit-on, d'assassiner Janus Cyprio :
l'ambassadeur lui promettra pour cet assassinat un sauf
conduit d'un siècle [4]. Le 3 avril 1514, sur une lettre anonyme

ont, du reste, subi des accusations semblables. Ainsi un anglais, Jean Bon,
pensionné par Louis XI, qui avait des bontés pour sa femme, conspira l'empoisonnement du dauphin, à la suggestion, disait-on, du duc de Bourgogne.
Condamné à mort, il obtint d'avoir seulement les yeux crevés, au grand
avantage du roi, et le roi continua directement la pension à sa femme (1476.
Jean de Roye).

1) *Secrets d'État de Venise*, p. 421.
2) Sanuto, IV, 711.
3) Lamansky, p. 1-154, documents de 1415 à 1768 : p. 818-819, il compte,
de 1450 à 1474, des ordres d'empoisonnement contre cinq personnes, quelques-
uns réitérés ; de 1475 à 1479 neuf, de 1500 à 1524 dix sept.
4) Misto 36. « Legatis, solis, solis. »

qui signale des menées de Janus Cyprio contre Venise malgré
les conférences pour la paix, nouvelle dépêche qui ordonne,
très secrètement, à l'ambassadeur de s'entendre avec un
confident de Janus, Beraldo, et de lui offrir mille ducats pour
tuer son ami[1].

L'on a accusé les gouvernements milanais et napolitain de
crimes analogues, mais sans preuves bien péremptoires. Il
est malheureusement certain que l'emploi du poison fleurit à
cette époque en Italie[2], mais il est non moins certain qu'on
en a fort exagéré les effets. Le jurisconsulte français Rigault,
dans ses études sur le droit de la guerre, flétrit vivement ce
procédé, qu'il traite d'italien, et dont il exhorte les Français
à se garer. Selon lui, les Italiens usent personnellement du
poison pour se venger des assiduités des Français près de
leurs femmes; en quoi, ils ont tort; car, dit-il, si les Français aiment la société des femmes, c'est affaire d'éducation,
mais ils agissent en tout bien, tout honneur[3].

N'insistons pas sur ces moyens exceptionnels, extra-diplo-
matiques.

Le système diplomatique ordinaire consiste simplement à
se procurer des amis pour des services diplomatiques.

Les amis s'acquièrent ou se mettent en mouvement : 1° par
des procédés de courtoisie; 2° par des rattachements honorifiques; 3° par des promesses, de l'argent, ou la mise en œuvre
de passions, d'intérêts privés.

Les amis se subdivisent en deux classes : les amis réguliers, qui font un service continu, et les amis d'occasion qui

1) *Id.*

2) Lámansky, p. 157, 163.

3) *Allegationes Vincentii* (Rigault), juge de Brives, *super Bello Ytalico*,
Paris, à la Caige, chez Jean Prellon, rue des Mathurins, 23 déc. 1512; fos
VI r°, VII r°.

rendent un service de circonstance et envers qui l'on est quitte par une prestation également de circonstance.

Il y a enfin des catégories spéciales d'amis : les femmes, les cardinaux.

1° *Procédés de courtoisie.* Ce moyen, de beaucoup le plus faible, sert d'appoint aux autres. De bonnes relations de courtoisie sembleront toujours appréciables à un ambassadeur judicieux ; il les cultivera, et elles lui serviront tôt ou tard[1]. Le résident vénitien Dandolo rend compte, le 15 décembre 1513, d'une conversation avec le cardinal de Luxembourg, personnage des plus considérés, âgé de 75 ans, qu'il avait connu à la cour douze ans auparavant. Luxembourg lui témoigne beaucoup d'affection et lui donne, en confidence, des nouvelles politiques, et son appréciation, peu favorable d'ailleurs, sur la politique de Louis XII[2]. Le même Dandolo profite très adroitement des dissentiments qui se produisent entre l'héritier du trône et le roi pour faire à cet héritier, le comte d'Angoulême, une cour assidue. Sa correspondance de 1514 nous le montre en rapports incessants et fructueux avec le prince qui représente l'avenir. Le comte d'Angoulême le reçoit le matin, en déshabillé intime, et cause longuement avec lui. Un jour, le comte lui explique les paroles du roi, et proteste pour Venise de sympathie et d'attachement[3]. Dandolo lui communique des dépêches qu'il s'est fait adresser de Venise et qui sont flatteuses pour le comte[4] : « J'ai été ce matin voir Angoulême, écrit-il le 8 mai 1514 ; il m'a confirmé l'inclusion du duc de Milan dans les trêves et m'a fait donner

1) Prospero Colonna vient à Rome voir un ambassadeur d'Espagne, dont il a reçu un accueil très honorable dans un voyage en Espagne (1508. Sanuto, VII, 591).

2) Arch. de Venise.

3) Dép. du 18 avril 1514.

4) Dépêche du 24 avril 1514.

par son secrétaire la copie ci-jointe ». Le prince lui communique les dépêches de Rome ; il lui confie, sous le sceau du secret, le langage tenu la veille au roi par les ambassadeurs d'Espagne [1]. Le comte, tout à ses projets d'avenir, cultive à l'excès, comme on voit, l'amitié des Vénitiens ; on comprend le soin du résident vénitien à tirer parti d'une si excellente aubaine. Sa politesse, sa prévenance envers le prince ne connaissent pas de bornes ; il s'applique aussi à ne pas le compromettre. Un jour, il attend le comte, au retour d'un pèlerinage, et se promène avec lui [2] ; une autre fois, il profite d'une promenade en barque avec le roi, pour continuer avec le comte, qui lui dit : « Mon mariage est consommé : réjouissez-vous-en, comme de parfaits amis. Je veux avoir avec vous une amitié plus intime qu'avec personne, être votre excellent ami, votre ami de cœur. Réjouissez-vous aussi de ce que maintenant je suis au courant de tout... Je pourrai parler plus franchement au roi que je ne l'ai encore fait. » Le résident promet le plus cordial attachement de la République, offre mille vœux [3]. Le futur François Ier déclare, avec satisfaction, qu'il aura désormais un héritage assuré de 5,000 ducats de rente [4].... Voilà une bonne relation.

2° Les *rattachements honorifiques* ont été fort en honneur au Moyen Age pour acquérir chevaleresquement des amis, sans bourse délier. Au commencement du XVIe siècle, leur astre a singulièrement pâli, en ce sens qu'on ne les considère plus comme un lien bien étroit, mais on en est toujours friand.

L'ordre de chevalerie, dans sa pureté, consiste en une affi-

---

1) Dépêche du 8 mai.
2) Dépêche du 12 mai 1514.
3) Dépêche du 20 mai 1514.
4) Dépêche du 1er juillet 1514.

liation d'un nombre fixe de personnes, qui se réunissent périodiquement en chapitres. La simple décoration, sans nombre limité, sans affiliation ni chapitres, s'appelle une *devise*. Ainsi l'Angleterre a un ordre : la Jarretière, et une devise : la Rose [1].

L'ordre ou affiliation chevaleresque constitue une sorte de puissance. *Toison*, roi d'armes de l'ordre bourguignon de la Toison d'or, lorsqu'il apporte l'ordre à Charles VII en 1456, présente au roi une véritable lettre de créance, dans la forme ordinaire, au nom des chevaliers de la Toison en même temps que du duc de Bourgogne [2]. Olivier de la Marche va jusqu'à dire que l'ordre de la Toison d'or est pour la maison de Bourgogne le « principal parement », car il procure « plusieurs grans et notables aliances fraternelles, comme Empereurs, Roys, ducz, contes, barons et chevaliers de haulte et grande renommée [3] ». Accepter un ordre, est faire acte de fraternité publique [4]. La nouvelle se répand à Paris, en 1470, qu'on a vu à Gand le duc de Bourgogne, portant à une jambe la jarretière et sur lui la croix rouge, et se déclarant ainsi tout anglais [5]. Louis XI dénonce le duc comme ayant « pris la jarretière et la croix rouge, qui est l'ordre de l'ancien ennemy et adversaire du Roy, en quoi il s'est manifestement déclaré contre le Roy [6]. »

En bonne règle, on ne doit accepter l'ordre d'un souverain,

1) Olivier de la Marche, IV, 161.

2) Gachard, *Analectes*, LIII.

3) P. 159.

4) La veille et le jour de la Saint Georges, le duc de Bourgogne assiste à des messes solennelles, fait des visites avec l'habit de la Jarretière (avril 1476. Gingins la Sarraz, *Dép. des ambass. milanais*, II, 90).

5) Jean de Roye.

6) Instr. de Louis XI pour la Bretagne (fr. 3884, f° 279).

que lorsqu'on peut garantir ses bons offices [1]. Si une circonstance place le chevalier parmi les adversaires du chef de l'ordre, il doit refuser les insignes s'il en est temps [2], ou les renvoyer, s'il les possède déjà [3]; sinon, il s'expose à une radiation [4].

Au commencement du XVe siècle, un prince se croirait deshonoré s'il ne disposait d'un ordre, ou tout au moins d'une devise quelconque. Les ducs d'Orléans confèrent la devise du camail ou porc-épic, qui ne put jamais devenir un ordre [5] et qui tomba en discrédit [6].

[1] Le duc de Guyenne déclare ne pouvoir accepter la Toison d'Or, étant lié déjà par l'ordre de Saint Michel (1469. Dom Plancher, *Histoire de Bourgogne*, IV, 377). Le duc de Bretagne, en 1469, refuse le collier de Saint Michel, sous prétexte que les chevaliers sont de *trop petit état* pour lui. Le roi lui donne jusqu'au 15 février pour se décider. Peu après, le duc sollicite le collier (Favre, Introduction du *Jouvencel*, p. cclxxvi).

[2] L'ambassadeur du roi d'Angleterre arrive à Milan : reçu le 13 septembre en audience, il propose au duc de recevoir l'ordre de Saint Georges et d'en jurer les statuts. Réponse courtoise du duc, mais prudemment négative. Il rend d'immenses grâces, il se met au service du roi, mais il ne peut en ce moment accepter, de peur de se rendre suspect au roi de France avant le règlement des affaires de Sicile (13 sept. 1453. Arch° Sforzesco). Le roi de Portugal célèbre solennellement la fête de Saint Georges, avec des offices religieux et des danses, comme chevalier de la Jarretière, en présence des ambassadeurs anglais (1489. Gairdner, *Hist. regis Henrici septimi*, 193).

[3] K. 1482. Naples, 3 septembre 1512. Lettre du prince de Lusignan, du prince de Melfe, du duc d'*Hatri*, du comte de *Matalen*, à Louis XII (en italien); très courtoise : Nous sommes vassaux et liges du roi catholique, disent-ils. Notre loyauté et le souci de notre bonne renommée de chevaliers nous obligent à vous renvoyer le collier de l'ordre de Saint Michel. — Nous en fûmes heureux jadis, nous en avons observé les statuts. Nous renvoyons les insignes par Castiglia, roi d'armes du roi catholique.

[4] En 1481, Philippe Pot et le s^r d'Esquerdes sont rayés de la Toison d'Or, comme ayant pris du service en France (Olivier de la Marche, IV, 148, 149).

[5] Olivier de la Marche (IV, 162, 184 et suiv.) dit que le *quamail*, du duc Charles d'Orléans, fut porté par beaucoup de gens de bien, mais il n'eut jamais de nombre fixe ni de chapitres, « et pour ce je dis que ce n'estoit que une devise et non pas ordre.»

[6] Mss. fr. 22289, f° 2 ; fr. 3910, f° 89 ; Paradin, *Devises héroïques* ; Arch. du Collège Héraldique, n°s 645, 646, etc.

En 1415, le duc de Bourbon forme avec seize chevaliers et écuyers une association de pure chevalerie et de piété pour deux ans, laquelle a pour insigne un fer de prisonnier, en or ou en argent, qu'on porte le dimanche à la jambe gauche [1]...

L'inanité pratique de ces associations devait en amener la chute : aux noces de Charles d'Orléans, en mars 1407, on avait vu les ducs d'Orléans et de Bourgogne multiplier les marques d'amitié réciproque, se passer réciproquement au cou le collier de leurs ordres, le conférer à beaucoup de leurs officiers [2] ; et peu après, le duc d'Orléans tombe assassiné par le duc de Bourgogne.

À la fin du XVe siècle, les ordres, de moyens d'action politiques, deviennent de simples moyens d'action diplomatiques, de simples décorations, plus ou moins recherchées. En 1504, le duc d'Urbin hérite de l'ordre de la Jarretière qui avait été conféré à son père en 1474. « Cette décoration, écrit un peu ironiquement le résident vénitien, consiste dans une sorte de bande dorée qu'on porte sous le genou, et qui passe pour une chose excessivement honorable [3] ». On cherche à relever le prestige des ordres par leur caractère de distinction : Louis XI autorise ses ambassadeurs à faire demander par le duc de Gueldre l'ordre de Saint Michel, « lequel est aujourduy le plus digne et le plus noble des crestiens [4] ». L'ordre de Saint Michel, le seul que confère la France [5], reste très

1) Douet d'Arcq, *Choix de pièces*, I, 370.
2) Monstrelet, I, 130.
3) *Dispacci di Giustinian*, III, 30.
4) Ms. fr. 3884, f⁰ 272.
5) Il n'est plus question d'une *devise* bizarre, « le collier de nostre ordre de la Cosse de Genestre », à porter « en tous lieux et par toutes places, festes et compaignies qu'il lui plaira », que conférait Charles VI (7 mars 1406. Douet d'Arcq, *Choix de Pièces*, I, 287). Cf. Patentes du 24 septembre 1396, accordant à François, seigneur de Mantoue, sa femme, sa sœur, son fils, ses deux fils, son fils bâtard et six chevaliers à son choix, « l'ordre et devise » de

estimé, comme facteur de négociations[1]. Les ordres de Milan, de Naples sont envoyés à de simples courtisans[2], et sans grand apparat[3] : pour en rehausser le prix, on ne craint pas de les accompagner de quelques présents plus matériels[4].

Un petit moyen, non dispendieux, et assez utile au cours d'une négociation, est une bonne lettre princière à quelque personnage ; une lettre affectueuse, où on l'appellera « mon cher frère »[5], où l'on traitera de « cousin » un noble bâtard[6], ou bien une grande lettre de haute politesse pour remercier de quelques bonnes paroles[7].

Enfin, un rattachement honorifique très rare, très haut prisé, consiste dans la concession des armoiries. Par des patentes de mai 1499, Louis XII donne à César Borgia le nom de « de France » et le droit de porter l'écu de France écartelé avec

France, en reconnaissance du bon accueil fait à des Français sur le territoire de Mantoue (Archives de Mantoue, D. IX, I).

1) Deux cardinaux, pour réconcilier le pape et le roi, négocient secrètement l'envoi de l'ordre de Saint Michel, pour le frère du pape, Julien de Médicis (1512. *Lett. de Louis XII*, IV, 105).

2) Le roi de Naples envoie à des courtisans français l'ordre de l'Hermine (1492. Delaborde, *Expéd. de Charles VIII*, p. 257).

3) Procuration de Jean II Grimaldi pour recevoir du duc de Bari « l'ordre ou dignité militaire » (sans spécifier. 14 juillet 1494. Saige, *Documents*, II, 8).

4) Lettre de Stangha, 1491 (Saige, *Documents*, I, 634). Un émissaire napolitain à Gênes donne à Lambert Grimaldi cinq *cannes* et demi de brocart d'or, 200 ducats, et le collier du Griffon, qui se porte le 25 août, avec le diplôme de la confrérie du collier et la bande blanche qui se porte tous les samedis.

5) Laurent de Médicis écrit à Albino, secrétaire du duc de Calabre (18 mai 1481) : « Albino mio caro quanto buon fratello » (Roscoë, *Vie de Laurent de Médicis*, édon franse, I, 462). Lucien Grimaldi écrit au grand écuyer de Savoie, en 1506 : « Mon très honoré seigneur et frère » (Saige, *Documents*, II, 52).

6) Lettres de Phil. de Savoie au maire de Bordeaux (ms. fr. 2811, 93), au bâtard de Comminges (*id.*, 94) : « A Mons. de Comminges, mon cousin » ; signature autographe : « Vostre cousin, Ph. de Savoye. »

7) Ludovic le More à l'amiral de Graville : Personne ne trouvera « majore ne più vera correspondentia al bono animo suo quanto ha da me » (19 juin 1492. Perret, *Notice sur Graville*, no 12).

celui de sa famille[1]. Ce privilège fut très apprécié surtout
dans le temps où florissaient les ordres. Florence[2], Ferrare[3],
obtinrent les armes de France. Galéas Marie Sforza[4], plus
tard Ludovic Sforza[5] jouirent du même privilège. En janvier
1387, Galéas Visconti avait reçu « avec respect et reconnaissance » la permission de porter un simple quartier ; il obtint
plus tard tout l'écu de France avec bordure endentée[6]. Pour
que la concession d'écartèlement soit complète, il ne suffit pas
de donner un quartier des armes de France ou même les
armes brisées ; ce serait un acte de pure courtoisie. L'adoption
résulte de la concession des armes elles-mêmes, que le bénéficiaire porte en premier et quatrième quartiers, comme fit
Jean Galéas Visconti, à partir de 1394[7].

La cour de Rome, toujours traditionnelle, ne céda pas à
l'engouement des ordres. Elle excelle partout dans la mise en
scène des moyens diplomatiques honorifiques. Ses moyens
sont la rose d'or, l'épée de Noël, les bénédictions, les indulgences, les formules de compliments.

La rose d'or est une petite rose, en or, que chaque année,
au dimanche *lœtare*, c'est-à-dire dans le courant de mars, le
pape bénit, et qu'il offre au personnage qu'il désire honorer.

Avant de la conférer, le pape fait mine, pour la forme, de

---

1) Il lui donna en outre de vastes domaines et une femme... (*Ordonnances*,
t. XXI, p. 227, 213, 210, 129, 114).

2) Patentes de Louis XI, en français, concédant aux Médicis le droit de
porter les armes de France (mai 1465 : publ. par Roscoë, *Vie de Laurent de
Médicis*, I, 403).

3) J. 508, I. 1431. Sur la demande du marquis de Ferrare, le roi de France
l'autorise à porter de France écartelé ; le marquis promet d'être dévoué.

4) Pat. en français, de Chartres, 5 novembre 1467 (lat. 10133, 43 vᵒ).

5) Ms. fr. 6983, fᵒ 185. Permission de Louis XI à Ludovic Mᵃ Sforza,
lieutenant général de *la duchié* de Milan, de porter les armes de France.

6) Pat. en français, de janvier 1387 (Jarry, *Vie de Louis de France*, p.
391, p. 110).

7) Cᵗᵉ de Circourt, *Le duc Louis d'Orléans*, III, p. 9.

consulter les cardinaux ; en réalité, il ne demande pas leur avis[1]. On ne saurait s'imaginer l'importance de cette distinction[2] : en 1508, le duc de Ferrare recevant la rose d'or, le grave annaliste Sanuto écrit : « En ce jour, le duc de Ferrare eut deux joies, la naissance d'un fils, l'obtention de la rose ; chose assez remarquable[3]. » A Rome, il y a un grand murmure en 1504, parce que Jules II donne la rose à Sienne, qu'on trouve une puissance peu qualifiée pour un tel honneur[4]... La remise a lieu en grand apparat. Le pape bénit la rose hors de sa chapelle, la porte à la messe, la rapporte, et la donne dans une chambre du Vatican[5]. En général, il la remet, séance tenante, aux ambassadeurs de la puissance à qui il la destine[6]. Les ambassadeurs restent ensuite à dîner chez le pape[7], ou bien ils rentrent triomphalement chez eux, escortés par la garde pontificale et par leurs collègues du corps diplomatique[8]. Le pape n'envoie directement la rose au destinataire que s'il veut marquer une disgrâce à l'ambassadeur[9].

1) *Disp. di Giustinian*, III, 25 : Sanuto, V, 1031.

2) *Disp. di Giustinian*, III, 25.

3) VII, 385.

4) Alexandre VI la donne à César Borgia, en 1500 et 1504 (Burckard, III, 26, 30, 31, 131 n. 2).

5) Burckard, 1506. On trouvera dans Paris de Grassis un récit détaillé du cérémonial pour la bénédiction et la dation de la Rose d'Or, à propos de celle de 1505 (Paris de Grassis, lat. 5164, f⁰ˢ 161 v° — 163) et de celle de 1507 conférée à l'Espagne (lat. 5165, f⁰ˢ 316-317).

6) Portugal 1506, Portugal 1507, Ferrare 1508... (Burckard, III, 419 : Sanuto, VII, 71, 385). « Hodie papa dedit rosam absenti regi Polonie, cujus nomine oratores sui illam hoc modo acceperunt » (Paris de Grassis, lat. 5164, f⁰ 161 v°). En 1504, le pape donne la rose d'or à César Borgia en personne, avec le cérémonial habituel. Les cardinaux reconduisent César (Burckard, III, 30, 31 : Paris de Grassis, lat. 5164, f⁰ 84 v°).

7) 1504. Ambassade de Sienne (Sanuto, V, 1031 : *Disp. di Giustinian*, III, 25).

8) 1505. Ambassade de Pologne (*Disp. di Giustinian*, III, 461 ; Burckard, III, 383. 1508. Paris de Grassis, lat. 5165, f⁰ 434).

9) Un envoyé du pape apporte la rose d'or au roi d'Angleterre et dit au roi

En 1506, il la remet à l'envoyé de Portugal, pour le cardinal de Lisbonne. L'ambassadeur escorte le cardinal jusque chez lui, à cheval, le premier, portant la rose dans la main : cérémonial nouveau, qui excite, par conséquent, la vive indignation de Paris de Grassis, le maître des cérémonies.

L'épée bénie à Noël, ordinairement accompagnée d'un chapeau [1], est un peu moins honorifique, elle rappelle les ordres ; aussi ne la décerne-t-on pas tous les ans [2]. Le pape la donnera au duc de Ferrare [3], au marquis de Mantoue [4], à l'archiduc Philippe le Beau [5] ; il l'offre à Louis XI pour son fils, avec le titre de gonfalonier de l'Eglise [6]. Alexandre VI la donne à Louis XII à son avènement, lorsqu'il lui recommande César Borgia ; Jules II la lui envoie en 1505 par une ambassade, chargée de solliciter pour son neveu divers bénéfices [7]. L'épée

que son ambassadeur est « français » (juin 1510. Sanuto, X, 786). Bref de Jules II à l'archevêque de Cantorbéry pour lui envoyer la rose d'or qu'il le prie de remettre solennellement au roi Henri VIII (5 avril 1510. Labbe, *Sacros. Concilia*, t. XIX, c. 5 à 3). Cependant le pape l'avait remise d'abord à l'ambassadeur d'Angleterre, que la garde du pape, les ambassadeurs de France, de Venise, de Florence, de Ferrare, avaient reconduit triomphalement chez lui (Sanuto, X, 114). Lettre de St. Taberna à Ludovic Sforza, de Rome, 9 mars 1494, portant que le pape a béni la rose ce matin et l'a portée au roi de France (Arch. de Milan, *Pot. Est.*, *Francia*, 1494-95).

1) L'épée à bénir est portée à la messe du pape. En principe, le pape demande pour son attribution l'avis des cardinaux. Il la donne, soit le jour de Noël, ou le 27 décembre, ou à la Circoncision, à l'Epiphanie (Frati, *Le due spedizioni militari di Giulio II*, 127).

2) En 1500, il n'en est pas béni (Burckard). Cependant on l'apprécie aussi. Innocent VIII envoie à Henri VII d'Angleterre, en 1488, l'épée et le chapeau, « egregia munera », dit le chroniqueur Bernard André : « Gladium justitiæ, galerum vero longanimitatis ac perseverantiæ »,... « totius rei Christianæ monarchiam adversus militantis ecclesiæ hostes truculentissimos defensurum » (*Bernardi Andreæ Vita Henrici VII*, edited by James Gairdner, p. 46).

3) 1501. Sanuto, IV, 226.

4) 1510. Sanuto, XI, 702.

5) 1503. Burckard, III, 323.

6) Mémoire de MM. de Rochechouart et Rabot, fr. 15870, n° 3.

7) Sanuto, VI, 279.

de Noël rentre donc dans la catégorie des moyens auxiliaires d'une ambassade.

La diplomatie pontificale dispose surtout d'une foule de faveurs spirituelles ; titre de notaire apostolique pour un jeune clerc de grande maison[1] ; droit d'autel portatif et d'assister aux offices à huis clos[2] ; privilège à des souverains de nommer à des bénéfices[3], de donner des dispenses de mariage jusqu'au quatrième degré et d'absoudre les mariages putatifs[4], de faire célébrer les offices dans des lieux frappés d'interdit[5], d'avoir des médecins clercs[6], dispenses de maigre[7], etc., etc... Ce ne sont pas là de médiocres faveurs. Elles donnent lieu à des négociations. En 1466, la duchesse douairière de Milan ne voulant plus manger de viande depuis la mort de son mari, l'ambassadeur milanais demande au pape, de la part du duc, de lui commander d'en manger *sub pena obedientie*. Le pape accorde un bref, tout en disant qu'un conseil doit suffire. Le bref est fait, mais l'ambassadeur éprouve beaucoup de peine à l'obtenir, malgré ses démarches[8].

Sans même parler des grands moyens politiques de Rome : grandes excommunications, grandes concessions d'indulgences et de dîmes pour croisades ; sans sortir de la sphère des négociations courantes, la diplomatie pontificale possède un arsenal sans pareil. Selon Commines, un légat donne habi-

---

1) Amanieu d'Albret, âgé de 18 ans : 1495. Arch. du Vatican, reg. 873, fo 310.

2) A Anne de Bretagne, à Lucrèce Borgia...

3) Espagne, 6 kal. dec. 1503 (Arch. du Vatican, reg. 984, fo 15). Ecosse. 5 non. jul. 1504 (*id.*, fo 73 vo).

4) Ecosse, 5 non. jul. 1504 (*id.*, fos 72 vo-73).

5) Pologne, 1505 (*id.*, fo 97).

6) Pologne, 1505 (*id.*, fo 101).

7) Pologne, 1505 (*id.*, fo 97 vo).

8) 4 mai 1466 : dépêche de l'ambassadeur de Milan à Rome (Archivio Sforzesco).

tuellement des indulgences pour la conclusion d'une ligue. L'indulgence est le seul moyen diplomatique qu'on puisse mettre en balance avec l'effet d'un bon subside [1] ; les plus simples excitent bien des convoitises [2]. Le cardinal d'Amboise obtient des indulgences pour un hôpital de Rouen, dénué de ressources, afin d'y attirer des aumônes [3].

En 1477, la duchesse de Milan, peu rassurée sur le salut de l'âme de son mari Galéas, charge un chanoine de Saint Jean de Latran d'impétrer une indulgence qui le retire du purgatoire. Elle confesse que Galéas peut se reprocher bien des guerres licites et illicites, avec des pillages, voleries et autres conséquences de la guerre, bien des exactions, des négligences de justice ou même des injustices patentes, des impôts nouveaux, même sur les clercs, des vices charnels, des simonies notoires et scandaleuses, et d'autres variés et innombrables péchés ; mais elle ajoute qu'il les connaissait, qu'il donnait des signes de repentir, qu'à chaque fête il sollicitait des indulgences [4]...

Quant aux dons de reliques, la cour de Rome en est fort avare, et n'en fait guère qu'à titre exceptionnel [5].

Enfin, la cour de Rome possède encore un moyen d'action spécial, mais bien fragile, qui consiste à faire appel aux sen-

1) « Pontificis nuntii et oratores Elvetiam gentem,quos Suiceros appellamus, in fines nostros ad quatuordecim usque millia hominum promissionibus Paradisi et æternæ salutis irritarunt et suscitarunt » (Ms. lat. 11802).

2) L'église S^a Mª Mater Domini, à Venise, très vieille, menace ruine : l'ambassadeur vénitien à Rome lui fait avoir des indulgences pour la relever (févr. 1503. Sanuto, IV, 725).

3) L'hopital de Sainte Marie Madeleine (16 kal. nov. 1502. Arch. du Vatican, Reg. Vatic. 868, f° 159). Bref en faveur de Saint Denis, sur la demande du cardinal de la Groslaie, son abbé (1497. Vidimus de 1532, Archives nationales, L. 327).

4) Lettre de la duchesse (Archivio Sforzesco).

5) Le légat offre à Louis XI des reliques précieuses, en 1483 (Delaborde, p. 150).

timents des membres d'un clergé national, pour aider à un arrangement qu'elle désire[1].

Quelquefois la cour de Rome essaie de présenter aux princes comme une grande faveur le titre de gonfalonier, mais cela réussit peu[2].

3° *L'argent*, ou les promesses d'argent. Voilà le vrai nerf d'une négociation diplomatique. C'est un fait admis qu'on n'avance une négociation dans les cours que moyennant finance. « Ici comme dans les autres cours, écrivait de France l'ambassadeur florentin Francesco della Casa, on se soutient mal sans argent[3]. » L'ambassadeur lucquois reçoit le meilleur accueil, écrit Machiavel : il a su « se faire des amis avec le *Mammon de l'iniquité*, tandis que vous, vous croyez à votre bon droit[4]... »

« Monseigneur, se ilz font pour vous, il fault que vous faciez pour eux, » disait le cardinal d'Estouteville au duc de Savoie, dans une négociation avec les sires de Bueil et de Chabannes, représentants du roi. Et : « Certes, mon cousin, vous savez, en toutes cours, faut il moyens, » ripostait le duc[5]. On accusait fort les Français de ne pas recourir assez

---

1) Bref de Jules II à l'évêque de Paris, le priant d'user de son influence pour la paix entre Rome et la France : « consequens ob hoc a Deo præmium, ab hominibus laudem et nobis et Sede predicta commendationem et gratiam » (1511. *Lett de Louis XII*, III, 50).

2) Bulle d'excommunication contre le duc de Ferrare, lui reprochant son ingratitude ; le pape lui avait donné le titre de gonfalonier, « demandé cependant par Louis XII » (5 des ides d'août, 1510. Arch. du Vatican, reg. 984, fos 137 vo- 146 ro).

3) « L'argent, écrit dans un rapport de 1587 l'ambassadeur vénitien Lorenzo Bernardo, est comme le vin ; les médecins le recommandent également à l'homme bien portant et au malade. Il faut donner des cadeaux au Turc lorsque nos relations avec lui sont bonnes ; il faut en donner encore lorsqu'elles sont en souffrance » (Nys, *Les origines de la diplomatie*, p. 28).

4) Dép. du 26 août 1500.

5) 1452. Favre, Introduction au *Jouvencel*, p. CLXXXVI.

à ce procédé, d'être aussi « pingres » pour les autres que pour eux mêmes, de débourser peu volontiers [1]. L'accusation est excessive. Il est certain pourtant que les grands États du Nord, France, Angleterre, Allemagne, aiment mieux recevoir que donner ; les États qui donnent, ce sont les États italiens, parce qu'ils sont faibles, ambitieux, extrêmement riches, et que, gouvernés par des banquiers, sans véritable armée indigène, ils traitent la politique comme une affaire, comme une spéculation. Aussi les négociations avec eux dégénèrent en véritable exploitation [2]. Louis XI tira des Sforza des subventions incessantes. Il se fit payer par Galéas l'investiture de Gênes 50.000 ducats [3], dont Commines se vante d'avoir gardé 30.000. Quand Ludovic Sforza se tourna vers l'Allemagne, l'alliance allemande lui coûta un prix énorme. Les difficultés internationales se règlent par la guerre ou par l'argent : c'est aux gouvernements intéressés à apprécier le procédé le plus économique. On a même vu, bien que rarement, l'argent combiné avec la guerre. Le duc d'Orléans fit, par l'argent, sa campagne contre Gênes, en mars 1394. Il commença par acquérir, moyennant finance, la fidélité et l'hommage des marquis de Carretto [4], puis il se livra à un véritable « investissement diplomatique » des places fortes du

1) Conversation de l'ambassadeur d'Espagne avec l'ambassadeur de Venise, à Tours, novembre 1500. Sanuto, III, 1202.

2) V. fr. 2928; on pourrait tirer « deux cens mille escutz » de « ceulx de Médicis, quant l'on pourroit les remettre en estat dans Florence. Et croy que quant l'on y vouldra entendre, que encoures donneroyent ilz plus largement. »

3) Procès-verbal de trois notaires, à Lyon, dans la maison des Médicis, le 18 janvier 1473, constatant que Louis XI avait demandé à Galéas Ma Sforza 60.000 ducats. Galéas en a accordé 50.000, qui sont versés entre les mains de Michel Gaillard, fondé de pouvoirs spécial du roi (ms. lat. 10133, f° 389) : lettre autographe de Louis XI à Galéas, remerciant de ce versement (copie, même ms., f° 392 v°).

4) Jarry, *Vie de Louis de France*, p. 142.

pays. La plupart de ses agents, en missions publiques ou secrètes, étaient des italiens[1]. Ce ne sont pas seulement les
Fieschi, les Doria, les Grimaldi, les Spinola, les marquis de
Ceva, avec qui on traite et dont le dévouement se trouve
chiffré dans les comptes ducaux[2] : la ville de Savone se rendit, moyennant une subvention mensuelle de 5.000 florins[3].
Les expéditions d'or de France ne suffisant plus, le duc d'Orléans emprunte à son beau-père, engage sa vaisselle et ses
bijoux. Tout à coup, au moment où il ne restait plus qu'à
traiter avec Gênes, et où l'affaire devenait bonne, le roi de
France intervient, déclare la prendre pour lui, et la paie à
son frère, à forfait, 300.000 francs. Cette opération peut rester comme un chef d'œuvre de diplomatie secrète, si
bien exécuté, qu'il en resta peu de traces ; on retrouve bien
la mention d'une quantité d'allées et venues secrètes, mais il
faut en deviner plus encore[4].

L'action par l'argent se divise en trois branches principales : A. acquisition de foi et hommage ; B. pensions fixes ;
C. subventions irrégulières.

A. La forme d'hommage-lige est très florissante à la fin du
XIV⁰ siècle : après avoir acquis sous cette forme les environs
de Gênes, le duc d'Orléans achète, de même, la fidélité d'un
très grand nombre de princes allemands[5]. Le taux de ces
achats varie extrêmement, comme aussi leur forme : le duc

1) *Id.*, p. 146, 147.

2) Les actes d'*adhérence*, obtenus dans la Rivière de Gênes en 1395 par
le duc d'Orléans, à prix d'argent, consistaient, soit dans une cession de domaine pure et simple, soit dans l'obligation de prêter hommage, soit dans
l'engagement de prêter un appui militaire (Cᵗᵉ de Circourt, *Le duc Louis
d'Orléans*, III, 29).

3) *Id.*, p. 151.

4) *Id.*, p. 151-157.

5) Le comte de Circourt, *Documents luxembourgeois relatifs au duc Louis
d'Orléans*, nᵒˢ 35, 43, 72, 45, 50, 51, 98, 99...

de Gueldre coûte 50.000 écus une fois donnés, le comte Adolphe de Clèves une pension de 1.000 livres, le sire de Neuchâtel simplement 200 livres [1]. Cette consécration solennelle et, si j'ose ainsi dire, chevaleresque, tombe en complet discrédit au XVe siècle, et les quelques exemples qu'on en trouve encore çà et là ne reproduisent plus la forme très nette du marché primitif [2].

B. La pension prend, au contraire, de plus en plus faveur à l'égard des princes et des personnages très marquants. En Suisse et en Italie, les pensions aux princes, chefs d'État ou gens du gouvernement se confondent avec le condotticrisme ; elles engendrent des obligations mixtes, souvent militaires, et font l'objet d'un pacte régulier [3]. On les constate par un serment ou par une simple cédule. L'écrit passé dans ces conditions est fort modeste ; il affecte une forme privée. Le prix stipulé n'y figure pas. On paie, et on reçoit l'engagement de service [4]. Ainsi, l'engagement par René de Lorraine de servir

1) Jarry, *Vie de Louis de France*, p. 198.

2) Gornichem, 10 sept. 1464. Acte par lequel le duc de Clèves promet d'être bon et loyal au comte de Charolais, nul excepté, sauf le duc de Bourgogne, son père (Gachard, *Analectes*, cccxxx, d'après une minute des Archives de Düsseldorf). Cf. formule du serment à prêter par le duc de Savoie à l'empereur comme vassal, en 1506 (Bianchi, *Materie politiche*, p. 199). Pat. du 2 avril 1440, de Gérard, duc de Juliers et comte de Ravenstein, que, suivant la politique de ses aïeux, toute sa vie, il travaillera à soutenir la personne, les intérêts, etc., du roi et de son fils, ayant ses vassaux pour amis, ses ennemis pour ennemis (ms. Moreau, 1452, no 149). Serment de fidélité de Nicolas III, marquis d'Este, à Charles VIII (*Musée des Archives nationales* : 10 mai 1432).

3) Portef. Fontanieu, 147-148. 12 juin 1494, Milan, au palais de Galéas San Severino. Par suite de l'accord de Ludovic Sforza et de Charles VIII, Galéas de la Mirandole, Jean François Raoul de Gonzague, marquis, fils de Louis de Mantoue, Jean François de San Severino, comte de Caïazzo, s'engagent à servir le roi et prêtent serment solennel dans les mains du sire du Bouchage. 15 juin 1494 : Garantie par Ludovic Sforza de la fidélité de R. de Gonzague.

4) Ms. fr. 15538. 13. Phil. de Hochberg. maréchal de Bourgogne, pro-

M. et Mme de Beaujeu, du **30 septembre 1484**, est écrit sur parchemin, d'une formule très simple. Le prince dit *Je* au lieu de *Nous*; mais, à la fin, une affirmation d'indépendance se glisse : il écrit : « Donné en *ma* ville de Bar... » (qui lui était contestée), et il signe simplement : « René [1]. »

Comme on craignait les attaques sur mer du seigneur de Monaco, ce seigneur se faisait d'assez beaux revenus en louant son industrie aux diverses puissances pour escorter leurs navires [2].

met à Louis XI, par cédule, de lui garder le château de Joux, envers et contre tous, même contre Maximilien et sa femme (28 avril 1480, promesse signée, scellée, sur parchemin en forme ordinaire des cédules) : *Id.*, 22. Certificat d'un secrétaire du roi, Parent, sur papier, que, le 27 juin 1481, II^l de Salins, P^{re} de Messey, gentilshommes bourguignons, ont fait le serment de bien et loyalement servir le roi envers et contre tous, devant Du Bouchage et l'évêque d'Albi ; à Garennes.

1) Ms. fr. 15538, 91 (En échange, on lui faisait épouser Philippe de Gueldre, et on lui promettait de l'aider à conquérir Naples).

2) Soumission de Jean Grimaldi, S^{gr} de Monaco, pour dix ans, à la république de Florence ; il se met à son service, par terre et par mer, avec ses forces, « ad nudam et simplicem requisitionem », moyennant 2,000 florins par an. Cédule notariée en forme de stipulation solennelle, passée à Gênes dans une boutique, entre les fondés de pouvoirs respectifs, en latin (16 avril 1421. Saige, *Documents*, I, 18). Jean Grimaldi se met aussi au service de la reine de Sicile pour 1,000 fl. par an, moyennant l'engagement de ne pas léser un de ses sujets et de ne recevoir personne qui les ait lésés. Constaté par simple note latine : « Infrascripti sunt capituli... », revêtue du placet royal et de la simple signature d'un secrétaire royal sur papier, scellée du sceau secret de cire rouge plaqué (26-29 juillet 1422. Saige, I, 39). En 1432, Jean Grimaldi se met avec une galère au service des Niçois, moyennant 40 florins ; il arme à Nice, pour débarrasser la mer des pirates, en s'engageant à attaquer quiconque attaquera un Niçois, plus les Sarrazins. L'apparition de la galère fait évanouir tous les corsaires. La mer étant libre, Jean Grimaldi se met au service de l'empereur comme corsaire, contre les Pisans avec qui l'empereur est en guerre. Il prend un bateau catalan, non ennemi des Niçois, mais ami des Pisans. En avait-il le droit? Oui, dit un arbitre, puisqu'il a accompli sa promesse envers Nice (Saige, I, 96 et s.). Jean Grimaldi entre à la solde du pape, avec ses navires, moyennant de bons gages; le contrat est passé à Menton devant un notaire apostolique, par un serviteur du camérier du pape, se portant fort de la ratification « sub ypotheca bonorum suorum. »

Quant aux Suisses, on connaît assez leur profession d'entrer à la solde d'autrui. En 1495, par un « appointement » passé à Chieri, Charles VIII s'engage envers eux à une pension de 20.000 livres, et on lui promet 15.000 hommes [1]. Louis XII leur assure, dès le début de son règne, une pension de 25.000 livres [2], sans arriver à les satisfaire. Il convenait, vis à vis des Suisses, de surenchérir, d'ajouter spontanément à la pension convenue [3] ; et les ambassadeurs n'avaient à traiter près d'eux qu'une pure question d'argent [4]. Les Suisses

12 déc. 1445 (Saige, I, 153). Pat. de François Sforza, attestant, en raison du dévouement de Lambert Grimaldi, qu'il l'a pris « sub obedientia et fidelitate et sub protectione et deffensione » (3 mars 1464. Saige, I, 325). Lucien Grimaldi, sr de Monaco, demande au duc de Savoie tous les prisonniers condamnés à mort ou à une peine corporelle, pour ses galères, qui seront toujours au service du duc. 1505 (Saige, II, 38).

1) Ms. fr. 3924, lettre du 25 août.

2) Ms. fr. 25718, 33. Montils lès Blois, 1er mai 1499. Mandat de payer 6846 liv. sur 41,860 l. t. dues à Guy Boutenant, commis à tenir les comptes des pensions générales et particulières « à ceulx des villes et quantons des anciennes ligues des haultes Almaignes, appellez Souysses.» — Fr. 26107, 311. Mandat de 310 l., sur 10,600 liv., sur 25,000 liv., dont Guy Boutenant, notaire et secrétaire du roi, par lui commis à tenir le compte et faire le paiement des pensions générales et particulières allouées à « ceulx des villes et quantons des anciennes ligues des haultes Almaignes et autres officiers et particuliers d'iceulx » est appoincté sur plus grande somme pour cette présente année. — 31 déc. 1501. Id., 312. Mandats en blanc, sur des greniers à sel. Id., 313. Mandat à blanc rempli, sur le grenier de Caudebec.

3) Chmel, Notizenblatt de l'Académie des sciences de Vienne. Le duc de Milan ajoute aux arguments ci-dessus : « Nous aimons tant Messgrs de Berne que, outre la pension publique que nous leur avons promise, de 500 ducats d'or par an, il ne nous paraîtra pas absurde d'ajouter 200 ducats de plus, comptant bien que nous n'obligeons pas des ingrats.— Id., no 79; 19 mars 1496. Dépêche de l'ambassadeur à Lucerne de Ludovic, Giov. Moresini. J'ai versé le supplément des 200 ducats demandés. Je fais tous mes efforts pour empêcher la ligue qu'ils paraissent décidés à faire avec la France. Il y a eu hier séance : je ne sais encore le résultat.

4) Zuan Dolce et Franco della Zueca, secrétaires vénitiens, annoncent qu'ils ont débauché, a forza de danari, une compagnie de Suisses, qui va abandonner Charles VIII (4 août 1495. Malipiero, Annali Veneti, p. 378).

ne s'ébranlaient pas sans qu'on se demandât qui pouvait les payer [1]. Il en était de même des Grisons et des Valaisans, leurs voisins, souvent leurs rivaux [2].

La plupart du temps, la pension est purement et simplement soldée sans contrat [3], sauf à la supprimer en cas de mécontentement. Malgré les reproches d'avarice qu'on lui adresse, la France pensionne largement et d'une manière à peu près permanente la maison de Savoie : le duc de Savoie reçoit, en 1501, 40.000 livres de pension [4], 20.000 en 1512 [5]; le bâtard de Savoie (René, comte de Tende) reçoit des pensions de 4.000 livres, de 6.000 livres, sans compter des faveurs très considérables, le gouvernement de Provence, une compagnie de cent lances [6]... On pensionnait le roi de Navarre [7]... Les députés des cantons suisses à la diète fédérale acceptaient

---

1) M. de Gingins soutient que la guerre des Suisses contre Charles le Téméraire eut pour origine, non les provocations de Charles, mais les intrigues de Louis XI (*Mémoires de la Société d'histoire de la Suisse romande*, t. VIII).

2) En 1509 et 1510, les cantons de la Ligue grise touchaient une pension annuelle de 9,000 liv. sur le budget du Milanais, et les Valaisans 2,200 liv. Six écoliers de la Ligue grise étaient entretenus à Paris aux frais du roi (Cte de 1510, publ. dans Jean d'Auton, II, 387, 388). — 16 juin 1512. Ordre du conseil des Dix au provéditeur Capello, sans blesser le cardinal de Sion (dont la République avait à se plaindre), de remercier très vivement de ses offres de service le capitaine de *Sviz* ou de Zurich, par Bernardin Moresino, et de le prier amicalement de continuer (Archiv. de Venise).

3) Ms. fr. 15538, 4. Pat. de Louis XI accordant 6,000 liv. de pension à Henri, Cte de Montbéliard, fils du comte Ulric de Würtemberg, en considération de ce que son père et lui ont pris parti pour le roi « contre nos rebelles et désobéissants », et surtout parce que Henri a fait promettre et assurer de venir de sa personne près du roi. Le Plessis, 5 nov. 1477. — *Id.*, n° 11.

4) K. 77, n° 14.

5) *Tit. orig.* Savoie, 29.

6) *Tit. orig.* Savoie, 25, 26, 30 et suiv.

7) Ms. Clairambault 223, f° 319. 1491 : Jean, roi de Navarre, 9,000 l. de pension.

fort bien de petites pensions individuelles [1]. Les principaux seigneurs français ne font nulle difficulté de recevoir des pensions, de toute main [2].

Le danger des pensions est qu'on en prend l'habitude et qu'on arrive à les considérer comme un bien familial et presque héréditaire [3], comme une dette ; on ne se met plus assez en peine de les gagner : et, au contraire, qu'une guerre, qu'une crise financière ou un événement quelconque amène une diminution [4], un retard de paiement [5], voilà aussitôt un ennemi mortel ; l'ex-pensionnaire se croit tout permis [6]. Bien plus, si on demande au pensionnaire un acte effectif de fidé-

1) 1er juin 1515. Maximilien Sforza, duc de Milan, accorde une pension mensuelle de 40 écus à 12 députés des cantons suisses (fr. 3897, f. 70, 71).

2) Guy VI de la Trémoïlle (mort en 1397) recevait des pensions, non seulement du roi de France, mais du pape Benoit (1,800 l.) ; des ducs de Bourgogne (5,000 l., un don de 8,000 l.), d'Orléans (un grenier à sel), de Berry (1,000 l.), de Milan, du duc Aubert de Bavière (400 fr.), de la duchesse de Brabant (1,100 vieux écus) — V. L. de la Trémoïlle, *Guy de la Trémoïlle et Marie de Sully*, p. 21, 22, 23, 33, 118... Confirmation par Bonne de Savoie à Guy VI de la Trémoïlle d'un don de 10,000 livres et d'une pension de 500 liv., par Amédée VII (4 mai 1393. *Id.*, p. 191). Patentes de Jean Galéas Visconti, accordant à Guy VI de La Trémoïlle une pension de 1,000 florins d'or en retour d'un acte de foi et d'hommage. Elles contiennent l'engagement de Guy d'être son homme lige (13 avril 1382. *Id.*, p. 168).

3) Lettre de Robert de la Marck, sollicitant de Mme de Beaujeu la pension de 3,000 l. que recevait son père, tué au service du roi, 21 avril (1487). Ms. fr. 15538, no 111.

4) Protestation du duc de Savoie contre la privation de 10,000 ducats (moitié de sa pension), alloués depuis 1500 sur le duché de Milan (1507. Bianchi, *Materie politiche*, p. 193, 113).

5) Lettre de Jean, cte de Nevers et de Rethel, au roi. Il se plaint que, sur ses 8,000 liv. de pension, cette année, les gens de finances du roi ne veuillent lui en assigner que six (Nevers, 10 octobre). Ms. fr. 2911, 197.

6) Le capitaine de Monaco menace, si on ne lui paie pas sa pension, de saisir des navires marseillais. Ordre du roi de Sicile de payer exactement cette pension (Saige, *Documents*, I, 10). Jean Grimaldi, pour excuser ses prises de navires florentins, allègue qu'il a eu besoin d'argent ; il en réclame à Florence, qui lui donnait autrefois une pension (Rapp. de 1421. *Id.*, I, 33).

lité, il prendra texte de sa pension même pour réclamer une augmentation [1]. Bref, le roi ne peut guère compter sur la fidélité d'un pensionnaire qui a ses intérêts hors du royaume : toute garantie à ce sujet est illusoire [2]. Aussi le gouvernement royal, ennemi né des possessions étrangères pour les princes du sang, favorise au contraire la possession de fiefs français par des personnages étrangers, afin d'avoir un gage [3]. C'est ainsi qu'il donne à Trivulce la seigneurie de Château du Loir, au sire de la Gruthuze, le comté de Guines et la seigneurie de Crèvecœur [4], qu'Engilbert de Clèves est comte de Nevers et pair de France [5], que Frédéric d'Aragon, prince de Tarente, et, depuis, roi de Naples, était comte de Villefranche en Rouergue, avec 12.000 livres de pension [6].

1) Le duc d'Autriche veut bien abandonner le duc de Bourgogne, s'allier avec les Ligues contre lui, mais il demande une augmentation de la pension de 10,000 francs que le roi vient de lui donner. Le marchandage dure longtemps. Les ambassadeurs disent que l'archiduc a déjà un engagement du roi, par son ambassade, que cette pension durerait un certain nombre d'années. Le roi en a référé au chancelier, qui dit ne se souvenir de rien. Oct.-déc. 1474 (Chmel, *Monumenta Habsburgica*, I, 261).

2) Promesse de Ludovic Sforza que le c[te] Caïazzo, engagé par Charles VIII pour l'expédition de Naples, le servira loyalement et fidèlement, « quanquam ea sit ipsius Comitis fides ut minime dubitandum sit quin re ipsa fideliter prestet que promisit » (cédule en latin, sur parchemin, signée, sceau plaqué. Ms. fr. 2922, f° 14).

3) En France, il n'y a point, dans l'intérieur du pays, de pensions données par des souverains étrangers, comme en Allemagne. Machiavel fait observer combien le système social de la France semblait, en apparence, présenter à l'étranger une proie facile, et combien en réalité il rendait la conquête impossible, à cause du grand nombre d'éléments indépendants dont se composait la nation. M. Funck Brentano estime au contraire que cette diversité d'éléments paralysait la défense de la France (*Traicté de l'Œconomie politique...*, par Antoyne de Montchrétien, Paris, 1889. Introduction).

4) Pat. du 30 mai 1504 (*Ordonnances*, XXI, p. 308).

5) *Ordonnances*, XXI, 328.

6) 1481, 1483. Ms. Clairamb. 222, f° 203. Louis XII donne à l'archiduc les gabelles de Château-Chinon.(1501. Le Glay, *Négociations avec l'Autriche*, I, 34).

Un rattachement plus direct et extrêmement fréquent consiste à prendre un étranger au service direct du roi, comme chambellan [1], lieutenant-général [2], capitaine de compagnie [3]... Les exemples de ce genre abondent. Bornons-nous à citer le duc d'Albany, Jean Stuart, pensionnaire du roi pour 1500, pour 2.000 livres, ensuite comte de la Marche et de Lisleman, capitaine de cinquante, de cent lances, ambassadeur [4].

C. Somme toute, l'emploi irrégulier de l'argent et des promesses, au fur et à mesure des besoins, constitue le moyen le plus pratique, le plus sûr, de mener à bien des intrigues, des négociations. Comme il n'y a rien de fixe, personne ne peut rien exiger et tout le monde peut tout espérer, en sorte que, souvent, le seul espoir de se faire bien venir d'un ambassadeur et de se montrer ami de son gouvernement, amènera des concours inattendus. C'est par un procédé analogue que le duc de Bourgogne [5], le duc de Bretagne, ayant une fille pour héritière, promettaient sa main à tous les princes capables de les servir.

En Allemagne, il est admis que l'empereur fait payer ses

1) Patentes de Louis XII, nommant chambellan Jean de Gonzague, frère du marquis de Mantoue, et lui allouant une pension de 2,000 livres (20 et 22 octobre 1499. Archives de Mantoue, B. XXIII, 8). Le marquis reçoit le 11 octobre 1499 50 lances et 12,000 liv. de pension (*Ibid.*, D. IX, 5). Jean Grimaldi, sgr de Monaco, est chambellan du dauphin en 1451. Lambert, chambellan du duc de Savoie, est nommé chambellan du roi de Sicile en 1481 (Saige, *Documents*, I, 568). Grandes réjouissances en 1488, parce que Lambert Grimaldi a obtenu la protection de la France, le titre de chambellan, 100 fr. par mois de pension, l'entrée de 10,000 mines de froment (*Id.*, 622-623).

2) Arch. de Lyon, BB. 10, 11 (Actes consulaires) : le cte Galéas Sforza, fils du duc de Milan, lieutenant général du roi en Lyonnais et Dauphiné.

3) 20 juillet 1504. Quittance, par Guillaume, marquis de Montferrat, chevalier de l'ordre, capitaine de 50 lances, de 150 l. comme gages de capitaine (*Tit. orig.* Savoie, n° 27) : n° 28. 9 octobre 1504 ; même quittance.

4) *Tit. orig.* Stuart, n°s 5-9.

5) Commines, l. III, c. III.

faveurs à haut prix. En 1467, il fait offrir à Galéas Sforza l'investiture officielle du Milanais, « moyennant la somme d'argent habituelle [1] ». Grâce à l'appui de la France, Galéas s'en passe et reste un simple fils d'usurpateurs. En 1495 seulement, sous le coup de la nécessité, il consent à payer la forte somme, ce qui n'empêche pas Maximilien de recevoir de la France, en 1505, une nouvelle somme de 100,000 livres, en échange d'une pareille investiture [2]. Quand le cardinal d'Amboise va, au nom de Louis XII, recevoir cette investiture, il emporte un acompte d'environ 25,000 livres pour l'empereur, et on lui ouvre un crédit de 10,000 livres pour des distributions aux « grans personages » de la cour [3]. A l'issue des négociations, le cardinal offre des bourses de 1,400 livres, en monnaie courante, au chancelier, à chacun des trois des principaux conseillers de Maximilien (notamment Mathieu Lang et Philibert Naturel, prévôt d'Utrecht), et enfin aux bureaux de la chancellerie ; il offre des tasses, flacons, aiguières, bassins d'argent, pour une valeur totale de 2,000 livres à six des officiers de la chambre impériale [4]. Ce sont des présents coutumiers, en Allemagne, officiels, qu'on ne qualifie point de corruption [5].

1) Ms. ital. 1649, fo 148.

2) J. 505, nº 9. Haguenau. Reçu original par Maximilien de 100,000 liv. pour l'investiture de Milan. Cf. ms. fr. 20980, fo 431 ; fr. 20616, nº 48 ; Clairamb. 224, nº 413.

3) Ms. fr. 20616, nº 46.

4) Ms. Clairamb. 16, p. 1053.

5) Le duc d'Orléans donne à une petite ambassade qu'il envoie en Allemagne, en 1399, 400 fr. à distribuer en cadeaux (Circourt et van Wervecke, *Documents luxembourgeois*, nº 94). L'ambassade du duc d'Orléans offre en 1398 (sur le conseil de l'ambassadeur allemand près du duc) des *fermeillets* d'or, enrichis de diamants, aux principaux conseillers de l'empereur (*Id.*, nº 29) ; elle paie 100 liv. à la chancellerie pour expédition d'un projet de contrat de mariage (*Id.*, nº 64). Dans le compte des ambassadeurs de Flandre envoyés en France pour la paix, en 1501, figurent 5600 liv. versées « à aucuns seigneurs d'Allemagne » (Le Glay, *Négociations*, I, 67).

La cour la plus praticable était, peut-être, celle d'Angleterre. La France y soudoyait tous les principaux personnages.
Philippe de Commines raconte [1] que, comme ambassadeur
de France, il acheta ainsi pour Louis XI le lord chambellan,
lord Hastings, qu'il avait précédemment acheté lui-même à
un prix moindre pour le duc de Bourgogne. Il eut même l'im-
pertinence, sur l'ordre exprès de Louis XI, de laisser demander une quittance à lord Hastings. « S'il vous plaist que je le
prengne, dit le noble lord, vous me le mettrez icy dedans ma
manche ; et n'en aurez aultre lettre ne tesmoing ; car je ne
veulx point que pour moi on die : *Le grant chambellan d'Angleterre a esté pensionnaire du roy de France*, ne que mes
quictances soient trouvées en sa chambre des comptes. » Les
comptes de Louis XI constatent la vérité de cette anecdote,
car Louis XI, toujours méfiant, tenait une comptabilité régulière. Aucun bénéficiaire des libéralités françaises ne refusa
sa quittance, sauf lord Hastings, dont on ne put tirer qu'un
certificat signé par un de ses serviteurs. L'agent financier
français, fort embarrassé, vint lui-même en référer au roi ;
Louis XI le renvoya avec son premier maître d'hôtel Cléret,
et l'autorisation de passer outre : il couvrit cette irrégularité
vis à vis de la Chambre des comptes, par des patentes spéciales du 25 août 1476 [2]. La scène se reproduit les années sui-

1) *Mémoires*, I, 169.
2) Ms. fr. 10375. Pat. de Louis XI, du 16 janv. 1475 a. st., commettant
Guille Restout, marchand et bourgeois de Rouen, à tenir le compte et re-
cette des sommes « à porter et distribuer ainsi que par nous sera advisé en la
ville de Londres ». Restout prête serment. Les paiements ont lieu en deux
termes, Pâques et Saint Michel. Pour Pâques, Restout est allé à Londres avec
Louis de Marrafin, écuyer d'écurie, et Jean le Gouz, notaire et secrétaire du
roi commis par le roi pour assister au paiement, à la Saint Michel, avec Cléret ; il paie ainsi au roi d'Angleterre, en deux termes, 50,000 écus d'or valant (à 32 sous 1 den. t. pièce) 80.208 liv. 6 s. 8 den. ; il rapporta deux
quittances du roi, signées de sa main, scellées du sel de ses armes, et deux

vantes ; lord Hastings recevant toujours, mais refusant un écrit, on y supplée par des certificats [1].

La paix s'achète en Angleterre comme en Allemagne. Par le traité de 1492, la France s'engage à payer à l'Angleterre des annuités de 50,000 liv., jusqu'à concurrence de 600,000 liv., sous prétexte d'avances du roi d'Angleterre à la reine de France comme duchesse de Bretagne. Henri Bohier, notaire-secrétaire du roi, fut commis au service de ces paiements par patentes du 14 novembre, et il s'en acquitta jusqu'en 1497. Chaque année, il retirait deux quittances du roi d'Angleterre ; de plus, il répandait une masse de bienfaits sur les principaux seigneurs de la cour de Londres, en reconnaissance de leurs vues pacifiques. Cette fois, aucun seigneur ne refusa ses deux quittances, signées et scellées [2].

Parmi les rois de France, Louis XI seul se fit personnellement payer ses bienfaits par le duc de Milan : quant au reste, la cour de France ressemble aux autres. En **1446**, on disait

quittances signées de chacun des personnnages suivants : — à Thomas, évêque de Lincoln, chancelier, « don... fait en ceste présente année », 1.000 écus d'or valant 1604 l. : Guille, sgr de Hastingues, grand chambellan, 2.000 écus d'or, valant 3.208 l. (deux certificats d'un serviteur) : Jean de Howart, 1200 écus d'or, valant 1925 l. : Thas de Montgomery, chevalier de corps du roi, même somme : Jean Morton, maître des « roolles » d'Angleterre, 600 écus d'or, valant 962 l. : Guill. Restout a 1200 l. de salaire en tout (il avait reçu les fonds des quatre généraux des finances), plus 700 l. de change, pour convertir la monnaie en écus d'or.

1) Comptes de 1477, de 1478 (même ms.); le certificat est dressé par l'évêque d'Eaulne en 1477, — en 1478 par : 1º l'évêque d'Eaulne et Jean Blosset, chambellan ; 2º par l'évêque et Ante de Morteillon, écuyer d'écurie.

2) Ms. fr. 10377 ; compte de 1493, comprenant les paiements suivants : Gilles d'Aubenay, seigneur dudit lieu, lieutenant général d'Angleterre à Calais, 3500 l. t.; l'évêque de *Bathe* et de *Wellys*, garde du principal scel d'Angleterre, 1050 l. t.; le Cte de Doxenford, grand chambellan, amiral d'Angleterre, même somme ; Jean Duchin, Sgr dudit lieu, 525 liv.; Jacq. Thirelle, chlier, lieutenant de Guines, 875 l. t.; Regnaud Bray, chlier, conseiller, 525 l.; Thomas Lovell, conseiller, 350 l.; Guill. Laurelolz, secrétaire du roi, 175 l. t.; et pour Bohier lui-même, 1600 l. d'honoraires.

plaisamment que la trêve avec l'Angleterre avait été « bien profitable », parce qu'on accusait Brézé d'avoir reçu 400,000 écus de l'Angleterre pour la conclure [1].

Les conseillers de Louis XI, Commines [2], Boffile de Juge, Du Bouchage, Palamède de Forbin... mettent cyniquement à contribution les diverses ambassades italiennes. Louis XI ne pouvait ignorer ce trafic, il fermait les yeux [3]. A plus forte raison, autour de Charles VIII [4]. Quand le comte Caïazzo vient de Milan en ambassade extraordinaire, le résident milanais, Erasme Brasca, lui expédie à Saint Jean de Maurienne un émissaire pour lui recommander instamment d'apporter l'argent qu'on lui a promis. « Sinon, dit-il, à votre entrée on fera le vide : on vous logera mal : le roi vous tiendra un langage nuisible ou même impertinent. » Caïazzo se hâte d'envoyer des assurances si formelles, qu'il trouve, dès Villeneuve-Saint-Georges, une troupe nombreuse et brillante de courtisans venus à sa rencontre, sous la conduite de Stuart d'Aubigny, un des *amis*. Au pont de Charenton, l'escorte habituelle l'attend pour son entrée, mais avec quel éclat ! Caïazzo est reçu par le roi sur le champ, en audience solennelle [5].

Un italien établi en France, Amé de Valperga, se vantait de posséder de grandes influences, si bien qu'un envoyé milanais arrive avec instruction de le voir et de suivre ses inspi-

1) Favre, *Jouvencel*, CXLIII.

2) La ville de Tournay offre au sire de Commines une chambre de tapisserie, de la valeur de 40 livres de gros, pour qu'il empêche Louis XI de la céder aux Anglais (1475. Kervyn, *Lettres et négociations*, I, 129).

3) En Hongrie, « les alliés, sachant que le cardinal Thomas Erdoedi exerçait une grande influence, à la cour et dans le conseil, mettent tout en œuvre pour le gagner à leur cause. Le pape, l'empereur, Louis XII et le cardinal d'Amboise lui écrivent force lettres, remplies tantôt d'offres séduisantes et tantôt de menaces sérieuses » (1509. Fraknoï, *ouvr. cité*).

4) Dépêche de Caïazzo, mars 1492. Arch. de Milan, *Pot. est., Francia.*

5) Delaborde, *Expéd. de Charles VIII*, p. 139.

rations. Valperga offre de prendre à forfait la réussite de l'ambassade, moyennant 10,000 ducats ; l'ambassadeur consulte son gouvernement qui accepte la combinaison, et l'on traite finalement pour 8,000 ducats, payables après réussite [1].

Les paiements de ce genre avaient lieu de la manière la plus régulière. Au départ d'un ambassadeur en France, Ludovic Sforza lui remet neuf lettres de change en blanc pour payer les amis, jusqu'à concurrence d'un chiffre de..., tout en lui recommandant d'être bon marchand, de chercher à ne pas atteindre ce chiffre, d'obtenir des délais de paiement (car, en pareille matière, un paiement différé en vaut deux) [2].

Se faire, quand on peut, payer par l'étranger une alliance ou un service, même louable [3], semble un acte tout naturel [4], et le déshonneur ne commencerait que si l'alliance ou le service étaient contraires aux intérêts du pays. Sous cette seule

---

1) 1492. Delaborde, p. 224. En 1491, Ludovic Sforza fit distribuer 8.000 ducats aux principaux courtisans de Charles VIII, au sû du roi, selon Commines. Une ambassade florentine arrive; une sorte d'enchère s'ouvre. Le banquier Spinelli écrit au gouvernement florentin qu'on fait des dons de 2.000 ducats à quatre des principaux personnages, notamment à Stuart d'Aubigny, qu'on suspecte (et non sans raison) de toucher des deux mains : bien plus, Stuart d'Aubigny aurait osé proposer une pension de 12.000 ducats, de la part de Ludovic, à Mme de Bourbon, dont on connaît l'esprit pratique : Mme de Bourbon (Anne de Beaujeu) n'a point prêté l'oreille, tel n'est pas son goût (Boislisle, Et. de Vesc, p. 60, 61).

2) Delaborde, p. 242.

3) Les ambassadeurs français à Rome, en 1479, déclarent avoir servi avec succès les intérêts de la ligue de Florence, et réclament d'elle un présent pécuniaire (Buser, cité par Delaborde, p. 133). Le duc de Savoie, négociant à Lyon avec le chancelier et l'amiral de France, leur souscrit des obligations spontanément, ainsi qu'à M. de Villequier. La négociation finie, il refuse énergiquement de payer les sommes promises (Enquête à ce sujet en 1454. Favre et Lecestre, Le Jouvencel, II, not. p. 384)

4) Lautrec, en 1517, ayant refusé net les présents qu'on voulait lui offrir, le conseil des Dix de Venise ordonne à l'ambassadeur de demander au roi la permission de les faire, et de prier le roi d'inviter Lautrec à les accepter (Dépêche du 16 février 1517, à l'ambassadeur. Archives de Venise).

réserve, on ne s'en prive point. Près de Louis XII, les personnages en position d'exercer une influence appréciable sont les neveux du cardinal d'Amboise et le secrétaire Robertet. Machiavel écrit, le 5 juillet 1510, à la seigneurie de Florence qu'il est indispensable de payer à Robertet et au sire de Chaumont[1] ce qu'on leur a promis à propos de la paix: dix mille ducats avaient été déposés à Lyon pour le compte du cardinal d'Amboise qui vient de mourir sans les toucher : il faut les employer à verser un acompte à Robertet et Chaumont ; c'est le seul moyen de les faire marcher et de leur ôter « cette espèce d'appât qui les tiendra toujours ici » (à Lyon)[2]. En 1513, lors d'une négociation avec Gênes, on estimait à 10,000 écus la part faite à Robertet[3]. Ces prestations scellent, consacrent l'amitié politique. Aussi, dans l'instruction à Machiavel pour sa légation de 1500 en France, on lit : « Les personnes sur lesquelles nous pouvons compter auprès de ce prince sont : le cardinal, monseigneur d'Albi ; on peut ajouter toute la maison d'Amboise, le maréchal de Gié et le seigneur Robertet, dont vous vous rapprocherez le plus souvent possible, assurés d'en recevoir des conseils et des secours. »

On peut transporter partout ce même raisonnement. En 1474, à l'issue de la négociation avec un amiral espagnol d'une question délicate de prise maritime, Louis XI fait un beau cadeau d'argent. L'amiral parlait d'un voyage en Angleterre : il se hâte de remercier le roi et de renoncer à son excursion en Angleterre, il se déclare éternellement bon et loyal serviteur de Sa Majesté très chrétienne[4]. Les ambassadeurs de France à Gênes, en 1415, donnent au doge 2,000 ducats d'or pour

1) Neveu du cardinal.
2) Dép. de Machiavel, 7 juillet 1510.
3) Dép. vénitienne de Blois, 18 déc. 1513 (Arch. de Venise).
4) « A laquale in eternum sero bono et loiale servitore et i dio me done gratia che sempre vi possa ben servir » (fr. 3884, f⁰ 8 v⁰),

presser leur affaire, 240 aux frères du doge, 52 florins à un
citoyen de Gênes, Jean Sacco, qui y a travaillé, sept au notaire [1]. A Rome, il existe des moyens semblables [2].

En Suisse, on *pratique* la diète [3] : en Valais, on acquiert des
amis dans l'entourage de l'évêque de Sion [4], on s'adresse
hardiment, largement, à l'évêque lui-même [5].

L'expérience inspire une grande confiance dans ce genre de
moyens. Louis XII, dans une conversation avec les ambassadeurs de Venise et d'Espagne sur le compte des ambassadeurs
d'Allemagne, dit en riant : « Ce sont des imbéciles ; nous savions
leur ambassade. Avec de l'argent, on sait tout [6]. » Cependant,
il ne suffit pas de donner de l'argent, il faut savoir le donner.
En 1489, le comte palatin du Rhin, au moment où il s'engage à
servir Maximilien contre la France, lui montre cyniquement

1) Lat. 5414 A, f⁰ 59.

2) 25 mars 1513. Promesse du conseil des Dix à Bernard Bibiena, trésorier du pape, d'un bénéfice ecclésiastique de 2.000 ducats de rente (Archives
de Venise, Misto 35, 177 v⁰). Vincenzio da Milano, exilé de Venise pour
crimes, obtient un sauf conduit de cent ans, à condition que son frère, versé
en plusieurs langues et secrétaire des cardinaux de Cortone et de Médicis, qui
« ont le cœur du Saint Père », communiquera copie de leur correspondance,
notamment avec les cours de France, d'Espagne et d'Angleterre (26 octobre
1517. *Id.*, 41, f⁰ 120). Les ambassadeurs de Charles VIII à Rome entrent « en
pratique, » avec le cardinal S. Petri ad Vincula, sous les auspices de Ludovic
le Maure (Lettre d'Amboise, 10 février. Archives de Milan).

3) L'ambassade de Savoie en Suisse demande 1,000 ou 1,200 écus pour
pratiquer les députés à la diète fédérale de Lucerne (mars 1475. Gingins, *Dép.
des ambassadeurs milanais*, I, 88).

4) 21 juin 1512. Ordre du conseil des Dix de Venise au provéditeur Capello
de donner très secrètement au seigneur Pierre, chapelain du cardinal de
Sion, influent près de lui, 200 florins. Nous avons, dit le conseil, à traiter
avec le cardinal pour Crémone et la Ghiara d'Adda. Il est entouré de nos
adversaires ; « conveniens est dare operam habendi aliquem amicum et fa-
vorabilem, qui tueatur partes nostras » (Misto 35, 33).

5) 28 juin 1512. Ordre au provéditeur Capello de donner au cardinal de
Sion 2,000 ducats, et de lui promettre, pour lui et les siens, des bénéfices ecclésiastiques. Le faire largement, hardiment, avec beaucoup d'amabilité, « pour
les dépenses du cardinal, et pour ses services » (Misto 35, 36 v⁰).

6) Nov. 1500. Sanuto, III, 1202.

une magnifique vaisselle et 50,000 écus d'or qu'il disait avoir reçus de la France [1]. En 1512, la proposition de faire secrètement un présent de 2,000 ducats au cardinal de Gürck, qui gouvernait l'Allemagne, n'obtient pas la majorité au sénat de Venise, malgré six scrutins successifs, parce que Gürck avait déjà reçu de l'argent et n'en avait pas mieux servi [2]. Il est vrai que 2,000 ducats ne suffisaient pas. Une hausse considérable paraît s'être produite en matière de rétributions internationales. Au XIIe siècle, on se contentait de petites sommes [3]. En 1419, pour le traité du Ponceau St Denis, les conseillers du dauphin reçoivent une cédule de cinq cents moutons d'or du duc de Bourgogne, cédule que Barbazan croit devoir refuser [4]. Dans une négociation difficile (demande d'indemnité pour le massacre d'un agent vénitien en 1486), le sénat de Venise vote 1,200 ducats pour cadeaux aux seigneurs français qui aideraient son ambassadeur [5].

Au commencement du XVIe siècle, on perd son argent si l'on offre moins de 10,000 ducats à un ministre [6], et cela ne

1) Molinet, c. 216. En 1294, Adolphe de Nassau, empereur d'Allemagne, accepte d'Angleterre des subsides pour faire la guerre à la France, et de la France des subsides pour ne pas la faire (Fr. Funck Brentano, *Documents pour servir à l'histoire des relations de la France avec l'Angleterre et l'Allemagne...*, p. 2).

2) 15 sept. 1514. Arch. de Venise, Misto 35, 84.

3) Traité entre le pape et les Génois du 16 juin 1129 : sommes en argent données en petits cadeaux aux cardinaux et à de nobles Romains (*Soc. des antiquaires de France*; séance du 9 avril 1890; communication de M. Ul. Robert).

4) Beaucourt, *Hist. de Charles VII*, I, 149.

5) Perret, *Not... sur... Graville*, p. 78.

6) En novembre 1499, Venise envoie simplement 1,000 ducats au cardinal d'Amboise (Sanuto, III, 48) : les Florentins s'engagent, en 1508, à donner aux ministres de France et d'Aragon 25,000 ducats, outre les sommes promises aux deux rois (Guichardin, liv. VIII, ch. II). Le conseil des Dix autorise son orateur près de l'empereur à promettre 10,000 ducats à M. de Chièvres, ministre de l'empereur, et 1,000 à des grands seigneurs, pour récupérer les places de la Lombardie (12 oct. 1519. Arch. de Venise, Misto 43, 76 v°).

suffit pas ; non seulement le ministre accepte, mais, pour prouver sa bienveillance, il indique d'autres personnages auxquels il serait bon de donner [1]. Rien de plus dangereux que de froisser un ministre par un cadeau insuffisant ; on en voit qui s'oublient jusqu'à exprimer très librement leur mécontentement pour intéresser à leurs affaires privées les ambassadeurs d'autres puissances [2]. A une personne secondaire, mais utile, telle que le confesseur du roi, on offre un beau diamant [3]. De beaux tableaux [4], des reliques précieuses [5], produisent très bon effet.

1) 16 février 1517. Robertet a conseillé à l'orateur vénitien en France de faire donner des présents au Grand Maître de France. Le conseil des Dix vote de suite 4,000 écus et demande si cette somme convient (Arch, de Venise, Misto).

2) « Robertet me dit, il y a trois jours, qu'il enverra des gens, si possible, quand même le pape *non lo sentisse*, parce que le pape leur fait le tort de conférer les bénéfices de Bretagne et de France à ses créatures. Quant à lui, qui a été son *esclave*, qui a plus fait pour Florence que le pape lui-même, le pape veut priver son frère de l'évêché d'Albi, qu'il a : Robertet demande que votre ambassadeur et vos deux cardinaux le défendent. Je lui offris vos bons offices et demandai l'expédition des gens d'armes » (Dép. de l'ambass. vénitien Dandolo, du 4 déc. 1513. Arch. de Venise, *Dispacci*, 1).

3) Le conseil des Dix se fait montrer un beau saphir, que remettra au confesseur du roi un *ami* de Lyon (mai 1500. Sanuto, III, c. 303).

4) La belle Sainte-Famille de Fra Bartolommeo qui se trouve au Louvre, signée et datée de 1511, peinte pour l'église Saint Marc de Florence, fut offerte à Jacques Hurault, ambassadeur de France, évêque d'Autun, qui en fit don à sa cathédrale. Vasari dit que, sur les instances de Louis XI, les Vénitiens lui envoyèrent un *Christ mort*, de Jean Bellini. Ne faut-il pas lire « Louis XII ? » Car le tableau envoyé fut, à Venise, remplacé par un autre daté de 1507 (Müntz, *La Renaissance en France*, p. 454, n. 2). Un ambassadeur milanais offre à Charles VII, en 1457, des manuscrits à belles enluminures (*Id.*, p. 476). Le cardinal d'Amboise, à Milan, en octobre 1499, dit à l'agent de Mantoue que sa maitresse a le premier peintre du monde et qu'il donnerait beaucoup d'argent pour avoir quelque œuvre de lui : l'ambassadeur demande immédiatement à sa souveraine une œuvre de Mantegna. On envoie au cardinal un tableau de dévotion de Mantegna ; il en est enthousiasmé, et déclare qu'il l'aime mieux que 10,000 ducats (*Les amies de Ludovic Sforza*, par M. L. G. Pélissier, *Revue Historique*, tome XLVIII, p. 57, n. 3).

5) Georges d'Amboise envoie à Henri VII d'Angleterre une jambe de

Il paraît tout différent d'accepter des présents ou une pension : tel qui prend des cadeaux, même importants, hésitera devant une pension [1]. La nuance se comprend.

L'usage des cadeaux comporte aussi une foule de petits envois sans importance et de pure courtoisie. En Italie, on aime à s'adresser des riens : des fruits, de la marée.... Sigismond Malatesta, seigneur de Rimini, envoie au duc d'Este des figues ; le duc d'Este envoie du poisson, des anguilles, surtout au moment du carême [2]. On échange beaucoup de chiens, de levriers, d'oiseaux. Apprenant que François Sforza a de beaux chevaux arabes, Sigismond Malatesta lui en fait demander un sans façon, et Sforza l'expédie aussitôt [3]. Le roi de France n'a pas l'habitude d'envoyer des présents par ses ambassadeurs [4], mais il ne craint pas d'en demander, de petits présents, bien entendu, et à des ambassadeurs amis : ainsi, comme marque d'amitié, Louis XII demande au résident vénitien de faire venir six onces de bleu d'outremer, pour de très belles peintures qu'on exécutait au château de Blois, en juillet 1500 [5], mais il n'aurait pas demandé un objet de prix.

En 1502, le résident français, quoique fort choyé à Venise, sollicite une relique de saint Roch, pour l'envoyer à Blois, où sévit la peste ; la seigneurie refuse net [6].

Les rois de France sont tous très chasseurs ; Maximilien, aussi, est fanatique de chasse ; il vit en Tyrol, au milieu de

---

saint Georges, qui est reçue avec enthousiasme (1504. *Bernardi Andreæ Vita Henrici septimi*, by Gairdner, p. 82).

1) Jean de Bueil accepte des présents du duc de Savoie, mais refuse une pension en disant que celle du roi lui suffisait (Elle était forte). 1452 (Favre, *Introduction* du *Jouvencel*, p. clxxxvii).

2) Yriarte, *Rimini*, p. 333.

3) *Id.*, p. 332.

4) Réponse des hérauts de France, 1500. Sanuto, III, 559.

5) 18 juillet 1500. Sanuto, III, 542.

6) 17 oct. 1502. Sanuto, IV, 366.

ses chiens, des ours et des cerfs [1]. Or, Venise possède des
faucons blancs, qui viennent du Levant, notamment de Can-
die : on n'imagine pas l'importance diplomatique d'un envoi de faucons rares, en France ou en Allemagne ; c'est une
affaire d'Etat. Sitôt l'arrivée des merveilleux oiseaux, le roi
(Charles VIII) va lui-même les voir. L'ambassadeur se hâte
d'écrire des nouvelles de leur voyage : heureux s'il peut
annoncer « qu'il ne leur manque pas une plume, qu'ils sont
beaux et gras ». Il n'y a pas que le roi qui en désire : les
courtisans, les amis en sollicitent [2]. Un des rôles importants des ambassadeurs français en Italie consiste à obtenir des faucons [3], et l'un des rôles des ambassadeurs italiens est de recevoir ces oiseaux, de les soigner, de les refaire,
de les présenter dans de bonnes conditions [4]. On voit Machiavel s'en préoccuper fort. Cette occupation donne de suite
un grand relief à l'ambassadeur. Dès que survient un nouvel
ambassadeur de Venise en France, c'est à qui lui demandera
amicalement des faucons [5]. L'ambassadeur en Allemagne déclare, en 1507, qu'un don de quinze faucons lui a valu toute la

1) Entrant à Trente, le 12 octobre 1501, le roi des Romains se fait précéder de 200 chiens et d'une charrette, qui portait un ours et un cerf *suso*
tués par lui (Sanuto, IV, 151).

2) Dépêche de l'ambassadeur florentin. 1493. Desjardins, I, 239.

3) L'ambassadeur de France à Venise communique une lettre du roi, qui
lui donne des nouvelles politiques et demande des faucons (3 février 1501.
Sanuto, III, 1369). L'orateur de France présente une lettre du secrétaire vénitien agent à Milan, qui recommande un fauconnier du roi, pour avoir des
sacres (28 oct. 1502. IV, 392). L'orateur de France dit à la seigneurie qu'il a
l'ordre de fournir au roi des faucons, et que le fauconnier est arrivé (20 nov.
1503. Sanuto, V, 351).

4) Le conseil de Venise envoie à Lyon, par son agent à Milan, quinze faucons. Mais ils sont en mauvais état, et il a fallu les garder dix *jours* à Milan
et les soigner pour les refaire (déc. 1503. Sanuto, V, 590).

5) Nov. 1500. Sanuto, III, 1202.

bienveillance de Maximilien [1] : — certes, c'était un don royal [2],
et il fallait, en l'envoyant, ménager l'équilibre européen ; Venise décide, en 1504, d'envoyer des faucons à l'empereur parce
qu'elle en envoie au roi de France [3]. — Le roi des Romains reçoit
donc quinze faucons : il écrit à Venise une lettre de remerciements : « Si l'un d'eux, dit-il, s'envolait *ad proprios lares*,
envoyez-le-moi », plaisanterie qui signifie qu'il en accepterait
d'autres [4]. Pendant ce temps, seize faucons arrivent en France,
parfaitement bien portants, et l'ambassadeur les offre de suite.
Louis XII les manie tous, l'un après l'autre : l'ambassadeur
lui dit que la seigneurie de Venise en enverra d'autres :
« Merci mille fois, reprend le roi ; plus j'en aurai, plus je se-
rai enchanté [5] ».

Un ambassadeur peut proposer encore, à l'appui de sa mission, des chevaux, des armures, des parfums.... [6], des ton-
neaux de vin [7], des fromages, des pièces de velours ou de

1) 1507. Sanuto, VII, 193.

2) La ville de Tarragone offre au roi d'Espagne des faucons blancs, objet
très rare. Le roi les envoie en présent au roi de France (22 juillet 1507. Sanuto, VII, 137) : remerciements de Louis XII à Ferdinand le Catholique, pour
un faucon blanc « singulièrement plaisant ... par la beauté et estrangeté »
(H. de la Ferrière, *Le XVIe siècle et les Valois*, p. 5). Don par Venise à Maximilien de trois faucons et deux chiens *alanni* (Sanuto, VI, 357).

3) 2 oct. 1503. Sanuto, V, 120.

4) 17 décembre 1503. Sanuto, V, 625.

5) 22 déc. 1503. Sanuto, V, 623.

6) L. de La Trémoïlle, *Guy de la Trémoïlle*, p. 118, 135. Louis dauphin
envoie au duc d'Orléans un mulet et lui demande un levrier (*Lettres de
Louis XI*, I, n° xx). Galeas de San Severino, ambassadeur de Milan, offre à
Charles VIII des chevaux, des armures, des *bardes*, des parfums, en avril
1494. — Moncalieri, 8 juin. Lettre de Gaston du Lyon au duc de Milan, le
remerciant de l'envoi d'un cheval (Arch. de Milan, *Pot. Est.*, *Francia*, *Cor-
rispond.*).

7) Par exemple, les ambassadeurs de Bourgogne offrent au duc d'Orléans,
le 4 nov. 1448, un tonneau de vin (KK. 270).

drap [1], des objets d'orfévrerie [2], des objets d'art... [3]. Jules II, par une galère qui va quêter en Angleterre pour l'église Saint Pierre, adresse au roi d'Angleterre cent fromages de Parmesan et un certain nombre de bouteilles de vin, comme témoignage de gratitude pour son filial dévouement à l'église... [4].

Deux envoyés de Charles VIII offrent, en 1494, à la ville de Gênes des vases d'argent [5].

Il y a enfin des présents de convenance, qui font obligatoirement partie de l'attirail diplomatique; ce sont les présents de rigueur en Orient [6], et, en Occident, les menues gratifications

1) 22 déc. 1515. Demande de l'ambassadeur en France de donner 25 brasses de velours *paonazo* et autant de drap crême au trésorier Robertet 25 brasses de damas noir et 25 de drap noir à deux secrétaires du roi. Cette demande n'obtient pas la majorité. — 5 avril 1514. Décision d'envoyer en don à Théodore Trivulce, à Padoue, 26 brasses de velours crême haut et bas et autant de velours violet haut et bas. « Nos *rectores* l'offriront avec les paroles convenables » (Arch. de Venise).

2) « Les deux couppes que les Hongres donnèrent à Madame (de Beaujeu), ung chapeau de Hongrye » (fr. 20490, fos 60, 61). Charles de Valois fait remettre au pape, en 1308, une coupe d'or à émaux, « à pelles » et à pierrerie, un pot d'or de même, et une pinte d'or, le tout valant plus de 1.000 l. par. (Moranvillé, *Bibl. de l'Ec. des Chartes*, 1890, p. 69).

3) Une image d'argent doré, représentant une jeune fille « admodum curiose », la main gauche sur la hanche, de la droite portant sur sa tête un, « salsorium », ornée « artificiose », sur le socle, de plusieurs pierres précieuses, « ut puta margaritis, adamantibus, et robinis », longue d'un pied, et ayant coûté 36 florins, est offerte à l'empereur par les envoyés de la duchesse d'Orléans (*Hist. de Louis XII*).

4) Août 1511. Sanuto, XII, 362.

5) Lettre des Génois au roi, 21 octobre 1494. Nous avons reçu « incredibili voluptate » les vases d'argent, cadeau vraiment royal, remis de votre part par le grand écuyer et le général de Languedoc (Arch. de Gênes, *Litterarum*, 36 : 1812).

6) La seigneurie de Venise remet, en 1503, à Gritti, pour son ambassade à Constantinople, les présents habituels pour le sultan et les pachas, plus 300 ducats à dépenser en courtoisies (Sanuto, V, 29). Le 25 novembre 1512, on convoque les *savii* pour traiter des présents à envoyer au Grand Turc, par Ant. Giustiniani, avec une forte amende à qui manquera la séance, parce qu'il y a urgence. En décembre 1510, la seigneurie emprunte à des particuliers des

qu'on donne aux trompettes, joueurs de guitares et autres
industriels de ce genre qui affectent de rendre honneur à l'ambassade [1], ainsi qu'aux gens de bas étage [2], et même aux
hérauts [3].

En résumé, la science de l'ambassade consiste à bien manier l'argent : « ung saige prince, dit Commines, met toujours peine d'avoir quelque amy avec partie adverse [4]. » Un
sage ambassadeur a, autour de lui, un service d'amis à diriger, chose facile en soi : la difficulté consiste à payer le moins
possible, à bien choisir les amis et à en tirer un bon parti
pour les renseignements : à bien ménager les amis volontaires,
alléchés par l'appât d'un gain éventuel : tel l'évêque d'Avran-
ches, qui, à Amboise, sans que l'ambassadeur de Milan lui
dise rien, le prend à part et lui donne des détails sur ce que

étoffes d'une valeur de 600 ducats, à défalquer de leurs impôts, pour les présents nécessaires à l'ambassade qui part pour Constantinople (déc. 1510.
Sanuto, XI, 696). Dès 1442, les Florentins sont en commerce de riches présents avec le sultan (Roscoë, *Vie de Laurent de Médicis*, éd. fr., I, 159).
L'ambassade de Constantinople près le duc de Bourgogne lui demande du
secours et lui offre « plusieurs reliques » (fr. 1278, fo 127).

1) *Tit. orig.* Monteynard, 301. — Asti, 22 sept. 1491. Attestation d'Hector
de Monteynard, conseiller et chambellan ducal, gouverneur d'Asti, que le trésorier Damian ou Damiano a versé 50 ducats à Gaucher de Tinteville, ambassadeur du roi à Milan « pro factis marchionatus Geve », pour ses dépenses
faites à Milan pendant plusieurs jours, principalement en dons « tubicenis et
citharistis », etc., « qui eum visitabant ob reverentiam. »

2) En Allemagne, les portiers de l'empereur viennent au devant d'une
ambassade qui arrive et demandent *leur vin*. On leur donne 6 écus (1397.
Circourt et van Wervecke, *Documents luxembourgeois*, no 34). Les ambassadeurs de Marguerite d'Autriche pour sa prestation d'hommage à Louis XII, en
1509, déclarent avoir dépensé 50 écus, « oultre les deniers qui avoient esté
ordonnez pour les secrétaires à cause de vostredit hommage et des aultres
lettres que vous touchent » (*Lett. de Louis XII*, I, 159).

3) Le secrétaire de l'ambassade vénitienne au Caire, en 1512, rapporte même
avoir reçu du drogman du sultan un pourboire de dix ducats, pour avoir présenté des cadeaux (Ch. Schefer, *Le voyage d'outremer*, p. 189).

4) Commines, *Mémoires*, I, 264.

veut et fait le roi en vue d'un concile [1] ; tel encore Commines,
qui prépare son entrée au service de la France, en jouant
près de Louis XI le rôle d'*ami* à Péronne [2]. Les amis peuvent
venir de fort loin [3].

Les ambassadeurs en France prennent ordinairement leurs
amis parmi les étrangers au service du roi.

La politique française en Italie avait attiré à la cour de-
France bon nombre d'Italiens, personnages de plus ou moins
grande marque, et d'un dévouement généralement peu éprou-
vé. Ce monde franco-italien, quoique instable et sans influence,
offrait aux ambassadeurs italiens la première matière *amicable*,
si l'on peut s'exprimer ainsi. Ainsi, le résident vénitien Dandolo utilise le milanais Galéas Visconti, qui se dit fort en faveur: Visconti raconte les conversations du roi et du cardinal
d'Amboise, indique les démarches à faire, va voir l'ambassadeur le matin, de très bonne heure, avant le jour, en grand
secret [4], et le prie instamment de ne point le nommer dans
sa correspondance, parce qu'on cherche déjà à l'attaquer près
du roi : on a répété au roi que, lors de son séjour à Venise

---

1) 20 novembre 1469. Ghinzoni, *Galeazzo Maria Sforza e Luigi XI*, p. 8.
2) 1468. Commines, l. II, c. IX.
3) Le cardinal d'Amboise dit à l'ambassadeur vénitien, le 24 janvier 1508 :
« M. l'orateur, je n'ai aucune accusation formelle contre personne, autrement
je vous la communiquerais, comme il se doit, mais je vais vous dire toute
ma pensée. Votre comte Petigliano est un gros homme qui ne me plaît pas :
il s'est déjà montré trompeur, et il a des fils prêtres, vous me comprenez. De
même, un de vos chefs, dont je ne sais le nom, a dit à un des nôtres en Italie
que les lansquenets venaient d'accord avec vous et qu'on ne devait pas leur
résister. L'évêque de Paris a une lettre sur ce point. La conduite de votre seigneurie prouve le contraire : cette perfidie n'est que plus grave. Nous doutons
aussi du marquis de Mantoue, qui a beaucoup de parenté en Allemagne, qui
désire fort votre ruine, parce qu'il vous reproche de posséder quelques unes
de ses terres. Le marquis m'a demandé de l'argent pour une compagnie de
chevau-légers qu'on lui a concédée » (Dép. d'Ant. Condolmeri, à cette date.
Archives de Venise).
4) Dép. du 18 fév. 1502-1503 (A. de Venise).

avec la reine de Hongrie, un patricien aurait dit : « J'aime
bien voir tous ces honneurs et ces caresses pour ce Visconti,
qui est ennemi juré des Français, malgré sa feinte actuelle... »
Visconti, ajoute le résident, vous est dévoué, j'en ai fait l'é-
preuve : le roi lui parle en confiance des affaires d'Italie. Le
roi m'avait promis le secret sur vos communications relatives
au pape et à Valentinois : le lendemain, Visconti me dit : « Le
roi m'a appelé et m'a tout raconté [1]. »

Il y a aussi des napolitains, mécontents du roi [2], qui prennent volontiers de toute main : « Le prince de Melphes, écrit
le résident vénitien, vit avec le roi et vous est dévoué. Si on
le savait, ce serait sa ruine [3]. » En général, dans la correspondance, on ne nomme pas les amis. On dit « l'ami » ou
l' « ami fidèle », ou encore « un ami ». Un « ami » qui paraît
assez souvent vers 1501, dans les correspondances vénitiennes, est un napolitain, nommé Coppola, agent de Louis XII,
ami de Venise, et qui trahissait tout le monde [4].

L'ami est parfois un politicien très important, qui trouve
ce moyen bon pour grossir ses revenus. Commines, qui n'é-
tait pas français, comme on sait, profita constamment de sa
faveur près de Louis XI et de Charles VIII pour jouer le

---

1) Dép. du 15 fév. 1502-1503.

2) Dépêche de Blois, 15 mars 1504, chiffrée, du secrétaire *Palmarius*. « Les
princes napolitains Bisignano, Melfi et Trajecta sont ici, mécontents du roi et
hors d'espoir de jamais retrouver leurs biens par lui. Ils m'ont fait répéter par
un intime ce que j'ai transmis à Lyon à mon ambassadeur et ce qu'il vous
aura fait savoir. Ils font demander si Venise veut du royaume de Naples. Ils
lui offrent leur concours. Ils désespèrent de la France, et ne veulent pas de
l'Espagne. Ils se plaignent de l'absence de réponse, courant, disent-ils, un
grand risque, celui de perdre ici ce dont ils pourraient vivre, car ils comptent
bien obtenir en France 8.000 l. de pension. Je répondis à mon ami intime que
j'étais tout à leurs ordres pour écrire, avec tout le secret possible, mais sans
pouvoir rien dire de plus. »

3) Dép. du 24 sept. 1504.

4) Dép. du 12 février 1500-1501.

rôle d'ami avec le plus complet scepticisme. Il est à la fois l'*ami* de Milan et de Florence, les deux rivales : il reste, ou du moins il cherche à rester l'ami de Milan, même en 1496, à une époque où les intérêts milanais se trouvent en complète opposition avec ceux de la France [1]. Peu lui chaud. Tout en se multipliant au service du duc de Milan, il lui arrive de mettre la main à un projet de révolution ourdi à Milan contre le prince [2]. C'est l'homme prêt à toutes les intrigues intéressées. On ne se fait aucune illusion sur sa moralité et sa franchise, mais on l'emploie, parce qu'il s'impose par son audace. « Il est ici continuellement nageant *entre deux eaux* ; c'est un homme sage et subtil », écrit l'ambassadeur de Florence [3].

Mais il lui faut de l'argent : donnant, donnant.

L'ambassadeur de Milan écrit, en 1476, que Philippe de Commines, en ce moment tout puissant, lui a rendu d'inappréciables services. « Il s'attend à ce que Votre Seigneurie, appréciant ses bons offices, lui accorde quelque rémunération honorable. S'il en était *aliter*, il pourrait à coup sûr en résulter quelque grand préjudice *in futurum*. Si Votre Seigneurie dispose de lui, Elle pourra dire qu'Elle dispose du roi [4]. » Pour appuyer sa demande, Commines s'est fait déléguer aux négociations de Milan ; aussi l'ambassadeur insiste [5]. Outre ses demandes indirectes de « bonne rémunération », Commines sait, au besoin, écrire, pour prier qu'on lui prête de l'argent [6]. Seulement, il s'estime très cher, et on le redoute par ce motif. Sur l'insistance des ambassadeurs, le duc de

---

1) Kervyn, *Lettres et négociations*, III, 103.
2) Kervyn, *Lettres et négociations*, III, 54.
3) Kervyn, *Lettres et négociations*, II, 77.
4) Kervyn, *Lettres et négociations*, III, 3.
5) Nov. 1476. *Lettres et négociations*, III, 8.
6) 1486. Lettre à Laurent de Médicis (Benoist, *Lettres de Philippe de Comynes*, p. 18).

Milan charge un envoyé de le voir et de le remercier ; il lui
adresse aussi une lettre directe de gratitude, où se glisse une
forte ironie : « S'il s'en présente quelque occasion, vous pouvez être certain que nous n'employerons aucune autre entre-
mise plus volontiers que la votre ; et il nous semble qu'il n'est
pas nécessaire de la réclamer, puisqu'elle s'offre spontanément
et promptement en toutes nos affaires [1]. »

Au moment où Charles VIII va déclarer la guerre à Naples,
le roi de Naples entretient à la cour de France de bons *amis*,
deux Français influents, les sires du Bouchage et de Clérieux [2],
mais il s'aperçoit trop tard qu'il ne paie pas assez [3]. C'est
une mauvaise économie de ne pas choisir ce qu'il y a de
mieux [4]. Un bon *ami*, bien rétribué, rend d'immenses services ; c'est le véritable ambassadeur [5]. Pour s'en convaincre,
il suffit de lire la longue lettre qu'adressait, le 7 août 1494, le
même Commines à l'ambassadeur florentin : dans ces remar-

1) 1479. Kervyn, *Lettres et négociations*, III, 41.

2) Lettres du prince de Tarente à Du Bouchage, « mon bon compère et
amy » (Mandrot, *Ymbert de Batarnay*, p. 322), du roi de Naples à Clérieux, et
à l'ambassadeur de Naples (Trinchera, *Codice aragonese*, t. II, p. 33, 91).

3) 1494. Le roi de Naples étant mort, son successeur envoie sur le champ
un nouvel ambassadeur, chargé de gagner à prix d'argent les principaux conseillers : en arrivant à Lyon, cet envoyé, Pandone, trouve une défense de passer
outre. Pandone part en déclarant qu'il aperçoit la main de Ludovic et que son
maître se vengera (Boislisle, *Et. de Vesc*, p. 76).

4) Nerio Capponi écrit à Florence, qu'il faudrait avoir 3 ou 4.000 ducats
par an, et s'assurer à la cour de France quelques *amici* (L. G. Pélissier,
Les amies de Ludovic Sforza, dans la *Revue historique*, t. XLVIII, p. 55, n. 4).
D'après Balthazard, *Usurpation des rois d'Espagne* (Paris, 1626, p. 44), Jean
de Mauléon, cordelier espagnol, envoyé de Ferdinand d'Aragon à Charles VIII,
corrompit avec de l'argent Olivier Maillard, confesseur du roi, et obtint ainsi
la restitution du Roussillon. Olivier Maillard n'était pas confesseur du roi. On
a aussi attribué cet acte de corruption à Louis d'Amboise, évêque d'Albi, mais
rien n'est moins prouvé.

5) Sur le curieux rôle joué en 1494 près de Louis d'Orléans par un *ami*
des Florentins pour mener une intrigue officieuse, V. *Hist. de Louis XII*,
III, 95.

quables instructions, du plus beau, du plus grand style diplomatique, Commines résume tous les griefs de la France contre Florence, ses efforts personnels pour les dissiper, et il trace à l'ambassadeur une ligne de conduite. Il traite même l'ambassadeur d'assez haut, il l'appelle *Laurent* tout court, on voit qu'il ne l'estime pas diplomate de premier ordre et qu'il ne le juge pas capable de se tirer d'affaire tout seul [1]. « Sans lui (Commines), nous perdrions quelquefois la tête », écrit l'ambassadeur de Milan, Cagnola [2].

Commines gagne bien son argent. L'ambassadeur de Florence, Gadi, vient le voir en arrivant et lui présente sa créance ; Commines lui procure une bonne audience du roi. Gadi le consulte sur sa conduite, à propos de son congé, lui demande s'il doit partir ; chaque fois, Commines adresse à Laurent de Médicis un rapport sur leur conversation [3].

Ambassadeur de France pour la paix de Senlis avec l'archiduc, Commines ne croit sans doute pas trahir le roi en envoyant à Florence la substance de la convention : « Je vous en envoye le gros, écrit-il, car les choses ne sont pas encore couchées par le menu, ne se seront de huyt jours. J'ay esté présent aux choses dessus dictes ». Il clot sa dépêche en annonçant qu'il se charge d' « adresser » au roi le nouvel ambassadeur de Florence, et en renouvelant ses protestations d'absolu dévouement [4].

Il envoie de Tours, au chancelier de Milan, copie de documents très confidentiels (des lettres interceptées sur un courrier du roi d'Espagne). Il lui écrit qu'il s'est fait charger par le roi d'aller au devant de l'ambassade milanaise ; il ira à leur

1) Benoist, *Lettres de Comynes*, p. 23.
2) 1478. Kervyn, *Lettres et négociations*, III, 39.
3) Benoist, p. 14-15.
4) Kervyn, *Lettres et négociations*, II, 86.

avance à dix lieues, il y mènera beaucoup de monde : le
propre gendre du roi, M. de Beaujeu, sortira de la ville. L'ambassade napolitaine en palira de jalousie [1].

Bien plus, en 1495, Commines soutient au conseil du roi la
nécessité de la paix avec Ludovic Sforza, et, en même temps,
il envoie à Ludovic des messages confidentiels, simplement
signés *Philippe* [2]. C'est un ambassadeur occulte, plus même
qu'un ambassadeur ; il correspond avec les gouvernements
qui le rétribuent [3], il leur recommande ou non les ambassadeurs du roi [4], il fait des petits présents familiers aux princes
qui l'honorent de leur clientèle [5].

L'ami peut servir dans les grandes circonstances à négocier
parallèlement avec l'ambassadeur. La seigneurie de Venise,
dans des circonstances très graves, écrit, en 1514, à son ambassadeur à Rome que, dans l'heureux traité secret qui vient
d'être passé avec Léon X, « la République a été bien servie
par un ami », et cela dans un si profond secret que l'on ne
devra même pas en parler aux cardinaux vénitiens [6]. Le 14
septembre 1509, elle écrit à l'ambassade en Angleterre d'appliquer toutes ses forces à une négociation décisive, de mettre

---

1) Kervyn, *Lettres et négociations*, I, 217.

2) Kervyn, *Lettres et négociations*, II, 232-233.

3) Lettre à Cicco Simonetta, Plessis du parc, 26 octobre (1478). N'ayant
reçu de lettres ni de Simonetta, ni de la duchesse régente, il déclare attendre
leurs ambassadeurs. Il assure que le roi soutiendra Milan contre Naples et
Venise. Jean Ballarino a bien défendu les intérêts de la duchesse ; mais qu'on
se hâte d'envoyer un nouveau résident ! (*Vente d'autographes*, du 14 nov. 1887,
par M. Eug. Charavay, n° 94).

4) Lettre au duc de Milan, lui recommandant l'ambassadeur envoyé par le
roi, François de Pontbriant (Kervyn, I, 317). Perron de Bascher, ambassadeur royal en Italie, emporte une lettre de créance d'Etienne de Vesc pour Laurent de Médicis (1492. *Et. de Vesc*, p. 56).

5) Lettre au duc de Milan, humoristique et familière, pour lui offrir une
haquenée. 15 septembre (Kervyn, I, 318).

6) *Conseil des Dix*, 1514.

en campagne l'*ami*, en lui jurant la reconnaissance de la république [1]. L'ami peut aussi être envoyé en mission [2]. Son rôle
consiste habituellement à fournir des renseignements [3], auxquels le résident ajoute les siens. Ainsi le résident Dandolo
écrit, en substance, à Venise, le 1er février 1502-1503 :
« Ci jointe une lettre reçue hier de l'ami fidèle. Je préfère
la traduire en chiffres et vous en envoyer le texte même,
laissant à votre sagesse le soin d'apprécier. Je conti-
nuerai, comme j'ai fait jusqu'à ce jour, dans toute ma légation
à soutirer (*sotrayer*), avec tous les soins et toute la diligence, par toutes les voies et tous les moyens possibles,
mais avec de solides références, les intentions et la pensée
du roi. Je ne me contente pas d'un ou deux moyens ; j'essaie
toutes les voies, j'emploie jusqu'à ceux qui font à toute heure
la *credentia* et qui servent le roi à table [4]. »

Il va sans dire que le plus profond mystère préside à ces
amitiés. Des rapports cordiaux et publics avec un ambassadeur entraîneraient le soupçon d'*amitié* ; les vrais amis font

1) Secreto 42, 60.

2) Lyon, 18 août 1501. Dépêche de Fr. Foscari. « *L'ami fidèle* » (chiffré)
m'a dit être intime avec le cardinal de Strigonie (Gran) qu'il a connu autrefois,
dans le commerce, en Italie, *in minoribus*, et savoir la langue hongroise et
slave. Il propose d'aller en ambassade en Hongrie pour la seigneurie, ou
dans le camp du roi pour *investigar* ses conditions et en informer secrètement.
Il promet tout son dévouement » (*Dispacci*, I).

3) En 1461, lors de la révolte de Gênes, Bartolo et Marco Doria en écrivent
tous les détails à Charles VII (publ. par Quicherat, *Th. Bazin*, IV, 361). Le
chancelier de France, en 1511, reçoit des nouvelles de Bologne et du pape
par les amis du roi à Bologne (*Lett. de Louis XII*, II, 182). Fr. 15538, n° 257.
Le sire de Hochberg, maréchal de Bourgogne, envoie au roi des détails sur
les préparatifs militaires des Allemands. — Instruction du duc de Milan,
à Emanuel de Jacobo, envoyé à Louis XI, du 27 mai 1463 (Archivio Sforzesco),
lui prescrivant de se conformer aux indications du maréchal de Bourgogne.
Cf. Dépêches de Machiavel, du 2 février 1503-4, du 20 novembre 1502, du 17
octobre 1502, du 3 nov. 1502.

4) *Dispacci*, I.

passer leurs renseignements par des voies détournées [1].

Il y a aussi de grands personnages, mécontents, ou ayant des intérêts hors du royaume, qui, sans mériter absolument le reproche d'amitié, n'en prêtent pas moins aux ambassadeurs un appui très puissant, et plus ou moins correct. Le vaillant Trivulce se trouva quelquefois en ce cas : dans une dépêche du 12 août 1500, Machiavel, de son regard perçant, pénètre bien son caractère. Plus tard, nous voyons Trivulce lier énergiquement son action à celle de Venise [2] et même appuyer la politique vénitienne par une lettre très nette au roi, dont l'ambassadeur de Venise se trouve à même d'envoyer la copie à son gouvernement [3].

Le comte de Ligny, général en chef de l'armée française comme Trivulce, comme lui étranger, et comme lui fort avant dans la faveur du roi, est chargé, en 1499, de recevoir les ambassadeurs de Venise. Ligny en profite pour engager avec Venise une négociation d'un caractère extradiplomatique, dans l'intérêt de sa principauté d'Altamura, au royaume de Naples. Il affirmait, d'ailleurs, agir au su du roi et avec son autorisation, ce qui se peut, mais en pareille matière, on ne distingue pas bien nettement où commence et où finit la visée personnelle [4].

1) Dép. de Machiavel, du 3 sept. 1500.
2) *Conseil des Dix*, 6 avril 1512, 25 mai 1513.
3) Lettre du 24 août 1514, copie en italien, jointe à la dépêche de Dandolo, du 2 septembre 1514.
4) Dépêche aux ambassadeurs près du roi, 28 sept. 1499 (Secreto 39, 131 v⁰) : « Relatione de Dⁿᵒ Pietro Dentice, mandato da Mᵍʳ de Ligny, cum lettere de credenza », à la même date (*Id.*, 135 v⁰) : Après les recommandations habituelles, rapporte Dentice, j'expliquai l'affection de M. de Ligny pour cette Excellentissime Sʳⁱᵉ, en invoquant le témoignage, des ambassadeurs, « usando in questo parole molto ample e efficace » : puis je demandai très secrètement à la seigneurie l'appui de ses troupes pour la principauté d'Altamura, offrant en échange de tout faire pour elle près du roi, « offerendose cum le zente francese metter in executione prima quello desydera la Illᵐᵃ Sʳⁱᵃ ».

Catégories spéciales d'amis : les femmes, les cardinaux.

1° *Les femmes*. La femme constitue, en diplomatie, un allié bon à cultiver. Elle représente dans les cours un ornement naturel et indispensable : sans-elle, pas de charme, pas d'agrément[1], pas de joie ; la femme est le sel de la terre[2]. Il ne faut donc pas l'avoir contre soi, et il convient de l'avoir pour soi ; elle peut, çà et là, rendre de signalés services, ne fût-ce que comme source de renseignements. Ainsi, une dame du royaume écrit, de sa main, au comte de Charolais que Louis XI va l'attaquer[3]. Trivulce transmet au roi une conversation de sa fille avec le cardinal de Pavie, légat du pape[4]. Sans doute, on ne supporte pas aisément l'ingérence directe et avouée des femmes dans les affaires courantes de la politique[5], mais il y a un ministère officieux qu'on leur laisse assez volontiers : celui de prononcer des paroles douces, calmantes, pour dissimuler les aspérités de la politique[6]. Les femmes deviennent facilement les mission-

Après cette note très confidentielle, Jerome Georgio ajouta que, ce que demandait M. de Ligny, c'était non des hommes, mais de l'argent, pour ses amis du royaume de Naples ; « le quanto el parlava et operava, era cum scientia et voluntà de la Christianissima Maestà. »

1) « Corte alcuna, per grande qu'ella sia, non può haver ornamento o splendore in se ne allegria, senza Donne, ne cortegiano alcun' essere aggratiato, piacevole o ardito » (Balth. de Castillon, *Le parfait courtisan*, éd. Chapuis, p. 365).

2) *Id.*, p. 465.

3) Commines, c. ii.

4) Parme, 23 janv. 1511. *Catalogue des mss. de la Collection Lajarriette*, n° 2817.

5) Mme Violante, demoiselle d'honneur très bien vue de la reine des Romains, se mêle de tout, intrigue avec les ambassadeurs. Le roi défend à la reine de donner des audiences ; l'ambassadeur milanais déclare lui-même indispensable de renvoyer Violante et deux autres conseillers milanais ; le roi ne peut plus les supporter, et au bout de huit jours la reine n'y pensera plus (J. Calvi, *Bianca Ma Sforza Visconti*, p. 89 et s.).

6) Une femme s'adresse à une souveraine pour obtenir un règlement équitable de la rançon d'un mari, gendre ou parent (1513. Le Glay, *Négociations*, I, 456, 575).

naires ou les précurseurs de la paix[1]. Et puis, c'est par les femmes qu'on gouverne les maris. Ainsi Ludovic Sforza charge son ambassadeur de remettre un beau collier, avec une lettre personnelle, à la femme de Stuart d'Aubigny, très influent à la cour de Charles VIII et très sensible aux cadeaux[2].

La reine a généralement peu d'influence sur les affaires; mais elle prétend assez souvent à une politique indépendante de celle du roi. Rien de plus sensible que la politique personnelle d'Anne de Bretagne sous le règne de Louis XII[3], et, à plus forte raison celle d'Isabeau de Bavière, de funeste mémoire, sous le règne de Charles VI[4]. Les ambassadeurs de-

1) Ms. fr. 2811,48. Créance de Charlotte de Savoie, au roi, pour Houatte, valet de chambre de son mari Louis dauphin, envoyé par Louis au roi; signée *Charlotte.* — Marguerite d'Autriche, gouvernante des Pays Bas (d'accord avec l'empereur, son père) écrit à la reine de France pour la remercier de sa lettre, protester de sa sympathie et du désir de la paix (août 1513. *Lettres de Louis XII*, IV, 191). — Négociations de la duchesse de Bourgogne pour la libération de Charles d'Orléans, qu'elle va recevoir et qu'elle marie (Monstrelet, V, 435). — Jules II fait sa réponse à l'ambassadeur d'Ecosse, médiateur de la paix, devant les cardinaux de Clermont, de Nantes « et mesmes de Madame Felice (fille du pape), femme du sr Jehan Jourdain (Orsini), laquelle a souvent parlé à Sa Saincteté de la paix, en ensuyvant les rescriptions de la Royne » (1511. *Lett. de Louis XII*, III, 3). — *Catalogue des manuscrits de la Collection Lajarriette*, no 1335. Lettre de Germaine de Foix à la reine Anne de Bretagne; Cordoue, 13 septembre (1509). Elle lui fait part de sa grossesse, lui souhaite le même bonheur et lui envoie une oraison à porter sur soi.

2) Delaborde, p. 142. Le duc de Bourgogne donne à la femme de Pierre de la Tremoïlle, pour son mariage, un chapeau et un collier d'or valant 900 fr. (1402. L. de La Tremoïlle, *Guy de La Tremoïlle*, p. 210).

3) Marguerite d'Autriche prie Anne de Bretagne d'intervenir pour une affaire de nomination à l'évêché d'Arras, mais la reine répond qu'elle a échoué (1510. Le Glay, *Négociations*, I, 346); elle l'invoque aussi pour d'autres affaires (*id.*, 425).

4) Buonaccorso Pitti, ambassadeur florentin, prenant congé du roi et de la reine, celle-ci lui dit de venir la voir avant de partir. Pitti la trouve avec son frère Louis de Bavière. On le charge de demander l'envoi d'une ambassade florentine pour une alliance contre le duc de Milan. La reine se fait fort, dit-elle, du consentement du roi (1396. Jarry, *Vie... de Louis de France*, p. 166).

vront donc faire très discrètement leur cour à la souveraine
en évitant tout ce qui pourrait exciter une susceptibilité.
D'ordinaire, ils apportent une lettre de créance spéciale pour
la reine[1] et, en sortant de la première audience publique, ils
demandent au roi la permission d'être reçu par elle, ce qui a
lieu de suite[2] ou le lendemain[3]. Leur langage près de la reine
est vague, mais très aimable[4]. La souveraine les reçoit en
grande toilette, avec des paroles très gracieuses[5]; elle se
montre fort réservée sur la politique. Il est correct qu'un
secrétaire du roi serve d'interprète[6]. Anne de Bretagne aimait
à recevoir les ambassadeurs; elle apportait à cette cérémonie
beaucoup de soin, de majesté, de grâce, et Louis XII, en bon
mari, ne manquait pas, après la réception, d'envoyer les ambassadeurs lui faire leur révérence. Anne avait auprès d'elle
un certain Jean de Talleyrand, seigneur de Grignols, ancien

1) Créance du 23 février 1495, pour la reine de France (Arch. de Milan,
*Potenze Est*e, *Francia*, 1494-1495). Commission vénitienne du 3 juill. 1512,
à Fr. Capello, etc.

2) M. de Gurck, ambassadeur impérial, en 1510, après une conférence avec
Louis XII, lui demande la permission d'aller voir la reine. Le roi le fait mener
par le duc d'Albany. L'ambassadeur, après les révérences convenables, fait
présenter ses lettres de créance pour la reine (lettres de l'empereur et de Marguerite d'Autriche) et lui recommande ses affaires. La reine le remercie en
bons termes, et dit très gracieusement que, s'il y avait quelque chose qu'elle
pût faire, elle le ferait de bon cœur (*Lett. de Louis XII*, II, 56).

3) Arrivé le 15 novembre 1509 en ambassade à Mantoue, Machiavel se présente le 16 « pour faire la cour à la marquise »; mais celle-ci se lève tard et ne
reçoit qu'après dîner. Pris par des travaux urgents, il ne peut la voir que le
18. C'est une pure visite de politesse; la marquise se montre assez réservée
sur la politique (Dépêches de Machiavel, des 17 et 18 novembre 1509).

4) *Lett. de Louis XII*, I, 183. Commission vénitienne à Fr. Capello, ambassadeur en Angleterre, du 3 juill. 1512.

5) Le lendemain de l'audience du roi, les ambassadeurs de Milan reçoivent
une audience de la reine (30 mars 1492. Delaborde, p. 243); la reine était
dans une toilette superbe, dont le secrétaire envoie la description à Ludovic Sforza, qui en demande un dessin.

6) Nov. 1500. Sanuto, III, 1202.

ambassadeur, versé dans les langues étrangères, qu'elle chargeait de lui apprendre quelques mots dans la langue de l'ambassade. Un jour, elle lui demanda une réponse pour l'ambassadeur d'Espagne ; Grignols, personnage très facétieux,
lui donna « quelque petite sallaudrie », que la reine se mit
à répéter et à apprendre consciencieusement. Le lendemain,
avant l'audience, Grignols alla annoncer cette plaisanterie
au roi qui en rit à gorge déployée : toutefois Louis XII avertit la reine ; Anne prit la chose au tragique, voulut chasser le
mauvais plaisant et resta plusieurs jours sans lui parler. Grignols dut s'excuser très humblement[1]...

Dans les démarches auprès de la reine, il ne faut penser
qu'au roi, et aux résultats pratiques. Le 4 janvier 1515, quatre
jours après la mort de Louis XII, le résident vénitien Dandolo, toujours très affectueusement traité par le roi défunt,
écrit à son gouvernement : « Vous avez le dessein d'offrir à
la reine un *panno* d'or et de soie, par deux orateurs que vous
envoyez, et des bijoux sur un chapeau blanc, estimés 6,000
ducats. Franchement, c'est aux nouveaux roi et reine qu'il faudrait les adresser plutôt qu'au défunt. Un cadeau à la reine
présente sera moins bien vu, précédé d'un présent à la veuve.
Des joyaux du feu roi, les plus beaux peut-être passent
altrove : le feu roi donna la plupart des bijoux de la couronne et ceux de la feue reine dont il avait eu les trois quarts
à la reine anglaise, et il en laissa très peu à sa fille, la reine
actuelle : aussi des diamants seraient les bienvenus[2] ». Voilà
toute l'oraison funèbre du roi défunt.

1) Brantôme, VII, 316.
2) Arch. de Venise. En 1498, les ambassadeurs vénitiens emportent une
double lettre de créance pour Anne de Bretagne, l'une à supposer qu'ils la
trouveront veuve, l'autre à supposer que le nouveau roi l'ait déjà épousée
(Commission du 10 juill. 1498. Secreto 37).

Il va sans dire qu'un ambassadeur ne doit pas se montrer trop personnellement aimable près d'une souveraine; écueil délicat à éviter auprès d'une régente. La constante amabilité du duc de Suffolk, ambassadeur d'Angleterre, pour Marguerite d'Autriche, régente des Pays Bas, présenta de graves inconvénients. Le bruit courut d'un mariage, si bien que le roi d'Angleterre dut écrire à Maximilien (père de la régente), pour protester énergiquement et pour annoncer son intention de sévir contre les auteurs de cette rumeur, s'il les découvrait, et prier Maximilien d'en faire autant[1]. Suffolk allait retourner en ambassade près de Marguerite; ses apprêts, considérables, étaient déjà faits, son arrivée annoncée, les États de Flandre prévenus. Malgré l'inconvénient d'un changement qui pouvait être mal interprété, le roi d'Angleterre n'hésita pas à lui substituer au dernier moment un ambassadeur plus modeste[2].

Le Pogge raconte l'histoire d'un ambassadeur florentin près de la reine Jeanne de Naples, qui, sous prétexte d'audience secrète, risqua une déclaration des plus pressantes. La reine passait pour facile, et sans doute l'ambassadeur se croyait habile : « Est-ce que, lui dit la reine avec beaucoup de sang froid, ceci fait partie de votre commission? » L'ambassadeur rougit, pâlit : « Eh bien, allez-vous-en, ajouta-t-elle, et revenez avec cette commission-là[3]. »

2° *Cardinaux.*— A Rome, la tactique d'une ambassade présente bien des particularités.

Il faut compter avec le cercle intime du pape, le monde de la cour, les cardinaux.

Quand l'ambassadeur arrive à Rome, il se voit entouré de

1) 1513. *Lett. de Louis XII*, IV, 275.
2) *Id.*, 309.
3) *Facétie C V*, éd^{on} Liseux, 1, p. 164.

tant d'honneurs, de tant de prévenances, d'une si parfaite
étiquette, que, s'il apporte, parmi toute cette souplesse italienne, la raideur ou la morgue des gens du Nord, il se
crée de suite d'irremédiables animosités cachées. Pour se
faire bien venir, il doit chercher à cultiver l'entourage du
pape, tout comprendre à demi mot, agir très prudemment.

Le pape accepte les présents des rois; on peut, s'il y a lieu,
les remettre en audience privée. Un envoyé lithuanien offre
quatre magnifiques parures de fourrure, cinquante superbes
peaux de zibeline, et deux tasses d'or, que le pape reçoit très
aimablement; mais, dès la première cérémonie, il soulève
une maladroite question de préséance; il se plaint qu'on le
sépare d'un de ses petits pages! le maître des cérémonies
Bürckard, en lui passant le costume de protonotaire, affecte
de ne pas conserver, comme c'était son droit, le vêtement
dépouillé par l'ambassadeur, et celui-ci ne comprend pas
l'invite à une gratification plus sérieuse : dès lors, Burckard avoue lui retirer toute considération[1]. Trois jours après,
le pape rend à l'ambassade de Lithuanie sa courtoisie, en
décorant le secrétaire, Jean Sapieha, d'un collier d'or, et en
l'instituant chevalier[2]. Mais l'ambassadeur s'est attiré des
animadversions[3].

Rien de plus absolu, en apparence, que la monarchie pontificale; en réalité, autour du pape, s'agite tout un personnel

1) *Diarium*, III, 123. Paris de Grassis ne pardonne pas aux ambassadeurs
de Pologne de ne lui avoir donné que vingt ducats (lat. 5164, f° 134 v°).
2) *Diarium*, III, 124.
3) Les maîtres des cérémonies à Rome n'entendent pas raillerie sur le chapitre des pourboires. L'évêque d'Aix, en recevant le pallium (21 déc. 1506), ne
leur donne rien : « defraudavit nos, quia non solvit nobis aliquid. » On lui réclame formellement 29 ducats, et on retient, en attendant, l'insigne. Il fait la
sourde oreille. Le maître des cérémonies recourt au pape, qui autorise l'emploi des censures. L'évêque donne 53 ducats, le maître des cérémonies l'ab-
sout. Mais l'évêque persiste à croire qu'il a été dupe d'une mauvaise plaisanterie (Frati, *Le due spedizioni militari di Giulio II*, 122-123).

de prélats, qui, malgré les formes traditionnelles d'apparat propres à en imposer aux diplomates novices, obéissent à des intérêts de carrière ou d'argent, qu'il faut savoir délicatement démêler : les choses se passent un peu comme dans toutes les cours, mais la pratique est plus difficile qu'ailleurs, à cause du raffinement. Le personnel inférieur ne pardonne pas la moindre atteinte à ses susceptibilités ou à ses intérêts. Quant aux cardinaux, il faut savoir les comprendre et les manier.

La situation des cardinaux [1] vis à vis du pape à la fin du Moyen Age est assez mal définie. Les cardinaux possèdent un titre de droit divin, et par conséquent inaliénable, inamovible, indestructible. Le pape seul peut les excommunier; ils forment avec le pape « un seul corps », et ne lui prêtent aucun serment. Le pape ne peut créer un cardinal sans l'avis du Sacré Collège, on discute toutefois si cet avis lie le Saint Père. Le pape peut forcer les cardinaux à résider à Rome[2], les faire arrêter, incarcérer, s'il les juge rebelles[3], mais non les destituer[4].

1) *De origine, de dignitate et potestate S. R. E. cardinalium*, Gund. Villa diego : *De Cardinalibus*, Martini Laudensis : *De præstancia cardinalium*, Andreæ Barbatia : *De Cardinalibus*, Hier. Manfredi.

2) Jules II intime aux cardinaux français éloignés de Rome l'ordre d'y venir (juill. 1510. Sanuto, XI, 769).

3) Alexandre VI convoque au Vatican plusieurs cardinaux, parmi lesquels le vice-chancelier de l'Eglise Romaine Ascagne Sforza, et les fait arrêter séance tenante, et retenir dans les appartements du Vatican (9 décembre 1494. Delaborde, *Expédition de Charles VIII*, p. 498). En 1503, l'arrestation de deux prélats par ordre d'Alexandre VI sert d'exemple et jette les cardinaux dans l'épouvante (*Dispacci di A. Giustinian*, I, 314). Le cardinal d'Auch, voulant profiter des feux de la Saint Pierre, le soir du 29 juin, pour quitter Rome, par la porte du Peuple, est arrêté et incarcéré au château ; quelques français qui veulent se mêler de l'affaire sont bâtonnés (Sanuto, X 696) : il est gardé au château Saint Ange, sous caution de 40.000 ducats de n'en pas sortir, fournie par les cardinaux. Le pape Jules voudrait bien qu'il s'en allât pour toucher la caution (juillet 1511. Sanuto, XII, 273).

4) En 1511, Jules II tenta de destituer le cardinal San Severino (Fraknói).

Le pape est maître de sa conduite; il n'a pas de chancelier, mais seulement un vice-chancelier, qui, d'ailleurs, comme le chancelier français, joue le double rôle de premier ministre et de chef de la justice, qui interprète les décisions pontificales, règle les audiences, et dispose par délégation d'un certain nombre de faveurs. Quant aux cardinaux, ils sont les électeurs du pape et ses conseils, mais non ses suppléants. En cas de vacance, ils peuvent parfois envoyer un légat, mais jamais créer un cardinal : le pape doit demander leur avis, mais rien ne l'oblige à le suivre. Ils forment le grand conseil de l'Église, mais un grand conseil d'ordre spécial, puisqu'ils se trouvent inamovibles et sans pouvoir personnel en face d'un souverain également inamovible. Le collège des cardinaux n'acquiert d'importance décisive qu'à mesure que la vie du pontife semble plus menacée, parce que la revanche consistera dans le choix du nouveau pape. Néanmoins on se heurte sans cesse à l'influence indirecte d'un cardinal.

Les cardinaux restent, d'abord, si l'on peut ainsi dire, le premier et essentiel instrument de la pompe et du cérémonial ; ils dirigent en réalité les démonstrations qui font la vie de Rome.

Ils se réunissent en consistoire; il y a des consistoires solennels pour les grandes questions, telles que les projets de croisade, où les ambassadeurs sont convoqués. Le 16 mai 1500, Alexandre VI réunit, par exemple, un consistoire pour parler de la matière chrétienne et proposer une ligue générale. Tous les cardinaux et les ambassadeurs s'y rendent. Plusieurs prennent la parole. Le cardinal de Lisbonne parle en faveur de Venise, l'ambassadeur allemand se retranche dans l'absence de pouvoirs spéciaux, l'ambassadeur anglais se déclare pourvu, au contraire, et appuie le pape, l'ambassadeur de Naples affirme que, si son roi le pouvait, il participerait au projet, l'ambassadeur de Venise parle de la nécessité de soutenir le roi de Hongrie, l'ambassadeur de Savoie manque d'instructions, celui de Florence annonce qu'il en référera à son gouvernement, de même que celui de l'électeur de Cologne et un autre ambassadeur de prince allemand[1].

On nomme aussi en consistoire des commissions spéciales pour instruire les affaires particulières[2]. Mais les consistoires ne représentent en réalité que des cérémonies d'apparat[3], puisqu'ils ne comportent pas de décision ; en général, on y parle peu, l'opposition ne servant à rien. Jules II lit en consistoire l'excommunication fulminée en termes terribles contre le duc de Ferrare : le cardinal de Saint Malo seul formule une opposition, un autre français, le cardinal d'Albi, applaudit[4]. En 1500, un ou deux cardinaux espagnols professaient une opposition ouverte[5] : le pape affectait d'en rire[6]. Quand, en 1492,

---

1) 16 mai 1500 (Sanuto, III, 342). Un consistoire contre les Turcs, auquel assiste l'ambassadeur de Venise, dure six heures, le matin du 25 mars 1501 (Sanuto, III, 1605).

2) 14 mai 1505. Commission nommée en consistoire pour réformer l'excessive taxation des *officialium* de la cour, sur la plainte de l'orateur du roi de France (Burckard, III, 388). Jules II forme une commission de cardinaux, pour le procès *ad privationes* contre les cardinaux absents de Rome (juill. 1511. Sanuto, XI, 288). Il les fait citer à venir à Rome dans tel délai. Il convoque un concile (*Id.*, 321), il déclare suspendre de tous revenus trois cardinaux schismatiques, qui vont à Pise (*Id.*, 362).

3) Alexandre VI prononçant, en consistoire, l'investiture du royaume de Naples pour Frédéric d'Aragon, le cardinal Villiers de la Groslaie proteste solennellement *de nullitate rei* et déclare que Charles VIII en appellera aux armes (Boislisle, *Et. de Vesc*, p. 176), mais La Groslaie n'en reste pas moins à Rome. V. Pauli Cortesii, *De Cardinalatu*, cap. De consistorio, f° cxxi et suiv.

4) Aout 1510. Sanuto, XI, 108.

5) La plupart des cardinaux, sous Alexandre VI, sentaient l'urgence d'une réforme et se montraient prêts à y procéder, en prononçant d'abord la déchéance du pape : mais, pour une si grosse entreprise, il fallait l'approbation de l'Allemagne et de la France, qui ne purent s'entendre (*Histoire de Louis XII*, tome III).

6) Dép. de l'ambass. Capello (Sanuto, III, 842).

Charles VIII sollicite une dispense rétrospective pour valider
son mariage, Innocent VIII, écrit l'ambassadeur de France,
est « délibéré vous bailler la dispense plombée de la date que
je luy en feiz la requeste, qui fut le lundi cinquiesme décembre, ung jour avant la solennisation de vostre mariage, vous
priant qu'il vous plaise le tenir fort secret, car l'empereur et
le roy des Romains ont ja envoyé plusieurs messagés, qui,
avec grand nombre des mess^{rs} les cardinaulx, font continuellement très grande instance pour y donner empeschement...
Le pape est délibéré vous complaire en toutes choses, mais
il se plaint que ne voulez rien faire pour luy ni pour ses pa-
rens qui sont voz serviteurs[1]. »

En somme, le vrai conseil du pape se compose de cinq ou
six cardinaux de sa confiance[2], qui le suivent partout[3]. Cependant on voit, par la dépêche qui précède, combien dans cette
atmosphère spéciale, l'opposition toute morale des cardinaux
pèse, en s'appuyant toujours sur l'action d'un gouvernement
étranger. Ajoutons qu'à chaque conclave les cardinaux rédi-
geaient des *Capitoli*, destinés à leur assurer une part active
dans la gestion des affaires de l'Eglise ; ils en juraient tous
l'observation, en cas d'élection[4] ; mais le pape, une fois élu,
ne tenait aucun compte des parties de ces Capitoli contraires
à l'ancienne discipline de l'Eglise. Jules II, particulièrement
laisse les cardinaux à l'écart : au début de son règne, ils
essayent de lui rappeler ses promesses, ils vont jusqu'à
le menacer, mais vainement[5].

1) Rome, 17 février (1492). Ms. fr. 15541, f° 201.
2) Dép. de Machiavel, 28 août 1506.
3) Des cardinaux suivent Jules II en chevauchées ou sur les galères (Sanuto, XI, 213).
4) Ces *Capitoli* sont transcrits dans les registres des Archives du Vatican.
5) On fait relire en consistoire tous les *Capitoli* du conclave, et les cardinaux se montrent très résolus à en réclamer de Jules II l'observation. Ils se

Le temps n'est pas loin où l'on accréditait encore les ambassadeurs près du collège des cardinaux en même temps que près du pape[1], et cependant, en réalité, les cardinaux valent plus par leur influence personnelle et leurs relations diplomatiques, que par leur titre. Ceux qui ne résident pas à Rome comptent peu[2] : ceux qui résident offrent aux diplomates un champ d'exploitation tout naturel. Les cardinaux interviennent rarement en tant que Sacré Collège[3], mais, en dehors du travail des congrégations, leur rôle essentiel et continuel consiste à s'entremettre individuellement pour les grosses affaires[4].

Le titre de cardinal est de ceux dont on s'honore dans une famille souveraine[5] ; la nomination d'un cardinal national passe, dans son pays, pour un évènement[6]. Presque tous éle-

plaignent que le pape les traite non en frères, comme il les appelle, mais en valets. La plupart débordent d'amertume, et si le pape persiste à *nommer de nouveaux cardinaux contre leur assentiment*, il en résultera des difficultés. Mais le pape est altier et glorieux (novembre 1504. *Dispacci di Giustinian,* III, 289).

1) « Au pape et au collège des cardinaux » (Instruction du 3 septembre 1458. Archivio Sforzesco).

2) Dép. de Capello, 1500 (Sanuto, III, 842).

3) Marténe et Durand, *Thesaurus,* II, col. 1765. Lettre d'Innocent VIII à l'empereur *pour lui annoncer qu'il a donné Tournai au cardinal de Sainte Anastase* ; 19 mai 1492.— *Id.,* col. 1767. Lettre du Sacré Collège, sur le même sujet ; 20 mai 1492.— Le Sacré Collège intervient en 1512 près du pape, pour le presser de faire la paix avec la France. Le cardinal de Nantes et celui de Hongrie envoient aussitôt un homme en prévenir Louis XII (*Lett. de Louis XII,* III, 247).

4) L'ambassadeur vénitien, ne pouvant avoir audience de Jules II, va justifier la république chez le cardinal de Capace (déc. 1503. Villari, *Dispacci di A. Giustinian,* II, 369) : l'orateur d'Allemagne est *expedito* par les cardinaux délégués (29 déc. 1504. Sanuto, VI, 119) : le cardinal de Nantes (Guibé), ami particulier de Jules II, offre au pape de faire un roi de Naples étranger à la France et à l'Espagne et de lui donner en mariage sa nièce, sœur du duc d'Urbin (1510. Sanuto, XI, 82).

5) Instruction milanaise du 14 nov. 1479 (Archivio Sforzesco.

6) Arzentim, chanoine de Padoue, se rend au conseil de Venise, avec une

vés à la pourpre par suite de leur haute naissance ou de fonctions éminentes, les cardinaux sont de grands seigneurs[1], pleins de faste[2], possesseurs de palais et de villas où ils donnent des banquets et des chasses[3] : ils mènent une large vie mondaine[4]. Tous les monuments de Rome disent leur splendeur ; l'histoire de l'art les nomme des Mécènes[5]. Comme

foule de parents, pour se congratuler avec le doge de l'élévation de son frère au cardinalat, « mediante la Signoria nostra ; et è venitian, è dara ogni favor » (mars 1511. Sanuto, XII, 62). Le protonotaire Marco Cornaro était créé cardinal en consistoire, le 28 septembre 1500 : le lendemain de la nouvelle, 1er octobre, son père se présente au *collegio*, avec une nombreuse escorte de patriciens : tout le monde lui tend la main. Il dit que son fils est vénitien et n'agira que suivant les inspirations du gouvernement vénitien ; ce à quoi le doge répond avec joie : *Sono certissimi*. Il annonce ensuite que son fils, sitôt arrivé, viendra faire sa révérence. Le 2 octobre, l'orateur du pape vient annoncer officiellement la nouvelle et faire l'éloge du nouveau cardinal (Sanuto, III, 858 : 861).

1) V. *Qualis esse debeat domus cardinalis*, dans Pauli Cortesii, *De Cardinalatu*, f° XL et suiv.

2) Le cardinal Villiers de la Groslaie, évêque de Lombez, abbé de Saint Denis, ambassadeur de France, brilla entre tous par son faste à la fin du XVe siècle. Possesseur d'une chapelle à Saint Pierre, qu'il voulut orner, c'est lui qui commanda et fit exécuter à Michel Ange, comme nous l'avons dit, l'admirable *Pietà*. Mais il dépensait tellement qu'il dut soutenir un long procès contre les moines de Saint Denis réduits, s'il faut les croire, à une portion trop congrue. On lui attribuait, d'ailleurs, les habitudes des grands seigneurs de l'époque. Un jeune neveu qu'il menait avec lui et en faveur duquel il résigna, avant de mourir, l'évêché de Lombez, passait, au dire de Burckard, pour son fils.

3) Le cardinal Ascagne Sforza est pris à la chasse, le 23 mai 1505, de la maladie qui l'emporta le 28 (*Diarium*, III, 390).

4) L'évêque d'Albi, fait cardinal, offre un banquet à tout le Sacré Collège ; les cardinaux vénitiens s'abstiennent (janv. 1510. Sanuto, IX, 477).

5) V. not. Muntz, *Raphael*, p. 279. On sait, par exemple, le grand rôle joué par l'illustre cardinal Grimani à cet égard. Sanuto nous donne (VI, 174-175) une description du dîner offert par lui à l'ambassade vénitienne, le 16 mai 1505, description enthousiaste. On fait visiter d'abord aux ambassadeurs le splendide palais, la bibliothèque, la collection de marbres et d'objets antiques, la collection de vases d'or et d'argent à bas reliefs sculptés, dont plusieurs étaient évalués 15 ou 20.000 ducats. Le dîner offert à l'ambassade

préséance, ils passent immédiatement après les souverains et
à côté d'eux[1] ; en France, ils ont le pas sur les princes du
sang[2]. A leur nomination, ils reçoivent les félicitations des
chefs d'Etat[3], souvent par lettres directes, et ils y répondent
de même, dans un latin de grand style[4]. Ils correspondent

comprenait soixante quatorze couverts, avec un luxe prodigieux de vaisselle
plate : un grand orchestre joue : entre chaque service commandé par le
sénéchal, se produit un intermède spécial, soit de musique, soit de bouffon-
nerie. Les plats sont admirablement montés et rehaussés de fleurs, surtout
de roses. On lave les mains des convives avec de l'eau de rose : des parfums
capiteux flottent en l'air. C'est un défilé de friandises, de crèmes, de sucre-
ries, de plats exquis, de rôtis composés avec un art extrême : des faisans et
des paons avec leurs ailes, leurs têtes et leurs queues ; des garnitures de
citrons, de *confetti*, de saucissons de Bologne. Il y a quinze services ; chacun
se compose ordinairement de dix huit plats. Avant le dessert, *deux pasteurs
récitent une églogue en l'honneur de Venise*. Bref, c'est un enchantement de
l'esprit, un enivrement de chère exquise et fine, de vins généreux, d'harmo-
nie, de parfums.

1) Lorsque le cardinal de Monreale vint à Naples couronner le roi Alphonse, il arriva avec deux cents chevaux. Le roi, le corps diplomatique,
l'aristocratie, allèrent au devant de lui à un demi mille de la ville : le clergé,
sous la conduite de l'archevêque, était aux portes et prit la tête du cortège. Le
cardinal entra dans la ville sous le même baldaquin que le roi, avec une escorte d'environ 1300 chevaux (Sanuto, *Spedizione*, p. 37).

2) Not. Entrée de Louis XII à Milan en 1507 (Sanuto, VII, 83).

3) L'évêque de Come étant nommé cardinal, l'ambassadeur de Venise à
Milan va le voir et le féliciter : Ant. Trivulzio proteste qu'il est l'homme de
Venise, etc... Il reçoit avec le bref du pape un grand nombre de lettres de félicitations des cardinaux. Lui-même signifie son élévation à la seigneurie
de Venise, par une lettre latine, où il rappelle tous les motifs de son élection
et fait part de sa propre joie, « ob dignitatis amplitudinem, supra quam
vix quicquam in humanis sperare licet » (Oct. 1500. Sanuto, III, 880, 881).

4) Lettres d'affection et de dévouement, de cardinaux au doge, en
réponse à ses lettres de félicitation pour leur nomination (octobre 1500.
Sanuto, III, 1031, 1032, 1044, 1091, 1115). Outre les formules « Ill^me
princeps et Excell^me d^ne, » l'un lui dit : » Domine colendissime, commenda-
tissime, » l'autre « Domino meo observandissimo. » L'un signe » Ecc^o V^e
devotissimus, » l'autre « Eidem Domini Ve Excell^me deditissimus. » Un autre
ajoute « ut frater » et adresse « Inclyto Venetorum duci, nostro, uti fratri,
observandissimo. » Un autre « Domino meo colendissimo », et signe « Exc^me
Ve Excell^e servitor. » Un autre n'emploie que les formules officielles (card^al
de Modène) et répond un mois après.

avec les souverains, ils parlent haut[1]. Désirent-ils entretenir
un ambassadeur, ils le mandent par un de leurs serviteurs,
secrétaire, palefrenier[2]....Ils sont très riches[3] ; outre leurs
revenus personnels, et le produit de leurs archevêchés, évêchés, offices et bénéfices, tous possèdent à Rome même un
revenu variant de 2.000 à 18.000 ducats[4]. Mais c'est là leur
côté faible : étant riches, ils aiment la richesse, et travaillent
régulièrement à accroître leurs revenus.

Personne ne peut donner de plus utiles renseignements et
de meilleurs conseils qu'un cardinal. Il est d'usage qu'un ambassadeur, le lendemain de sa réception par le pape, monte
à cheval et aille voir chacun des cardinaux[5]. Il peut pour la

---

1) Lettre du cardinal de Sainte Croix au doge de Venise sur la perte de
Modon, 20 septembre 1500, en latin. Il expose le souci du pape et des cardinaux, les vastes projets de croisade. Il a,dit-il,reçu les lettres du doge, par l'ambassadeur (dont il fait l'éloge). Il dit : «Ill[me] princeps et excell[me] d[ue], d[ue] colendissime » et signe : « Excellentissimæ vestræ Excellentiæ deditissimus »
(Sanuto, III, 850-852). Le cardinal de Médicis envoie à Venise, avec une
lettre de créance,son cousin André de Médicis, qui se présente au conseil. Il
demande qu'on appuie le retour des Médicis à Florence (31 janvier 1504.
Sanuto, V, 782). Lettre de créance du cardinal de Naples à la S[rie] de Venise,
pour un envoyé, que le légat du pape présente au conseil (juin-déc. 1502.
Sanuto,IV, 577). Il demande une bonne réception au nom de la bienveillance
de la république pour lui : lettre en latin, sans spécification d'objet (Il s'agit
d'exécuter le testament du cardinal de Saint Marc).

2) Un cardinal fait dire à l'ambassadeur de Venise à Rome de venir lui
parler (Sanuto, V, 570). Le cardinal Ascanio Sforza envoie son secrétaire à
l'ambassadeur de Venise sous un prétexte quelconque, en réalité pour l'entretenir des pratiques de rapprochement entre la France et l'Allemagne contre
Venise (1504. Disp. di Giustinian, III, 53). Le cardinal de Naples prie, par
un palefrenier, l'ambassadeur vénitien de lui envoyer un secrétaire pour
une communication importante (avril 1503. Id., II, 117).

3) Burckard, passim. Le cardinal de Saint Pierre aux Liens, neveu de
Jules II, mort le 11 sept. 1508, avait 44.000 ducats de revenu (Sanuto, VI,
629). D'après les Capitoli votés au conclave de Pie III, le pape devait assurer
à chaque cardinal un minimum de 6,000 florins de revenu (Archives du Vatican, reg. β LV, f°s 485 et suiv.).

4) Cardinal Riario (Burckard, III, p. 56, 57).

5) Burckard, III, 388. Les orateurs de Venise à Naples, font, en

forme, demander au pape l'autorisation préalable [1]. Il présentera à certains cardinaux des lettres de créance [2], il leur tiendra le langage prescrit par ses instructions [3].

Les cardinaux se divisent en groupes, suivant leur nationalité, leur origine, leurs visées, leur tempérament. L'ambassadeur fera bien de multiplier les visites et les relations, de persuader à chaque cardinal que le roi est son ami, et de déployer dans ce but beaucoup de patience [4]. Il emploiera, au fond, les mêmes procédés qu'ailleurs. Des archevêchés, des évêchés, des bénéfices, ou même une bonne pension, attachent un cardinal à un pays [5], même sans le titre officiel de protecteur.

passant à Rome, visite à tous les cardinaux (Déc. 1506. Sanuto, VI, 514. — Dép. des ambass. milanais, du 28 mars 1466. Archivio Sforzesco). Le nouvel ambassadeur de Venise à Rome en 1502 fait ses visites d'arrivée avec son prédécesseur. Il va voir le duc de Valentinois, qui, selon son usage, ne le reçoit pas, puis ils se rendent, comme d'habitude, chez tous les cardinaux (Villari, *Disp. di Giustinian*, I, 15). En juin 1504, Stuart d'Aubigny, avant de quitter Rome, a une audience privée du pape; à la sortie, il est embrassé par tous les cardinaux (Burckard, *Diarium*, III, p. 150).

1) Instruction prescrivant, après avoir parlé au pape, de parler aux cardinaux, ensemble ou en particulier, « par l'avis et délibéracion de nostredit S. Père » (1393. Douet d'Arcq, *Choix...*, I, 112).

2) Mathias Corvin, réclamant l'appui du Saint Père contre les Turcs, en 1464, envoie une ambassade au collège des cardinaux (*Epistolæ Mathiæ Corvini*, p. 87). Cf. Reumont, *ouv. cité*, p. 153.

3) Pierre de Médicis ira voir le cardinal Visconti, le cardinal d'Aragon, le cardinal Orsini, les cardinaux Savelli, Conti, Colonna et autres prélats : le langage qu'il devra tenir lui est soigneusement dicté (Instr[on] de son père. Roscoë, pièce LIX).

4) Ou même, au besoin, des menaces. Dans les *Capitoli* imposés au pape futur dans le conclave de Pie III, figure l'obligation de défendre les cardinaux contre *les représailles de princes mécontents de leur vote en consistoire.* (Archives du Vatican, reg. β LV, f°s 485 et s.).

5) Les cardinaux, même celui de Strigonie, se livrent un peu à la chasse des bénéfices (Sanuto, V, 473). L'orateur d'Espagne introduit au conseil un envoyé du cardinal *Capaze*, qui demande une abbaye (10 oct. 1503. Sanuto, V, 156). Le cardinal de Sainte-Croix intrigue près de l'ambassadeur impérial pour se faire recommander au roi des Romains, mais l'ambassadeur n'a nulle confiance en lui (1506. Le Glay, *Négociations*, I, 121).

L'argent tout simple peut faire son office, pourvu qu'il s'agisse d'une somme conforme au tarif des ministres européens[1].

La seigneurie de Venise écrit, le 15 novembre 1514, à son ambassadeur à Rome de « donner au Révérendissime (cardinal) Médicis les 10.000 ducats qu'il désire, et qu'il nous aide [2] ». Le meilleur *ami* est un neveu du pape. C'est ainsi que Charles VIII s'assure les bons offices de Laurent Cibo, neveu d'Innocent VIII, archevêque de Bénévent, qui adresse au roi la lettre suivante, type d'un contrat de ce genre :

« Au Roy, mon souverain seigneur.

Sire, toujours si très humblement que faire le puys à vostre bonne grace me recommande. J'ay receu par mons[r] de Saint-Denys voz lettres, par lesquelles il vous plaist que j'aye par decza la cure et charge de voz affaires, dont tres humblement je vous mercye.

Sire, si je me suys voluntiers et de bon couraige employé le temps passé à vous servir bien et loyaulment, je m'efforceré de faire uncore (*sic*) mieulx le temps qui vient, en manière que cognoestrez que par moy ne tiendra que voz affaires ne soient accompliz. Car, ainsi que souvent vous ay escript, vous estez le prince seul en qui du tout ay mis ma fiance, et qui me suys du tout délibéré de servir. Et vous plaira tousjours me commettre voz dites affaires, pour lé acomplir de toute ma puissance, au plaisir Nostre Seigneur, lequel je prye qu'il vous

1) Dépêche vénitienne, à l'ambassadeur à Rome, du 25 octobre 1512, lui prescrivant de conquérir à tout prix la faveur du pape et l'autorisant à donner de l'argent aux personnages influents (Arch. de Venise). Dépêche de Dandolo, du 28 déc. 1512, rapportant une conversation de Louis XII, qui se dit sûr du pape et qui déclare avoir fait distribuer des sommes de 10.000 écus dans son entourage (mêmes Archives). Comme nous l'avons observé plus haut, 10.000 écus paraissent alors le tarif réglementaire.

2) *Conseil des Dix.* Cf. la lettre de Charles VIII, de Pavie, 15 octobre (1494) à « un cardinal », son agent (fr. 2962, f° 112).

doint bonne vie et longue. Escript a Romme, le XXVII° jour
de mars.

    (autogr.)   *Vostre très humble serviteur,*
               le cardinal de Bénévent [1] ».

Le cardinal de Bénévent témoigne de son zèle en recommandant à Charles VIII des cousins du pape [2].

Mais le seul groupe sur lequel un ambassadeur doive réellement compter est celui des cardinaux de son pays [3]. L'ambassadeur n'a rien à craindre en affichant avec ceux-ci une
intimité toute naturelle ; il peut descendre, à son arrivée, chez
l'un d'eux [4] et y habiter. Ces cardinaux seront ses appuis, ses
conseils, ses auxiliaires reconnus [5] : ils agiront dans le même
sens que l'ambassadeur et beaucoup plus efficacement [6], en
défendant les intérêts nationaux dans le consistoire et près du
pape, en provoquant et en soutenant des manifestations na-

1) Ms. fr. 15538, n° 255.

2) Julien et Raphaël Grimaldi, «affins» du pape (ms. fr. 15538, 135). Cette
lettre est visée dans le *Catalogue d'une vente d'autographes* (Louis de Lomé-
nie) par M. Charavay, 14 décembre 1883, n° 125.

3) En 1500, les cardinaux étaient au nombre de trente cinq, soit vingt et
un italiens et quatorze ultramontains (dont six espagnols et six français).
Les vingt et un italiens se subdivisaient ainsi : deux napolitains, cinq génois,
trois vénitiens, un de Turin, quatre romains, trois de Milan, les cardinaux
de Sienne, de Ferrare et Médicis (Rapport de l'ambassadeur Capello. Sanuto,
III, 842). En 1510, il y avait trente huit cardinaux, dont seize ultramontains
et vingt deux italiens, parmi lesquels bien des amis de la France (huit français, dont un ennemi du roi, Albret ; d'autres en France),six génois hostiles
à la France, deux vénitiens, très dévoués à Venise, sept espagnols, un
hongrois (Sanuto, X, 74).

4) L'ambassadeur de Venise descend chez le cardinal Grimani (Burckard,
Diarium, III, 75).

5) A la mort d'Isabelle la Catholique, l'ambassadeur d'Espagne fait prendre
le deuil aux cardinaux de sa nation (*Diarium*. 24 déc. 1504).

6) Etre représenté à Rome par un cardinal est un grand avantage. Le cardinal Saint Denis (1499) a accès près du pape et parle net. Ludovic Sforza,
outre son ambassadeur Guasco,a son frère Ascanio, vice-chancelier de l'é-
glise, qui lui adresse des rapports presque quotidiens (Jean d'Auton,I, pièces,
p. 327).

tionales. Ils lui prêteront main forte en toute circonstance [1].
Dans le cas de rupture, de rappel de l'ambassade, ils restent
et continuent à négocier. Ce sont eux encore qui prépareront
et faciliteront les rapprochements [2].

Sur un terrain aussi neutre, aussi international que celui
de Rome, chaque cardinal peut appartenir ouvertement à sa
patrie [3]. L'ambassadeur qui arrive commence donc par voir
ses cardinaux et par s'entendre avec eux [4]. Les cardinaux vénitiens surtout se multiplient au service de leur pays [5], par

1) A Rome, en 1503, Machiavel agit avec le cardinal Soderini, en toute
circonstance. « Il sert notre république avec tout le zèle que doit inspirer
l'amour de la patrie, écrit Machiavel : mais il craint qu'un désir trop ardent
de faire le bien ne l'égare et ne lui fasse commettre quelques erreurs. Il vous
prie donc de *nous* faire passer vos instructions sur les mesures que vous
croiriez utile de proposer au pape... » (Machiavel, Dép. de Rome, 30 novembre 1503).

2) Le cardinal anglais Castel, du titre de Saint Chrysogone, rapproche
Venise et l'Angleterre, en 1509 (Sanuto, VIII, 22). En 1511, les cardinaux
de Nantes et de Pavie négocient un rapprochement entre Jules II et
Louis XII (*Lett. de Louis XII*, II, 216). Malgré la guerre et l'excommunication, en 1509, Venise décide, en rappelant ses deux orateurs à Rome que
le pape ne veut plus voir, d'en envoyer six autres. Les deux premiers partent,
s'embarquent à Ancône sur les galères de la république et y font préparer
pour leurs successeurs des chevaux que le pape envoie. En effet, les six nouveaux ambassadeurs arrivent, vêtus d'écarlate, à Rome, le soir, avec la réception habituelle, sous des torrents de pluie. Ils s'entendent avec les cardinaux Grimani et Cornaro. Le pape leur permet de rendre leur visite à ces
deux cardinaux, mais leur défend, comme excommuniés, d'entendre la
messe (Sanuto, VIII, 367, 370, 433, 502, 519). A leur audience, après la réconciliation de 1510, les ambassadeurs de Venise sont encore présentés au
pape par leurs cardinaux (Sanuto, X, 34).

3) Le cardinal de Sainte Croix (espagnol), depuis la nouvelle de la mort de
la reine d'Espagne (24 décembre), n'est pas sorti de chez lui et reçoit des
visites de condoléance. L'ambassadeur vénitien s'y rend (26 déc. 1504. *Disp.
di Ant. Giustinian*, III, 346).

4) Commission vénitienne du 20 juin 1509 (Arch. de Venise).

5) Le cardinal Grimani écrit à la S^rie de Venise, en italien (8 oct. 1502. Sanuto, IV, 359). Il écrit au doge l'élection de Jules II, avec éloges (pour le
rassurer sans doute. *Id.*, V, 300). Le cardinal Cornaro envoie de longues lettres de nouvelles de Rome, à l'ambassadeur vénitien resté à Viterbe (sept.

patriotisme, sans autres récompenses que des faveurs courantes [1]. Dans ces conditions, les cardinaux nationaux jouent le rôle d'ambassadeurs supérieurs [2]. Il faut que l'accord règne entre les cardinaux et l'ambassadeur [3]; d'autre part, l'ambassade doit à ses cardinaux le plus énergique appui [4].

Enfin, en matière de conclave, l'ambassadeur à Rome sera appelé à une action très particulière, qu'il doit préparer de longue main par ses rapports avec les cardinaux. Il s'agit d'assurer la liberté matérielle du conclave et son issue.

1510. *Id.*, XI, 278). Venise informe ses cardinaux des nouvelles, par des voies secrètes, en 1509 (Instr^{on} du 19 mai 1509, à Jacq. Caroldi. Secreto 41, 184).

1) Lettre de recommandation du cardinal Grimani à la seigneurie, pour son père (1503. Sanuto, V, 563), en italien. Il écrit : « Serenissime princeps, et D^{ne} excellenti^{me}, » et « servitor. » Le cardinal Cornaro, écrivant pour remercier de la collation d'un bénéfice, s'adresse au contraire au doge et à la seigneurie : « Seren^{me} et illustr^{me} princeps, excellent^{mi} domini et patres mei colendissimi, commendatissimi, » et signe « Excellentissi^{rum} illustrissimarumque Dominationum vestrarum humilis servitor : » il écrit en latin, en termes pompeux et exagérés, avec force superlatifs. A l'en croire, aucun titre, aucun évêché ne lui a fait autant de plaisir que ce bénéfice (3 mars 1501. *Id.*, III, 1494-1495).

2) Les cardinaux espagnols du temps d'Alexandre VI, sous Jules II les cardinaux vénitiens, forment un groupe compact. Venise considère ses cardinaux comme ses véritables représentants diplomatiques, et compte sur eux comme intermédiaires, même en cas de suspension diplomatique (Instruction vénitienne, 19 mai 1509. Secreto 41, 184). Ascagne Sforza, cardinal vice-chancelier, est jusqu'en 1499 le véritable ambassadeur de son frère le duc de Milan. V. Jean d'Auton, tome I, Pièces justificatives.

3) Claude de Seyssel, ambassadeur de France à Rome, s'entend mal avec le cardinal de San Severino.

4) En 1511, le cardinal d'Auch est arrêté. Le soir même, les ambassadeurs de France se présentent pour réclamer : le pape leur refuse audience. Le lendemain, les ambassadeurs, avec les cardinaux français, et le cardinal San Severino font d'inutiles efforts et n'obtiennent rien, même en offrant caution ; ils se retirent, se réunissent chez le cardinal de Saint Malo, et décident de députer au pape trois cardinaux italiens. Le pape écrit à ce sujet à son orateur en France, et ne se gêne pas pour parler mal de la France (Sanuto, X, 725, 726).

Lorsqu'un pape meurt, il se produit jusqu'à l'élection de son successeur un interrègne, une période de trouble, dans laquelle les ambassadeurs tiennent une grande place. A la mort d'Alexandre VI, l'ambassade espagnole intervint efficacement ; le collège des cardinaux réclama aussi l'intervention personnelle d'un ambassadeur de France, de quatre ambassadeurs d'Espagne et d'un envoyé vénitien [1], pour obtenir que César Borgia quittât la ville avec ses troupes [2] : au bout de quelques jours, on arriva à un arrangement [3] : l'ambassadeur d'Espagne garantit que, pendant la vacance du Saint Siège, César, les Colonna et les troupes espagnoles n'approcheraient pas de Rome à plus de dix huit milles. Les ambassadeurs de France prirent le même engagement pour les Orsini et l'armée française ; ils demandèrent aussi qu'on leur consignât le château de Viterbe ; ce que les cardinaux refusèrent. Les ambassadeurs d'Espagne demandèrent seulement que les cardinaux espagnols pussent librement venir au conclave... [4]

Bientôt, les cardinaux étrangers arrivent, le conclave va s'ouvrir. Les cardinaux délégués au commandement des forces militaires choisissent alors les gardiens du conclave, à qui ils envoient un billet d'avis. Pour le conclave de 1503, après la mort d'Alexandre VI, ces gardiens sont au nombre

1) Les cardinaux italiens demandent à l'ambassadeur de Venise l'envoi à Rome de cent fantassins, avec un capitaine (Villari, *Dispacci di A. Giustinian*, II, 146).

2) Burckard, *Diarium*, III, 250.

3) Les ambassadeurs ne sont pas d'accord et récriminent quelque peu. Ceux d'Allemagne, de France, d'Espagne, de Venise sont chargés de voir le duc de Valentinois et rendent compte de leur mission chez le cardinal de Naples (*Dispacci di A. Giustinian*, II, p. 158). Il y a beaucoup d'émotion. Valentinois s'entend avec l'ambassadeur de France. Grand trouble et honte de l'ambassadeur d'Espagne. Les cardinaux palatins s'adressent à l'ambassadeur de Venise pour négocier la paix entre eux et les Orsini (*Id.*, p. 179).

4) Burckard, III, 255.

de trente deux : sept archevêques ou évêques, trois ambassadeurs ecclésiastiques de France, d'Angleterre et de Sienne, les deux ambassadeurs laïques de France, trois ambassadeurs laïques d'Allemagne, d'Espagne et de Venise, trois fonctionnaires de Rome, les treize chefs de la police et un capitaine. Les gardiens prêtent serment; Louis de Villeneuve, ambassadeur de France, et l'ambassadeur de Sienne s'étant abstenus du serment, se virent exclus de la garde [1].

Le conclave s'ouvre : chaque cardinal reçoit, par voie de tirage au sort, une cellule, qu'il partage avec les assistants désignés par lui. La qualité de ces assistants varie à l'infini; presque tous sont clercs, cependant il s'y trouve des laïques. Le cardinal de Sienne, malade, prend avec lui son frère (laïque), un chirurgien et deux clercs : Georges d'Amboise choisit son neveu, Guillaume de Clermont Lodève, archevêque de Narbonne, et deux diplomates, Claude de Seyssel et Jean Lascaris [2], le premier seul ecclésiastique. A ce personnel, il faut ajouter le personnel de service pour le conclave lui-même, médecins, maîtres de cérémonies, huissiers, etc. Comment, parmi tant de monde, garder le secret ? avant le scrutin définitif, il se trouve des gens pour tout comprendre et tout répéter.

Au conclave de Jules II, les gardiens furent au nombre de trente sept, parmi lesquels l'ambassadeur de Ferrare, et les mêmes ambassadeurs que précédemment, sauf celui de Sienne. Dans ce nouveau conclave, Georges d'Amboise joignit à ses assistants Geffroy Carles, vice-chancelier de Milan.

Parlerons-nous des intrigues qui s'agitent avant le conclave ? En 1503, les Français veulent le cardinal de Rouen, et les Espagnols n'en veulent pas. On se précipite au-devant du

1) Burckard, 268.
2) Burckard, 269.

cardinal de la Rovère, qui passe pour le futur pape... [1] M. de Trans, ambassadeur de France, s'adresse au duc de Valentinois pour obtenir des voix au cardinal de Rouen : le cardinal de la Rovère à Prospero Colonna, pour les voix espagnoles [2] ; l'ambassadeur vénitien s'arrange pour voir, à la fois, le cardinal de Rouen et les ambassadeurs espagnols [3]. On ne néglige aucun moyen, petit ou grand.

M. de Trans affecte de traverser Rome avec des escortes armées [4]. Jean Lascaris, ambassadeur à Venise, va se plaindre à l'ambassadeur de Venise que la République fasse voter ses cardinaux contre Rouen. L'ambassadeur répond que les cardinaux voteront selon leur conscience, et se rend de suite chez Rouen, pour certifier de l'impartialité de son gouvernement : Rouen lui dit qu'il y a une ligue, même un serment, entre certains cardinaux, pour ne pas élire un pape français ; il rappelle les services et le rang de la France, il se déclare étonné ; car l'Eglise ne se trouve pas bien d'avoir été administrée par un Espagnol, et même par certains Italiens. Il ajoute des menaces : « Nombre de cardinaux vendaient leurs suffrages, c'était une honte : s'il échouait, il promettait de crier si haut qu'on l'entendrait [5] ».

Les souverains interviennent d'une manière savamment cachée. Officiellement, ils écrivent des lettres pour s'en remettre à l'Esprit Saint, réclamer la liberté des cardinaux, pour affirmer qu'ils ne désirent rien que l'élection d'un bon pasteur [6]. L'ambassadeur d'Espagne vient à la seigneurie de Venise, le 25 octobre 1503, après la mort de Pie III, et, dans un dis-

1) *Disp. di Giustinian*, II, p. 181.
2) *Id.*, 185.
3) *Id.*, 189.
4) *Dispacci di A. Giustinian*, II, 193.
5) *Id.*, p. 195-196.
6) Lettres du doge, du roi des Romains (Sanuto, V, 97-100, 422).

cours long et sentencieux, propose de s'allier pour l'élection du pape. Il dispose, quant à lui, de seize voix ; il ne demande qu'un pape *bon et neutral*, mais il faut se hâter, parce que *periculum est in mora*. Le doge répond que Venise n'a pas d'affection spéciale ; que, dans ces affaires ecclésiastiques, elle a toujours laissé faire à Dieu, qu'en croyant bien agir, on pourrait se tromper, et que, si son fils même était cardinal, il se contenterait de prier Dieu pour la meilleure élection dans l'intérêt de la religion chrétienne. Cette réponse est fort approuvée [1]. Or, pendant qu'il tient ce langage exquis, le même doge, d'un côté, se représente près de la France comme acquis au cardinal d'Amboise [2], et, de l'autre, il écrit secrètement à son ambassadeur de se rapprocher du cardinal Saint Pierre aux Liens (le futur Jules II), de lui dire que Venise le veut pour le pape, de le soutenir, de parler de lui aux cardinaux vénitiens [3]. Louis XII agit plus ouvertement ; il met en campagne un cardinal français, fort influent, le cardinal de Nantes, qui va voir ses vénérables collègues avec une créance spéciale du roi [4].

1) Sanuto, V, 208.

2) Le roi des Romains, lui aussi, s'en remet officiellement à Dieu, tout en écrivant à l'ambassadeur vénitien à Rome, pour le prier, en propres termes, d'aider à la nomination d'un pape qui lui soit agréable, et que son ambassadeur lui désignera, et non d'un adversaire (le cardinal d'Amboise). 30 oct. 1503 (Sanuto, V, 424).

3) Dép. du 9 sept. 1503. Le 21 février 1513, elle écrit, en cas de mort du pape, de soutenir le cardinal Grimani.

4) Orig., ms. fr. 2928, f⁰ 7. « Monsieur le cardinal, j'ay esté présentement adverty de la griefve malladie du pape, de laquelle est à doubter que la mort s'en ensuyve. Et pour ce que je désire de tout mon cueur la paix et unyon de l'église, j'escriptz présentement à Messrs les cardinaulx du sainct collège en général, comme verrez, et à monsr le cardinal de Nantes, pour leur faire et à vous particulièrement, aucunes remonstrances pour le bien de ladite église et éviter et abollir tout scisme et division qui y pourroit advenir.

Après l'élection, les voiles se déchirent, la trame apparaît. Le légat de Jules II, en arrivant à Venise, prononce un long discours, où il remercie notamment le conseil de la part prise par les cardinaux vénitiens à l'élection du pape [1]. Le cardinal d'Amboise se plaint ouvertement à l'ambassadeur de Venise que Venise l'ait desservi pour la tiare [2]. Mais dès ce moment recommencent de nouvelles trames secrètes pour le moment où le nouveau pape mourra [3].

Nous avons parlé jusqu'à présent des moyens d'action à l'usage des ambassadeurs. Contre eux, on emploie les mêmes.

Certaines puissances, comme nous l'avons dit, défrayaient les ambassadeurs [4] ; c'est un procédé extrêmement habile, et, même dans les cours où ce défrai n'est pas de règle, même

Dont j'ay bien voulu aussi vous escripre, vous priant que, comme celluy que je scay qui a singulier zèle et affection à ladite paix et unyon de l'église, vous y vueillez avoir regard et croyre ledit cardinal de Nantes de ce qu'il vous en dira de ma part, comme vous feriez ma personne propre. Et à Dieu, monsr le cardinal, qui vous ait en sa garde. Escript à Bloys, le xxve jour de février *Loys.-Robertet.* »

1) Déc. 1503. Sanuto, V, 478.

2) 20 janv. 1504. Sanuto, V, 787.

3) Pour gagner à ses intérêts le ministre le plus influent du roi de Hongrie, le cardinal Thomas Bakocz d'Erdoed, l'empereur signe, en mai 1505, un acte, par lequel il s'engage à favoriser, après le décès de Jules II, la candidature du cardinal hongrois au Saint Siège. Dans cet acte, il constate qu'il s'était entendu avec le roi d'Espagne pour ne pas admettre l'élection d'un cardinal français, et il exprime l'espoir que, le roi de France ne pouvant faire aboutir son propre candidat, le cardinal d'Amboise soutiendrait le candidat hongrois (Rapport de Pasqualigo, au Musée Correr à Venise, cité par Fraknói).

4) Ainsi le roi de Portugal défraie les ambassadeurs (Gairdner, *Hista regis Henrici septimi*, p. 194). A Milan, le légat a latere est logé et entretenu par le duc ; les ambassadeurs de France et d'Allemagne, les Électeurs, de même ; le légat non cardinal recevra un présent de 25 à 30 ducats, le nonce de 15 à 16, les ambassadeurs de Ferdinand, et autres, 20 ducats ; les envoyés de Venise et Florence, 25 ou 30 ; de Modène, 20 à 25 ; les marquis de Mantoue,

à la cour de Rome [1], on sait y recourir dans certains cas [2]. Sans doute, quand il n'y a pas réciprocité, un patriotisme étroit peut s'indigner. « Aucun roi ne défraie nos ambassadeurs, et Venise défraie tous les leurs. C'est un peu étrange, *mirum*, » s'exclame le vénitien Marino Sanuto, encore jeune [3]; plus tard, il ne s'en étonnera plus. Commines, devenu ensuite *l'ami* officiel des Florentins, ne peut cacher sa satisfaction d'avoir passé un an à Florence défrayé de tout « et mieux traité le dernier jour que le premier [4]. » Accurse Mainier, ambassadeur de France à Venise en 1500, se laisse entièrement gagner par les bons procédés des Vénitiens. Un an après son arrivée à Venise, il rêve de s'y installer, d'y obtenir le patriciat, et dans cette vue il oublie absolument son devoir d'ambassadeur [5]. Rappelé en France, il ne s'aperçoit

de Montferrat, recevront des présents de 300 ducats, leurs envoyés rien ; aux envoyés de Sienne, de Bologne, de Lucques, et de Suisse, on offrira 12 ducats ; à ceux de Gênes, quoique sujets, la même chose, et cela à chaque orateur. Si les envoyés ne font que passer un soir ou deux, il sera plus économique de payer leurs dépenses (Règlement de 1468, publié dans l'*Archº storº lombardo*, 1890, p. 149).

1) Le jour de l'audience publique, le pape fait donner à l'ambassade allemande d'énormes provisions, qui étaient déposées dans des charrettes sur la table : 200 corbeilles de froment, 100 d'orge, 200 *speltæ*, 150 mesures de vin ; 100 torches de cire blanche, 25 paquets de chandelles blanches ; 25 échinées de porc, 400 anguilles assez grosses, 4 pots de caviar, 4 bouteilles de malvoisie, 50 pains *ex zuccaro*, 100 *scatulæ curiandolorum ex zuccaro* de diverses sortes, six caisses d'aliments de carême (figues, raisins secs, etc.), une caisse d'œufs de poisson secs (11 avr. 1511. Frati, *Le due spedizioni militari di Giulio II*, 267). A la prise de Bologne, Jules II fait loger les ambassadeurs qui le suivent (France, Allemagne, Espagne, Venise, Florence, Gênes) dans diverses maisons (*Id.*, 93, 94).

2) En 1510, Louis XII fait « ses despens » à l'ambassadeur extraordinaire de l'empereur (évêque de Gürck) et à tout son train : il le loge près de lui, au château de Montils, au château d'Amboise (*Lett. de Louis XII*, II, 53).

3) Sanuto, *Spedizione*, 651.

4) L. vi, c. v.

5) Fr. Foscari écrit de Loches, le 24 février 1500-1501 (Arch. de Venise, *Dispacci*, I) : « Depuis ma lettre du 14, l'*ami* m'a lu un article de sa commission

pas encore qu'il a été dupé, et il appelle Venise « sa belle patrie [1]. »

On trouverait d'autres exemples d'ambassadeurs devenus traîtres à leur mission par l'espoir d'une rétribution. Mais la trahison est chose délicate à manier [2] et ne réussit pas

par lequel Accurse le charge de dire au roi qu'il a sondé par tous les moyens vos pensées, et qu'il les a trouvées nettes et très constantes dans leur foi et leur dévouement ; qu'il faut envoyer des forces suffisantes pour vaincre avec Venise, sans le secours de l'Espagne. Il rappelle au roi la dîme, toutes les lettres qu'il a été chargé de communiquer, etc. Impossible de dire mieux. Il promet, par contre, votre appui pour Naples. Il insiste sur la nécessité de se passer de l'Espagne. L'ami rend de vous très chaleureux témoignage, mais il n'a pu voir le roi qu'une fois. Il a mieux vu Ligny et le cardinal d'Amboise, qui lui ont défendu de parler de Mantoue et de Constantin. Pour Mantoue, c'est Ligny. Accurse compte que, quand l'armée française sera arrivée, vous le ferez chevalier, avec un présent de « una vesta de restagno ». Ses lettres ont grand crédit ici et ont produit le meilleur effet. Il compte faire venir sa femme à Venise et y rester longtemps.

1) Le secrétaire J. B. « Palmarius » écrit de Blois, le 20 mai 1504, en substance : « Accurse me force presque à vous écrire, par dévouement pour vous, que, si le roi des Romains réussit à coaliser l'envie des princes chrétiens contre vous, ce pourra être une ruine et un grand scandale. Reculez pour mieux sauter, dit-il. Liez-vous avec l'empereur : alors « toutes ces puissances barbares » ne resteront pas *sbigottite*, et surtout cette couronne (de France) viendra « la coreza » en main ; le pape, tout au désir d'agrandir et d'affermir l'état de son *nipote* et des siens, vous laissera toute l'Italie ; il serait, dit-il, facile de le prendre. Accurse offre de s'en charger et d'aller à Rome, comme sujet du pape (Accurse était seigneur d'Oppède, dans le Comtat Venaissin), pratiquer cela. On pourrait aussi se servir du duc de Lorraine, qui est tout au pape, par son orateur pour l'obédience. « Moi, dit-il, six jours après l'arrivée ici de messer Franc. Moresini, je prendrai poliment congé du roi, et j'irai *assettar* mes affaires, en attendant la commission de la Seigneurie, car mon intention est de vendre ici le meilleur de mes biens et de me transporter, moi et ma famille et ma fortune en espèces, « in questa inclyta patria » (Venise), ne doutant point que, pour mon dévouement présent et passé, on ne me donne une petite maison où me retirer ». Il aspire à la noblesse (*Dispacci*, I).

2) Philippe de Savoie, comte de Bresse, chargé d'une mission contre Milan et la Savoie par Louis XI, envoie un agent communiquer à la duchesse de Savoie les instructions du roi, pour rentrer en grâce près d'elle et se faire payer ce service (avril 1475, Gingins la Sarraz, *Dépêches des ambassadeurs*

toujours [1]. On achète un ambassadeur plus ou moins formellement, en lui donnant de la main à la main des sommes d'argent sous un prétexte quelconque, avec beaucoup de bonnes paroles [2], et en l'expédiant ainsi [3] ; ou bien on le débauche formellement, en le prenant à son service [4], en lui attribuant une pension [5], ou bien on lui fait un versement après réussite [6].

milanais, I, 91) ; cette proposition est mal accueillie. On croit que le comte de Bresse veut seulement se mettre aux enchères (Id., 144).

1) Un ambassadeur qui a une très grande situation à Florence, Pierre Capponi, informe Pierre de Médicis qu'on lui a offert en France des hommes et de l'argent pour susciter une révolution (1494. Desjardins, *Négociations...*, I, 291, 373).

2) En 1469, Louis XI corrompt le principal conseiller du duc de Guyenne, et ce duc corrompt Balue, envoyé français (Commines, l. ii, c. xv). Le duc d'Orléans donne à l'ambassadeur d'Allemagne une houppelande de velours noir, et à un écuyer de sa suite une houppelande de damas noir (1398. Circourt et van Werveckc, *Documents luxembourgeois*, n° 30). Il donne, en outre, au premier, 300 livres, au second 112 liv. ; à un gentilhomme de l'ambassade. 300 liv. environ, et au chevaucheur 13 liv. 10 sous (*Id.*, 24. Cf. n°s 71, 36).

3) En 1475, un héraut anglais, nommé Jarretière, né en Normandie, apporte à Louis XI une lettre de défi du roi d'Angleterre. On se demandait ce que ferait le roi. Il reçut le héraut en particulier, lui tint de beaux discours, lui donna de la main à la main trois cents écus, lui en promit mille en cas de paix, et lui fit remettre publiquement une belle pièce de velours cramoisi, de trente aunes. Le héraut promit de s'entremettre ; il proposa l'envoi d'un héraut français pour demander un sauf conduit pour des ambassadeurs, et se chargea de le piloter. Le roi le fit entourer, de manière qu'il partit sans parler à personne (Commines, l. iv, c. v).

4) Louis XI prend à son service l'envoyé de Naples Taquin (fr 3884, fos 8, 8 vo) ; Anne de Beaujeu, les envoyés bretons en 1484.

5) Arch. du Min. des aff. étrangères, Gênes, 1, fo 72 vo. Décision du conseil des Dix, de payer à Ali bey, orateur du Grand Turc à Venise, une pension de 200 ducats, pour l'entretenir dans ses bonnes dispositions. Très secret (14 février 1514. Arch. de Venise). Hubert d'Autel, envoyé de l'empereur au duc d'Orléans, prête hommage au duc moyennant 500 liv. de pension, envers et contre tous, sauf ses maîtres : l'empereur et le marquis de Moravie (K. 57, 9³).

6) Le comte de Dunois promet 4.000 écus à Philippe de Vère, 30.000 au comte de Nassau, tous deux ambassadeurs du roi des Romains, si le roi obtient de Charles VIII la libération du duc d'Orléans (Pélicier, *Essai sur le gouvernement de la dame de Beaujeu*, p. 178).

Les ambassades nombreuses constituent contre cet inconvénient un préservatif parfois insuffisant [1]. Du reste, il ne
paraît pas excessif à certains ambassadeurs de réclamer une
somme d'argent à un tiers que leur mission les a appelés à
servir [2].

Il arrive que des ambassadeurs ne se font point scrupule
d'utiliser leur situation pour leur profit personnel. C'est un
abus qui a toujours existé, et que l'on prohibe ancienne-
ment [3]; un ordre du 31 décembre 1512, de la seigneurie de
Gênes, défend encore officiellement aux ambassadeurs de
faire aucune demande personnelle dans le pays où ils sont
accrédités [4].

1) En 1477, Louis XI gagne les ambassadeurs de Marie de Bourgogne,
tous fort grands seigneurs. Charles VIII envoie à Ludovic Sforza, en 1492,
une ambassade solennelle et nombreuse, comprenant Beraud Stuart d'Aubigny, écossais, chambellan, Charles de la Vernade, maître des requêtes : deux
italiens au service du roi, Théodore Gaynier de Pavie, médecin, et Jean Roux
de Visques, chambellan ; enfin, le secrétaire du roi Jacques Dodieu. Malgré
ce nombre, l'ambassade, un peu inférieure comme qualité, se laissa - acheter
par le gouvernement milanais, surtout son chef; Charles VIII refusa pendant
plus d'un an de ratifier ses actes (Delaborde, *Expéd^on de Charles VIII*, p.
223). Cependant, après leur départ de Milan, les ambassadeurs, à qui on
avait eu soin de montrer le trésor ducal, se plaignirent très haut de n'avoir
reçu que des présents infimes, et se moquèrent de Ludovic Sforza. Ludovic
l'apprit et s'en montra touché, il redoubla de protestations près de la France
(*Id.*, p. 229).

2) Albert de Carpi se fait donner par Jules II confirmation d'une concession de domaine sur la manse épiscopale de Reggio (19 juillet 1510. Archives
du Vatican).

3) Un décret vénitien du 14 juin 1238, renouvelé le 30 août 1483, interdit à tout ambassadeur, spécialement à Rome, de solliciter ou d'accepter quo
que ce soit, ni pour lui ni pour autrui (Reumont, *Diplomazia italiana*, 227).
Ce décret fut renouvelé en 1505 (Sanuto, VI. 140). Un décret du duc de Milan,
du 8 janvier 1397, constate que ses « ambasciatores, nuncii et procuratores »
préfèrent souvent leurs propres intérêts à ceux de l'État, et leur interdit formellement de rien solliciter, bénéfices, privilèges ni lettres, pour eux, leurs
fils, frères, neveux, parents, ni pour personne *(Antiqua Ducum Mediolani De-
creta*, Milan, 1654, in-f°, p. 216),

4) En 1452, le duc de Bourgogne donne 6.000 reydders d'or aux ambassa-

En principe, un ambassadeur ne doit traiter, non plus, aucune affaire privée qui le détourne de sa mission. S'il est avocat, médecin..., il ne peut donner que des conseils gratuits,
à titre amical [1]. Cependant, on voit des ambassadeurs profiter
de leur voyage pour se livrer à quelques opérations commerciales ; apporter un lot de fourrures à vendre [2], acheter des
curiosités ou des bijoux, obtenir l'autorisation nécessaire pour
créer une banque [3]. Un national surtout, renvoyé dans son
propre pays comme ambassadeur étranger, trouve bien des
occasions de soigner ses intérêts [4]. On n'admet guère, pour un

deurs français médiateurs entre lui et les Gantois (Barante, *Hist. des ducs de
Bourgogne*, VIII, 408). En 1449, à la prise de Rouen, Somerset paie 6.000 saluts aux négociateurs (*Chronique de Math. d'Escouchy*, III, 360). Ordre du conseil des Dix de Venise à l'orateur à Rome, de donner, de la main à la main,
solus cum solo, mille ducats à l'ambassadeur d'Espagne, avec de bonnes paroles, tout en rappelant que la trêve conclue par lui n'a pas réussi, « car l'empereur y a fait deux notables changements : 1º il a accru les 10.000 ducats ;
2º il a libéré les prisonniers, dont nous avions taxe d'égale valeur. Néanmoins,
il a montré son attachement pour nous : lui dire que s'il vient à Venise, on le
recevra avec honneur », etc. (11 juin 1512. Arch. de Venise).

1) Martini Laudensis, *De legatis*, q. 35.

2) Les orateurs de Russie près de Maximilien et à Venise envoient d'avance
quantité de fourrures de prix, d'une valeur de quelques mille ducats. (1499.
Sanuto, III, 49, etc.).

3) Laurent de Médicis, placé à la tête de l'ambassade florentine qui allait
porter l'obédience à Sixte IV, demande pour son frère le chapeau de cardinal,
obtient pour lui-même le droit d'ouvrir à Rome une banque, avec le titre de
trésorier du Saint Siège, et deux bustes en marbre d'Auguste et d'Agrippa. Il
acheta aussi une foule d'objets d'art. Le chef de sa nouvelle banque de Rome
ne tarda pas à acquérir les joyaux du dernier pape et les revendit à gros bénéfices à divers souverains (Roscoë, *Vie de Laurent de Médicis*, I, 173).

4) Pat. de Charles VI, autorisant l'archevêque de Rouen, Guill. de Lestrange
(ambassadeur du pape), à amortir 200 l. p., en considération de services (20
novembre 1379. *Inventaire.... des biens de Guill. de Lestrange*, Paris, 1888,
4º, p. 156-157). L'amiral de Montauban, breton, ambassadeur de Louis XI en
Bretagne, obtient du duc de Bretagne un fouage important (Bibl. de Nantes,
ms. 1807, p. 610-613). Un décret vénitien du XIIIᵉ siècle interdit d'aller en
ambassade dans un pays où l'on a des intérêts personnels (Nys, *Les origines
de la diplomatie*, p. 9).

ambassadeur, qu'une demande de bénéfices ecclésiastiques ; elle réussit ou ne réussit pas, mais on ne semble point s'en étonner[1].

Le poste de Rome est renommé, entre tous, pour ses tentations. Le jurisconsulte Angelus[2] professe qu'un ambassadeur qui sollicite à Rome un bénéfice pour son frère ne mérite aucun blâme, mais les gouvernements se montrent moins optimistes. Un agent envoyé à Rome sous Louis XII, souscrit le curieux engagement que voici :

« Je, Antoine Gymel, procureur et ambassadeur pour le Roy en Cour de Romme, ay promis et promets au Roy, mon souverain seigneur, que, durant le temps qu'il luy plaira que je tienne, exerce et le serve en l'estat, charge et office de son procureur et ambassadeur à Romme, je ne prendray, ne feray prendre directement ne indirectement de N° Saint Père, de nul de Messrs les cardinaux du Saint Siège, ne pareillement de nuls ambassadeurs de princes, ne potentats d'Italie, ne d'autres personnes quelles qu'elles soyent, en quelque manière, ne pour quelconque cause, couleur ou occasion que ce soit, aucuns bénéfices, dons d'argent, de vaisselle, de bagues, ne d'autres choses quelles qu'elles soyent, ni d'icelles feray aucune poursuite, fors de l'évesché de Tulles, qu'il a pleu audict seigneur réserver à mon frère, et en sa faveur en escrire à N° dict Saint Père le Pape. Et s'il est trouvé que je le face ou face faire, je veuil et consens que ledict seigneur me face trancher la teste comme lasche et meschant En tesmoin de

1) 29 janvier 1501. L'ambassadeur de France vient au conseil, fort en colère, à propos d'un prieuré de Zara qu'il demandait inutilement pour un prêtre de sa suite On lui communique des nouvelles, mais il part *sbufando* (Sanuto, III, 1354). L'évêque de Melfi, ambassadeur du pape en France, est fait archevêque d'Arles (*Id.*, 298).

2) Cité par Martinus Laudensis.

ce, j'ay signé ces présentes de ma main. A Blois, le sei-
ziesme jour de mars, l'an mille cinq cents et cinq.

Signé : Gymel [1]. »

Sans recourir à l'argent en numéraire [2], la cour de Rome
possède bien des manières de plaire à un ambassadeur ; concessions de faveurs spirituelles, d'indulgences; concessions ou
affirmations de droits personnels de patronage pour un laïque [3];
nominations de notaire apostolique ou dans la prélature pour
un ecclésiastique [4]. Nous ne parlons que pour mémoire du

1) Mss. fr. 2831, f° 88 ; fr. 3911, 4; Dupuy 85.

2) Protestation, en latin, en consistoire, par Nicolas V, que Jacques Cœur,
qui vient d'arriver à Rome, a été faussement accusé d'avoir reçu de l'argent et jusqu'à 100,000 ducats (Publ. Quicherat, <i>Th. Bazin</i>, IV, 347).

3) Approbation du droit de présentation, pour Roger de Gramont et sa
femme Eléonore de Béarn, en récompense de leur sincère affection envers
l'Eglise, et sur leur demande exposant que, de temps immémorial, ils ont eu
le temps de percevoir, en cas de vacance, les dîmes, et de présenter aux
cures un personnage <i>idoneum</i>, dans les seigneuries de Gramont, Bidache,
et six autres, aux diocèses de Dax, Lescar et Oloron, et même dans quatorze autres églises de villages, dont ils ne sont point seigneurs; considérant que Gramont est conseiller et chambellan de Louis XII, maire, capitaine et gouverneur de Bayonne, et orateur du roi <i>apud nos</i>, le bref confirme et approuve (oct. idus febr. 1501. Arch. du Vatican, reg. Vatican,
868, f° 94).

4) Guy Pape, conseiller au conseil delphinal, ambassadeur d'obédience
pour le dauphin, est nommé par Nicolas V notaire apostolique (1447. <i>Lett.
de Louis XI</i>, I, 216). Dispense pour cumul de bénéfices à Thomas Pascal,
clerc de Clermont (1494, 5 kal. mart. Archives du Vatican, reg. Vatican 871,
f° 353). Au même, conseiller au parlement de Paris, archidiacre et orateur
du roi de France, concession des titres et privilèges de notaire apostolique
(<i>Ibid.</i>, non. febr. 1503). Bref à maître Guill. Bonguier, diacre du diocèse
d'Orléans, licencié en décret, « notre notaire et <i>familiaris</i> », abréviateur des
lettres apostoliques, maître ès arts, <i>orator et procurator generalis</i> de
Charles VIII, lui donnant le droit, dans le délai d'un mois, de choisir le bénéfice ou prébende qui lui plaira, dans un délai de six jours de la vacance
(non. sept. 1497. Arch. du Vatican, reg. Vatican 873, f° 471). Concession
du pronotariat à l'ambassadeur de Lithuanie, visée ci-dessus. Le jour de
Saint Jean évangéliste, 1505, le pape crée quatre prélats assistants, dont un
des ambassadeurs impériaux (Paris de Grassis, lat. 5164, f° 275 v°). Jules
II crée l'archevêque d'Embrun, ambassadeur de France, prélat assistant

chapeau de cardinal, si violemment recherché, et qui s'obtient mieux à Rome qu'ailleurs : Villiers de la Groslaie, sous Charles VIII, Robert Guibé, sous Louis XII, y arrivent comme ambassadeurs [1].

L'évêque de Gürck, envoyé près du pape en 1511, écrit qu'on lui a offert tout ce qu'il était possible, cardinalat, bénéfices, argent comptant, revenus sous une forme ou sous une autre..., qu'il a tout repoussé pour rester fidèle à l'empereur et à l'union avec la France [2]. Ce refus du chapeau produit un grand effet. Le chancelier de France déclare le prélat « bien vertueux [3]. »

La rigueur des principes ne va pas jusqu'à interdire à l'ambassadeur de recevoir aucun cadeau [4] ; il peut, au contraire, en recevoir, et d'ordinaire il en reçoit, nous dirons comment. Il peut même se vanter d'un petit cadeau, de pure gracieuseté, comme d'une marque de faveur [5]. Un ambassadeur correct n'accepte un présent quelconque que lorsque sa mission est

(1506. Frati, *Le due spedizioni militari di Giulio II*, 105). Le pape crée un docteur ès arts, en chapelle, sur les certificats fournis par des cardinaux et par l'ambassadeur de Venise (1505. Paris de Grassis, lat. 5164, f° 360).

1) Guibé, évêque de Redon, ambassadeur de France, est fait cardinal par le pape (1507. *Diarium*, III, 488). A Rome, le moindre envoyé est assimilé aux gradués quant à la jouissance des expectatives (D. E. von Ottenthal, *Die päpstlichen Kanzleiregeln von Iohannes XXII bis Nicolaus V*, p. 165, n. 19 (Regulæ Alexandri V).

2) *Lett. de Louis XII*, II, 107.

3) *Lett. de Lous XII*, II, 182. « Cet ambassadeur a du mérite à être ferme et intègre, dit Sanuto : s'il avait voulu céder au pape, il aurait pu avoir le chapeau rouge, la légation d'Allemagne, le patriarchat d'Aquilée, 10,000 ducats de revenu » (XII, 148).

4) Il peut recevoir des cadeaux de villes ou de gouvernements (Martini Laudensis, *De legatis*, q. 35).

5) Le jour des Rameaux 1505, Jules II, outre la distribution habituelle de palmes bénites aux ambassadeurs, donne au second ambassadeur de Pologne une très belle palme artistiquement travaillée et ornée de ses armes, présent d'un couvent (*Disp. de Giustinian*, III, 454). Machiavel, ambassadeur à Venise, écrit avec ostentation que le pape lui a donné 100 ducats (Artaud, *Machiavel*, II, 203-204).

complètement terminée [1]. « On ne doit, dit un jurisconsulte, accepter de présents que le pied à l'étrier [2]. » La
seigneurie de Venise offre aux *oratori* de Crémone, à
leur choix, la chevalerie, ou un habit de velours pour chacun
et un habit d'or pour l'un d'eux. Les ambassadeurs déclarent
ne pouvoir rien accepter avant que leur ambassade soit *expédiée*, ni sans autorisation de leur gouvernement ; autrement,
disent-ils, à Crémone on nous accuserait de nous faire faire
chevaliers et de négliger notre commission [3].

Cependant, on peut, à la rigueur, accepter la chevalerie,
ou le don d'une chaîne d'or [4]. Un procédé irréprochable,
assez adroit et qui ne coûte rien, consiste à appuyer l'ambassadeur pour une récompense auprès de son souverain
lui-même ; mais ce procédé n'est guère de mise qu'avec
Rome [5].

Enfin, il y a un moyen traditionnel de faciliter les négociations : c'est d'entourer l'ambassadeur jusqu'à l'achèvement de
son mandat, de l'entretenir par des grands dîners, des fêtes,
des représentations de gala [6]. Le souverain et les principaux

---

1) D'après l'historien espagnol Ribera, cité par Amelot de la Houssaie
(*Discours historique sur les traitez*, p. 57), un ambassadeur d'Espagne près
de Charles VIII refusa un cadeau de vaisselle d'argent. Le roi en ayant paru
choqué, l'ambassadeur allégua qu'en Espagne on ne pouvait rien recevoir
qu'après une heureuse conclusion.

2) Hotman, *Traitté de l'ambassadeur*, II, § 30.

3) 1499. Sanuto, III, 45.

4) Le 31 décembre 1503, à l'issue de la messe, Jules II crée chevalier de
Saint Pierre l'ambassadeur de Lucques, et lui donne une grosse chaîne,
d'une valeur d'environ 300 ducats (Burckard, *Diarium*, III, 325).

5) Adrien Castel reçoit d'Henri VII, comme envoyé du pape, l'évêché
d'Hertford, d'après Reumont (*Diplomazia italiana*, p. 227). Louis XI envoie
à Rome un ambassadeur demander le chapeau de cardinal pour le « legat
qui est par deçà » (1468. *Lett. de Louis XI*, III, 193).

6) Amuser un ambassadeur, s'appelle l'*entretenir* : « M. de Marseillé et
M. de Soliers mi (à Louis XII) scrivono da Roma che il Papa intrattiene gli
Spagnuoli, e giudica che sia bene che io ancora facci il medesimo » (1514.

personnages de la cour se chargent de ce soin [1]. On y excelle surtout en Espagne; c'est là que les ambassadeurs trouvent la cour la plus brillante et la plus aimable. Tant que dure une négociation amicale, ce ne sont que fêtes somptueuses, beaux offices, danses pleines d'entrain, courses de taureaux, joûtes où figurent les hérauts de l'ambassade. Il y a un extrême déploiement de luxe. Les ambassadeurs assistent à ces fêtes près du roi, ou dans la tribune royale. « On parle de l'onne[u]r que en fait es enbassadeurs en Angleterre, dit le héraut anglais Machado; certes, ce n'est pas à comparer à l'on-

---

Desjardins, *Négociations*, II, 649). Louis XII emmène à la chasse l'évêque de Gürck : il lui envoie le gibier, c'est-à-dire deux sangliers et un chevreuil (1510. Le Glay, *Négociations*, I, 366). On montre à l'ambassadeur vénitien, au Caire, en 1512, les curiosités locales : des animaux rares (Ch. Schefer, *Le voyage d'outremer*, p. 194), des crocodiles, etc. (p. 197), on lui donne une escorte pour visiter les lieux célèbres (p. 201). Au congrès d'Arras, en 1435, on déploie un faste extraordinaire : c'est une suite de dîners, de conférences et de cérémonies religieuses, en rapport avec l'importance exceptionnelle de la réunion (*Journal de la paix d'Arras, faite en l'abbaye royale de sainct Vaast*, rec. par dom Antoine de la Taverne, publ. par Jean Collart, Paris, 1651, in-16o).

1) A l'entrée d'André de Burgo, envoyé de Maximilien en Angleterre, Silvestre de Giglis, évêque de Worcester, les lords Brandon et Poyntz vont au devant de lui, avec l'ambassadeur de Flandre (1508. *Bernardi Andreæ, Annales Henrici VIII*, p. 122). Dix jours après, André de Burgo dîne chez l'ambassadeur de Flandre; Bernard André lui offre des dystiques latins en son honneur, qui se terminent ainsi : « Andreas ergo supernus erit » (*Ibid.*, p. 124). Une ambassade d'Angleterre en Hainaut, en 1337, composée de cinq membres, se loge à Valenciennes dans trois hôtels différents. Elle attend une réponse pendant quatre jours, qui sont consacrés à des fêtes, dîners et réceptions (*Chroniq. de Froissart*, I, 364-365). Le duc de Bourgogne donne à Paris, en 1399, un grand dîner aux ambassadeurs vénitiens (Gachard, *Rapport sur les archives de Dijon*, p. 201). L'ambassadeur de Flandre et son frère dînent à Londres chez le seigneur de St John (18 févr. 1508. *Bernardi Andreæ, Annales Henrici VII*, ed. by Gairdner, p. 109). Le maréchal de Rieux garde à dîner et à souper l'ambassade d'Angleterre deux jours de suite, jusqu'à son expédition (1490. *Hist. regis Henrici septimi*, p. 205-206). En Portugal, après l'audience de créance, les ambassadeurs sont assaillis de grands dîners et de distractions (Gairdner, *Historia regis Henrici septimi*, 192 et s.), etc.

neur que on fait aulx enbassadeurs au royaulme de Castille. »
La cour d'Espagne est classique pour le luxe et l'apparat[1].

Enfin, un souverain possède mille moyens mondains de
flatter un ambassadeur : par exemple, le prendre pour parrain
de son fils[2], le garder à dîner[3]...

1) Gairdner, p. 175 et suiv.

2) Emanuel de Portugal, le 7 novembre 1501, choisit pour parrain de
son fils l'ambassadeur vénitien, reçu le 20 août (Heyd, *Hist. du commerce
dans le Levant*, trad^on Furcy-Raynaud, II, p. 516).

3) L'empereur reçoit à table l'ambassadeur de sa fille, ouvre de suite les
lettres et le force à dîner avec lui. « Vous estes ambassadeur de ma fille,
je vueilz que vous dignez avec moy : » — « Je m'en excusay et luy diz qu'il
ne falloit point d'ambassadeurs entre Sa Magesté et vous, que voz serviteurs
estoient les syens. Ce nonobstant, il m'ordonna de seoir à sa table, dont je
vous mercie, Madame, très humblement de l'honneur qu'il m'a fait pour l'a-
mour de vous » (1513. Le Glay, *Négociations*, I, 534).

TABLE DES MATIÈRES

LIVRE II

DES MISSIONS.

(Suite)

CHAPITRE VIII. — Instructions.

CHAPITRE IX. — Voyage et entrée des ambassadeurs.

Laval, imprimerie et stéréotypie E. JAMIN, 8, rue Ricordaine.

ERNEST LEROUX, ÉDITEUR

28, RUE BONAPARTE, 28

R. DE MAULDE-LA-CLAVIÈRE

HISTOIRE DE LOUIS XII

PREMIÈRE PARTIE : LOUIS D'ORLÉANS

3 vol. in-8....... .... 24 fr.

LES ORIGINES DE LA RÉVOLUTION FRANÇAISE

AU COMMENCEMENT DU XVIᵉ SIÈCLE. LA VEILLE DE LA RÉFORME

Un volume in-8.......................... 8 fr.

LA CONQUÊTE DU TESSIN PAR LES SUISSES

(1500-1503)

In-8...................... 2 fr.

LECOY DE LA MARCHE

LES RELATIONS POLITIQUES DE LA FRANCE

AVEC LE ROYAUME DE MAJORQUE

(Iles Baléares, Roussillon, Montpellier, etc.)

2 forts volumes in-8... .... 20 fr.

L. THUASNE

LE JOURNAL DE BURCHARD (1483-1506)

Texte latin publié intégralement pour la première fois,
d'après les manuscrits de Paris, de Rome et de Florence

3 forts volumes grand in-8...................... 60 fr.

GENTILE BELLINI ET SULTAN MOHAMMED II

Notes sur le séjour du peintre vénitien à Constantinople (1479-1480)
In-4, avec 8 planches hors texte............. 8 fr.

DJEM SULTAN

Fils de Mohammed II et frère de Bayezid II (1459-1495)

D'après des documents originaux en grande partie inédits

ÉTUDE SUR LA QUESTION D'ORIENT A LA FIN DU XVᵉ SIÈCLE

Un beau volume in-8.......................... 10 fr.

Laval. — Imp. et Stér. E. JAMIN, 8, rue Ricordaine.

www.ingramcontent.com/pod-product-compliance
Lightning Source LLC
Chambersburg PA
CBHW072005270326
41928CB00009B/1555

9 7 8 2 0 1 2 6 8 0 6 7 8